フロイト全集

17

1919-22年

不気味なもの

快原理の彼岸

集団心理学

岩波書店

SIGMUND FREUD
GESAMMELTE WERKE Volume 1-17
NACHTRAGSBAND
ZUR AUFFASSUNG DER APHASIEN

フロイトと愛娘ゾフィー(1913年)
「わたしたちの大事な，花咲くゾフィーが昨日の朝，進行の早い感冒が肺炎を引き起こして死んだ」(1920年1月26日付，母親宛書簡)．父が「日曜日の子」と呼んでかわいがった娘であった(「解題」より)．

凡例

・本全集は、フィッシャー社（ドイツ、フランクフルト・アム・マイン）から刊行された『フロイト全集』（全十八巻、別巻一）に収録された全著作を翻訳・収録したものである。

・収録全著作を執筆年代順に配列することを原則とした。ただし、後年に追加された補遺や追記の類いについては、内容上の関連を優先して当該著作の直後に配置した場合がある。また、各巻は、重要と判断される規模の大きい著作を前に、その他を「論稿」として後にまとめて収録し、それぞれのグループごとに執筆年代順で配列して構成した。なお、フロイトの著作には執筆年代を確定することが困難なものも多く、これらについては推定年代に基づいて配列順を決定した。詳細については、各篇の「解題」を参照されたい。

・本巻には、一九一九年から一九二二年に執筆された著作を収めた。翻訳にあたって使用した底本は、以下のとおりである。

Sigmund Freud, *Gesammelte Werke*, XII, Werke aus den Jahren 1917–1920, herausgegeben von Anna Freud, E. Bibring, W. Hoffer, E. Kris, O. Isakower, Imago Publishing Co., Ltd., London, 1940, Sechste Auflage, S. Fischer, Frankfurt am Main, 1986.

Sigmund Freud, *Gesammelte Werke*, XIII, Jenseits des Lustprinzips, Massenpsychologie und Ich-Analyse, Das Ich und das Es, herausgegeben von Anna Freud, E. Bibring, W. Hoffer, E. Kris, O. Isakower, Imago Publishing Co., Ltd., London, 1940, Zehnte Auflage, S. Fischer, Frankfurt am Main, 1998.

Sigmund Freud, *Gesammelte Werke*, XVII, Schriften aus dem Nachlaß 1892-1938, herausgegeben von Anna Freud, E. Bibring, W. Hoffer, E. Kris, O. Isakower, Imago Publishing Co., Ltd., London, 1941, Achte Auflage, S. Fischer, Frankfurt am Main, 1993.

Sigmund Freud, *Gesammelte Werke*, Nachtragsband, Texte aus den Jahren 1885-1938, herausgegeben von Angela Richards unter Mitwirkung von Ilse Grubrich-Simitis, S. Fischer, Frankfurt am Main, 1987.

・本文の下欄に底本の巻数および頁数を表示し，参照の便宜をはかった。巻数は各篇冒頭に「GW-XII」などと示し，以降，底本における各頁冒頭に該当する個所にアラビア数字で頁数を示した。なお，フィッシャー社版『フロイト全集』の拾遺集として刊行された別巻(Nachtragsband, Texte aus den Jahren 1885-1938)については，「Nb」の略号を用いた。

・「原注」は「＊1」「＊2」の形式で示し，注本文を該当個所の見開き頁に収めた。

・「編注」は「(1)」「(2)」の形式で示し，注本文は巻末に一括して収録した。これは，各訳者が作成した本文の内容に関する注を各巻の担当編集者がまとめたものであり，ここには各種校訂本，注釈本，翻訳本に掲載されている注解を適宜，翻訳引用する形で収録したものと，本全集で各訳者が新たに執筆したものが含まれる。これらを区別するため，引用した個所については【　】を付し，冒頭にその出典を明示することとした。各出典を示すために用いた略号は，以下のとおりである。

GW　Sigmund Freud, *Gesammelte Werke*, 18 Bände und Nachtragsband: Bände I-XVII, Imago Publishing Co., Ltd., London, 1940-52; Band XVIII, S. Fischer, Frankfurt am Main, 1968; Nachtragsband, S. Fischer, Frankfurt am Main, 1987.

SA　Sigmund Freud, *Studienausgabe*, 10 Bände und Ergänzungsband, S. Fischer, Frankfurt am Main, 1969-75.

TB　Sigmund Freud, *Werke im Taschenbuch*, 28 Bände, Fischer Taschenbuch Verlag, Frankfurt am Main.

SE　*The Standard Edition of the Complete Psychological Works of Sigmund Freud*, 24 Volumes, The Hogarth Press, London, 1953-74.

OC　Sigmund Freud, *Œuvres Complètes*, 21 Tomes, Presses Universitaires de France, Paris, 1988- .

・フロイトの著作には、単行本、雑誌掲載論文などの刊行形態を区別することが困難なものが多く、本全集では村上仁監訳、J・ラプランシュ、J-B・ポンタリス『精神分析用語辞典』(みすず書房、一九七七年)所収の「フロイト著作年表」において単行本として刊行された旨が記されている著作は『　』を、その他の著作は「　」を付す形で表示した。

・本文および編注において用いた記号類については、以下のとおりである。

〔　〕　訳者によって補足された個所(欧文の場合は[　])

《　》　原文においてイタリック体で表記されたドイツ語以外の術語など

傍点　原文におけるドイツ語の隔字体(ゲシュペルト)の個所

ゴシック体　夢の内容など、本文中にイタリック体で挿入された独立した記述

目次

不気味なもの

藤野 寛 訳

Das Unheimliche

I

精神分析家が美学的研究をやってみたいという気持ちにかられることは滅多にない。美学を、美しいものについての教えに限定せず、われわれの感性的知覚の様々な性質についての教えと規定しても(1)、そのことに変わりはない。分析家は心の生活のもっと別の層の中で仕事をしており、ふつう美学の素材になる感情の蠢《うごめ》き、すなわち目標制止され、和らげられ、随伴する非常に多くの事情に依存している感情の蠢きとはほとんど縁が無い。それでも、分析家が美学の特定の分野に関心を抱かずにはすまない場合も散見されるのだが、それは通常、美学の専門文献では軽視される周縁の分野に対してである。

そのような分野の一例が「不気味なもの」である(2)。それが、驚愕《ぞっと》させるもの、不安や恐怖を引き起こすものの一つであることには疑いをいれない。同じく確かなことに、この単語はいつも厳密に定義された意味で用いられるわけではないため、たいていの場合、まさにその不安を引き起こすものと概して一致する結果になる。そうはいっても、ある概念を表す特別の語が用いられるのだから、その使用を正当化する独特の核となる何かが存在する、と予想してよいはずだ。不安を掻き立てるものの内部で「不気味なもの」を際立たせるこの共通の核心は何なのか、人はそれを知りたいと思うだろう。

さてしかし、この点については、美学に関する詳細な記述の中を捜し求めても、ほとんど何も見出せないに等しい。美学の記述は総じて、美しく偉大で魅力的な、つまり肯定的な種類の感情やそれが生まれる条件、それを呼び起こす事象の方を、反対の、嫌悪のもととなる不快な種類の感情よりずっと好んで取り上げるものだからである。医学的・心理学的文献の側で私が知っているのは、唯一、内容豊富だがすべてを論じ尽くしているとは言いがたいE・イェンチュによる論考しかない。[*1] ただし、容易に推察していただけるように、時代に起因する理由[(3)]から、この拙論のための文献、特に外国語の論文をしらみつぶしに捜し出したわけではないことは、正直に認めておかねばならない。従って、この論文が読者の前に差し出される場合も、いかなる優先権を主張するものでもない。

不気味なものを研究する上での難しさとして、まったく正当にもイェンチュが強調しているのは、この感情の質に対する感受性が、各人の違いに応じて著しく異なって見出されるという事実である。たしかに、この新たな探究を企てる著者自身、高度の繊細さこそが要求されるだろうこの問題において、自分が普通以上の鈍感さしか持ち合わせていないのを嘆かざるをえない。著者は、不気味なものの印象を自分に与えかねないものなどすでに久しく何ら経験しておらず、また耳にしたこともないので、あらためてこの感情の中に入り込み、自分の内にその可能性を呼び覚まさねばならない有り様である。とはいえ、この種の困難は、美学の他の多くの分野でも大なるものがあるだろう。だから、問題になっている不気味なものの性質が、大部分の人に異論なく認知される事例が取り出されるのを期待することまで諦めるには及ぶまい。

ここで、選択可能な二つの道が考えられる。言葉の発展が「不気味な」という単語の中にどのような意味を沈殿させてきたかを調べる道、もしくは、人間、事物、感覚印象、体験、状況の何であれ、われわれの内に不気味なものの感情を呼び起こす事例をせっせと揃え集め、それらのすべてに共通するものから不気味なものの隠された性質を推し量る道、のいずれかである。ここで早くも、私は種明かしをしておこう。両方の道は同じ結論に通じていく。

不気味なものとは、ある種の驚愕をもたらすものなのだが、それは旧知のもの、とうの昔から馴染みのものに起因するのだ。そんなことがどうして可能になるのか、いかなる条件の下で馴染みのものが不気味で驚愕《ぞっと》させるものになったりするのかについては、以下の論述でおいおい明らかになっていくだろう。もう一点注釈しておくならば、以下の研究は実際には、個々の事例の蒐集という道を採り、後になって初めて言語使用に関する証言を得て確認されたのだった。しかし、この論述では、私は逆の道を行くことになる。

ドイツ語の「unheimlich（不気味な）」という単語は、明らかに、「heimlich, heimisch（わが家の）, vertraut（馴染みの）」の反対語である。従ってそこから当然予想されるのは、何かあるものが驚愕させるのは、まさに知られておらず馴染みがないからこそだという結論である。だが当然ながら、新しく馴染みのないものすべてが驚愕させるわけではない。この関係を逆にすることはできない。新手のものは容易に驚愕させ不気味なものになる、と言えるにすぎない。新手のものの内には驚愕させるものがあるが、すべてがそうであるわけでは決してない。新しいもの・馴染みのないものに、それを不気味なものにする何かがさらに付け加わらねばならないのである。

イェンチュは、全体として、新手のもの・馴染みのないものに対して不気味なものがもつ関係という論点から一歩も出なかった。不気味という感情が生じる本質的条件を、彼は知的不確かさの内に見出している。不気味なものとは本来いつも、人がそこでは言わば事情に不案内であるもの、ということになろう。人間が周りの世界の状況によりよく通じていればいるほど、そこで物事や出来事から不気味さの印象を受け取ることは容易には起こらなくな

＊1　「不気味なものの心理学のために」（*Psychiatrisch-neurologische Wochenschrift* 1906, Nr. 22 und 23）。

る。

この特徴づけがすべてを汲み尽くしていないことは、容易に判断できる。だからこそ、われわれとしては、「不気味なこと＝馴染みのないこと」という等式から一歩踏み出そうと試みることになる。さしあたりまず、異なる言語に目を向けてみよう。もっとも、当たってみた辞書は、何ら新しいことを語ってくれない。ひょっとすると、われわれ自身が異言語を話す者だというせいにすぎないのかもしれないが。実際、われわれが得た印象では、驚愕《ぞっと》させるものというこの独特のニュアンスを表す単語が、多くの言語には欠けているようだ。[*2]

ラテン語（K・E・ゲオルゲス『独羅小辞典』（一八九八年）による）　不気味な場所—locus suspectus, 不気味な夜に—intempesta nocte.

ギリシア語（ロスト編、およびシェンクル編の辞典による）　ξένος—すなわち、馴染みのない、見慣れない。

英語（ルーカス、ベロウ、フリューゲル、ミュレ－ザンダースらによる辞典から）　uncomfortable〔居心地の良くない〕、uneasy〔落ち着かない〕、gloomy〔陰鬱な〕、dismal〔陰気な〕、uncanny〔気味の悪い〕、ghastly〔恐ろしい〕、家について言われる場合には、haunted〔幽霊の出る〕、人間について言われる場合には、a repulsive fellow〔とても嫌な奴〕。

フランス語（ザックス－ヴィラット）　inquiétant〔不安を抱かせる〕、sinistre〔不吉な〕、lugubre〔陰鬱な〕、mal à son aise〔居心地が悪い〕。

スペイン語（トルハウゼン、一八八九年）　sospechoso〔怪しい〕、de mal agüero〔縁起が悪い〕、lúgubre〔陰鬱な〕、

siniestro〔不吉な〕。

イタリア語とポルトガル語は、われわれなら言い換えと見なすような表現で満足しているようだ。アラビア語とヘブライ語では、「不気味な」は「魔物のような」、「戦慄すべき」と重なり合う。

そういうわけで、われわれはドイツ語に立ち戻ることにしよう[4]。

ダニエル・ザンダースによるドイツ語辞典（一八六〇年）には、「不気味な」という単語に対して以下のような記述が見出される。ここでは私はそれを省略せずに書き写し、その中の何カ所かを強調し際立たせようと思う（第一巻、七二九頁）。

Heimlich　形容詞（名詞形 Heimlichkeit、女性名詞、複数形 Heimlichkeiten）

一　Heimelich, heimelig とつづることもある。家の一員である、よそよそしくない、馴染みの、飼い馴らされた、打ちとけてくつろげる、故郷をしのばせるような、などの意味。

a（古風な表現）家、家族の一員である、あるいは、そこに属していると見なされている。ラテン語の familiaris（馴染みの）を参照せよ。Die Heimlichen（同じ家屋に居住する者）、Der heimliche Rat（家の相談役）

＊2　以下の抜粋についてはTh・ライク博士に感謝しなければならない。

（「創世記」四一・四五[5]、「サムエル記下」二三・二三、「歴代誌上」一一・二五、「知恵の書」八・四）。これに対しては今日ではGeheimer（「d―一」を見よ）Rat の方が普通である。Heimlicher を見よ。

b　動物については、馴れた、人間を恐れずなれなれしい。反意語は、野生の。例えば、「野生でもなければ**飼い馴らされて**もいない動物」（エッペンドルフ、八八）など。「野生の動物たち……を**家で飼い**、人々の周りに住まわせて育て上げる」（同上、九二）。「こうして、これらの動物は、子供の頃から人間によって育てられたので、すっかり**なれなれしく**愛想良くなった」（シュトゥンプフ、六〇八a）など。さらに、「それ（小羊）は、すっかり**飼い馴らされ**、私の手から直に餌を食べる」（ヘルティ）。「なんのかのと言ってもやはり、コウノトリは美しくて**よくなつく**（cを見よ）鳥だ（リンク『ドイツのへび』一四六）。Häuslich（家庭の）の「一」なども見よ。

c　打ちとけた、くつろいで故郷を思わせるような。周囲を囲まれた住み心地の良い家のように、静かな満足、快適な安息、安心できる庇護などの快感を呼び起こすような（Geheuer（馴染んだ）と比べよ）。「よそ者たちが君の森を伐採しているのに、君は田舎にいてなお**安んじて**いられるのかい」（アレクシス『フォン・ブレードー氏のズボン』第一部、第一章）。「彼女は彼の所で特に**居心地が良い**わけではなかった」（ブレンターノ『ヴェーミュラー家の人々とハンガリーの国の顔』九二）。「さらさらとせせらぐ森の小川に沿った……高く**心地良い**木陰の小道で」（フォルスター、『書簡集』一・四一七）。「故郷の**心地良さ**を破壊する」（ゲルヴィヌス『詩的国民文学の歴史』五・三七五）。「それほど親しみがもて**心地良い**場所を見つけるのは容易でなかった」（ゲーテ『若きヴェルテルの悩み』第一部（五月二十六日））。「私たちにはとても快適で、感じが良く、居心地良く、**くつろげる**ものに思われた」（同上『親和力』）。「狭い柵に囲まれ、静かな**くつろぎ**の中で」（ハラー）。「ほんの僅かなもので愉快な**くつろぎ**（居心地良さ）を生み出すすべを心得ている、よく気がつく女主人に」（ハルトマン『ある落ち着きのない男の物語』一・一八八）。「最初しばらくはなおとてもよそよそしく感じられた男が、今ではそれだけ一層彼には**親密に**感じられるのだった」（ケルナー、五四〇）。「プロテスタントの領主は……カトリックの家臣に囲まれて**居心地が良く**なかった」（コール『アイルランド紀行』一・一七二）。「**くつろいで**／あなたの小部屋に夕べの静寂だけが静かに耳をすます時」（ティートゲ、二・三九）。「静かで、愛らしく、**くつろいで**、彼らは体を休めるための場所さえあればと願った」（ヴィーラント、一一・一四四）。「その時、彼には少しも**居心地良く**なかった」（同上、二七・一七〇）など。——次のような用例もある。「その広場はとても静かで、寂しく、影に隠れて**心地良かった**」（シェル『荒野の巡礼者たち』一・一七〇）。「引いては寄せる高い波は、夢見るようで、ゆりかごの歌のように**心地良い**」（ケルナー『便利屋の教師』三・三二〇）など。——特に、Un-heimlich と比較せよ。——特に、シュヴァーベン地方やスイスの作家の間ではしばしば（heimelich のように）三音節になる。「夜に我が家で横になった時、イーヴォは再びどれほど「**くつろいだ**」ことか」（アウエルバッハ『シュヴァルツヴァルトの村物語集』第一巻）。「家の中で私はとても**くつろいだ**」（同上、四・三〇七）。「暖かい小部屋、**くつろいだ**午後」（ゴットヘルフ『ある借金をかかえた百姓の体験』二二七、一四八）。「自分がどれほど取るに足りない存在で、主がどれほど偉大かを人間が心から感じる時、それこそが本当の**くつろぎ**というものだ」（同上、一四七）。「人々は少しずつ**くつろぎ**、互いに**打ち解けて**いった」（同上『下男ウーリはいかにして幸福になるか』第二三章）。「**心地良いくつろぎ**」（同上、第二六章）。「私にここ以上に**心地良く**感じられるところはどこにもあるまい」（同上『小作人ウーリ』第二五章、ペスタロッチ、四・二四〇）。「遠く離れた所から来た人は……通常、人々とあまり**打ちとけて**（故郷のように、友好な隣人として）生きてはいないものだ」（同上、三三五）。「その山小屋では／彼はいつもは仲間たちに囲まれて……しばしばとても**くつろぎ**、とても楽しく時を過ごしたものだった」（ライトハルト『スイスの物語と説話集』二〇）。「すると、見張りの角笛の音が塔の方からとても**心地良く**鳴り響き――その声は客をとてもやさしく招き寄せていた」（同上、四九）。「子供はとても穏やかに、暖かく／すっかり**くつろいで**眠り込む」（同上、二三）、など。この用法は一般に広まる価値があるだろう。この好ましい言葉が、容易に起こりかねない「二」の意味との混同のせいですたれてしまわないためにも。比較せよ。「「ツェック家の人たちはみな Heimlich「二」だった」。heimlich だって？ heimlich という言葉、あなたはどう理解しているの。――「つまり、……あの人たちといえば、私にはまるで埋め立てられた泉や干上がってしまった池のように感じられる。いつかまたそこに水が現れるかのような気分になることなしには、その上を歩くことができないのだ」。私たちはそれを unheimlich と呼ぶけれど、あなたは heimlich と呼ぶのね。この家族は何かを隠しており、どこか信用ならないなんて、一体あなたは何を理由に感じるの」など（グツコウ『精神の騎士』第二巻、第三章「狩猟小屋」）。[*3]

d　（c を見よ）特に、シュレージエン地方では、朗らかな、晴れやかな、の意味で。天気についても用いられる。アーデルングとヴァインホールトを見よ。

二　他人にそのことを、あるいはそれについて知られないようにするべく秘匿された、秘密にされた。Geheim「二」と比較せよ。というのも、Heimlich は、新高ドイツ語において初めて用いられるようになったGeheim の形容詞形から、特に昔の言語、例えば聖書の「ヨブ記」一一・六、一五・八、「知恵の書」二・二二、「コリントの信徒への手紙 二」二・七などにおけるように――また「マタイによる福音書」一三・三五などGeheimnis の代わりにHeimlichkeit が用いられているケースのように――必ずしも常に厳密に区別されているわけではないからだ。**こっそりと**（誰かの背後で）何かをする、行う。**こっそりと**それから離れる。**秘密の**逢瀬、約束。**密かに**喜びつつ人の不幸を見る。**密かに**ため息をつく、泣く。まるで何かを隠さねばならないかのように**こっそり**する。**密かな**愛、情事、罪。「（からだの）**秘**部（裕福さがそれを隠すように要求する）」（「サムエル記上」五・六）。「**秘密の**部屋」（便所）（「列王記下」一〇・二七、またヴィーラント、五・二五六など）。「**秘密の**椅子」（ツィンクグレーフ『ドイツの逸話箴言集』一・二四九）。「**密かに**墓の中に投げ入れる」（同上、三・七五、またロレンハーゲン『フロッシュモイゼラー』八三）、など。――「ラオメドンには**内緒で**／雌馬を連れて行った」（ビュルガー、一六一b）、など。――「残酷な主人には、隠れて、**内緒に**、陰険に、意地悪に振舞うのと同じように……苦しんでいる友には率直に、自由に、思いやりをもって、世話好きに振舞う」（ブルマイスター『地球とその住人の歴史のための地学的図像集』二・一五七）。「僕が**秘密に**している一番聖なるものを君に教えてあげよう」（シャミッソー「流刑者たち」第一章）。「**秘密の**術」（魔法）（同上、三・二二四）。「公の換気が止まざるを得ないところ、**秘密の**陰謀が始まる」（フォル

＊3　隔字体（訳文では傍点）は引用者による（以下についても同様）。

スター『書簡集』二・一三五)。「自由とは**密かに**陰謀をたくらむ者たちの小声の合言葉であり、公然と転覆をはかる者たちの高らかな鬨《とき》の声だ」(ゲーテ『西東詩集』注解と論考、補遺)。「聖なる**ひそやかな**胎動」(同上『西東詩集』宇宙生命)。「私は根をもっている／それは**密かな**ものだ／地中深く／私は根をおろしている」(同上「通りすがりに」)。「私の**密かな**悪意」(Heimtücke(陰険さ)と比較せよ)(同上『ヴィルヘルム・マイスターの徒弟時代』第七巻、第五章)。「それを彼が公にまた誠実に受け取らないのなら、**こっそりと**良心なくつかみ取るのかもしれない」(同上『色彩論』第二巻歴史篇)。「**こっそりと**秘密裡に色消し望遠鏡を作らせていた」(同上)。「今よりはわれわれの間に何の**隠し事**もないことを私は求める」(シラー『ドン・カルロス』第五幕、最終場)。――誰かの**隠し事**を発見する、明らかにする、漏らす。「**内緒のこと**を私の背後でたくらむ」(アレクシス『狼男』第七章)。「当時は／誰もが**内緒ごと**にいそしんだものだ」(ハーゲドルン、三・九二)。「こそこそとした**内緒ごと**やもったいぶり」(インマーマン『ミュンヒハウゼン』第三部、第六章)。「(隠された黄金の)**秘密**がもつ無力な呪縛から／身をときほどくことができるのは認識という手だてだけだ」(ノヴァーリス『青い花』第一部、第五章)。「彼女を君はどこに、どの黙せる**秘密の**場所に……隠したのか、告白せよ」(シラー『メッシーナの花嫁』第一幕、第七場)。「**秘密の**錠(封蠟)をこねる君ら蜜蜂よ」(シェイクスピア『シンベリン』(ドロテア・ティーク訳)第三幕、第二場)。「世にも稀な**秘密**(魔法の術)を心得て」(シュレーゲル訳シェイクスピア翻訳集、六・一〇二)、など。Geheimnis(レッシング、一〇・二九一以下)を参照せよ。

合成語については、「一―c」を見よ。反意語についても同様である。Unheimlich(居心地の悪い、不安な恐怖を掻き立てる)。「あの男は彼には**不気味に**、幽霊のように見えた」(シャミッソー「いとこアンゼルモ」第四章)。「夜の**不気味で**不安な時刻」(同上『キリスト十字架像――ある芸術家伝説』第二章)。「僕はもう久しく**不気味な**、いやそれどころか恐ろしい気分だ」(同上『影をなくした男』第一幕)。「今や僕も**不気味な**感じがし始めた」[6](ゲーテ、六・三三〇)。「ことは**不気味に**なった。大部分の者の背中を冷たいものが流れ落ちた」(ゴットヘルフ『小作人ウーリ』第一二章)。「**この上なく不気味な**姿をした者たち」(グツコウ『精神の騎士』第二巻、第三章)。「**不気味な**恐怖を感じる」(ハイネ『告白』)。「石像のように**不気味で**こわばっている」(同上『歌の本』「帰郷」五)。「**不気味な**霧、煙霧と呼ばれる」(インマーマン『ミュンヒハウゼン』第三部、第七章)。「この青白い若者たちは**不気味だ**、神のみぞ知る、良からぬことをたくらんでいる」(ラウベ『バンドミーレ』一、一一九)。「秘密に、隠されたままに……とどまっているべきなのに現れ出てしまったものをすべて、われわれは**不気味と**呼ぶ」(シェリング『神話の哲学』第二巻、第二八講)など。――「神的なものを覆い隠し、いくばくかの**不気味さ**で取り囲む」(同上)、など。――「二」の反対語としては、カンペが典拠なしに引用しているが、珍しい。

この長い引用の中でわれわれに最も興味深いのは、heimlich(馴染みの、内密の)という単語が、意味の上で多彩なニュアンスを示しながら、反対語であるunheimlich(不気味な)と重なり合う意味をも表す点である。その場合、馴染みのものが不気味なものとなる。グツコウ[7]の例を参照すると、こうだ。「私たちはそれをunheimlichと呼ぶけれど、あなたはheimlichと呼ぶのね」。総じてわれわれは、heimlichというこの単語が一義的ではなく、二つの表象の圏域に属している、という点に注意を促される。その二つの圏域は、対立し合っていないとしても、互いにかなり疎遠だ。すなわち、馴染みのもの・居心地良いものの圏域と、隠されたもの・秘密にされているものの圏域である。unheimlich という単語は、この第一の意味に対する反意語としてのみ用いられ、第二の意味に対してもというわけではないとされる。この二つの意味の間に発生上の先後関係を想定することができないのかどうかについては、ザンダースを引いても何の手掛かりも得られない。それに対してわれわれは、シェリングの注釈にはハッとさせられる。それが、不気味なものという概念の内容について、われわれがたしかに予想もしていなかった全く新しいことを述べているからだ。つまり、秘密に隠されたままにとどまっているべきなのに現れ出てしまったものは、どれもすべて不気味だというのである。

こうして喚起される疑念の一部は、ヤーコプとヴィルヘルムのグリム兄弟による『ドイツ語辞典』（一八七七年、ライプツィヒ、第五巻、第二分冊、八七四段以下）中の記述によって解明される。

Heimlich　形容詞、副詞、「土着の〔vernaculus〕」、「隠された〔occultus〕」。中高ドイツ語で heimelîch, heimlîch.

八七四段。若干異なる意味で「それは私には heimlich だ、快適だ、恐怖を免れている」……

b　幽霊のようなものがいない場所も heimlich だ……

八七五段。β　馴染みの、好ましい、人なつっこい。

四　故郷をしのばせるもの、家庭を思わせるものから、他人の目を逃れ、隠された秘密のものの概念が展開し、さらにいくつもの関係の中で形成される……

八七六段。「湖の左手には

林の中に**ひっそりと**草地が広がっている」。

（シラー『ヴィルヘルム・テル』第一幕、第四場）

（…）自由に、かつ現代の語法にとっては異例の仕方で……、heimlich は隠すという動詞に対応している。「彼は私を**こっそり**幕屋の中に隠す」（「詩篇」二七・五）。（……人間の体の**秘密の**場所、恥部〔pudenda〕……「死を免れた人々も**秘密の**場所を打たれる」（「サムエル記上」五・一二）……）。

c 国家事項において重要で秘密保持されるべき助言を与える役人は、枢密顧問官と呼ばれる。この形容詞は、今日の語用では「秘密の〔geheim〕」で置き換えられる（同頁参照）。……「（ファラオは）彼（ヨセフ）を**枢密**顧問官と呼んだ」（「創世記」四一・四五）。

八七八段。**六** 認識にとって heimlich とは、神秘的、寓意的。heimlich な意味とは、神秘的〔mysticus〕、神的〔divinus〕、隠された〔occultus〕、比喩的な〔figuratus〕。

八七八段。以下の用例では heimlich は、これとは異なり、認識を逃れた、無意識の、を意味する。しかしさらに、heimlich は、探求に対して、閉ざされた、不透明な、をも意味する……

「君はきっと気づいただろう。彼らはわれわれ[8]を信用していない、

フリートラント公の**隠された**顔を恐れているのだ」。

（「シラー」『ヴァレンシュタインの陣営』第一幕、第二場）

九 隠されていて危険なものという意味は、直前の項目番号八に登場しているものだが、ここからさらに展開して、heimlich は通常は unheimlich がそなえる意味を担うにいたる（heimlich「三－b」、八七四段から形

作られた)。

「ときとして私は、夜中にさまよい歩き、幽霊の存在を信じている人のような気分になる。どの片隅も**不気味**〔heimlich〕で恐ろしい」(クリンガー『戯曲集』三・二九八)。

そういうわけで、heimlich は、両価性《アンビヴァレンツ》に向けて意味を発展させてきた単語であり、最終的には、その反意語である unheimlich と重なり合うまでになる。unheimlich であるとは、どのようにしてか、ある種 heimlich であることなのだ。未だ完全に解明されたとは言いがたいこの結論を、シェリング(9)による不気味なものの定義と切り離さないようにしよう。それが示唆するところは、不気味なものの諸々の事例を個別に研究する中で、われわれにもおいおい理解可能になってくるだろう。

II

さてわれわれは、今から、不気味なものという感情を特に強くまた明瞭にわれわれの内に呼び覚ますことのできる人物や事物、印象や出来事・状況を吟味検討する作業に取りかかるわけだが、その場合、最初に適切な例を選ぶことが必要な第一歩となるのは明らかだ。E・イェンチュは、「一見したところでは生きている存在が、本当に生命が吹き込まれているのか疑わしいケースと、逆に、生きていない事物がもしかして生命を吹き込まれているのではないかと疑われるケース」をその顕著な事例として際立たせ、その際、蠟人形や精巧に作られた人形、自動人形が感じさせる印象をその拠り所にした。それらに加えて、彼は、癲癇《てんかん》の発作や狂気の表現にまつわる不気味さを同列に置いた。というのも、癲癇や狂気も、生命が吹き込まれていると普通はイメージされているものの背後に自動的——機械的——な過程が隠されているかもしれないという予感を、見る者の中に引き起こすからだ。イェンチュのこの論述によって完全に納得させられたわけではないが、われわれとしては、彼を受け継いで自らの探究を始めることにしたい。というのも、続いて彼は、不気味な効果を生み出すことにかけては余人の追随を許さない一人の作家にわれわれの注意を促しているからである。

「さて、物語によってそれとなく不気味な効果を生み出す最も確実な技巧の一つは」とイェンチュは書いている。「自分が眼前にしている特定の作中人物が人間なのか、それともひょっとして自動人形なのか、読者が確信を持てないようにしておくというやり方に基づいている。しかもその際、この不確かさが直接読者の注目の的にならないようにせねばならない。すぐに事態を調べ明らかにしようなどという気に読者がなってはならない。そんなことでは、先述のように、独特の感情効果はあっさり消え失せてしまうからだ。E・T・A・ホフマンは、その幻想的作品の中でこの心理的技巧を再三にわたって駆使し、成功している」。

それなりに正しいこの評言は、とりわけ、『夜景作品集』(グリーゼバッハ版ホフマン全集、第三巻)の中に収められている『砂男』[10]という小説に照準を合わせている。オリンピアという人形は、この作品から取られてオッフェンバックのオペラ『ホフマン物語』の第一幕の登場人物になった。けれども、私としては、次のように言わざるをえない——そして、この物語の読者の大部分も私に同意してくださるだろうと思う——生きているかに見える人形オリンピアというモティーフは、この物語に比類なく不気味な効果を生み出している唯一のモティーフでは決してない、いやそれどころか、この効果が第一に帰せられるべきモティーフですらない、と。さらに、このオリンピアのエピソードが、作家本人によってわずかにせよ風刺的なものに変換され、若い男から愛が過大評価されていることを嘲笑するために用いられている事実も、この効果を生み出すのに役立っているとは言えない。この物語の中心にあるのはむしろ、もう一つ別のモティーフ、この物語の題名のもととなり、決定的に重要な個所では繰り返し前面に出されているモティーフである。すなわち、子供の目をえぐり取る砂男のモティーフこそそれなのだ。

この空想的な物語は、学生ナタニエルの幼年期の想い出とともに始まる。彼は今現在幸福なのだが、愛する父の謎にみちて恐ろしい死と結びつく想い出を払いのけることができない。ある決まった晩になるといつも、母は「砂男がやってくるわ」と警告しながら子供たちを早めにベッドに追いやった。すると実際、その度に、父が一晩中かかりきりになる訪問者の重い足取りが子供の耳に聞こえてくるのだった。母親は、砂男のことを尋ねられると、そんなものは口で言うだけで実際にはいないのよ、と否定するのだが、しかし、子守女の方は、もっと手に取るようにありありと話してくれる。「あれは邪悪な男でしてな。子供たちがベッドに行くのをいやがるとやって来るんです。そして、その子たちの目の中に両手一杯の砂を投げ入れるものだから、両目は血だらけになって顔から跳び出ます。すると、砂男はその両目を袋の中にほうり込み、自分の小さな子供たちの餌にしようと半月まで持ち帰るんです。子供たちはそこにある巣の中に座っていて、フクロウのようにひん曲がった嘴を持っています。その嘴で、言うことを聞かない子供たちの目をついばむんです」。

小さなナタニエルはもうそれなりの年齢で分別もそなえていたので、砂男の形姿を飾りたてるそうした恐ろしげな尾ひれをしりぞけることはできたのだが、そうはいっても、砂男に対する不安そのものは彼の中にしっかり根を下ろすことになった。ナタニエルは、砂男がどんな外見をしているかつきとめてやろうと決心し、砂男が再びやって来ることになっていた夜、父の仕事部屋に隠れて待ち伏せした。そして、この訪問者が実は弁護士コッペリウスに他ならないことを突き止める。あのおぞましい人物、時おり昼のお客として姿を現すと子供たちがいつも怖がっていた人物だった。今や、このコッペリウスが、恐ろしい砂男と同一人物であることが判明したのだ。この場面をさらに展開させていくために、作家は、われわれが目にしているのは、不安のとりこになった男の子が初めて起こした精神錯乱なのか、それとも、物語の表現世界の中では実際にあったこととして理解されるべき報告なのか、すでに定かでないような書き方をしている。父親とお客は、めらめらと炎の燃え上がるかまどのところで何やら忙しそうに立ち働いている。盗み聞きしている小さな男の子には、コッペリウスが呼ぶ声が聞こえる。「目よ、おいで、目よ、おいで」と。男の子は叫び声を上げ、隠れていることがばれてしまい、コッペリウスに取り押さえられる。コッペリウスは、炎の中から灼熱した粒を取ってきて子供の目の中にまき散らそうとする。そのようにして両目をかまどの中に投げ入れようというのだ。父親は、子供の目は勘弁してやってくれと頼み込む。深く気絶し長い病床につくことで、この体験は終わりとなる。砂男のことを合理主義的に解釈しようと思い定める人なら、子守女の話が子供の空想《ファンタジー》の内で影響を及ぼし続けていることを見誤りはしないだろう。子供の目の中にまき散らされることになるのは、ここでは砂の粒ではなく、灼熱の炎の粒である。いずれの場合も、両目を跳び出させるためという点に違いはない。一年後、砂男はもう一度訪れてくるのだが、その際仕事部屋で起こった爆発によって父は命を落とすことになる。弁護士コッペリウスは、いかなる痕跡も残すことなくその地から姿を消す。

あちこちを行商して歩くイタリア人眼鏡商ジュゼッペ・コッポラの姿を見た時、今や学生となっているナタニエルは、子供時代に驚愕をもたらしたあの人物に再びあいまみえたと信じて疑わない。大学都市で晴雨計を売りつけようとしてナタニエルにすげなく断られると、コッポラは付け加えて言う。「おや、晴雨計など要らない。要らないとな。──ならば、私は、美しい目も持っとりますぞ。美しい目も」と。学生はぎょっとするが、差し出された目がどうということもない眼鏡にすぎないことが判明して、恐怖心は和らぐ。彼はコッポラから懐中望遠鏡を買い、それを使って向かいのスパランツァーニ教授の住まいの中を覗き見し始める。そしてそこに、美しいけれども不可解なほど言葉少なく、ぴくりとも動かない教授の娘、オリンピアの姿を目撃する。この娘に彼はたちまち激しく恋着し、彼女のことを思うあまり、賢く冷静な許嫁のことも忘れてしまう。しかし、オリンピアは機械仕掛けの人形だった。スパランツァーニが歯車で仕掛けをつくり、コッポラ──砂男──が両目を埋め込んだのだ。二人の名匠が彼らの作品をめぐって争っている現場に学生が来あわせる。眼鏡商は、眼球のない木製の人形を運び去り、機械技師スパランツァーニは、オリンピアの床にころがった血まみれの両目をナタニエルの胸に投げつけながら、それはコッポラがナタニエルから盗んだものだと言う。ナタニエルは、またしても狂気の発作に襲われる。そして精神錯乱の中で、父親の死の記憶がこの新鮮な印象と結びつく。「おお、おお、おお、炎の環だ、炎の環だ。回れ。炎の環よ。愉快だ。愉快だ。木の人形よ、おお、美しい木の人形よ、回れ」。そう叫びながら、彼はオリンピアの父親だと称する教授に襲いかかり、彼を絞め殺そうとする。

長く重い病から目覚め、ナタニエルはようやく全快したように見える。よりを戻した許嫁〔クララ〕と結婚することを、彼は考えている。ある日二人は一緒に街を歩いている。市《いち》が立つ広場には、市役所の塔が巨大な影を落としている。少女は許嫁に、塔に登ってみようと提案する。娘の兄が二人に同行しているのだが、彼は地上にとどまっていることにする。二人が上に登ったところで、路上を近づいてくる何やら怪しげなものの姿がクララの注意を引きつける。ナタニエルは、コッポラの望遠鏡がポケットに入っているのに気づいて、この物体を観察する。そして、またもや狂気に襲われ、「木の人形よ、回れ」と口走りながら、少女を地上に振り落とそうとする。妹の叫び声に気づいて駆け上がってきた兄が彼女を救い出し、大急ぎで彼女と地上に駆け降りる。上の方では、「炎の環よ、回れ」と叫びながら、狂乱する男が走り回っている。この叫び声が出てきた理由はもう明らかだろう。地上に集まった人々の間には、ひときわ目立って弁護士コッペリウスの姿がある。突如として再び彼が姿を現したのだ。彼が近づいてくるのを目撃したことこそが、ナタニエルに狂気の発作を引き起こしたのだと考えてよいだろう。狂乱する男を取り押さえるために、人々は駆け上がろうとする。しかし、コッペリウスは笑っている。[*4]「待っていればよい。ほうっておいても、奴は自分から降りてくるさ」と。ナタニエルは突然動きを止め、コッペリウスに気づく。そして、「そうだ、美しい目、美しい目だ」と金切り声をあげながら、手すりを乗り越え地面に身を投げる。彼が顔面をぐちゃぐちゃにつぶした姿で石畳の上に横たわっているのを見とどけると、砂男はごった返す人々の中に姿を消す。

　こうして手短に粗筋をなぞってみるだけでも、おそらく以下の点についていかなる疑問の余地も残るまい。つまり、不気味なものの感情が直接結びついているのは、砂男の姿に、すなわち眼球を奪われるという表象にであって、

＊4　この名前の由来は以下のようになっている。Coppella＝試金るつぼ（化学の実験、その際父が事故死した）、coppo＝眼窩（ランク博士の見解による）[11]。

イェンチュの言う知的不確かさはこの効果とは何の関係もない、という点である。生命が吹き込まれているのか否かをめぐる疑念は、人形オリンピアの場合には抱かれて当然のものだったとしても、不気味なものをより強烈に示すこの〔砂男の〕例にあっては全く問題にならない。なるほど、作家は最初のうち、われわれの内に不確かさに類する感情を生み出しはする。作家がわれわれを導き入れようとしているのは、現実の世界なのか、それとも彼の意のままにできる空想の世界なのか、さしあたり彼はわれわれに明かさない、しかもたしかに意図的に明かさないのである。周知のように、作家というのは、そのどちらの権利も認められている存在であって、もし彼が――例えばシェイクスピアが『ハムレット』や『マクベス』、別の意味においてではあるが『あらし』や『夏の夜の夢』の中でそうしたように――亡霊や魔物や幽霊の出没する世界を表現の舞台として選び出すなら、われわれはその点で彼に従い、彼に身を任せている間は、彼が前提するその世界が現実であるかのように扱わなければならない。この疑念はしかし、ホフマンの物語が展開されていくうちに消え去る。われわれは気づく。作家は、われわれ自身にも、魔《デモーニッシュ》的な眼鏡商の眼鏡ないし望遠鏡を通して物を見させようとしているのであり、それどころか彼はひょっとすると、自身もそういう器具を通して覗き見ていたのだ、と。なにしろこの物語の結末は、眼鏡商コッポラが実は弁護士コッペリウスであり、つまりは、砂男でもあることを明らかにしているのだから。

「知的な不確かさ」は、ここではもはや問題にならない。われわれの前に披露されているのが、一人の狂人の空想が作り出した形象であるはずがないことは、今やわれわれにはわかっている。狂人の空想なら、われわれは合理主義的に優位な立場から、その背後にあるがままの現実を見て取りもしよう、――そう解明されたからといって、不気味なものの印象はいささかも薄れないのだ。つまり、知的不確かさなるものは、この不気味な効果を理解する上で何の役にも立ちはしないのである。

それに対して、精神分析の経験を通してわれわれが思い起こすのは、眼球に傷を負う、あるいはそれを失うことが、子供が抱く驚愕すべき不安であるという点である。この不安の念は、多くの大人にはそのまま残り、大人にとってでも目ほど傷つけられるのが恐ろしい身体器官は他にない。なにしろわれわれは、「何かを自分の目の玉のように大切に守る」と言いならわしているではないか。夢や空想《ファンタジー》、神話を研究していく中でわれわれがさらに教えられるのは、目をめぐるこの不安、盲目になるかもしれないという不安が、かなりの場合、去勢不安の代替物であるという点である。神話上の犯罪者エディプスが自らすすんで盲目になったのも、去勢という罰——「目には目を」の規則に従うなら、彼にふさわしい罰はそれしかなかったはずなのだが——を軽減するものでしかなかった。眼球不安を去勢不安に還元することを、合理主義的な思考法に従って拒否しようと試みる人がいるかもしれない。そうすると、眼球ほどにも大切な器官が、それにふさわしく大きな不安によって見守られているのは無理からぬことだ、という話になる。いや、さらに議論をすすめて、去勢不安の背後により深い秘密や他の意味など何も隠されてはいない、と主張することも可能だろう。しかし、そういうやり方では、夢や空想、神話の中で眼球と男性器官の間に示されている代替的関係を正当に扱うことはやはりできない。性器を失うかもしれないという脅威に対しては、ことの他強く暗い感情が生まれ、まずこの感情があるからこそ、他の器官を失うという想像にも残響が及ぶことにもなる、という印象に抗うことはできない。神経症患者の分析から「去勢コンプレクス」の詳細について知るところとなり、それが患者の心の生活の中で演じる大きな役割に理解が及ぶにいたれば、それ以上の疑念はことごとく消え失せてしまう。

244 私としてはまた、精神分析的な見解に反対する人が、眼球不安は去勢不安とは独立のものだと主張する場合でも、他ならぬこのホフマンの『砂男』という物語を引き合いに出したりはなさらないよう忠告したい。というのも、ではどうして、この物語では眼球不安が父親の死とこの上なく密接に関係づけられているのか。なぜ、砂男はいつも愛を邪魔する者として登場してくるのか。彼は不幸な学生を、その許嫁と、また最良の友である彼女の兄と仲たがいさせる。彼は学生の第二の愛の対象、美しい人形オリンピアを破壊する。彼は、学生がクララの心を再び取り戻し彼女と幸せに結ばれようとするまさにその時に、彼を自殺に追い込む。それにとどまらず、この物語が示す他の様々な筋立ては、もし眼球不安と去勢の関係を認めまいとするならば、恣意的で無意味なものにしか映じないだろう。それらは、砂男の代わりに恐怖の対象としての父親——去勢は父親によってなされると見なされる——を置いて初めて、意味深いものになるだろう。[*5]

245 こうしてわれわれとしては、砂男にまつわる不気味なものを子供の去勢コンプレクスから来る不安に帰してみたい。けれども、不気味な感情の発生を理解するために、そのような幼児期の要因に訴えるというアイディアが浮上

＊5　実際、作家による空想加工の作業が、材料となる要素を、そのもともとの配置を再現することが不可能になるほど乱暴にひっかき回してしまうことはない。子供時代の話の中で、父親とコッペリウスは、両価性《アンビヴァレンツ》によって二つの対極に分解された父親のイマーゴを表現している。一方は、目をつぶす（去勢する）と脅かし、他方、良き父親の方は、子供の目は勘弁してくれと頼み込む。このコンプレクスのうち抑圧が最も強く関与している部分は、邪悪な父親の死を願う欲望だが、それが表現されているのは良き父親の死の中であって、これはコッペリウスのせいだとされる。この父親のペアに対応しているのが、後年学生になってからの人生の物語の中では、スパランツァーニ教授と眼鏡商コッポラであり、教授がそも

そも父親の系列に属する人物であるのに対して、コッポラは弁護士コッペリウスと同一人物であることが見て取れる。父親とコッペリウスがかつていわくありげなかまどを使って何やら一緒に仕事をしていたのと同じ様に、今やスパランツァーニとコッポラは協力して人形オリンピアをこしらえ上げたのだ。教授はオリンピアの父親であるとも言われる。二度までも繰り返される共同作業によって、彼らが父親のイマーゴの分裂したものに他ならないことは明らかだ。つまり、機械技師も眼鏡商も、オリンピアの父親であるとともにナタニエルの父親でもあるのだ。子供時代の驚愕のシーンの中で、コッペリウスは子供の目をつぶすことを断念した後で、試しに子供の手足をねじって取り外そうとするが、ちょうど機械技師が人形を相手にするようにナタニエル相手にも仕事をしたわけだ。この奇妙な筋立ては、完全に砂男の表象の枠からはみ出しており、去勢に対応する新たな等価物を持ち出すものである。この筋立てはしかし、コッペリウスと、後のその片割れである機械技師スパランツァーニとの内的同一性をも示唆しているのであって、われわれがオリンピアを解釈するための準備をしてくれている。この自動機械人形は、ナタニエルが幼い頃父親に対してとっていた女性的姿勢が実体として表現されたものに他ならない。彼女の父親たち——スパランツァーニとコッポラ——とは、ナタニエルの父親ペアの新装版、再臨なのである。眼鏡商がナタニエルから両目を盗んだ(上記参照)のは人形につけてやるためだ、というスパランツァーニの申し立ては、さもなければ理解不可能なものだったろうが、こうして、オリンピアとナタニエルの同一性の証拠として意味を獲得する。オリンピアとは、言うなれば、コンプレクスのうちナタニエルから切り離された部分が、人格として彼と向かい合っている姿なのである。ナタニエルがこのコンプレクスに支配されていることは、無意味なほど強迫的なオリンピアへの愛の内に表現されている。われわれはこの愛をナルシス的と呼んでよいのであり、その虜となった男が現実の愛の対象から疎遠になっていくことが、よく理解できる。そして、去勢コンプレクスによって父親に固着している若い男が女性を愛することができなくなるという事態が、心理学的にどれほど正しいかは、多数の症例分析が示している。その内容は、なるほど学生ナタニエルの話ほど空想的でも奇想天外でもないとはいえ、ほとんどそれに劣らず痛ましい。

E・T・A・ホフマンは不幸な結婚の子供だった。三歳の時父親がその小さな家庭から去って行き、家族と生活を共にすることは二度となかった。E・グリーゼバッハがホフマンの著作集に付した伝記的緒言の中で伝えるところによれば、父親との関係は、作家の感情生活において最も傷つきやすい個所の一つだった。

してくると、われわれは、不気味なものの他の実例についてもこれと同じ推論ができはしないか検討してみたくなる。イェンチュが浮き彫りにしたように、砂男には、生きているかに見える人形というモティーフも見出される。この著者によれば、あるものが生きているか生命がないかについて、知的不確かさの念が引き起こされ、生命のない存在が生きているものにあまりに似すぎている場合というのは、不気味な感情の発生にとってことの他有利な条件だという。もちろん、他ならぬ人形に注目したのだから、われわれは子供の世界から遠く離れてはいない。誰もが覚えているように、遊び始める年頃にあっては、子供はおよそ生きているものと命のないものをはっきり区別したりはしない。ことの他好んで人形を生きている存在のように扱うものだ。実際、女性患者が次のように物語るのが時として耳にされる。ある決まった仕方で能う限りまじまじと見つめると人形が生きて動き始めると、自分は八歳になってもなお信じ込んでいた、と。そういうわけで、幼児期の要因はここでも容易に証示できる。ところが、奇妙なことに、砂男のケースで問題になっていたのは、子供の昔の不安が喚起されることだったのに、生きている人形では不安は問題にならない。子供は、自分の人形が生きて動き始めるのを怖がったりせず、それどころか、ひょっとするとそれを欲してさえいた。とすれば、不気味な感情の源泉は、ここでは子供の不安ではなく、子供の欲望であり、あるいは単に子供の確信にすぎないのだろう。これは矛盾のように見える。もしかすると、それは多様性、それも、後々われわれの理解を促進してくれる多様性にすぎないのかもしれないが。

E・T・A・ホフマンは、文学において、不気味なものの取り扱いにかけては他の追随を許さない名人である。彼の長篇小説『悪魔の霊液』(12)〔一八一五―一六年〕は、物語の不気味な効果をそれに帰したくなるようなモティーフを、一通りすべて揃えている。この小説の内容はあまりに豊かであまりに錯綜しているので、あえてそこから一部を抜枠しようなどという気持ちにはなれない。本の結末にいたって、それまで伏せられていた筋書きのいくつかの前提が読者に明らかにされても、その結果読者の疑問が解明されるわけではなく、むしろ全くの混乱の中に落とし入れられるにすぎない。作家は、同種の事柄をあまりに沢山積み上げすぎており、そのせいで全体の印象が損なわれることはなくても、おそらく全体の理解は損なわれる。ここでは、不気味な効果を引き起こす数々のモティーフの中で最も顕著なものを取り出し、そのモティーフにも幼児期に起源を見出す推論が許されるかどうかを調べるだけで満足しなければならない。そのモティーフとはドッペルゲンガーである。それは、ニュアンスと造型の度合を異にするありとあらゆるタイプを含む。例えば、外見がそっくりであるために同一人物と見なされてしまう人々の登場であったり、この事情がエスカレートして、それらの人物の内の一人から他の一人へと心の中の出来事が飛び移り——われわれなら、テレパシーと呼ぶ事態だ——その結果、一方が他方の知識・感情・体験を共有するにいたることであったり、異なる人物と同一化した結果、自らの自我に混乱をきたしたり、あるいは自分の自我を他人の自我で置き換えてしまうこと、つまり自我の二重化、自我の分割、自我の交換であったり、最後に、等しきものの絶えざる回帰(13)、同じ容貌・性格・運命・犯罪行為、いや同じ名前まで何世代にもわたって連続して反復されるという事態であったりする。

ドッペルゲンガーのモティーフは、O・ランクによる同名の研究の中で立ち入った評価検討を受けることになった[*6]。そこでは、ドッペルゲンガーが鏡像や影像、守護霊や心理学、死の不安とどのような関係にあるかが研究さ

＊6　オットー・ランク『ドッペルゲンガー』(*Imago*, III, 1914)。

れるのだが、しかし、このモティーフの意外な発達史にも明るい照明があてられている。というのも、ドッペルゲンガーとは、もともと、自我の没落に掛けられた保険だったのだから。つまり、「死の力を断固否認すること」(O・ランク)であり、「不死」の魂とは、おそらく肉体の最初のドッペルゲンガーだったのだ。破壊から身を守るためそのように複製を創り出す行為に対応するのが、夢言語のなす描写である。夢言語は、性器の象徴を二重、多重に複製して去勢を表現することを好むものだ。(14) 古代エジプトの文化においては、この創造行為は、死者の像を永続的な材料の中に造型しようとする芸術の原動力となっている。けれども、こうした表象は、無制限の自己愛を、つまり、子供や原始人の心の生活を支配している一次的ナルシシズムを地盤として成立したものであって、この段階が克服されると、ドッペルゲンガーが先触れするものも変化する。それは、死後における生の継続を保証するものだったのに、死の不気味な先触れとなるのだ。

ドッペルゲンガーの表象は、必ずしも、この原初的なナルシシズムが没落していくのに合わせて共に没落するとは限らない。というのも、それは自我のその後の発達段階から新たな内容を獲得できるからである。自我の中にゆっくりと別の審級が形成されるのであり、それは自我の残余の部分と対峙することができる。この審級は、自己観察と自己批判のために働き、心的検閲の仕事を行い、われわれの意識には「良心」として知られることになる。観察妄想という病理的事例にあっては、この審級は、孤立化されて自我から分裂し、医者の注意を引く。残余の自我を対象のように取り扱うことのできるそのような審級が存在する事実、つまり、人間には自己観察の能力があるという事実こそが、ドッペルゲンガーという古い表象を新しい内容で満たし、様々なもの、特に自己批判の観点からすれば原始時代の克服された古いナルシシズムに属していると見えるものの一切合財を、この表象に割りふることを可能にするのである。[*7]

しかしながら、自我‐批判にとって嫌悪すべきそうした内容だけが、ドッペルゲンガーに併合されうるわけではない。結局実現されずに終わりはしたが空想《ファンタジー》が依然として固執したがっている運命形成の可能性、また、外的な不都合のせいで貫徹されなかった自我‐追求、そして、自由意志という錯覚を結果的に生み出す抑え込まれた意志決定、それらも同様にすべて、併合されるのである。[*8]

ドッペルゲンガーを登場させるはっきりした動機がどのようなものか、われわれは以上のように考察してきたわけだが、しかし、それらをすべて考慮に入れても、ドッペルゲンガーにまつわる異常に高い度合の不気味さが理解可能になったわけでは全くない、と言わざるをえない。そして、病理的な心の出来事に関するわれわれの知識をもとに付言することが許されるだろう。この内容では、ドッペルゲンガーを何かよそよそしいものとして自我の外部に投射しようとする防衛の追求は全く説明できないだろう、と。なにしろ、不気味なものという性格は、ドッペル

＊7　人間の胸の内には二つの心が住んでいると詩人が嘆く時、また、通俗心理学者が人間における自我の分裂について語る時、その心に浮かんでいるのは、批判的審級と自我‐残余との間の分裂という、自我‐心理学にこそ属する事態であって、精神分析が発見した、自我と抑圧された無意識との間の対立ではないと私は考える。もっともこの相違は、自我‐批判によって棄却されるものの中に、さしあたり、抑圧されたものの蘖《ひこばえ》が見出されることによって曖昧にされてしまうのだが。(15)

＊8　H・H・エーヴァースの作品『プラハの学生』は、ドッペルゲンガーについてのO・ランクの研究がその出発点にしているものだが、その中で主人公は恋人に、決闘の相手を殺しはしないと約束した。しかし、決闘の場に向かう途中で、彼はドッペルゲンガーにばったり出会う。こちらは恋敵をすでに片付けた後だった。

ゲンガーとは克服された心の原始時代に形成されたものである――もっとも、当時はより友好的な意味をもっていたのだが――という事実に由来するもの以外ではありえないのだから。ドッペルゲンガーは驚愕をもたらすイメージになった。ちょうど、神々がその宗教の失墜後に魔物になったのと同じように（ハイネ『流刑地の神々』）。

ホフマンの作品の中で用いられている他の自我‐障害については、ドッペルゲンガーのモティーフを模範とすることで容易に判断できる。そこで問題になっているのは、自我‐感情の発達史の中の個々の段階への逆戻り、自我が外界や他なるものからまだはっきり境界づけられていなかった時期への退行である。思うに、これらのモティーフも、不気味なものの印象を引き起こすに、共に与っているのである。この印象におけるそれらの持ち分だけを孤立させ取り出すことは容易でないとしても。

同じ事態の反復というこの契機が、不気味な感情の源泉として誰からも認められることは、おそらくあるまい。しかし私の観察では、それは一定の条件のもと、一定の状況と結びつくと、疑いの余地なく不気味な感情を引き起こす。ちなみに、この感情は、いくつかの夢の状態が示す寄る辺なさを思い出させる。以前のこと、ある暑い夏の午後、イタリアの小さな町の、私には不案内であった人気のない通りを、これというあてもなく歩き回っているうちに、私はある一角に迷い込んでしまった。それがどういう性格の一角であるのかは、ほどなく疑いの余地のないものとなった。小さな家々の窓の中に見えるのは化粧をした女たちばかりだ。私は大急ぎで次の角を曲がり、この狭い通りから離れようとした。ところが、しばらくの間不案内にあちこち迷い歩いた後に、突然私は自分が再び同じ通りに戻ってきていることに気づいたのだ。私はその通りにいる人々の注目を集め始めた。大急ぎで、私はそこから遠ざかろうとしたが、その結果、新たに回り道をした挙げ句に三たびそこに行き着いたにすぎなかった。その時私を襲ったのは、不気味としか表現しようのない感情だった。そして、さらに何かを発見しようなどという旅の思いは放棄し、つい最前あとにした広場に戻ることができた時、私は安堵の胸をなでおろしたのだった。これとは異なる状況であっても、意図せざる回帰という性格を今ここに描き出された状況と共有していれば、それ以外の点では根本的に異なっているにせよ、やはり寄る辺なさと不気味さというこの同じ感情を結果として伴うのである。例えば、深い森の中で霧か何かに不意をつかれて道に迷い、目印のついた道やあるいは馴染みの道を見つけようとあらゆる手を尽くすにもかかわらず、ある決まった地形を特徴とする地点に繰り返し立ち戻ってしまうような場合。もしくは、よく知らない暗い部屋の中で、扉や電灯のスイッチを探してうろうろするのに、何度も何度も同じ家具にぶつかってしまうといった場合である。もっともこうした状況も、マーク・トウェインの手にかかると、グロテスクに誇張され抗いがたく滑稽なものに変容してしまうのだが[16]。

これとは異なる一連の体験からも、われわれは次の点を容易に見て取ることができる。つまり、意図せざる反復というこの契機のみが、さもなければどうということもないものを不気味にし、そうでもなければ単に「偶然だ」と語ってすまされるに過ぎない場合に、宿命的なもの、免れがたいものという想念を押しつけてくるのである。例えばもし、クロークに衣服を預けたところある決まった数——仮に六十二番としておこう——の受領札を受け取っても、あるいは、割り当てられた船室がこの番号を冠しているとわかっても、それはたしかに、とりたてて言うほどのこともない経験である。ところが、それ自体としてはどうでもよいこの二つの出来事が間隔をおかずに立て続けに起こり、結果的に六十二という数字が同じ一日の内に何度もその人の身にふりかかってくることになれば、それどころかさらに、例えば住居やホテルの部屋、鉄道の車室など番号を冠するものがどれもみな、繰り返し、少なくとも部分的には同じ数を含んでいる、という事態を観察する羽目になったりすれば、この印象は変わってしまうだろう。この事態は「不気味」と見なされる。そして、迷信の誘惑に確固不動の抵抗力がある人でなければ、同じ数字がしつこく回帰するこの事態に密かな意味を認めたい、例えば、定められた寿命への示唆をそこに見出したいという気持ちになっている自分に気づくことだろう(17)。あるいは、偉大な生理学者H・ヘーリング(18)の著作を勉強している最中に、異なる国に住む彼と同じ苗字の二人の人物から、それまでそういう苗字の人と関わりを持ったことなど皆無なのに、何日も間をおくことなく立て続けに手紙を受け取るというような場合も同様だろう。つい最近、ある才気あふれる自然研究者が、その種の出来事が一定の法則に従っていることを証明しようと試みた。そうすることで、不気味なものという印象は解消されるに違いないというのである。彼がこの試みに成功しているかどうか、私としては、判断しようとは思わない。*9

同じ種類のものの回帰にまつわる不気味さが、幼児の心の生活からどのように導出されうるかについて、私はここでは示唆するにとどめるしかなく、そのかわりとして、これとは別の連関ですでに用意されている詳細な論述を引き合いに出さざるをえない(19)。つまり、心の無意識の中には、欲動の蠢きから発生する反復強迫の支配を認めることができるのである。この強迫はおそらく、欲動の最も内的な本性そのものに依存しており、快原理を超え出るほどにも強く、心の生活の特定の側面に魔《デモーニッシュ》的な性格を帯びさせるものであって、小さな子供が様々に追求することのうちにはいまだにとてもはっきり表明されており、部分的には神経症患者の精神分析の経過を支配している。ここまでに述べられた究明の全体を通して、われわれは、内的反復強迫を思い起こさせうるものはすべて不気味なものと感じ取られるだろうと考える用意が整ったのである。

さてしかし、何のかのと言っても判断の難しいこの事情からは目を転じ、不気味なものの疑問の余地のない事例を捜し出すべき時がそろそろ来ているように私は思う。それを分析すれば、われわれの仮定の妥当性について最終決着がつけられると期待してよいだろう。

「ポリュクラテスの指輪」(20)の中で、来客はぞっとして顔をそむける。というのも、彼は友のどんな欲望もたちまち成就され、どんな気掛かりも間髪を入れずに運命によって取り除かれることに気づくからだ。その客にとって、もてなしてくれる友は「不気味な」存在になる。友自身が与える「幸運に恵まれすぎた者は、神々の嫉妬を恐れなければならない」という解説は、われわれにはいまだ不透明なままで、その意味するところは神話さながらに覆い隠されている。というわけで、それよりずっと単純な事情の中から、別の例を一つ取り上げてみよう。ある強迫神経症患者の症例報告*10の中で、私は、この病人がかつてある水浴治療施設に滞在し、そのおかげで目ざましく回復することができた、という話を書き記した。けれども、彼はとても賢い人だったので、この成果を水がもつ治癒力のせいにはせず、自分の部屋が魅力的な女性看護人の小部屋のすぐ隣に位置していたおかげだと考えたのだった。その後、この施設に二度目にやって来た時、彼は再び同じ部屋を所望したが、この部屋は別の高齢の男性のせいですでにふさがっていると聞かされねばならなかった。彼は「それなら、そいつは卒中の発作にでも見舞われるがよい」との言葉を発し、うっぷんを晴らした。二週間後にこの高齢の男性は、事実卒中の発作に襲われた。私の患者

*9　P・カメラー『連続発生の法則』ウィーン、一九一九年。
*10　「強迫神経症の一例についての見解〔鼠男〕」〔第二章〕(GW-VII 439ff.)〔本全集第十巻〕。

にとって、これは「不気味な」体験だった。もし例の発言と発作の間により短い間隔しかあいていなかったら、あるいは、この患者がとてもよく似た体験を数多く報告することができていたら、この不気味さの印象はもっと強烈なものになっていただろう。実際、彼はそれを裏付ける似たような体験に何ら不自由しなかったのだが、しかし、彼だけではない、私が調べた強迫神経症の患者はみな、これに類することが身の上に起こったと物語ることができたのだった。彼らは――おそらくは随分久しぶりに――ちょうど思いをはせたばかりの人物に計ったかのように遭遇しても、少しも驚かなかった。彼らは前夜「それにしても、あいつからはもう随分長い間何の音沙汰もないな」と口にすると、計ったかのように翌朝にはその友達から手紙を受け取るのだった。また特に、不幸な出来事や死亡事件が起こる場合、少し前にその考えが脳裏をちらりと掠め過ぎないことは滅多になかった。彼らは、そういう「予感」がしたのです、しかもそういう予感は「たいてい」当たるのです、と主張することで、この事態をごくごく控えめに表現したものだった。

迷信の中で最も不気味で最も広まっている形態の一つが、「邪悪な眼差し」に対する不安である。これについては、ハンブルクの眼科医S・ゼーリヒマン[*11]が取り上げ、非常に丹念に論じている。この不安がいかなる源泉に由来するものかについては、見誤られたことは決してないようだ。何か高価なもの、ただし壊れやすいものを所持している人は、他者の妬みに対して恐れを抱く。というのも、逆のケースに自分が感じるだろう妬みを相手に投射するからだ。そのような心の蠢きは、言葉で表現するのを差し控えている場合でも、眼差しによって漏らされてしまう。そして、もし誰かが何か目立った特徴によって、しかも望ましくない種類の特徴によって耳目を惹く場合には、その人の妬みは特に強烈で、しかもその強烈さを現実の作用に転化させるだろうと考えられてしまうのである。つまり、恐れが抱かれるのは、傷つけようとする密かな意図に対してであり、一定の徴候が認められると、この意図には力もまたそなわっていると想定されてしまうのである。

不気味なものの最後に言及したいくつかの例は、ある患者[21]の示唆に従って私が「思考の万能」と名づけた原理に依存している。自分がいかなる地盤の上に身を置いているのか、われわれはもはや見誤りようがない。不気味なものの実例を分析した結果、われわれはアニミズムという古《いにしえ》の世界観に連れ戻されたのだ。この世界観は次のような特徴によって際立つ。すなわち、世界が人間の霊魂によって満たされること、自らの心の過程をナルシス的に過大評価すること、思考の万能とその上に築かれる呪術という技法、魔法の力を細心の注意を払って等級づけ、他の人間や事物に割り当てること(マナ)、その発達段階にあたる無制限のナルシシズムが現実からの見誤りようのない抗議から身を守るために様々な物を創り出すことである。どうやらわれわれはみな、個人としての発達の過程で、原始人のこのアニミズムに対応する段階を経てきたのであり、この段階が、表現能力をもつ残滓と痕跡を残すことなく経過し去ることは誰にも決してないのであり、今日われわれに「不気味」と思えるものはすべて、アニミズム的な心の活動の残滓に触れ、それが表現されるよう促すという条件を満たしているようなのだ。*12

---

*11 『邪悪な眼差しとそれに類似のもの』全二巻、ベルリン、一九一〇、一九一一年。

*12 これらについては、拙著『トーテムとタブー』(一九一二―一三年)の第三論文「アニミズム、呪術そして思考の万能」(GW-IX 93ff.)〔本全集第十二巻〕参照。そこで、次のように注釈しているのも参照。「どうやらわれわれは、思考の万能や一般にアニミズム的な思考様式を裏付けるような印象には——判断の中ではすでにそれらから離れてしまっているにもかかわらず——「不気味なもの」の性格を付与するようである」。

さて、このあたりが、この小さな研究の本質的内容を書き記しておきたいと私が思う二つの注釈をするのにふさわしい場所だろう。第一点。感情の蠢きに伴うすべての情動は種類を問わず、抑圧されることでどれも不安に変換される、と主張する点で精神分析理論が正しいとしよう。すると、不安を掻き立てるものの事例の中には、その不安を掻き立てるものとは抑圧されたものが回帰しているのに他ならないことが示されるグループが存在するに違いない。この種の不安を掻き立てるものこそ、まさに不気味なものだろう。そして、それがもともと不安を掻き立てるものだったのか、それとも何か他の情動に支えられていたのかは、その際どうでもよいに違いない。第二点。もしこれが実際に不気味なものの秘められた本性だとすれば、言語の慣用が内密なものをその反対に、つまりは不気味なものに変換する(二四二頁以下)[22]という事態も理解できる。というのも、不気味なものとは実際、何ら新しいものでも疎遠なものでもなく、心の生活には古くから馴染みのものであり、それが抑圧のプロセスを通して心の生活から疎外されていたにすぎないのだから。抑圧へのこの関係は、不気味なものとは隠されたままにとどまっているべきなのに現れ出てきてしまった何ものかに他ならない、とするシェリングの定義の意味をも、今やわれわれに明らかにしてくれる。

われわれが獲得した洞察が、不気味なものの他のいくつかの事例を説明する上でも有効かどうかを試してみること、われわれになお残されている課題はこれだけである。

この上なく不気味に思われるものとは、多くの人々にとって、死と、死体、死者の回帰、霊魂や幽霊と関わりのあるものである。先に知識を得たように、多くの近代言語は、「不気味な家」というドイツ語の表現を、「幽霊が出る家」という風に回りくどく言い換えることでしか再現できない。本来ならわれわれは、不気味さのおそらく最も強烈なこの例からこそ本研究を始めることもできたのだ。しかし、われわれはそうしなかった。というのも、その場合、不気味なものが、恐ろしげなものとあまりに混同されてしまい、部分的にはそれによって覆い隠されてしまうからだ。しかしながら、死に対するわれわれの関係ほど、われわれの思考と感情が原始時代から僅かしか変わらず、古いものが薄い覆いの下でよく保存され続けている領域は、他にほとんど存在しない。この膠着状態については、二つの要素が有効な情報を与えてくれる。われわれのもともとの感情の反応が強烈だったこと、そして、われわれの学問的認識が不確かであることだ。われわれの生物学は、死がすべての生物の必然的運命なのか、それとも、規則的に繰り返されるがひょっとすると避けることも可能な生命内部の偶然にすぎないのか、未だに決められずにいる。[23]「すべての人間は死なねばならない」という命題は、なるほど論理学の教科書の中で全称的主張の見本として呈示されているものではあるが、しかし、誰も腑に落ちるとは感じない。そして、自らが死すべき運命にあるという表象に対してほとんどいかなる存在の余地も認めない点で、われわれの無意識は今も昔も変わらない。[24]様々な宗教は、個人の死という否みがたい事実に対してさえ、今なおその意味を認めることを拒んでおり、生存ということを、生命の終焉を超えて継続させている。また国家権力は、生きている人々がこの地上の生をより良い彼岸によって修正するという希望を断念せねばならなくなれば、人々の間の道徳秩序を維持し続けることなど不可能だと見なしている。われわれの大都市の円筒形の広告柱には、どうすれば死者の魂と連絡を取れるかを教えると称する講演が予告されている。そして、学問に携わる男性諸賢の中で最も良質の頭脳にして最も鋭利な思想家たちの内にも、特に自身の人生の時が終わりに近づくと、上述のような死者との往来の可能性が皆無というわけではないと判断してきた者がいたことは、否定しがたい事実である。われわれのほとんど誰もが、この点では相変わらず未開人のように思考するのだから、死者に対する原始的な不安がわれわれの内で今なおとても強く、何かのきっかけさえあれば、いつ何時でも表面化する用意ができているとしても、何ら怪しむには当たらない。こうした不安にはおそらく、死者は生き残った者の敵となり、〔死後の〕新しい生存の仲間として道連れにしようともくろんでいるとする古の感覚が依然として含まれているのである。死に対する姿勢がこれほどにも変わっていないのであれば、問われうるのはむしろ、原始的なものが不気味なものとして回帰できるために必要とされる抑圧という条件などどこにあるというのか、という点だろう。だが、抑圧はやはり存在している。公式には、いわゆる教養人は、死んだ人間が霊魂として目に見える存在になるなどともはや信じていない。それが現象するとしても、突飛で稀にしか現実とならない条件と結び付いてのことでしかないと考える。死者に対する感情は、もともとはこの上なく二義的で両価的《アンビヴァレント》な姿勢をとるものだったのに、心の生活の高次の層にとっては、敬虔さという一義的な姿勢に弱められてしまったのである。*13

ここにいたっては、なお僅かの補足が必要とされるにすぎない。というのも、アニミズム、呪術と魔法、思考の万能、死との関係、意図せざる反復、そして去勢コンプレクスについて論じたことで、われわれは、不安を掻き立てるものを不気味なものとする諸々の要因の範囲を、ほぼカヴァーし尽くしたことになるからである。

われわれは、生きている人間を不気味と呼ぶこともある。その人が邪悪な意図を心に秘めていると信じられるような場合である。しかし、それだけではまだ十分ではない。われわれを傷つけようとする彼の意図が特殊な力の助けを借りて実現されることになるという点が、さらに付け加えられねばならない。「ジェッタトーレ」(25)は、この点に関する恰好の実例であって、ラテン系の迷信に出てくるこの不気味な人物を、アルブレヒト・シェッファーは

『ヨーゼフ・モンフォール』という著作の中で、詩的な直観と深い精神分析的理解に支えられて共感を誘う作中人物に作り変えた。ただし、この秘められた力を引き合いに出すことで、われわれはすでに再びアニミズムの地盤の上に立っている。そういう秘密の力を予感したからこそ、敬虔な娘グレートヒェンにはメフィストがあのように不気味に感じられるのである。

　彼女は嗅ぎつけている。私がきっと一人の特異な存在
　ひょっとすると、それどころか悪魔ですらあることを。(26)

癲癇や狂気にまつわる不気味さも、その由って来たる所以は同じである。素人は、まさか隣人の中に潜んでいようとは思ってもみなかったのだが、自分自身の人格の片隅に蠢いているのはぼんやり感じ取ることのできる力が、癲癇や狂気には現れ出ていると見る。中世という時代は、これらの病気が現れるとすべて魔物の働きのせいにしたが、それは首尾一貫しており、心理学的に見てもほぼ正しい見方だった。実際、これらの密かな力の発見の仕事に精神分析が携わっているせいで、多くの人々にとっては精神分析自体が不気味なものと化していると聞かされるとしても、私は不思議には思わないだろう。長らく患っていた一人の少女の治療が——とても速やかに、ではなかったにせよ——私の手により成功した一つのケースで、快癒して長い時間の経っていた少女の母親の口から、私自身

＊13　『トーテムとタブー』の中の「タブーと〔感情の蠢きの〕両価性」を参照せよ。

がそう聞かされたことがある。

切り取られた四肢、切り落とされた頭、ハウフの童話(27)にあるような腕から切り離された手、A・シェッファーの上述の著作にあるような、勝手に踊りだす両足――それらは、尋常ならず不気味な性格を漂わせている。最後の例に見られるように、ひとりでに動き出す様までもがそれらに認められる場合、特にそうだ。この場合の不気味さが去勢コンプレクスとの近似に由来することを、われわれはすでに知っている。多くの人々は、仮死状態のまま埋葬されてしまうという表象に、不気味さの極致を認めることだろう。しかし、精神分析がわれわれに教えてきたように、この驚愕《ぞっと》させる空想《ファンタジー》は、別の一つの空想が変容したものにすぎない。その空想とは、それ自体はもともと何ら驚愕すべきものではなく、特定の欲情によって担われていたものである。すなわち、母胎の中の生命という空想が変容したものなのである(28)。

＊　＊　＊

いささか一般的な論点について補足しておこう。それは厳密には、アニミズムや心の装置の克服された働き方に関するわれわれのこれまでの主張の内にすでに含まれていたことなのだが、しかし、やはり特別に強調されるに値するように思われる。つまり、空想と現実との間の境界線がぼやけてしまうような場合や、それまで空想上のことに過ぎないと見なされていた出来事が現実にわれわれの前に出現してきたような場合、また、ある象徴が、象徴されているものの働きと意味を完全に引き受け代行するような場合には、それらの事態はしばしば、そして容易に不気味な印象を与えるのである。呪術的なトリックにつきまとう不気味さも、その多くはこの点に基づいている。ここには幼児的な要素が含まれていて、それは、神経症患者の心の生活を支配するものでもあるが、物的現実に比べて心的現実を過剰に強調する。これは、思考の万能にもつながっていく特質である。ちょうど世界大戦のために外の世界から閉ざされた状態にあった頃、イギリスの雑誌『ストランド』のある号が私の手もとに届いた。その中で私は、かなり余計な他の作品に混じって一篇の物語を読んだ。若い男女が家具付きの住居に移り住んだところ、そこにはワニが彫られた奇妙な形の机が置かれていた。その後、夕方になるといつも、くせのある耐えがたい臭いがその住居の中に広がり始めるのだった。おまけに、暗がりの中で何かにつまずいてしまい、何やら曰く言いがたい物が階段のところをさっと動くのを目撃したと信じる人まで出る始末だった。要するに、この机が存在するせいで、ワニの幽霊がこの家に出没することになったか、もしくは、木製のこの怪物が暗闇の中で生命を獲得したか、あるいはそれに類することが起こったと推測せざるをえなくなったのだ。いかにも単純な物語だったが、その不気味な効果はかなり見事だと感じられるものだった。

　実例のこうした収集はたしかになお不完全なものではあるのだが、その締めくくりに、精神分析の仕事から得られた一つの経験に触れておきたい。それが単なる偶然の一致に基づくのでないとすれば、不気味なものについてのわれわれの見解に最も好い裏付けを提供してくれるからだ。神経症の男性が、女性の性器は自分にとって何かしら不気味だと断言するということがしばしば起こる。この不気味なものは、しかし、人の子にとって古の故郷への入口、誰もがかつて最初に滞在した場所への入口なのだ。「愛とは郷愁だ」と戯れに言われもするし、ある場所や風景を夢に見ている人が、「これは私には見覚えがある」と夢の中で考えるとすれば、それを解釈するために、母親の性器や母胎を持ち出すことが許されるだろう[29]。つまり、不気味な〔unheimlich〕ものとは、この事例にあっても、かつて慣れ親しんだ〔heimisch〕もの、古くから馴染みのものである。そして、この言葉についている前綴り「un」は、抑圧の目印なのだ。(30)

III

ここまでの論究を読んでいる間にも、読者の心には数々の疑念が兆したことだろう。以下ではそれらにまとめて発言の機会を与えることにしよう。

不気味なものとは、内密にして－慣れ親しまれたもの、抑圧を経験しつつもその状態から回帰したものである、そして、不気味なものはすべてこの条件を満たしている、というのはたしかにその通りかもしれない。しかし、ここまでの材料選択によって不気味なものの謎が解消されたようには見えない。われわれの命題では、逆もまた真なり、が成り立ちそうにない。個人の幼少期や民族の原始時代に見られる抑圧された欲望の蠢きや克服された思考様式を想い起こさせるものが、だからといってすべて不気味であるわけでは必ずしもないのである。

われわれの命題を証明するはずの実例のほとんどすべてに対して、それを反駁する実例が対応して見出される点についても、われわれは口を閉ざすつもりはない。例えば、「切り落とされた手の物語」というハウフの童話に出てくる切り落とされた手は、たしかに不気味な印象を与えるだろう。われわれはそれを去勢コンプレクスに帰した。しかし、ランプシニトスの宝蔵についてのヘロドトスの物語の中で、名人盗賊は、彼の手を離すまいとする王女に対し、自分の兄弟の切り落とされた手を握らせて姿をくらますのだが、この筋立てが不気味な印象など何も引き起こさないと判断するのは、おそらく私一人ではあるまい。「ポリュクラテスの指輪」の中で欲望が即座に成就される話の方は、エジプトの王様に与えたのと同様の不気味な印象を確実にわれわれにも与えるだろう。しかし、われわれの童話は、欲望がただちに成就される話であふれており、しかも、そこでは不気味なことなど何一つ起こらない。三つの欲望(31)についての童話の中では、女房が焼きソーセージの良い匂いに誘われてついつい「私もあんなソーセージがほしいわ」と口走ってしまう。するとたちまち、ソーセージが彼女の目の前のお皿の上に載っかる。亭主は怒りのあまり、そんなソーセージなどでしゃばり女の鼻にぶら下がってしまえ、と欲してしまう。あっという間に、ソーセージは彼女の鼻にだらりと垂れ下がる。これはとても印象深く面白い話だが、不気味ということはいささかもない。そもそもこの童話は、全くあからさまに、思考と欲望の万能というアニミズムの観点に立っているのだが、しかし、私に言わせれば、正真正銘の童話でその中に何であれ不気味なものが姿を現すものなど、一つとして名前を挙げることはできないだろう。生きていない物や絵や人形が動き始めると、大いに不気味な印象を与えるとわれわれは聞かされたが、しかし、アンデルセンの童話の中で所帯道具や家具や錫の兵隊が生きて動き回ったからといって、およそ不気味なものからこれ以上かけ離れたものもあるまい。ピュグマリオンの美しい像に命が与えられる例も、不気味と感じられることなどほとんどあるまい。

仮死状態や死者の再生は、とても不気味な表象としてわれわれの知るところとなったものだ。そういう例はしかし、童話の中ではそれはそれでとてもありふれたものだ。例えば、白雪姫が再び両目をあけたからといって、誰がそれをあえて不気味と呼んだりするだろう。奇跡譚、例えば新約聖書のそれの中で死者が目を覚ます事態が呼び起こす感情は、不気味さとは何の関係もない。等しきものの意図せざる回帰は、何の疑念の余地もなくわれわれに不気味な作用を及ぼすものだったが、しかし、一連の事例にあっては、他の、しかもとても異なった作用にも貢献するのである。それが滑稽な感情を呼び起こす手段として用いられる事例を、われわれはすでに知っており、その種の例を集めることはいくらでも可能だろう。また別の場合には、それは強調の働きをしたりもする。さらに言えば――静けさ・孤独・暗がりの不気味さは何に由来するのか。子供たちが不安を表明するのが最も頻繁に認められるのが、こうした条件のもとでのことであるにせよ、これらの要因は、不気味なものの発生に際して危険が果たす役割を指し示していないだろうか。そしてまた、知的な不確かさが死の不気味さに対してもつ意義を認めたのである以上、知的な不確かさの契機を完全に軽視してしまうことなどわれわれに本当にできるのか。

どうやら、われわれは、不気味な感情の出現にとっては、先に立てた材料上の条件とは別の条件がさらに決定的な役割を演じている、と想定する用意がなければならないようだ。なるほど、先の第一の確認によって不気味なものの問題に対する精神分析的な関心には決着がつけられたのであり、残された問題はおそらく美学的研究を要請するものだ、と言うことは可能だろう。しかしその結果、不気味なものは抑圧された馴染みのものに由来するとするわれわれの洞察は、一体いかなる価値を要求しうるのか、という疑念に扉を開くことになるだろう。

一つの観察が、この不確かさを解消するための道をわれわれに指し示している。われわれの期待に反する事例は、ほとんどすべて虚構、創作の領域から取ってこられたものである。そこから、実際に体験される不気味なものと、単に想像されるだけ、あるいは読まれるだけの不気味なものとの間に区別を設けてはどうか、という示唆が得られることになる。

体験される不気味なものは、はるかに単純な条件をそなえているのだが、数の上ではより僅かの事例しか見られない。思うに、それは例外なくわれわれの解決案に該当し、いずれの場合も、古く馴染みの抑圧されたものへの還元を受け入れる。しかしここでも、素材に関して心理学的に意義深く重要な区別がなされねばならないのであって、われわれは適当な実例を通して、その区別を最もはっきりと認識することになろう。

思考の万能・即座の欲望成就・害をもたらす密かな力・死者の回帰にまつわる不気味さを取り出して考えてみよう。不気味なものの感情がそこで生まれてくる条件は、見誤りようがない。われわれは――もしくは、われわれの原始の祖先は――かつて、それらの可能性を現実のものと見なし、それらの出来事の現実性を確信していた。今日われわれは、そんなことをもはや信じていない。これらの思考様式をわれわれは克服したわけだ。とはいえ、これらの新しい確信についてわれわれが完全に自信があるわけではない。古い確信はわれわれの内に今なお生き続けており、正しさが裏付けられる機会を待ち受けている。捨て去られたこの古い確信に裏付けを与えるかに見える何かが、今われわれの人生の中で起こったとしよう。するとたちまち、われわれは不気味なものの感情を抱くことになる。その感情には、「なるほど、ただ欲望を抱くだけで他人を殺すことができるとか、死者たちは生き続けており、かつての活動の場では目に見えることもあるというのは、やっぱり本当なのだ！」などという判断が補充として付け加えられることもありうるのだ。それに反して、これらのアニミズム的確信を自分の中で徹底的かつ最終的に片づけてしまった人にとっては、この種の不気味なものは消え失せる。欲望にその成就がこの上なく不思議な仕方で伴おうが、似たような出来事が同じ場所や同じ日付けでこの上なく謎めいた仕方で反復されようが、この上なく紛らわしくよく似た顔が知覚されようが、この上なく怪しげな物音が聞こえようが、いずれもその人を混乱させることはなく、「不気味なもの」に対する不安と呼ばれうるものを彼の内に引き起こすこともないだろう。つまり、ここで問題となっているのは、純粋に、現実吟味の問題、物的現実への問いなのである。[*14]

抑圧された幼児期のコンプレクスから、つまり去勢コンプレクス・母胎空想などから生じる不気味なものについては、事情は違っている。ただし、この種の不気味なものを呼び起こす現実の体験は、それほど頻繁に起こることのありえないものだ。つまり、体験される不気味なものは大抵の場合、前の〔段落で取り上げた〕グループに属している。しかし、理論にとってはこの両者〔克服された原始の思考様式に由来するものと、抑圧された幼児期のコンプレクスに由来するもの〕の区別はきわめて重要である。幼児期のコンプレクスから生じる不気味なものの場合には、物的な現実かどうかという問いは考慮に値しない。心的現実がそれに取って代わるからである。問題になるのは、ある内容が実際に抑圧されること、そして抑圧されたものが回帰することであって、この内容の現実性への信仰が破棄されるか否かではない。一方のケースでは、特定の表象内容が抑圧され、他方のケースでは、その（物的）現実性への信仰が抑圧されるのだ、と言えるかもしれない。しかし、後者のように表現したのでは、「抑圧」という用語を、おそらく正当な限界をはみ出して使用することになる。われわれとしては、ここに感じ取られる心理的差異を勘定に入れ、文明人の中に留まっているアニミズム的確信が見出される状態を――多少の差はあれ完全に――克服された事態として捉える方が、より正確だろう。その場合、われわれの結論は以下のようになる。すなわち、体験において不気味なものが生じるのは、抑圧された幼児期コンプレクスが何らかの印象によって再び生命を与えられ活性化された場合か、あるいは、克服されていた原始的確信が改めて裏付けられたように見える場合である。ただし、最後に付言すれば、われわれは、すっきりした決着や透明な叙述を偏愛するあまり、ここに呈示された二種類の不気味なものが体験においては必ずしもいつも判然と分離されうるものではないことを率直に認めるのを躊躇してはならないだろう。原始的な確信は幼児期コンプレクスときわめて密接に連関し合っており、実はその内に根を張っているという点に思いをいたすなら、境界線がこのようにぼやけてしまうからといって、それほど驚くには当たらない。

虚構――空想《ファンタジー》、創作――の不気味なものは、事実たしかに、別個に考察されるに値するものだ。何よりもそれは、体験の不気味なものよりはるかに内容豊かである。それは、後者をその全体に渡って包含しつつ、それ以外にさらに、体験という条件のもとでは生じないようなものも含んでいる。抑圧されたものと克服されたものとの対立

＊14　ドッペルゲンガーの不気味さもこの種類に属する。だから、もし自分自身の像が呼び出しもせず予期もしないのにいつかわれわれの前に現れたとすれば、それがどんな影響を及ぼすかを知るのは、興味深いことだろう。エルンスト・マッハは、『感覚の分析』(一九〇〇年)の中で、そのような観察の例を二つ報告している(三頁)。一度は彼は、自らの見ている顔が自分自身の顔であることに気づいて、少なからずぎょっとしたのだった。また別の機会には、バスに乗り込んできた見たところ知らない人について、彼はまったく好意的でない判断を下したのだった。「しかし、なんとも落ちぶれた田舎教師めが乗り込んできたものだ」と。――私も、これと似たような体険について語ることができる。私が寝台車の車室にただ一人座っていた時のこと、列車の走行が激しくつっかえた際に、隣接するトイレに通じる扉が開き、ナイトガウンを着た年配の男が旅行帽を頭にのせたまま私の車両に入ってきた。この男は、二つの車室の間にある小部屋を離れる際に方向を誤り、間違って私の車室に入って来たのだ、と私は思った。それで、彼に説明してやろうと跳び起きたのだが、しかし、この侵入者が連結部の扉についている鏡に映し出された私自身の像に他ならないことに気づき唖然とした。そこに現れた姿が自分にはまるで気に入らなかったことを、私は今なお覚えている。つまり、ドッペルゲンガーに驚愕したのではない、両者――マッハと私――とも、そもそもドッペルゲンガーだと認知することができなかったのだ。その際に抱かれた不快感は、やはり、ドッペルゲンガーを不気味に感じる原始の反応の残渣だったのではないか。

という点も、深部に達する変更を加えることなしには、創作の不気味なものには転移できない。というのも、空想の国は、存立の前提として、その内容が現実吟味を免除されることを含んでいるからである。逆説的に響くかもしれないが、結論は以下のようになる。すなわち、もし実人生の中で実際に起こったとすれば不気味であろう多くのことが、創作の中では不気味にならない。そして、人生には存在しない不気味な効果をあげる多くの可能性が、創作の中には存在する。

作家に許される多くの自由の中には、その表現世界がわれわれに馴染みの現実と一致するもよし、どういう仕方であれそこからかけ離れるもよし、思うままに選ぶことができるという自由も含まれる。どの場合にも、われわれ読者は作家についていく。例えば童話の世界は、現実という地盤をあらかじめ離れ去っており、アニミズム的な確信を受け入れていることを公然と認めている。欲望成就・秘密の力・思考の万能・生命なきものの生命獲得――これらは童話の中では全くありふれたことだが、そこではいかなる不気味な効果も表すことができない。なぜなら、われわれが聞いたところでは、不気味な感情が生じるためには、克服された信じがたいことがそれでもやはり現実に起こりうるのではないかという判断上の争いが必要となるからである。これは、童話の世界の前提によってそもそも除外されてしまっている問いに他ならない。このようにして、童話は、不気味なものについてのわれわれの解答に反する実例を最も多く呈示しつつも、第一に言及された事態を――つまり、実人生の中で起こったなら不気味な印象を与えずにはすまないだろう多くのものが、虚構の国では不気味とはならないという事態を――現実に示しているのである。その上、童話の場合には、さらに別の契機が加わるのだが、それについては後ほど手短に触れることにしよう。

作家は、童話の世界ほど空想的ではないにせよ、より高次の霊的存在、魔物や死者の霊を受け入れることで現実の世界からはやはり区別される世界を創造してきた。それら得体の知れないものには不気味さがつきまとっておかしくないのだが、この詩的現実のための前提が満たされるや、ことごとく消え失せる。ダンテの地獄の霊魂、あるいはシェイクスピアの『ハムレット』、『マクベス』、『ジュリアス・シーザー』の中に現れる幽霊は、十二分におどろおどろしく恐ろしいものだが、根本のところで不気味さと無縁なのは、例えばホメロスの晴れやかな神々の世界と同様である。われわれは自らの判断を、作家によって虚構された現実性の条件に合わせ、霊魂や幽霊や亡霊たちを――物的現実の中でわれわれ自身がそうであるように――まるで完全な資格をそなえた存在であるかのように扱うのである。これもまた、不気味さが存在を免れるケースである。

さてしかし、一見したところありふれた現実の地盤の上に作家が舞台設定する場合には、事情が違ってくる。そうなると作家は、体験の中で不気味な感情を発生させるに有効な条件もすべて引き受けることになり、人生において不気味な印象を与えるものはすべて、創作の中でも不気味な印象を与えることになる。けれども、このケースにあっては作家は、現実の中では経験されないか、きわめて稀にしか経験されない出来事を引き起こすことで、不気味なものを体験において可能な程度をはるかに越えて高め多様化することもできる。その場合作家は、克服済みと見なされている迷信にからめて、言うなればわれわれの裏をかいているのだ。彼はありふれた現実への期待を抱かせながら、しかしこれを超え出ることで、われわれを欺く。われわれは彼の虚構に、まるで自分の実体験に反応するかのように反応する。彼の詐術に気づいた時には、もう手遅れだ。作家はすでに狙いを達成している。しかし私としては、作家は狙いどおりの効果だけをまじりけなく手に入れたわけでは決してない、とも主張せざるをえない。

われわれの中には、満たされない思い、試みられた詐術に対する一種の憤りの念が残るのであって、シュニッツラーの『占い』や、奇跡的なことに色目を使う類似の作品の読後に、私はそれを特にはっきりと感じたものだ。そうした場合でも、作家はわれわれのこの反発を免れることができ、同時に、狙いを達成するための条件改善の方法を、さらに用意している。その方法の要点とは、次のようなものである。つまり作家は、自分が想定している世界のために実はどんな前提を選んだのか、いつまでもわれわれに明かさない、あるいは、そのような決定的に重要な種明かしを巧妙に意地悪く最後の最後まで回避し続ける。しかし、虚構は体験の中には存在しないような不気味な感情の新たな可能性を創造するという、先に告知された事例が、全体としてはここに実現されているのである。

これらの多様な事柄はすべて、厳密に言えば、克服されたものから生じる不気味なものにしか関わりがない。抑圧されたコンプレクスから生じる不気味さは、もっとしたたかだ。それは——一つの条件を別にすれば——創作の中でも体験の中でと同様に不気味であり続ける。この性格を、他方の不気味さ、克服されたものから生じる不気味さの方は、体験においても物的な現実の地盤の上に築かれる創作の中でも示すのだが、しかし、作家によって創造された虚構の現実の中では、それを失うことがありうる。

不気味な感情を喚起したり制止したりする上で作家に許される自由と、それに伴って虚構に帰せられる特権が、ここまでの注釈によって論じ尽くされていないことは一目瞭然だ。体験に対しては、われわれは一般に同程度に受動的に振舞い、材料の影響に服している。作家にとってはしかし、われわれは特別に操縦しやすい存在である。われわれをその中に落とし入れる気分を通して、またわれわれの中に引き起こす期待によって、作家はわれわれの感情のプロセスをある一つの結果から逸らせ、他のある結果に向けて調節する。そして往々にして、同じ材料から著しく異なる効果を手にすることができる。こういうことはすべて久しく知られており、おそらく職業的美学者によって立ち入った検討を受けてもいるのだろう。われわれは、特にそのつもりもなくこの研究分野に導かれて来たのだが、それというのも、不気味なものに関するわれわれの推論に対して特定の実例が示す異議を解明したいという誘惑に身を委ねたからだ。それゆえわれわれとしては、これらの実例の二、三にも立ち戻って考えてみたい。

先にわれわれは、ランプシニトスの宝蔵の中の切り落とされた手が、例えばハウフの「切り落とされた手の物語」とは異なり不気味に感じられないのはなぜか、と問いかけた。この問いは、抑圧されたコンプレクスを源泉とする不気味なものの方がよりしぶといとわかった以上、今やわれわれにとってより意義深いものになったように思われる。答えを出すのは簡単だ。前者の物語の中ではわれわれの心は、王女の感情ではなく、「名人盗賊」の卓越した狡猾さに波長が合わされるからだ。その際、王女の方は、不気味な感情を抱かずにはいられないかもしれない。彼女が気を失ってしまったことすらありうる話だとわれわれは考えたくなる。しかし、そこに不気味なものが感じ取られることはない。なぜなら、われわれは彼女ではなく、別の人物の立場に身を置くからだ。ネストロイの道化芝居『分裂した男』の中で、自分を人殺しだと思い込んでいる逃亡者が、落とし戸のどの蓋を開けても、殺された男の幽霊らしきものが姿を現してくるのが見えるために、「でも俺は一人しか殺していないぞ。どうして、おぞましくも何人も化けて出るんだ」[32]と絶望的に叫ぶ時も、われわれは不気味なものの印象を感じずにすむのだが、それはまた別の事情のゆえである。このシーンの前提となっている条件をわれわれは知っており、「分裂した男」の思い違いを共有していない。だから、彼には不気味であるに違いないものが、われわれにはどうしようもなく滑稽な印象を与える。それどころか、オスカー・ワイルドの短篇小説『カンタヴィルの幽霊』の中に現れるような「本物の」幽霊でさえ、もし、作家が悪ふざけをしてそれを皮肉やからかいの対象にするならば、最低でも恐怖だけは掻き立てようとする要求すらすっかり逸さずにはすまない。虚構の世界にあっては、感情の作用はそれほどにも材料選択に左右されずにすむのである。童話の世界では、不安の感情は、つまり不気味さの感情もまた、そもそも呼び覚まされてはならないものである。われわれはこのことを理解している。だからこそ、不気味さの感情の呼び覚ましが可能であったとしても、その機会を無視したりもするのである。

孤独・静けさ・暗がりについては、それらは実際たしかに、大抵の人間にあって決して完全には消え去ることのない子供の不安に結び付けられる契機であるということ以外には、何も言うことはない。精神分析的研究は、それらに関する問題と別の個所で取り組んでいる[33]。

快原理の彼岸

須藤訓任 訳

Jenseits des Lustprinzips

I

心の出来事は快原理によってその経過が自動的に制御される、とわれわれは精神分析の理論において無頓着に仮定している。すなわち、心の出来事はいつでも、ある不快な緊張に刺激されて始まり、ついで、最終結果がこの緊張の低下に合致するように、つまり、不快を回避し快を産出するように、舵取られ経過してゆく、と信じている。これまで研究されてきた心のプロセスを、心の出来事のこうした経過をにらみつつ考察するなら、経済論的観点がわれわれの仕事のうちに導入されることになる。思うに、局所論的契機と力動論的契機に加えてさらにこの経済論的契機を考慮に入れる叙述が、現在考えうるなかでもっとも完備した叙述であって、メタサイコロジー的叙述という名を与えて、特記するに価するものである[1]。

快原理なるものを掲げることによって、歴史上確定されたなんらかの哲学体系にどの程度まで接近したり追随したりすることになるのかという疑問はこの際、われわれの関心外にある。われわれがこのような思弁的仮定に到達するのは、精神分析の領域において日々観察される事実について記述し説明しようと努めるなかでのことである。精神分析の仕事はプライオリティやオリジナリティを目標にしているわけではないし、また、快原理を打ち建てるに当たって、その基礎的材料となる印象経験は大変目につきやすく、見逃すことのほとんどありえないものである。それに対し、人間をかくも支配する快と不快の感覚の有する意義とはどのようなものなのか、このことを教えてくれる、哲学ないし心理学の理論があるなら、われわれは喜んで感謝の念を表明しよう。残念ながら、この点に関して有益なものはなにも提示されていない。これは心の生活のもっとも晦冥で近づきがたい領域の問題であって、もしこの領域にどうしても触れざるをえないのなら、それについては、もっとも緩やかな仮定に留めておくのが最良のやり方である、とわたしは思う。われわれの決定した考え方によれば、快と不快は、心の生活のうちに現存している――ただし、なんらかの形で拘束されているわけではない――興奮の量[2]と関連づけられるべきであり、しかも、不快はこの量の上昇に対応し、快はそれの減少に対応する。その場合、〔快・不快の〕感覚の強度と、快・不快が対応づけられる〔量の〕変動との間に、単純な関係が成り立つと考えられているわけではない。ましてーー精神生理学のあらゆる経験からしてーー直接的な比例関係が成り立つとは、ほんの少しも考えられていない。おそらくは、時間がたつにつれて減少したり増大したりする度合いが、感覚にとっては決定的な契機である。このことについては、実験によってアプローチすることも可能であろうが、われわれ精神分析家としては、まったく明確な観察によって導かれるのでなければ、これらの問題にさらに立ち入ることは得策ではないだろう[3]。

とはいえ、G・Th・フェヒナーのような、深い洞察力をもった研究者が提示している快と不快についての見解が、精神分析の仕事をしてゆくなかでわれわれが持たざるをえなくなった見解と、本質的なところで合致しているとなれば、無関心ではいられない。フェヒナーの発言は、一八七三年の『有機体の創造と発展の歴史のためのいくつかのアイディア』という小論（第一一節補足、九四頁）に含まれており、次のような文面となっている。「衝動が意識されると常に快ないし不快として感じられるが、そうである以上、快や不快もまた安定・不安定の比率と精神物理的に関連づけて考えることができよう。そして、他の場所でより詳しく展開したいと思っている、次のような仮説も、このことに基礎づけられるのである。すなわち、意識の閾を超え出る精神物理的な運動にはどれも、十分な安定性に一定の限界を超えて近づく割合に応じて快が付属し、一定の限界を超えて十分な安定性から遠ざかる割合に応じて不快が付属している。ただし、快と不快の質的閾として表示されるべき両限界の間には、一定の幅の感覚的に差異のない部分が存している……」(4)。

心の生活においては快原理が支配している、とわれわれが信じる機縁になった事実はまた、自分のうちに現存する興奮の量をできる限り低く抑えておく、あるいは少なくとも恒常に保っておくというのが、心の装置の指向である、という仮定として表現することもできよう。それは同じことを、別様に述べたにすぎない。というのも、心の装置の作業が興奮量を抑えておくことに向かうのであれば、量を上昇させがちなものはすべて、装置の機能に反するものとして、すなわち、不快なものとして、感じられなければならないからである。その意味で、快原理は恒常性原理から導出される。が、実際のところ、恒常性原理は、われわれに快原理を仮定させた諸事実に基づいて、その存在が推定されたのであった(5)。より突っ込んだ議論をするなら、心の装置についてわれわれの仮定したこの指向は、フェヒナーのいう安定性への性向の原理――フェヒナーは快・不快の感覚をそれに結びつけたのであった――に、一個別事例として包含されるということも、見出されるだろう。

けれども、そうだとするなら、心のプロセスの経過を快原理が支配すると語るのは、本来的には不正確だといわねばならない。そのような支配が成り立っているとしたら、人間の心の出来事の圧倒的大多数は、快に伴われているか、快に通ずるものでなければならないだろうが、しかし、経験上この理屈通りにならないことはだれもが痛感している。したがって、快原理への強力な性向が心のうちに存しているものの、この性向に他の一定の力や事情が対立しているために、最終的結末はいつも快の性向に対応できるわけではない、と考えるしかない。似たような案件に際してのフェヒナーの〔以下の〕所見を参照（同書、九〇頁）されたい。「しかし、目標に向かう性向があるからといって、それはいまだ目標への到達を意味するわけではなく、目標はただ接近してゆくことによってのみ到達可能なのだということでもって……」。それで、どのような事態によって快原理の貫徹は挫かれるのかと問いなおしてみるなら、そのときには、われわれは踏み固められてよく知られた地盤に再び歩み入ることになり、その問いに答えるために分析家としての経験をふんだんに援用することができる。

快原理に対してそのような制止がかかる第一の事例は、馴染み深い、法則通りのものである。われわれの知るところでは、快原理は、心の装置の第一次的な作業様式に固有のものであって、外界の困難に晒されている有機体が自己を守ってゆくためには、はじめからまるっきり役に立たないもの、いやそれどころか、高度に危険なものだからである。自我の自己保存欲動の影響下にあっては、快原理は現実原理によって取って替わられる。(6) 現実原理は、最終的に快を獲得するという意図を放棄することはないが、しかし、満足を延期したり、満足のいろいろある可能性を断念したり、快に至る長い回り道の途上でしばしの間不快に耐えたり、といったことを要求し、また貫徹させるのである。その場合でもなお、快原理は長期間、自己保存欲動に較べて「教育」の困難な性欲動の作業様式ではありつづけるのであり、快原理が、性欲動に発してであれ、自我それ自身のうちにおいてであれ、現実原理を圧倒してしまい、全体としての一個の有機体に危害を及ぼすということは、再三生ずるのである。

他方、現実原理が快原理に取って替わるとしても、それは不快経験のわずかな部分についてのみ責任があり、そのもっとも強烈な部分については責任を負わすことができないということも、疑えない。不快迸出《ほうしゅつ》における、もう一つの、劣らず法則通りの源泉は、自我が発展してより高度に複合的な編成を施されることによって、心の装置内に生ずる葛藤や分裂から出てくる。心の装置を満たすほとんどすべてのエネルギーは、もとはといえば、装置にそのときどきに備わった欲動の蠢《うごめ》きにほかならないのだが、その欲動の蠢きはしかし、みながみな同じ発展段階にたどりついているわけではないからである。発展の途上に再三生起することなのだが、個別の欲動や欲動部分の目標および要求が、自我の包括的な統一性へと収束しうる他の欲動や欲動部分のそれと折り合いがつかないときがある。そうすると、前者の欲動や欲動部分は、抑圧のプロセスによって、自我のこの統一性から引き離され、心的発展のより低い段階へと押し戻され、さしあたり、満足の可能性を切りおとされてしまう。その場合、欲動や欲動部分が回り道を経て元来の満足ないし代用満足にこぎつけることに成功しても、通常なら快を生み出しえたはずのこの成功が、自我にとっては不快として感じられる。それは抑圧された性欲動にあっては容易に生起することである。一方ではまさに快原理に従って新たな快を獲得しようという一定の欲動が働いていたにもかかわらず、いまは抑圧されているかつての葛藤のために、快原理が新たに破綻をきたしてしまったのである。快を生み出しえたものが抑圧のために不快の源泉に変化する成行きの細部は、いまだよく理解されていないか、明晰な叙述が困難なものであるが、しかし、神経症の不快はすべて確実にこのたぐいのものであって、快として感じることのできない快なのである。[*1]

ここに示された不快の二つの源泉では、人間の不快体験の大多数はまだとてもカヴァーされない。しかし、残りのものについては、それが現存するからといって、快原理の支配と矛盾するわけではないと述べても、ある程度納

＊1　〔一九二五年の追加〕本質的な点はおそらく、快と不快は意識された感覚としては、自我へと拘束されているということである。(7)

得してもらえるだろう。人間が感じ取るたいていの不快は実際、知覚の不快であって、それは、満足されていない欲動が迫り来ることの知覚であるか、あるいは、外的知覚、つまり、それ自体として苦痛な知覚であったり、または心の装置のうちに不快な予期を喚起して、装置によって「危険」として認識される知覚である。欲動の発するこのような要求や危険の威嚇に対して行われる反応のうちに、心の装置の本来の活動が表れているのだが、そうした反応は、快原理もしくは快原理を修正する現実原理に則って、しかるべく導いてゆくことができる。それゆえ、快原理をこれ以上制限する必要はないように思われる。ところが、まさに外的危険に対する心の反応について探求することによって、ここで論じられている問題に関して新たな材料と疑問が出てもくるのだ。

8

II

列車の衝突やその他生命の危険と結びつく災害などといった重い機械的衝撃をうけると、そのあとどのような心の状態が発生するのか、それについてはかねてより記述されてきたが、その状態は結局「外傷性神経症」と呼ばれるようになった(8)。先ごろ終結した驚愕すべき戦争が、多数のそのような疾患を発病させ、少なくとも、機械的な暴力の作用による神経系の器質的損傷にそれらを還元しようとする試みに終止符を打ったからである[*2]。外傷性神経症の状態は、類似の運動性症状が豊富である点において、ヒステリーにその像が接近しているが、しかし通常、心気症やメランコリーなどと同じように、主観的苦しみの徴候が強く打ち出されていたり、心の達成能力の全般的弱化・壊乱がはるかに深刻になっていることを示す証拠が挙げられたりしており、その点でヒステリーを凌駕してい

9

る。これまでのところ、戦争神経症についても、平和時の外傷性神経症についても、満足の行く理解は得られていない。戦争神経症に関しては、同じ病像が時によってはたいした機械的暴力によらないでも生じたということが、一方でことを明らかにするように働いたが、他方ではまた、混乱させもしたのである。普通の外傷性神経症の場合は、二つの特徴が際立っており、それが考察の手がかりとなりえた。一つは、神経症惹起の主因は不意打ちの契機に、すなわち、驚愕に存するように思われたということであり、もう一つは、その際同時に蒙った傷害や創傷はたいてい、神経症発生を阻止するように働いたということである。驚愕、恐怖、不安は同義的表現として用いられるが、それは正しくない。三者は危険との関連によって、互いにはっきりと区別されるのである。不安は、危険を——それがたとえ未知のものであるとしても——予期しそれに対し準備を整えるような一定の状態を表示する。恐怖は、恐れるべき特定の対象を要求する。それに反し、驚愕は無防備のまま危険に襲われたときに陥る状態を指示し、不意打ちの契機を強調する。不安が外傷性神経症を生み出すことができるとは、わたしは信じない。不安にはなにか、驚愕から、それゆえ驚愕性神経症から防御してくれるものがある。このことについては後述することになろう。[11]

心の深層の出来事を探求するに当たってもっとも信頼の置ける方途は、夢の研究であると考えてよい。ところで、外傷性神経症患者の夢の生活は、患者を再三再四その災害情況に連れ戻し、患者はそこから新たな驚愕と共に目覚

*2 『戦争神経症の精神分析にむけて』寄稿者フェレンツィ、アブラハム、ジンメル、E・ジョーンズ、国際精神分析文庫、第一巻、一九一九年を参照。[12]

めることになる、という性格をもっている。このことが不思議だと考えられることは、まったくといってよいほどない。外傷性体験が睡眠の最中にすら再三再四迫って来るというのはまさに、その体験が与えた印象の強烈さを証拠立てているとみなされるからである。患者は外傷に、いわば心的に固着しているというわけだ。発症を引き起こした体験へのこうした固着はわれわれにはかねて来ヒステリーに関して知られているものである。一八九三年にブロイアーとフロイトは、ヒステリー患者の受ける苦しみとは大部分記憶の残存によるものだと表明している。(13) 戦争神経症に関しても、フェレンツィ(14)やジンメル(15)といった観察者はかなりの運動性症状を外傷の瞬間に対する固着によって説明することができた。

とはいえ、外傷性神経症の患者が目覚めているときにも災害の想起に長く携わっているかどうかは、はっきりしない。むしろおそらくは、災害のことを考えないように彼らは努めている。夜中の夢が彼らを発病の元となった情況におき戻すのを自明のことと受け取るならば、夢の本性は誤解されることになる。夢の本性からするなら、患者にはむしろ、健康なときの姿が、ないしは願い通りに回復したときの姿が示されて当然なのである。災害神経症患者の夢のせいで、夢が欲望成就的性向をもたないと誤って考えてはならない。しかし、そう考えないためには、災害神経症の状態においては、他の多くのもの同様、夢の機能にも衝撃が加えられて、その意図から逸脱してしまったとでも考えるしかあるまい。さもなければわれわれは、自我の謎めいたマゾヒズム的性向とでもいったものを想定してみなければならなくなるだろう。(16)

ここでわたしとしては、外傷性神経症というわかりにくくて気のめいるテーマを離れて、心の装置の作業様式についてそのもっとも早期の正常な活動の一つを取り上げて研究するよう提案したい。すなわち、子供の遊びのことである。

子供の遊びに関するさまざまな理論については、最近になってようやく、S・プファイファーによって『イマーゴ』誌（第五巻、第四号）[17]において総覧され、精神分析的に評価・検討がなされたので、ここで、その仕事の参照を求めておきたい。それらの理論は、子供が遊ぶ動機を言い当てようと努めているが、その際、経済論的観点、すなわち、快獲得への配慮が、前面に押し出されることはない。わたしは、このような現象の全体を総括するのではなく、たまたま得た機会を捉えて、一歳半の男の子が自力で作り出した最初の遊びを解明しようとしたことがある。それは一過的な観察の閾を超えたものであった。というのも、わたしは、その子とその子の両親と一つ屋根の下で、数週間生活を共にしたからである。そして、その子が継続的に繰り返した、謎めいた行いが意味を打ち明けてくれるようになるまでには、かなり長い時間がかかった。

子供の知的発達は決して早い方ではなかった。その子は一歳半でようやく少しばかり理解可能な言葉を話し、それ以外には、周りの人にも理解されるいくつかの意味のある音声を操っていた。しかし、両親や、一人だけいたお手伝いの少女との仲も良かったし、「ききわけのいい」性格だとして誉められていた。夜中、両親をてこずらせることもなかったし、これこれの物には触ってはいけないとか、どこどこの部屋に入ってはいけないという言いつけにもきちんと従っていた。なにより、母はその子にみずから乳を与えていたばかりか、他人の助力は一切なしで面倒を見、世話をしていたので、その子は母に情愛を寄せて甘えていたにもかかわらず、母親が数時間放っておいても、決して泣くことがなかった。このようにけなげな子ではあったが、場合によっては困ったことになる癖を見せることがあった。自分の手にする小さな事物をすべて、部屋の隅やらベッドの下へと、遠くに放り投げるのである。

そのため、その子のおもちゃを再び見つけ出して集めておくのは、しばしば、大仕事となった。放り投げる際、その子は楽しそうで満足げな表情を浮かべながら、長く引き伸ばされた「オーオーオーオ」という大きな音声を発した。この叫びは、その子の母と観察者であるわたしの一致した判断によれば、間投詞ではなく、「いない」を意味していた。とうとうわたしは、これは遊びであって、子供は自分のおもちゃをみな、ただ「いない」ごっこをして遊ぶためだけに利用しているのだということに気がついた。そしてある日、この見解を確証してくれる観察を得た。子供は、縛りひもを巻きつけた木製の糸巻きをもっていた。彼は糸巻きを床に転がして引っぱって歩こう、つまり、車ごっこをしようとは思いもせず、ひもをもちながら、カヴァーをかけた自分の小さなベッドの方に、その縁ごしにたいそう巧みに投げ入れた。こうして糸巻きがベッドの中に姿を消すと、糸巻きに向かって、意味のあるあの「オーオーオーオ」を言い、それから、ひもを手繰って糸巻きをベッドから再び引きずり出した。ところが、糸巻きが現れると今度はうれしそうに「いた」といって歓迎したのである。このようにして、遊びは消滅と再来の遊びとなり、あるべきものがすべて出揃ったのであった。ただ、より大きな快は疑いなく第二幕（「いた」）の方にあるにもかかわらず、たいていはその第一幕（「いない」）しか見ることができず、この第一幕はそれ単独で、倦むことなく遊びとして反復された。[*3]

とするなら、この遊びをどのように解釈すべきかは明瞭であった。遊びは、子供の大切な文化的達成に、すなわち、母親がいなくなることを抗うことなく認めるという欲動断念（欲動満足に対する断念）を成し遂げたことに、連関していたのである。その子は、同じ消滅と再来を、自分の手にしうる事物を用いてみずから上演することによって、断念のいわば埋め合わせをしていたのである。この遊びを情動的側面から評価するに当たっては、子供が自分でそれを工夫したのか、あるいはなにかの刺激の結果として獲得したのかは、むろんどうでもよいことである。われわれの関心は別の点に向けられている。母親がいなくなることは子供にとって心地よいものであるはずがなかったし、どうでもよいものですらなかったであろう。とするなら、子供がこの自分にとって苦痛な体験を遊びの劇として反復することは、どのようにして快原理とつじつまが合うのだろうか。いなくなることは喜ばしい再出現の予備条件として演じられているに違いなく、再出現の方に遊びの本来の意図が置かれているのだ、と答えようとする人もおそらくいるだろう。それに対しては、いなくなることという第一幕がそれ単独で劇として上演された、しかも、快い終わりに至るまでの全体が上演されるよりも比べものにならないくらい頻繁に上演された、という観察が異を唱えるであろう。

遊びの全体が上演される数少ない事例を分析してみても、なんら確実な決定はもたらされない。囚われのない考察をしてみるなら、子供はなにか別の動機から体験を遊びに仕立て上げたという印象が強い。体験の際には子供は受身であって、体験に子供はみまわれた。それがいまや、不快なものである体験を、不快であるにもかかわらず、遊びの劇として反復することによって、子供は自分に能動的な役割を果たさせようとする。能動性に達しようとす

＊3　この解釈はそののち、さらなる観察によって十二分に確かめられた。ある日母親が何時間にもわたって留守をしたとき、彼女は帰宅し再来した際に、その子の「ボクちゃん、オーオーオーオ！」という報せによって迎えられた。この報せの意味はさしあたり不明であった。しかしまもなく、子供はこの長い一人ぼっちの間に、自分自身を消滅させる手段を見つけ出していたことが、判明した。その子は、ほとんど床にまで届きそうな姿見のうちに自分の像を発見し、それからうずくまって、その鏡像が「いなく」なるようにさせていたのである。(18)

るこの奮闘は、制圧欲動に帰することができるだろう。制圧欲動は、想い出それ自体における快の有無とは無関係な独立したものである。しかしまた、別の解釈を試みることもできよう。事物を放擲しいなくさせることは、実生活のうちでは抑え込まれていた、母親が子から離れていなくなっていたがゆえの、母親に対する復讐衝動を満足させることなのかもしれない。そのときにはそれは、「そうだ、いなくなってしまえ、僕はママなんかいらない、僕の方こそママを追っ払ってしまうよ」という反抗的な意味をもつことになろう。一歳半時の最初の遊びをわたしが観察した、その同じ子供は一年後、おもちゃに対して怒るようなことがあると、それを床に叩きつけ、「しぇんそうにいっちまえ！」と言うようになった。当時この子には、父親は戦争に出かけて留守をしていると伝えられていたのだが、この子は父のことを寂しがるどころか、母の独占を誰にも邪魔されたくないという徴をこのうえなく明瞭に示していたのである。[*4] 他の子供たちについてもまた、人の代わりに物を放擲することによって似たような敵愾心の蠢きを表現できるということを、われわれは知っている。[*5] なにか印象として残るものを心的に加工し満足のゆくまで制圧しようという衝迫が、一次的に、そして快原理から独立して表明されうるものなのかどうかは、こうしてどうも疑わしくなる。本節で議論されてきた事例において、その衝迫が不愉快な印象を遊びの中で反復するとしたら、それはもっぱら、この反復に、別種の、しかし直接的な快の獲得が結びついているからである。

　子供の遊びをさらに追跡してみても、このように二つの見解の間で揺れるのをやめることはできないであろう。周知のように、子供たちは、実生活のうちで自分に強い印象を残したものをすべて遊びの中で反復し、その際、印象の強烈さを浄化反応によってやわらげ、自分自身をいわば情況の主人にするものである。しかし他方、子供たちの遊びはみな、この時期の子供たちを支配している欲望、すなわち、大きくなって大人と同じことをしたいという

14
15

欲望の影響下にあるというのも、十分明らかである。体験が不快な性格をもつからといって、必ずしも遊びに不向きになるわけではないことも観察されている。医者が子供の喉を覗き込んだり、ちょっとした手術を行ったならば、この戦慄すべき体験は確実に次の遊びの内容を決定することになるだろうが、その際、別の源泉に発する快の獲得があることも見逃されてはならない。体験の受動性から遊びの能動性へと移行することによって、子供は遊び仲間を、自分が蒙ったのと同じ不愉快な目にあわせてやり、このようにしてこの身代わりの子に向かって復讐するのである。[19]

以上の論究によって、ともかくはっきりしてくるのは、遊びの動機として、ことさらな模倣の欲動を仮定するには及ばないということである。成人の行う芸術的遊戯や模倣は、子供の振舞いとは異なり、鑑賞する人物をターゲットとするのであるが、たとえば悲劇において、鑑賞者に苦痛極まりない印象を与えることをいとわず、そうでありながら、鑑賞者が高い満足を感受する[20]ということも、心に留めておくべき点として付け加えておこう。このようにしてわれわれは、快原理の支配下においても、それ自体として不快なものを想起と心的加工の目当てとする、いくつもの手段・方途があることを確信できる。最終的には快の獲得に帰着する、こうした事例や情況については、経済論的な発想をもった美学があるのなら、それが取り扱えばよいのだろうが、それでも、われわれの意図にとっ

＊4　子供が五歳九カ月のとき、母親が死んだ。いまや、母は本当に「いなく」(オーオーオ)なったのだが、その子が母を悼む喪の悲しみを示すことはなかった。もっともその間に、二番目の子が生まれており、この子に対し子供はこの上なく強烈な嫉妬心を掻き立てられていた。

＊5　「『詩と真実』の中の幼年期の想い出」(*Imago*, V, 1917)〔本全集第十六巻〕参照。

ては、そうした事例・情況はなんら役に立ちはしない。というのも、それらは快原理の現存と支配を前提しており、快原理の彼岸にある性向、すなわち、快原理より根源的で快原理から独立しているような性向の実効性についてはなにも述べてくれないからである。

III

二十五年間精力的に仕事をしてきたために、今日では精神分析の技法の目標はさしあたり当初とまったく違ったものとなった。最初の頃、分析医の目指すところは、患者に隠されている無意識を察知し、取りまとめて、しかるべき時に伝えること以外ではありえなかった。精神分析は、なにより解釈の技芸だったのである。しかしそれでは治療課題が解決されなかったので、分析家による構築内容を、患者がみずからの想起によって確証するようにしむけることが、分析の次の意図として、やがて登場することになった。このことに努めるうちに、重点は患者の抵抗に置かれるようになった。抵抗をすみやかに発見し、患者に伝え、人間的な影響関係（暗示が「転移」として働き出すのはここである）を通して、抵抗を放棄するよう患者を促すことが、いまや分析の技芸となった。

しかしその後、無意識の意識化という定められた目標は、この方途によっても十分に達成されえないことが、ますます明らかとなってきた。患者は、自分のうちで抑圧されたもののすべてを想い出すことができるわけではない、ひょっとしたら、まさに本質的なものをこそ想い出すことができない。だから、自分に伝えられた無意識の構築内容が正しいかどうか、確信できない。むしろ患者は、医者が望むように、抑圧されたものを過去の一部分として想、起するのではなく、現在の体験として反復するよう、余儀なくされる。*6 望ましからぬ忠実さでもって登場するこの再現はつねに、幼児期の性生活の一部分、したがって、エディプスコンプレクスやそれの派生体の一部分をその内容とし、転移の領域、つまり、医者との関係の領域において、規則的に執り行われる。転移が生ずるほどまで治療が進展すると、以前の神経症は新たな転移神経症によって取って替わられたと言ってよい。医者の方はこの転移神経症の範囲をできるだけ制限し、できるだけ多くを想起へと押しやり、最小限の反復しか許さないように、努めてきている。想起と再現の比率がどうなるかは、それぞれの場合で異なっているが、医者は通例、被分析者にこの治療段階を免れさせてやることはできない。そこで医者は、被分析者に自分の忘れられた生活のある一部分を再体験させてやり、また、一見現実と思えるものが実は忘れられた過去の反映なのだということを認識できるだけの余裕が被分析者に保たれておくように、配慮しなければならない。これがうまく行くなら、患者の納得を得られるようになり、この納得に基づいて治療も成功することになる。

神経症患者の精神分析的治療の間に表面化してくるこの「反復強迫」をよりわかりやすいものにするためにはなにより、抵抗の克服という場合の抵抗とは「無意識」の側からの抵抗を指すのだという誤謬を取り除いておかなければならない。無意識、つまり「抑圧されたもの」は、治療の努力に対しておよそ抵抗することはない。実際無意識はそれ自身としては、のしかかってくる圧力に抗して、意識に到達するか、現実の行為によって放散に到達するか、それ以外のことを目指すことはないのである。治療における抵抗は、かつて抑圧を遂行したのと同じ、心の生

69 III

＊6 「精神分析の技法に関するさらなる忠告II、想起、反復、反芻処理」〔本全集第十三巻〕参照。(21)

活の高次の階層と系から発している。しかし抵抗の動機は、いや抵抗それ自身が、治療においては経験上さしあたり無意識的なものである。したがって、われわれの表現法の不適切なところを改善しておいた方がよいだろう。意識と無意識ではなく、一貫した存在としての自我[22]と抑圧されたものとを対立関係におくならば、不明瞭さを逃れることができるのである。自我は多くの部分が確かにそれ自身無意識的であり、まさに、その核心と呼んでよいものこそが無意識的である。[23]前意識という名称がカヴァーするのは、自我のほんの一部分にすぎない。[24]単に記述的な表現法を体系的ないし力動論的な表現法にこのように切り替えるなら、被分析者の抵抗はその自我に発している、[25]とわれわれは述べることができ、また反復強迫の方は無意識的な抑圧されたものに帰せられねばならないことがすぐさま理解される。反復強迫はおそらく、治療作業が抑圧されたものに歩み寄り抑圧を緩和する以前には、表面化することができなかったのである。[*7]

　意識的・前意識的自我の抵抗が快原理に奉仕していることは疑いない。その抵抗は実際、抑圧されたものが自由にされたなら掻き立てられるであろう不快を免れさせようとしている。われわれ分析家は現実原理に訴えて、そうした不快に出番を与えようと努めている。しかし反復強迫、すなわち、抑圧されたものの力の表面化は、快原理とどのような関係にあるのだろうか。反復強迫が再体験させるたいていのものが、自我に不快をもたらさざるをえないことは明らかである。というのも、反復強迫は、抑圧された欲動の蠢きの仕業をあらわにするからだ。しかしそれは、快原理に矛盾しないとすでに認められた不快、つまり、一方の系には不快であるが、同時に他方の系にとっては満足となるようなものである。[26]ところがいまやわれわれが記述すべき、新たなそして奇妙な事実とは、反復強迫が快のいかなる可能性も含まない過去の体験をも再びもちきたらすということ、すなわち、それが生じた当時でも満足のゆくものではありえなかったし、それ以来抑圧されている欲動の蠢きにとってすら満足のゆくものではありえなかった、そういう体験をも再びもちきたらすということである。

早期に開花する幼児の性生活は、その欲望が現実と折り合いがつかないために、また子供の発達が不十分なために、没落せざるをえなかった。それは、数々の痛ましいことがきっかけとなり、深い苦痛の感覚に伴われながら零落していった。愛を喪失したり、やることなすことに失敗したりしたため、自己感情の持続的な侵害がナルシス的瘢痕として残された。それは、わたしの経験によっても、またマルツィノフスキの詳論[*8]によっても、神経症患者に「劣等感」が頻繁に生ずる最大の要因となるものである。子供が行う性の探求は、その子の身体発達の程度によって箍《たが》をはめられ、なんら満足のゆく形で終結することがなかった。そこから、次の嘆きが後になって出てくる、「わたしはなにも成し遂げることができない、わたしには何事もうまく行かない」。たいていの場合異性の親へと拘束される情愛は、幻滅にみまわれ、満足を期待してもむなしく、自分の愛する親の不実を抗いようもなく示す新たな子供の誕生によって嫉妬に席を譲った。自分でそのような子供を作り出そうという、悲劇的な真剣さで企てられた試みは、恥ずかしくも一敗地にまみれた。小さいうちに注がれていた〔親の〕情愛は減退し、教育が差し出す要求は増大し、自分に対する言葉遣いは厳格なものとなり、場合によっては罰が加えられる、こうしたことによってつ

＊7　〔一九二三年の追加〕ここで反復強迫の手助けをしているのは、治療の「暗示作用」であること、それゆえ、両親に対する無意識的コンプレクスに深いところで基礎づけられている医者への従順さであるということを、わたしは他の場所で[27]論じた。

＊8　マルツィノフスキ「劣等感の性愛的源泉」(*Zeitschrift für Sexualwissenschaft*, IV, 1918)。

いに、自分に降りかかっている侮蔑の全貌が剝き出しになっていたのである。この時期の子供に典型的な愛にどのようにして終止符が打たれるのかには、わずか二、三の類型があるにすぎず、それが規則的に繰り返されるのみである。

これらの望まれざるきっかけや痛ましい情動状態はすべて、神経症患者の手にかかって転移の際に反復され、たいそう巧みに新たに賦活される。患者は治療がまだ完了していないのに、それを中断させようとする。患者は、自分に対し手荒な言葉遣いをし冷たい態度をとらざるをえなくなるよう医者に働きかけて、自分が侮蔑されたという印象を再び手にいれるすべを心得ている。患者は自分の嫉妬心を差し向けるのに適した対象を見出す。また、子供がほしいという往時の熱烈な希求を、たいそうな贈り物の決意や約束によって置き換える。ただし、贈り物を贈ろうにも、それもたいてい子供に劣らず、決して現実となることはない。そうした事柄はいずれも、その当時として快をもたらすことはありえなかった。新たな体験として形成されるのではなく、想起としてあるいは夢の中で浮上してくるのであれば、もたらされる不快は、今日の方が少なくて済むと言ってよいくらいだ。むろん問題となるのは、満足にたどりつくべき欲動がどう行動するかなのだが、しかしながら、欲動は当時としても満足ではなくただ不快をもたらしただけだという経験は、なんら功を奏さなかった。その経験にもかかわらず、欲動の行動は反復される。ある強迫がそれを迫るのだ。(28)

精神分析が神経症患者の転移現象に関して提示するのと同じものが、神経症でない人々の生活の中にも再び見出される。この同じものは、後者の人々にあっては、迫害される運命につきまとわれている、つまり、彼らの生きざまは魔物にとりつかれている、という印象をうみ出す。精神分析は当初より、そうした運命の大部分は自分で用意したものであり、早期幼児期の影響によって決定されているとみなしてきた。その際に表面化する強迫は、症状形成という形におさまる神経症的葛藤の徴候を示すことはないとしても、神経症患者の反復強迫と異なったものではない。こうして、その人間関係がいつでも同じ結末に終わる人々というのが知られている。善行を積みながら、いくばくかの時がたつと自分が大事にした者たちのそれぞれから決まって見捨てられ、恨みを抱きつづける人々。それは、大事にした者たちというのがいかに千差万別にわたろうと、同じことになるのであって、それゆえ、忘恩のあらゆる苦汁をなめ尽くすべく定められているように思える人々である。また、そのあらゆる友情が、友に裏切られる結末となる男たち。あるいは、他人を自分にとっての、また世間にとっての一大権威にもち上げながら、その後、時を見計らってこの権威をみずから失墜させて、別の権威と取り換えるということを、何度でも自分の人生の中で繰り返す面々。さらに、女との情愛関係がいつでも同じ経過段階を踏みながら同じ終わり方に至る男たちなど。このような「等しきものの永劫回帰」については、もしそこにおいて問題となるのが当事者の能動的振舞いであり、当事者の本質には等しいままに留まる性格特性が見出され、それが同種の体験の反復に当たってきまって表面化するということであるのならば、われわれはたいして怪訝に思いはしない。それに対し、当事者となる人物がなにかを受動的に体験するように思われ、その人物には影響力を振るう余地がないのに、常に同じ運命の反復のみを体験するという事例は、われわれにはるかに強烈に作用する。例として、三度立て続けに結婚したが、男たちは結婚後少しすると病にかかり、死に至るまでその面倒を見なければならなかった女性の話を考えられたい。[*9] そのような運命特性のもっとも感動的な詩的表現を、タッソはその幻想的な叙事詩『エルサレム解放』において与えた。主人公のタンクレーディは、自分の愛するクロリンダを、彼女が敵方の騎士の武具を着て彼女と戦ったため、それと知らずに殺してしまう。彼女を埋葬した後、彼はある不気味な魔法の森の奥に入りこんでゆく。そこは十字軍の軍隊すらおびえてしまうような森であった。そこで彼は、背の高い木を剣で切り砕くのだが、木の傷口からは血が流れ、魂がその木のうちに封印されていたクロリンダの声が、一度ならず愛する人を傷つけたといって、彼をなじるのであった。

転移における振舞いや人間の運命に関するこのような観察を前にすると、心の生活のうちには快原理を超え出てゆく反復強迫が実際に存在すると仮定する勇気が湧いてくる。われわれはいまでも、災害神経症患者の夢や子供の遊戯衝動をこの強迫に関連づけたい気になってくる。もっとも、反復強迫の作用を他の動機の助けなしに純粋に把捉できるのはごく稀な事例においてだけである、とも言っておかねばならない。子供の遊びについて述べた際に、われわれはすでに、遊びの発生はほかにどのような解釈を許容するのか、特記しておいた。遊びにおいては、快を伴う直接的な欲動満足と反復強迫とは互いに交差して、内密な共同性を形作っているように思われる。転移の現象は明白に、抑圧に固執する自我の側からの抵抗に奉仕している。反復強迫は治療に役立てようとしたところで、快原理にしがみつく自我によって、いわば自我の味方に引き入れられる(29)。運命強迫とも呼びうるものについては、その多くが合理的な考量によって了解可能であって、それゆえ、新たな秘密めいた動機を想定するまでもないように思われる。それにもかかわらず、たぶん災害夢の場合が一番疑念の余地がないのだろうが、しかしより詳しく考察するなら他の事例においても、事態は、われわれにすでに知られている動機の営みとしては理解しきれないと認めざるをえない。反復強迫の仮定を正当化するものは十二分に残されているし、反復強迫はわれわれには、それによって脇に押しやられる快原理以上に、根源的で、基本的で、欲動的なものとして、現れてくる。それにしても、心というもののうちにそのような反復強迫が存在するのなら、是非それについていくばくかでも知りたいものだ。それはどのような機能に対応するのか、いかなる条件のもとでそれは出現してくるのか、そして、それは快原理に対しいかなる関係にあるのか。しかるに、この快原理にわれわれは、心の生活の中を経過してゆく興奮の出来事に対する支配権をこれまで委ねてきたのであった。

IV

以下は思弁である。往々にして度の過ぎた思弁であって、各人はそれぞれの立場からそれについて評価したり、無視したりすることであろう。さらに言うなら、どこにたどりつくのか知りたいという好奇心から、ある着想に含まれるところを徹底的に抉り出してみようという試みである。

無意識的な出来事を探求してみれば、意識とは心の出来事のもっとも一般的な性格ではなく、その一特殊機能にすぎないのかもしれないという印象が得られるが、精神分析の思弁はその印象に従い、そこを出発点とする。メタサイコロジー的な言い方をするなら、精神分析の思弁は、意識とはある特殊な系(30)の営みである、と主張する。意識は本質的に、外界からやってくる興奮の知覚と、ただ心の装置の内部にしか由来しえない快・不快の感覚とを伝え

＊9　このことについては、「個人の運命にとっての父親の意義」(*Jahrbuch für Psychoanalyse*, I, 1909)という論文における、C・G・ユングの適切なコメントを参照。

るので、知覚‐意識の系[31]には空間的な位置づけを割り当てることができる。その系は、外と内の境界に存し、外界に向かって、他の心的系を覆っているのでなくてはならない。ただし、このような仮定によってわれわれはなにも新たなことを企てているわけではなく、意識の「座」を脳皮質、つまり、中枢器官のもっとも外側をなす被覆層に置く脳解剖学の局在説に準拠しているにすぎない。意識はどうして――解剖学的に言って――脳のどこか最内奥のかくまわれたところに居を構えるのではなく、まさに脳の表面に宿らされているのかについて、脳解剖学はなんやかや考える必要はない。もしかしたらわれわれ分析家の方が、問題の知覚‐意識系がそのような位置を取ることの根拠づけに、さらなる進展をもたらすことができるかもしれない。

意識は、この系内の出来事に帰せられる唯一の特性ではない。他の系内のあらゆる興奮の出来事は記憶の基礎となるものとして、持続的痕跡を後者の系内に残す、したがって、意識化とはなんら関係しない想い出‐残渣を残す、と仮定するとき、われわれは精神分析の経験から得られる印象に依拠している。痕跡は、それを残す出来事が意識にまで少しも到達しなかったときに、しばしばもっとも強固で執拗である。とはいえ、興奮のそのような持続的痕跡が知覚‐意識系においても発生するとは信じがたい。痕跡がもしも常に意識されたままに留まるとしたら、それは新たな興奮を受け容れるという知覚‐意識系の適性をたちまちのうちに制限することになるだろう。[*10]他方、痕跡が知覚‐意識系内にあって無意識的となるならば、知覚‐意識系の機能には通常、意識の現象が随伴するのに、なぜその同じ知覚‐意識系のうちに無意識的な出来事が存在するのか、それを説明づけるという課題が突きつけられることになるだろう。そうなると、意識化をある特殊な系に指定する仮定を立てても、いわばなにも変化をもたらさず、なんら得るところがなかったということになろう。こうした考察はたとえ絶対的な強制力をもつものではないにしろ、それによってわれわれは、意識化と記憶－痕跡の残存とは同一の系にとっては両立しがたいものだ、と推測することができる。そうすると、意識系において興奮の出来事は意識化されるが、持続的痕跡を残すことはないと言うことができよう。想起が依拠する出来事の痕跡はすべて、隣接する内的系に興奮が伝播する際に、その内的系のうちで発生することになろう。わたしの『夢解釈』（一九〇〇年）の思弁的部分に挿入した図式[32]も、このような意味で企てられている。意識の出現について、ほかの典拠からはいかにわずかのことしか知られないかを考えてみるならば、意識は想い出－痕跡の代わりに出現するという命題には、少なくともまだしも判明な主張としての意義が認められるべきであろう。

それゆえ、意識系においては興奮の出来事が、他のあらゆる心的系におけるのとは異なり、系を構成する諸要素の持続的な変化を後に残さずに、意識化の現象だけとなり、みずからはいわば泡と消えてしまうのであって、これが意識系を際立たせる特殊性だということになろう。一般的な系のあり方からのそうした逸脱は、もっぱらこの一つの系においてのみ見られる契機によって説明されねばならない。そして、他の系には認められないその契機とは、意識系の剝き出した位置、すなわち、外界と直接的に接続しているというその位置であってもおかしくはあるまい。

生きた有機体を最大限単純化して、刺激を感受できる基質が未分化の小胞状態となっているとして思い浮かべてみよう。そうすると、外界に向かった表面は、その位置それ自体によって分化させられ、刺激の受容器官として働

＊10　このことについては、『ヒステリー研究』（一八九五年）〔本全集第二巻〕の理論的部分〔二節〕におけるJ・ブロイアーの議論に全面的に従っている[33]。

くことになる。進化史を反復してみせる胎生学も、中枢神経系は外胚葉から出てきていることを実際に示しているし、また、脳皮質の灰白質もやはり原始の表面から派生してきた蘖《ひこばえ》であって、表面の本質的な特徴を遺伝として受け継いでいる可能性がある。だとすると、外的な刺激が小胞の表面に絶えず衝突するために、小胞を形作っている基質は一定の深さにまで持続的な変化を蒙り、そのため、そこにおける興奮の出来事はより深い層におけるのとは違った経過をたどるということが容易に考えられる。そのようにして、刺激作用によって焼かれて最後には刺激受容に最適な状態となり、それ以上の変容はできなくなる皮質が形成されることになる。意識系に引き移して言うなら、それは、系を構成する諸要素が興奮の通過する際に、もはやいかなる持続的な変化も受けつけられないことを意味しよう。というのも、諸要素はこうした作用にあわせて、すでにぎりぎりまで変容しているからである。しかしそのとき、諸要素は意識を出現させることができる。基質の変容および基質内の興奮の出来事の変容がいかなる点に存しているのかについては、いろいろ考えることができるだろうが、今のところそうしたことについては確かめようがない。興奮は一つの要素から別の要素へと進んでゆく際に抵抗を乗り越えねばならず、そのようにして抵抗を低減させると興奮の持続的痕跡が残される(これを通道という)と仮定できる。それゆえ、意識系においては、ある要素から別の要素に移行する際のそうした抵抗はもはや存在しないことになろう[34]。この考えは、心的系の諸要素についてブロイアーが示した、静止した(拘束された)備給エネルギーと自由に動く備給エネルギーという区別と、ひとまとめにすることができる[*11]。そうすると、意識系の諸要素は、拘束されたエネルギーはなんら通さず、ただ自由に放散可能なエネルギーのみを通すことになろう。しかし、こうした事態についてはさしあたり、できるだけ曖昧な見解表明に留めておく方がよいだろう。いずれにせよ、われわれはこの思弁によって、意識の出現を、意識系の位置に、そしてその系のゆえに興奮の出来事がもつようになる特殊事情に、一定の形で絡み合うよう関連づけたことになろう。

刺激受容的な皮質層をもつ生きた小胞に関連して、もう少し別のことも論究しておかねばならない。この一片の生きた基質は、最強のエネルギーが充填された外界のただなかを漂っており、もし、刺激保護[35]が授与されていなかったなら、外界の刺激作用によって打ち負かされてしまうだろう。それが刺激保護を手に入れるのは、そのもっとも外部の表面が生命体としての構造を放棄して、ある程度無機的となり、特殊な皮膜ないし薄膜という形で刺激阻止的に働くことによってである。そうすることで外界のエネルギーは、その強度の一部分だけが、生命を保っている隣接層に伝達されてゆくことができるようになる。そうすると、隣接層の方は、刺激保護の陰で、透過された刺激量の受容に専念できるようになる。しかるに、外部層は生命を失うことによって、すべてのより深いところにある層を同じ運命から護った。少なくとも、刺激保護を破綻に追い込むだけの強さをもった刺激がやってくるまでは、護ったのである。生きた有機体にとっては、刺激保護がほとんど刺激受容以上に重要な課題である。有機体には刺激保護のために固有の備蓄エネルギーが備えられており、自分のうちで演じられる独自な形態のエネルギー変換を外部で作動している過大なエネルギーの影響から護ることに、なにより力を注ぐ。外部エネルギーは、一切を均してしまうように作用するために、破壊的な影響を及ぼしうるからである。刺激受容はなにより、外的刺激の方向と種類を知ろうと意図しており、そのためには、外界からちょっとした見本を取り出してきて少量それを味見するだ

＊11　J・ブロイアー&フロイト『ヒステリー研究』内容変更なしの第四版（一九二二年）[36]。

けで十分である。高度に発達した有機体においては、かつての小胞の刺激受容的皮質層は、とっくに身体内部の奥深くにひきこもってしまったが、しかし一部は表面に残り、全身を護る刺激保護の直下に位置する。それが感覚器官である。感覚器官には本質的に、特定の刺激の働きかけを受容するための機構が含まれているが、そのほかにも、過大な刺激量から新たなかたちで保護し、不適切な種類の刺激を阻止するための特別な仕掛けも含まれている。(37)感覚器官に特徴的な点は、ごく少量の外的刺激しか処理しないことであり、外界から抜き取り検査を試みるだけなのである。ひょっとしたら、感覚器官とは、外界を手探りしてみるが、その後でいつも再度ひっこめられる触手に較べられるのかもしれない。

ここで、本来なら徹底的に取り扱われるべきテーマに、簡単に触れることを許していただきたい。時間・空間はわれわれの思考の必然的な形式であるというカントの命題は、精神分析のなした一定の認識のゆえに今日では議論の余地のあるものになっている。われわれの知っているところでは、無意識的な心の出来事はそれ自体「没時間的」である。(38)それはさしあたり、無意識的出来事が時間的に配列されていないこと、時間はそれにいかなる変化も加えないこと、そこには時間表象をもちこめないことを意味する。これは否定的に表現された特徴であるが、それをよりはっきりさせようとするなら、意識化された心のプロセスと比較してみるしかない。われわれ人間の抽象的な時間表象は、むしろ知覚‐意識系の作業様式から全面的にとってこられており、その作業様式の自己知覚に対応しているように思われる。知覚‐意識系の〔自己知覚という〕この機能の仕方からするなら、刺激保護も別の道が歩まれるのかもしれない。こうした主張が大変曖昧に聞こえるだろうことは、わたしとしても承知しているが、ここではそういう暗示に留めておかざるをえない。(39)

われわれがこれまで詳論してきたのは、生きた小胞には、外界に対する刺激保護が備えられているということであった。また刺激保護に隣接する皮質層が外部からの刺激受容器官として分化されていなければならないことも、それ以前にはっきりさせられていた。この感覚的皮質層がのちに意識系となったのだが、それはしかし、内部からくる興奮をも受け取る。そのため、外部と内部の間に挟まれた系の位置と、〔系に対し〕外部から働きかけるのか内部から働きかけるのかという働きかけの相違とが、系、ひいては心の装置全体の営為にとって決定的となる。外部に対しては刺激保護があり、到来してくる興奮量はただ縮小された程度においてのみ働くことになろう。内部に向かっては刺激保護は不可能であり[40]、より深い層の興奮はダイレクトに、そして量が減少されることなしに、系に伝達される。その際、興奮の経過がどのような特徴をもつのかによって一連の快・不快の感覚が生み出されることになる。もっとも、内部からくる興奮はその強度や他の質的特徴(場合によってはその振幅)のゆえに、外界から流入してくる刺激より、系の作業様式にいっそう合致しているだろう[41]。しかし、このような事情のために、二つのことが動かしがたいものとして決定される。一つは、心的装置内部の出来事の指標である快・不快の感覚の、あらゆる外的刺激に対する優先性であり、第二に、不快の過大な増加を招き寄せるような内的興奮に対する振舞いの方向性である。つまり、そうした内的興奮を、それが内部からではなく、外部から働きかけてくるかのように取り扱い、そのことによって、興奮に対して刺激保護の防衛手段を発動させることができるようにするという傾向が生ずるのである。これが投射の由来である。投射は、病理的なプロセスが引き起こされる場合にきわめて大きな役割を果たすことになる。

いまなされた考察によって快原理の支配の理解に近づけたのではないかと思うが、快原理に背馳するあの一連の事例の解明に到達したわけではない。だから、もう一歩先に進むことにしよう。刺激保護を破綻させるだけの強さをもった外部からの興奮を、われわれは外傷性興奮と呼ぶ。そうであるだけに、普段は刺激の阻止がうまく行われているのであって、このことに外傷の概念は関連づけられねばならないと考えられる。外面的外傷といった事象は確かに、有機体のエネルギー運営に大規模な障害をもたらし、そのため、あらゆる防衛手段が動員されることになる。そのときにはしかし、快原理はいったん解除される。となると心の装置が大量の刺激によって溢れかえることは、もはやおしとどめがたい。むしろ、刺激を制覇すること、すなわち、突入してきた刺激量を心的に拘束し処分してしまうことが新たな課題として生ずることになる。

身体の苦痛に特有の不快とはおそらく、刺激保護が限られた範囲内で破綻したことから帰結するものである。その場合には、この末梢部位から心の中枢装置に向かって、普段なら装置の内部からでなければやってこられなかったような連続的な興奮が流入していく[*12]。そうだとするなら、この侵入に対する心の生活の反応として、どのようなことが期待できるだろうか。侵入個所の周辺に、相応の高度のエネルギー備給がなされ、そのためにあらゆる方面から備給エネルギーが支給されるであろう。大規模な「対抗備給」が作り出され、それを成し遂げるために他のあらゆる心的系は貧困化し、その結果として、他の心的営為は、かなりの範囲で麻痺するか低下することになる。そうした事例を出発点とし、それを依託すべき手本として、メタサイコロジー的推測を裏づけることにしよう。こうしたやり方によって引き出される結論とは、それ自身高度に備給された系は新たに流れ込んできて付け加わるエネルギーを受けとめ、それを静止備給に変換することができる、つまり、それを心的に「拘束する」ことができるというものである。系自身の静止備給が高度であればあるほど、それだけまたそれが有する拘束する力も大きいことになるだろうし、反対に、系への備給が低ければ低いほど、系は流入してくるエネルギーを受けとめる能力をもたず[42]、そうすると、刺激保護のそうした破綻から帰結する事態もそれだけいっそう暴力的なものとならざるをえない。この見解に対し、侵入個所周辺での備給の上昇は到来してくる興奮量の直接的な伝導によってはるかに簡単に説明づけられる、と異論を申し立てたところで、それは通らない。もし異論の通りだとしたら、心の装置はそのエネルギー備給が増大されるだけに留まり、苦痛には麻痺させる性格があるということ、つまり他のあらゆる系が貧困化してしまうということが、解明されないままに残される。苦痛には大変激しい放散作用があるからといって、それがわれわれの説明の支障となるわけではない。というのも、その放散作用は反射的に生起する、つまり、心の装置の媒介なしに起こるものだからである。メタサイコロジー的と名づけられるわれわれのあらゆる論究にはっきりしないところがあるのは、むろん、心的系の諸要素の中で生ずる興奮の出来事の本性についてわれわれがなにも知らず、それについてはどのような仮定も立てられそうもないという点に由来する。だからわれわれはいつも、大きなXを用いて演算しているのであって、どういう新たな式を提示しようと、そのたびごとにそのXを一緒に取り込んでしまっているのである。興奮の出来事は量的にさまざまなエネルギーによって起こるはずだというのは、たやすく容認される要請であるし、また、その出来事は質(たとえば振幅といったたぐいの)を一つならず有しているというのも大いにありえよう。われわれは、エネルギー充足には二種類の形態があって、放散を迫って自由に流れる備給と、心的系(ないしその諸要素)への静止した備給とが区別されなければならないというブロイアーの提案も

＊12　「欲動と欲動運命」〔本全集第十四巻〕参照[43]。

新たに考慮に入れてみた。心の装置のうちに流れ込んでくるエネルギーの「拘束」とは自由に流れる状態から静止した状態へと引き移すことに存する、という推測もなされてよいのかもしれない。

わたしの思うところでは、普通の外傷性神経症を、刺激保護の大々的な破綻の結果として捉える試みがなされてよい。その試みによって、ショックに関する古くからの素朴な理説にその正しさが認められることになるだろう。たとえそれが、病因論的意義を機械的な暴力の作用にではなく、驚愕と生命の脅威とに割り当てる、より後の、そして心理学的により高精度な理説に、一見したところ対立しているにせよ、である。ただし、こうした対立は調停不能ではないし、外傷性神経症に関する精神分析の見解は、もっとも未熟な形のショック理論と同じものでもない。後者の理論がショックの本質を、神経を構成する諸要素の分子構造ないし組織学的構造そのものの直接的損傷に置くとすれば、われわれの方は、心の器官の刺激保護が破綻し、そのためにいかなる課題が出てくるのかということから、ショックの影響を理解しようと努める。驚愕はわれわれにとってもその意義を失わない。驚愕の条件となるのは、不安という備え[44]が整っていないということである。その際、不安という備えとは、最初に刺激を受けとめる系への過剰備給を含意する。不安という備えが整っていない場合、系は備給が低いために到来してくる興奮量を十分よく拘束できず、刺激保護が破綻すると、その帰結はそれだけいっそう容易に現れ出てくる。このようにして、受容系への過剰備給を伴う不安という備えが刺激保護の最終ラインを表していることが、見出される。かなりの数の外傷にとっては、準備のできていない系と過剰備給によって準備のできている系との違いが、結末のいかんを決定する契機となるのかもしれない。しかし、外傷の強度が一定以上になるとその違いはもはや重要ではなくなるだろう。欲望成就を幻覚のかたちで実現することが、快原理の支配下にある夢の機能であったはずなのに、災害神経症患者の夢が患者を規則的に災害の情況に連れ戻すとしたら、その場合、夢は確かに欲望成就に奉仕していないことになる。とはいえ、災害神経症患者の夢はそうしたことを通して、快原理が支配をはじめるに先立って解決されていなければならない別の課題のために役立てられている、と仮定することは許されるだろう。刺激が不安発生によって制覇されていなかったことが外傷性神経症の原因となったのであるが、そうした夢は不安を掻き立てることで刺激制覇を後からやり直そうとしているのである。そのようにして夢は、快原理に矛盾はしないが、しかし快原理から独立し、そして、快の獲得と不快の回避という意図以上に根源的なものに思われる、心の装置のある機能に対する眺望をわれわれに与えてくれるのである。

それゆえここでまず、夢とは欲望成就であるという命題には例外があることが認められねばならないであろう。ただし、わたしが繰り返し立ち入って示してきたように、不安夢はそのような例外ではないし、「懲罰夢」もそうではない。というのも、後者は、禁じられている欲望成就のかわりに、それに見合った懲罰を提示しているだけであり、したがって、棄却された欲動に反応する罪責意識の欲望成就となるからである。[45] ところが、災害神経症患者の上述の夢となると、もはや欲望成就の観点にはおさまらないし、また、精神分析の途上で登場し、幼年期の心的外傷の想い出を再びもちだす夢も同様である。それらの夢はむしろ反復強迫に従っている。もっとも反復強迫は、精神分析の際には、忘却され抑圧されたものを呼び出したいという、「暗示」によって促進される[46]欲望に支えられている。そうであるからには、睡眠の障害となって蠢く欲望を成就してやることによって、睡眠の中断となる動機を取り除くという機能も、はじめから夢にあったわけではないことになろう。心の生活の全体が快原理の支配下に入ったのちになってはじめて、夢はその機能を制圧しわがものとすることができたのである。「快原理の彼岸」なるものが存在するというなら、夢の欲望成就的性向にも前史を認めてやるのが、筋というものである。だからといって、夢がのちにもつようになったとされる機能は実はないのだ、と言っているわけではない。ただ、欲望成就的性向がいったん破綻することがあるとするなら、次のようなさらなる問いが出てくる。つまり、外傷となる印象を心的に拘束するために反復強迫に従うたぐいの夢は、精神分析の行われていないところでも生じうるのではないか。この問いに対しては、まったくその通り、と応えられねばならない。

「戦争神経症」という名称が、単に戦争をきっかけとして発症する苦しみ以上の広がりをもつ語だとするなら、戦争神経症とは自我葛藤によってその発生が容易になった外傷性神経症であるという公算が高い、とわたしは他の個所で詳論した。[*13] 外傷によって同時に重大な傷を蒙ると神経症発生の機会は減じるという一〇頁で言及した事実は、精神分析的探求が強調する次の二つの事情を勘案するなら、もはや理解不可能なことではない。それは第一に、機械的振動は性的興奮の一つの源泉として認められねばならない（『性理論のための三篇』〔本全集第六巻〕における、ブランコや列車に乗ることの効果についてのコメントを参照[47]）ということであり、第二に、苦しく熱の出る病気にかかると、それが続いている最中はリビード配分にかなりの影響が出るということである。そうであるからには、外傷の機械的な力によって一定量の性的興奮が解放され、そしてそれは不安という準備が欠けているために外傷的に働くだろうが、それに対し、同時に身体が傷を蒙った場合には、苦痛を感じている器官にナルシス的過剰備給が施されるために、余分な興奮は拘束されることになるであろう（「ナルシシズムの導入にむけて」〔本全集第十三巻〕参照[48]）。メランコリーの場合に生ずるような、リビード配分の重篤な障害も、器質的罹患が併発すると一時的に除去されたりするし、それどころか、行きつくところまで行きついた早発性痴呆の状態であっても、同じ条件の際には、一過的に緩解することがありうる。こうしたことも知られてはいるが、リビード理論のために十分に利用されてきたとは言えない。

V

刺激を受容する皮質層には、内側からやってくる興奮に対して刺激保護が欠如しているため、その結果として、こうした刺激の転移がより大きな経済論的意義をもつようになり、外傷性神経症にも比せられる経済論的障害にしばしばきっかけを与えざるをえなくなる。そのような内的興奮のもっとも大規模な源泉となっているのは、有機体の欲動と言われるものである。それは、身体の内部に発して心の装置へと転移するあらゆる力の働きの代理となるものであり、心理学的探求のもっとも重要でもあればもっとも晦冥でもある要素である。

欲動から出てくる蠢きは神経過程の類型としては、拘束された神経過程ではなく、自由に動いて放散されようとする神経過程であると仮定しても、おそらくそれほど大胆だとは思われまい。これらの神経過程についてわれわれが知っている最良のことは、夢の工作(49)の研究に由来している。その研究によって、無意識の系におけるプロセスは(前)意識の系におけるプロセスとは根本的に異なっており、無意識において備給は容易にまるごと転移され遷移され縮合(50)されうるが、前意識の素材に関してそれが生じるときには、欠陥のある成果しかもたらされず、それゆえまた、前意識的な日中残渣が無意識の法則に従って加工された後には顕在的な夢は周知のように奇妙なものとなると

*13 「『戦争神経症の精神分析にむけて』への緒言」国際精神分析文庫、第一巻、一九一九年〔本全集第十六巻〕。

いうことを、われわれは見出したのであった。わたしは、無意識におけるこのたぐいのプロセスを心的「一次過程」と名づけ、人間の通常の覚醒生活に妥当する二次過程から区別した。欲動の蠢きはすべて無意識の系から始まるのだから、その蠢きが一次過程に従うと言っても、ほとんど目新しいことではないし、他方、心的一次過程を自由に動く備給と同一視し、二次過程を拘束された備給ないしブロイアーの言う緊張性備給の変動と同一視する[*14]ことも、ごく簡単なことだ。そうだとするなら、一次過程のうちで到来してくる欲動の興奮を拘束することが、心の装置の高次層の課題となろう。この拘束に失敗するなら、外傷性神経症に類似した障害が引き起こされるだろう。拘束が成功してはじめて、快原理（およびそれが変容した現実原理）による支配が妨げなしに貫徹されうるだろう。しかしそれまでは、心の装置にとって、興奮を制覇ないし拘束するという課題が先立つことになろう。しかもそれは、快原理に対立しないが、しかしまたそれから独立し、部分的にはそれに配慮することもない課題なのである。

　われわれが子供の心の生活の初期活動や精神分析の治療体験に関連して記述した、反復強迫の表出は、高度の欲動的な性格を示しているし、また、快原理に対立している場合には、魔《デモーニッシュ》的な性格を示している。子供の遊びの場合、子供が不快な体験を繰り返すのは、単に受動的に体験した場合よりも、自分の能動性によって強烈な印象をはるかに根本的に制覇できるからだと理解してよいだろう。その都度の新たな反復は、目指されているこうした支配をよりしっかりしたものにするように思われるし、また、子供は快ある体験も倦むことなく繰り返そうとし、頑として印象が同じであることに固執するだろう。こうした性格特性は、年を経ると消え去る定めになっている。同じ冗談を二回聞くと、効き目はほぼなくなるし、劇の上演も、一回目に残した印象に達することは、二度とないであろう。実際、大人に対し、たとえどんなに気に入った本であっても、読了後にすぐもう一度通読する気にさせるの

36　37

は難しいだろう。どんなときにも、新しいということが楽しみの条件なのであろう。しかし子供は、自分に示された遊び、仕掛けられた遊びを繰り返すよう、大人に求めて倦むことがない。最後には、大人は精根尽きて拒絶するしかなくなる。また子供は、一度素敵な話を聞かされると、新たな話ではなく同じ話を何度でも聴きたがり、繰り返される話が同じであることに断固としてこだわり、話し手の方が自分では新たな工夫を凝らすつもりで変更を加えても、そうした改変をすべて元に戻してしまうのである。[51] だからといって、それは快原理に矛盾しているわけではない。反復、つまり、同一性の再認がそれ自身快の源泉でありうることは、はっきりしている。それに対し、精神分析の被分析者は、幼児期の出来事を転移によって強迫的に反復するが、そのことがその人にとっていかなる仕方でも快原理の埒外にあるということは明らかである。患者はそのときまったく幼児のように振舞い、そうすることで、自分の往時の体験の抑圧された想い出‐痕跡が自分のうちで拘束された状態になっておらず、それどころか、言ってみれば二次過程を受けつけないようになっていることを示してくれる。この非拘束性のおかげで、想い出‐痕跡は日中残渣に準拠しつつ、欲望空想《ヴンシュファンタジー》を形成し夢として描き出すという力も発揮できるのである。同じ反復強迫は、われわれが治療の最後に患者に対してわれわれ医者とすっぱり手を切るように差し向けるたびに、治療を妨害するものとして立ち向かってくる。また、精神分析に通じていない者が、そっとしておけばよいものを、寝た子を起こすことになるのではないかと懸念する漠とした不安というのは、根本的にはこの魔的《デモーニッシュ》な強迫の出現を恐れているのではないか、とも考えられよう。

＊14　拙著『夢解釈』第七章「夢過程の心理学」〔E節(GW-II/III 593 ff.)〕〔本全集第五巻〕参照。[52]

38 しかし、欲動的なものはどのような仕方で反復強迫と関連しているのであろうか。ここでわれわれは欲動の、いやひょっとしたらあらゆる有機的生命一般の、これまでは明確に認識されていなかった——少なくとも、はっきりと強調されてこなかった(53)——一般的性格の尻尾をつかんだのではないか、という思いを禁じることができない。つまり、欲動とは、より以前の状態を再興しようとする、生命ある有機体に内属する衝迫である。ただ、生命体はこの以前の状態を、障害を及ぼす外的力の影響のゆえに放棄せざるをえなかったのだ。欲動とは一種の有機的弾性である、ないしこう言った方がよければ、有機的生命における慣性の表れなのである。*15

欲動をこのように捉えることは奇異に感じられるかもしれない。というのも、欲動のうちに変化と発展を迫る契機を見るのにわれわれは慣れてきたのに、今度はまさにその反対を、つまり、生きているものの守旧的な本性の表現を、欲動のうちに認めるべきだというからである。他方、欲動の歴史的被制約性を確証するように思われる事例も動物の生活の中にすぐさま目につく。ある種の魚が産卵期に困難な渡りを企て、常日頃の居住地からはるか離れた河や湖で産卵をする場合、魚たちは、多くの生物学者の理解では、時の経過につれて換えられてきた祖先の棲息地を訪れているにすぎない。同じことは渡り鳥の飛翔にも当てはまるが、遺伝現象や胎生学の事実の中に有機体の反復強迫のりっぱな事例があることを知れば、さらなる事例を探す必要はなくなろう。おわかりのように、生きた動物の胚は、発達してゆくにつれて、その動物の由来のもととなっているあらゆる形質の構造を——短縮されてほんのつかの間のことであるにせよ——繰り返さざるをえないのであり、最短距離で確定形態へと至ることはできない。動物のこうした振舞いについて、機械的に説明できるのはほんの一部分のことにすぎず、歴史的な説明を抜き
39 にすることはできない。そして、ある器官が失われたとしても、それとまったく同じような器官を新たに形成して

補塡するという再生能力は、かなり高等な動物にまで及んでいる。

こう言うと、反復を強要する守旧的欲動もあるだろうが、それ以外にも実情として、新たな形成と進歩を迫る他の欲動も存在するという反論が出てくるであろう。その反論は確かに無視してよいものではない。しかし、この反論については、のちにまた考慮することにしよう。(54) そのまえに、あらゆる欲動はより以前のものを再興しようとするという仮定を、その帰結のぎりぎりのところまで追い詰めてみてもよいだろう。そのときに出てくるものが「深遠」に思われようが神秘的に響こうが、われわれはそのようなものを目指したつもりはないのであって、そのことで非難を受けるいわれはない。われわれの求めているのは、調査研究であろうが、調査研究に基づく考察であろうが、その冷静な成果であって、この成果に確実性という性格を与えたいと願うばかりなのである。*16

したがって、有機体のあらゆる欲動は守旧的であり、歴史的に獲得されたものであって、退行を、つまり、以前のものの再興を目指すのだとすれば、有機体が進化してきた結果とは、妨害し逸脱させる外的影響のおかげだとしなければならない。初歩的生命体はその始めより変化を望まず、もし事情が同じなら、ただ同じ生の経歴を繰り返したことだろう。しかし、地球は進化し、太陽と地球の関係も進化する。結局のところ、この進化の歴史が有機体の進化のうちに刻印されて、われわれのもとにまで残されているに違いないのだ。有機体の守旧的な欲動は、生の

*15　「欲動」の本性について、似たような推測がすでに繰り返し表明されてきたことは疑いない。

*16　〔一九二五年の追加〕以下の論述は、ある極端な思考の歩みを展開したものであって、のち性欲動が考慮されるようになると、制限され訂正されることになる〔九三頁以降〕という点を見逃さないよう、お願いしたい。

経歴に押しつけられたこれらの変更をことごとく受け入れ、反復すべく保存しておきながら、しかしまさにその結果として、それ自身が変化と進歩を追求する力であるかのような、人を欺く印象を与えずには済まなくなる。その実、欲動は以前からの目標を新旧のやり方で達成しようとしているだけなのである。あらゆる有機体が追求するこの最終目標についても、それが何であるかを言えないことはない。生命の目標がいまだかつて達成されたことのない状態であるならば、それは欲動の守旧的本性に矛盾することになろう。その目標はむしろ、生命あるものがかつていったん放棄したものの、あらゆる進化発展の迂路を経ながら帰り着こうとする昔の状態、生命の出発点である状態でなければならない。生命あるものはすべて内的根拠に従って死に、無機的なものへと帰ってゆくということを、例外なき経験として仮定することが許されるなら、われわれは次のようにしか言いようがない。すなわち、あらゆる生命の目標は死であり、翻って言うなら、無生命が生命あるものより先に存在していたのだ、と。

　かつて生命なき物質の中に、いまのところまったく想像不可能な力の作用によって、生命体の特質が目覚めさせられた。もしかしたらこれは一大事件、それも、生命ある物質の特定の層にのち意識を発生させたもう一つの事件にも比すべき模範的事件だったのかもしれない。そのときには、これまで生命なきものであった材質の中に緊張が発生したが、その緊張は解消されようと努めた。最初の欲動が、無生命へ回帰しようとする欲動として、こうしてもたらされた。その当時、生命ある基質にとっては、死ぬことはいまだ簡単なことであった。おそらくは、生まれたばかりの生命の化学構造によって方向づけられていた、短い生命の道を歩み通すだけでよかった。長い時期にわたって、生命ある基質は、そのように何度も新たに作られては簡単に死んでいったのかもしれない。しかし、とうとう外的影響に決定的な変化が起こり、そのため、それでも生き延びている基質はもともとの生命の道からますます外れてゆき、死の目標に到達するに当たってますます込み入った回り道をせざるをえなくなった。こうした死への回り道が、守旧的な欲動によって忠実に堅持され、今日では生命現象の姿を呈しているという次第なのかもしれない。欲動のもっぱら守旧的な本性を堅持しようとするならば、われわれは生命の由来と目標について、これ以外の推測に至ることはできないだろう。

有機体の生命現象の背後には欲動の大群の存在が認定されるが、そうした欲動に関しても、いま述べた推論に劣らず、奇異に聞こえる結論が帰結するだろう。つまり、生きた存在にはそれぞれ自己保存欲動が属すると認められているが、そうした欲動の設定は、欲動の全生活が死を招き寄せることに奉仕しているという前提に、奇妙に対立するのである。自己保存への、権力への、名声への欲動の理論的意義は、この光のもとで見られると萎縮してしまう。それらは部分欲動であって、その役目は、死に至る有機体固有の道を確保し、無機的なものへ回帰するに際して有機体に内在する回帰可能性以外は遠ざけておくことである。しかしそうすると、全世界を敵に回しても自己を護り抜くという有機体の奮闘はいかにしても整合化できない謎となり、論外に押しやられる。結局のところ、有機体はただ自分のやり方でのみ死のうとするのである。生の番人である欲動も、もともとは死の衛星なのである。その場合しかし、生きた有機体は、その生の目標に短い道のりで(いわば、ショートカットで)到達させてくれる働きかけ(すなわち、危険)には、あらん限りの力で反抗するという逆説が生ずるが、そうした反抗の振舞いは知的追求の努力などではなく、逆に純粋に欲動的な追求の努力の特徴を示すものである[55]。

しかしよく考えてみるなら、そんなことはありえないではないか！　神経症の学説によって特別の位置づけが割り振られた性欲動をとりあげてみよう。そうするとまったく違った光が当てられることになる。有機体のすべてが外的強制に従って、常にさらに発展するように駆り立てられていたわけではないのである。現在に至るまで低次の段階に自分を抑えておくことに、多くの有機体が成功している。実際今日なお、高等な動植物の前段階とはこんなものだったに違いないと思わせる生物が、すべてではないにしろ、数多く生存している。同様にまた、高等生物の複雑な身体を組み立てている基礎的有機体のすべてが、自然死に至るまでの全発展経路を、その生物とともに歩むわけでもない。そうした基礎的有機体の一つである胚細胞は、生命ある基質のもともとの構造をおそらく保存しているとともに、一定の時間を経ると、遺伝されたか新たに獲得された欲動資質をすべて充塡されて、もとの有機体全体から分離する。胚細胞が独立して存在できるのは、もしかしたらまさにこの両方の特質のゆえなのかもしれない。好条件のもとに置かれると、胚細胞はみずから発展し始める、つまり、自分を発生させるもととなった揺動を繰り返し始めるのだが、最後には、その基質の一部が再び終わりまで発展を継続する一方で、残ったもう一部は新たな胚となってあらためて発展の最初へと戻ってゆくことになる。このように、生命ある基質が死ぬことを防ぐべく胚細胞は働く。そして、もしかしたら単に死への道行きの延長を意味するにすぎないのかもしれないが、われわれには潜在的不死性だと思われざるをえないものを、胚細胞は生きたその基質のために獲得することができる。われわれにとって最高に意義深いのは、自分に似てはいるが自分とは区別されるもう一つの細胞と融合することによって、胚細胞のそうした営みが強化されるか、あるいはおよそはじめて可能になるという事実である。(56)

個々の存在を超えて生き延びるこれらの基礎的有機体の運命に留意し、外界の刺激に対し無防備なこれら有機体を安全にかくまうよう配慮し、また他の胚細胞と一緒になれるように取り計らう、等々のことをする欲動が、一群の性欲動を形成する。これらの欲動も、生命ある基質のより以前の状態を再現しようとするのであって、それゆえ、

43 他の欲動と同じく守旧的であるが、しかしそれらはまた、外的作用に対しことさら抵抗するさまを見せるので、より強い程度において守旧的であり、さらにその上、生命そのものをより長い時間保存してより広がりのあるものにするという意味でも守旧的である。[*17] それらが本来の生の欲動である。生の欲動は死に導くように機能する他の欲動の意図に逆らって働くということにより、生の欲動とそれ以外の欲動との間には対立があることが示唆されるが、神経症の学説は早い時期にこの対立を意義深いものとして認識したのであった。有機体の生命のうちには躊躇のリズムのようなものがある。ある一群の欲動は、生の最終目標にできるだけ早く到達しようと、前のめりに突進してゆくのに対し、もう一群の方は、ある個所まで来ると急いで逆戻りし、特定の地点からもう一度歩み始め、そのようにして道のりの長さを延長しようとする。しかし、たとえ性や性差が生命の最初には存在していなかったのが確かだとしても、のちに性的と表示されることになる欲動がことのまったくのはじめから活動していたのであって、「自我欲動」の揺動に対するその反対作用を、のちの時点になってはじめて開始したわけではないということは、依然としてありうるだろう。[*18]

それではわれわれ自身一度後戻りして、以上の思弁がすべて根拠づけを欠いていないかどうか、問うことにしよう。性欲動のことはひとまずおくとして、(57) 以前の状態を復元しようとするもの以外に、現実にいかなる欲動もない

＊17　〔一九二三年の追加〕けれども、それらは、「進歩」やより高い発展への内的性向の説明のためにわれわれが利用できる唯一の欲動である（より後〔本節の最後九六―九八頁〕を参照）。

＊18　〔一九二五年の追加〕文脈からも理解されるかと思うが、ここで「自我欲動」とは暫定的な表示として考えられており、精神分析の最初の命名に従っているだけである。(58)

のであろうか。いままで到達されていない状態を目指す他の欲動もまたあるということはないのであろうか。わたしの知るところでは、有機的世界に、欲動についてわれわれが提案した特徴づけに矛盾する事例はない。より高い発展への方向性が動・植物界に見られることは異論のない事実だとしても、そうした発展への一般的欲動が存在するとは確証されないのである。しかし、一方で、ある発展段階を別の段階よりも高いと公言するのは、多分にわれわれの側からする評価の問題にすぎないし、そして他方で、生命体の科学が示してくれているところでは、ある点におけるより高い発展は、多くの場合別の点での退化によってあがなわれたり帳消しにされたりする。若年時の状態からして、それ以上の発展はむしろ逆戻り的性格をもつと考えられる動物形態もたっぷり存在している。より高い発展にしろ退化にしろ両方とも、適応を迫る外的な力による結果であって、欲動の役割とはいずれの場合にも、押しつけられた変化を快の内的源泉として堅持することに限られているのかもしれない[*19]。

人間それ自身のうちには完成を目指す欲動が宿っていて、そのおかげで人間は現在の高度な精神的達成能力や倫理的昇華にまでこぎつけたのであり、またこの欲動のゆえに、人間は超人への発展の実現を期待できるのだ、とわれわれの多くは信じている。この信念は断念しろといわれても、そう簡単にはゆかないかもしれない。だが、わたしはそのような内的欲動の存在は信じないし、また、どうすればこの心地よい錯覚を護り通すことができるのかもわからない。人間のこれまでの発展は動物の発展と同じ仕方で説明されるだけでよい、とわたしには思われる。少数の人間個体に観察される、いっそうの完成へのやすみなき衝迫も、欲動抑圧の結果として無理なく理解されるし、この抑圧を土台に人間文化のもっとも価値あるものが築かれているのである。欲動は抑圧されたからといって、その十全な満足の追求をあきらめるわけではない。その場合、十全な満足とは一次的満足体験を反復することに存している。欲動の持続する緊張を解消するには、あらゆる代替形成・反動形成・昇華をもってしても不十分であり、また、当初求められていた満足の快と実際に見出されたそれとが違うことにより、事態はやむにやまれぬものとなる。つまり、情況がいかなるものになろうと、いずれの情況にも留まることが許されず、詩人の言葉を借りるなら、「しゃにむに前へ前へと突進する」(『ファウスト』第一部「書斎」におけるメフィストの台詞)[59]しかなくなるのである。十全な満足を目指すにしても、後ろに向かう道は通例、抑圧を維持している抵抗によってふさがれ、それゆえ、もう一つの、まだあいている発展方向を先に進むよりほかに余地はない。ただし、いつかこのプロセスを完了して目標に到達できるという見込みはない。神経症的恐怖症の形成過程を見ると、この外見上の「完成欲動」が発生する模範的事例が与えられる。神経症的恐怖症とは、実のところ欲動の満足からの逃亡の試みにほかならないのだ。とはいえ、「完成欲動」をすべての人間個体に帰属させることは不可能である。この帰属のための力動論的条件はなるほど広く一般的に備わっているが、しかし、それが現象として実を結ぶ条件が整うのは、経済論的事情のゆえに、ただ稀有な事例に限られるようである。

「完成欲動」といっても、それは、有機的なものをますます大きな統一体へとまとめていこうと奮闘するエロースの営みによって代替されている可能性が大きく、だからまた、「完成欲動」の存在が承認される必要はないのだ

＊19　別の経路をたどって、フェレンツィも、同じ見解の可能性にたどりついている(「現実感覚の発展段階」(*Internationale Zeitschrift für Psychoanalyse*, I, 1913)。「この思考の歩みを一貫して展開してゆくなら、さらなる発展や適応などへの性向というのは単に外的刺激を機縁に活性化するにすぎず、停滞ないし退行の性向が有機的生命をも支配するのだという考えに馴染まざるをえなくなるだろう」(一三七頁)。

と、一言だけ指摘しておきたい。エロースの奮闘が抑圧の働きと一つになると、「完成欲動」に帰せられるいろいろな現象が説明可能となるであろう。(60)

VI

これまでの論述の成果として、「自我欲動」と性欲動との間に鋭い対立関係が設けられ、前者の欲動は死に向かって突き進み、後者は生命の継続に向かうとされたが、われわれ自身としては多くの点からして、この成果で満足するわけにはゆかない。かてて加えて、われわれは本来、欲動の守旧的性格を、いやこう言った方がよいだろうが、反復強迫に対応する退行的性格を、前者にしか適用することができなかったという問題もある。というのも、われわれの仮定によれば、自我欲動は生命のない物質に生命が与えられたことに由来し、生命なき状態を再興しようと欲するものだからである。それに対し、性欲動について言えば——明らかにそれは生物の原初的状態を再現するものだが、しかし、あらゆる手段を用いてそれが達しようとする目標とは、一定の仕方で分化した二個の胚細胞の融合にある。この合一化が成し遂げられない場合には、胚細胞は多細胞有機体の他のあらゆる要素と同じく、死滅することになる。こうした条件下においてのみ、性機能は生命を生き長らえさせ、生命に不死性の外見を付与することができる。しかし、生命ある基質の発展過程におけるいかなる重要な出来事が、有性生殖によって、あるいはその先駆形態である二個体の原生物(61)の接合によって、反復されるのであろうか。われわれはそれを言うことができない。だからいっそのこと、われわれが築き上げてきた思想全体が間違いであったことがわかるなら、その方が気が楽というものである。自我（死の）欲動[62]と性（生の）欲動との対立関係はそのときには打ち捨てられ、反復強迫も自身に帰せられてきた意義を喪失することになるだろう。

だから、われわれが組み入れた仮定にたち戻って、その仮定が厳密に考えていけば論駁されないかどうか期待を込めて見てみることにしよう。あらゆる生命あるものは内的な原因によって死ななければならないことを前提として、われわれはそこから先の推論を築き上げてきた。この仮定を安んじて出したのは、それがわれわれには単なる仮定であるとは思われないからである。われわれはこの仮定のような考え方をするのに慣れているし、詩人たちもこの点に関して後押しをしてくれる。ひょっとするとその仮定を出したのは、それを信ずるなら一抹の慰めが得られるからなのかもしれない。自分は必ず死ななければならず、しかもその前には自分の最愛の者たちを死によって失わなければならないのだとすれば、その場合には、もしかしたら避けうるかもしれない偶然に打ち負かされるよりは、仮借なき自然の法である気高き《必然《アナンケー》》に打ち負かされる方がましであろう。だがひょっとしたら、死ぬことの内的合法則性へのこの信仰もまた、「生きることの重荷に耐える[63]」ために拵えられた錯覚の一つにすぎないのかもしれない。この信仰は決して根源的なものではなく、「自然死」の観念は原始の人々には知られていなかった。原始人は自分らの誰かが死んだときにはいつでも、敵や悪霊のせいにした。それゆえ、われわれはこの信仰を吟味するべく、生物科学の方に赴くことをなおざりにしてはならない。

そうすると、われわれは、自然死の問題に関して生物学者の見解がいかに一致していないか、いやそれどころか、およそ死の概念が生物学者の手のもとから漏れ落ちているさまを見て、びっくりしてしまう。少なくとも高等動物においては平均寿命が一定しているという事実は、言うまでもなく、内的原因による死という考えを裏づけるが、しかし、巨体動物や巨大樹の中には、現在のところ算定不可能なほどの高齢にまで達するものもあるという事情を考えるなら、その印象も再び色褪せてしまう。W・フリースの壮大な構想[64]によるなら、有機体のあらゆる生命現象は――そして確かに死も――一定の期間を護るよう拘束されているが、まさにそういう期間というかたちで、雌雄の二生命基質の太陽年への依存が表現されている。しかしながら、特に植物界における生命活動の出現時期が外的諸力によっていかに簡単に変更されるか、つまり、その活動がいかに早められたり抑止されたりするかを観察するなら、それも、そうされる範囲の大きさを観察するなら、フリースのもの言いはいかにも融通を欠き、そのまま信ずることは困難になる。少なくともフリースの立てた法則の独占支配には疑いをもたざるをえない。

A・ヴァイスマンの仕事[*20]における有機体の寿命と死というテーマの取り扱いには、われわれにとって最高に興味を掻き立てるものがある。生命ある基質を死すべきものと不死のものとに二分するという考えはこの研究者に由来する。死すべき半分は狭義の身体、ソーマ〔ギリシア語で「身体」の意味〕であり、それのみが自然死に服する。それに対し、胚細胞は、一定の好条件下においては新たな個体へと発展できる限りにおいて、つまり、新たなソーマを纏うことができる限りにおいて、《潜勢的に》不死である[*21]。

ヴァイスマンの学説がわれわれを惹きつけて止まないのは、まったく違った道筋でわれわれが独自に展開した見解と、予期せぬ形でその学説が類似しているからである。生命ある基質を形態学的に考察するヴァイスマンは、その基質のうちに、死へと運命づけられている構成部分であるソーマ、すなわち、性と遺伝に関わる材質を除いた部分の身体と、まさに種の保存を司り、生殖を司る不死の構成部分、すなわち、ソーマではない胚形質とを認めている。他方われわれは、生命ある材質そのものをテーマとするのではなく、その材質のうちで活動する力をテーマとしてきた。そして二種類の欲動を、つまり、生命を死に至らせようとする欲動と、生命の更新を繰り返し目指しては貫徹する、もう一つの欲動である性欲動とを区別するようになった。このように言うと、それはまるで、ヴァイスマンの形態学的理論から派生した力動論的帰結のように思われるだろう。

しかしながら、死の問題に関してヴァイスマンがどのような決着をつけているかに耳を傾けるなら、われわれと彼との間には有意義な一致点があるのではないか、という外観はすぐさま雲散霧消してしまう。というのもヴァイスマンは、死すべきソーマと不死の胚形質が分離されるのは多細胞有機体の段階になって以降のことだとして、単細胞動物においては個体と生殖細胞はいまだ同一のままだとみなすからである。[*22] それゆえ、彼の言うところによれば、単細胞生物は潜在的に不死であり、死は後生生物である多細胞生物の段階になってはじめて登場する。この高等生物の死はむろん自然死、内的原因による死であるが、しかし生命ある基質の原的特質に基づいておらず、[*23] 生命の本質のうちに根拠づけられている絶対的必然性として捉えることはできない。[*24] 死はむしろ、合目的性の仕掛けなのであり、外的条件に対する生命の適応現象なのである。なぜなら、体細胞がソーマと胚形質とに分離されて以来、個体が無際限な寿命をもつなどということは、まったく非合目的な奢侈となってしまうからである。多細胞生物

*20 『寿命について』一八八二年、『生と死について』〔第二版〕一八九二年、『胚形質』一八九二年など。
*21 『生と死について』。
*22 『寿命について』三八頁。
*23 『生と死について』第二版、六七頁。
*24 『寿命について』三三頁。

の段階でこの分化が出てきたことによって、死は可能となり合目的なものとなった。それ以来、高等生物のソーマは内的理由によって定められた時に死滅するようになった。しかし、原生物は依然として不死のままに留まった。それに対し、生殖の方は、死と一緒にはじめて導入されたのではなく、むしろ生命ある物質の原的特質であって、その点、成長が原的特質であるのと同じことである。生殖は成長をおおもととして出現したのだ。生命は地上におけるその始まり以来、ずっと連続的なものとしてあり続けている。[*25]

とはいえ、簡単にわかることだが、高等有機体に自然死を認めたからといって、われわれのテーマにとってたいした益とはならない。もし死とは生物が遅れて獲得したものだとするなら、地上における生命の始まりに由来する死の欲動なるものはそれ以上問題になりえない。その場合でも、多細胞生物はいずれにせよ内的理由によって死ぬかもしれないが、それは細胞分化の欠如や、新陳代謝の不足ゆえの死であって、われわれが取り組んでいる問題にとって、なんら興味を掻き立てるものではない。ただし、死についてそのように派生的に捉えることは、「死の欲動」などという奇異な仮定より、はるかに人々の通常の思考法に近いだろう。

ヴァイスマンが自説を開陳したことによって議論が巻き起こされたが、それは、わたしの判断するところ、いかなる点においても決定的な成果をもたらしていない。[*26]何人かの論者は、死に生殖の直接的帰結を見たゲッテの立場(一八八三年)[(65)]に逆戻りしている。ハルトマンは死を、「屍」――生命ある基質のうちの死滅部分――の登場によって特徴づけるのではなく、「個体の発展の終結」として定義する。この意味では原生生物もまた死ぬのであり、原生生物にあって死は常に生殖と一致することになる。ただ、親となる生体を構成する全基質が子供となる新生の個体のうちに直接移し入れられうるために、死が生殖によってある意味で覆い隠されてしまうだけのことである(ハルトマンの書、二九頁)。

探求の興味はやがて、生命ある基質の、言われるところの不死性を、単細胞生物において実験的に検証することに向けられることになった。アメリカ人のウッドラフ[66]は、二個体に自己分割することによって繁殖する繊毛虫である「ゾウリムシ」を飼育し、三〇二九世代までその繁殖を追跡し、そこで実験を中止した。実験において彼は繁殖のたびごとに、生まれた一方の側を分離して新鮮な水に移した。最初のゾウリムシの蘖《ひこばえ》であるこの子孫も、もともとの祖先と同じく元気で、老化や退化の徴候は全然示さなかった。したがって、それだけの数の実験にはすでに証拠能力があるとするなら、原生物の不死性は実験的に確証できると思われた[*27]。

他の研究者はそれとは異なった結果にたどりついている。モーパやコーキンズ[67]その他は、ウッドラフとは逆に、こうした繊毛虫も、もし特定の活性化作用にさらされないならば、一定数の分割を繰り返したのち弱体化して小さくなり、組織の一部分を失い、ついには死んでしまうということを見出した。それゆえ原生生物も、高等動物とまったく同じように、老化による衰微の段階を経て死ぬことになるが、これは、死を原生生物以降の獲得とみなすヴァイスマンの主張とは真っ向から対立する見解である。

＊25　『生と死について』結論。

＊26　マックス・ハルトマン『死と生殖』一九〇六年、アレク(サンダー)・リプシュッツ『われわれはなぜ死ぬのか』コスモス書籍、一九一四年、フランツ・ドフライン『動植物における死と不死の問題』一九一九年(底本の「一九〇九年」をSAに依拠し訂正)参照。

＊27　この点および後続の点については、リプシュッツ、前掲書、二六頁および五二頁以下参照。

こうしたいろいろな探求を重ね合わせてみると、確固とした手がかりを与えてくれるように思われる二つの事実が取り出される。第一に、もし下等動物の二個体が、いまだ老化による変質を示さない時点で、互いに融合し、「接合」できるとしたら——その後しばらくすると、再び離れ離れになるのだが——、それらは老化をまぬかれ「若返って」いる。この接合は実際、高等生物の有性生殖の先駆と言ってよいものであるが、いまのところ増殖とはなんら関係せず、両個体の基質の混交に限定されている（ヴァイスマンのいう二体混合）。しかし接合の活性化作用はまた、栄養液の組成変更や水温上昇や攪拌といった一定の刺激手段によって置き換えることもできる。通常なら受精によってしか細胞分裂しないウニの卵を、ある種の化学的刺激によって分裂過程に導き入れたJ・ローブの有名な実験を想起されたい(68)。

そして第二に、繊毛虫もそれ固有の生命のプロセスをたどるなら自然死に導かれるということが、おそらくありそうな事実である。というのも、ウッドラフの成果と他の人々の成果との矛盾は、ウッドラフが世代更新のたびごとに新鮮な栄養液の中に入れたということに基づくからである。そうしなかった場合には、彼もほかの研究者と変わらず、諸世代の老化による同じ変質を観察したのであった。下等動物は新陳代謝の産物を自分の周りの液体に振りまき、それによって害を蒙る、と彼は推論し、ついで、自分自身の新陳代謝の産物だけが世代を死に至らせることの効果をもつことを、説得的に証明できたのである。というのも、自分用の栄養液の中に貯めおかれると確実に衰滅する下等動物も、類縁関係の遠い動物の排出した老廃物が充満した溶液の中ではものの見事に生きおおせたからである。それゆえ、繊毛虫は放っておかれると、自分自身の新陳代謝による産物を十分に除去できずに自然死することになる。しかしもしかしたら、高等動物もみな根本的には同じことができないために死ぬのかもしれないのだ。

ここで、ある疑いがわれわれを襲うかもしれない。それはすなわち、自然死に関する問いの決着を原生生物の研究に求めるというのは果たして目的に適っているのか、という疑いである。こうした生物の原始的組織編成においては、ある重要な事情が覆い隠されているのかもしれず、そしてその事情とは原生生物においても成立してはいるが、高等動物の段階となって形態学的に表現されてはじめて、それとして認識可能となるものなのかもしれない。もっとも、われわれが形態学的観点を離れて力動論的観点を取るならば、原生生物の自然死が証示されるか否かは、およそどちらでもかまわないことになる。のちに不死なものとして認識される基質は、原生生物の段階では可死的基質といかなる仕方でもいまだ分離されていなかったからである。生命を死に移行させる欲動の力は原生生物のうちでもはじめから働いていることがありうるが、けれども、その効果は生命維持の力の効果によって覆われてしまい、そのため、直接的に証明することは大変困難となる。われわれが耳にしてきたところでは確かに、生物学者の観察によれば、死に至るそのような内的過程を仮定することは原生生物に対しても許されるのであった。たとえ原生物がヴァイスマンの言う意味で不死であることが証示されるとしても、死とは後から獲得されたものであるという彼の主張が妥当するのは、死が死としてはっきり表面化してくる場合であって、その主張を採用したからといって、死に向かって迫りゆくプロセスを仮定することが不可能になるわけではない。生物学のおかげで死の欲動はきれいさっぱり承認を取り消すことができるのではないかという、われわれの期待はこうして実現されなかった。したがって、ほかに根拠があるなら、われわれはこの欲動の存在が承認される可能性があるとして、さらにその問題に取り組んでもよいことになろう。ともかく、ヴァイスマンによるソーマと胚形質の分離が、われわれによる死の欲動と生の欲動の分断と目だって類似していることは、依然として成り立っているし、またもう一度その価値を再認されることになる。

ほんのしばらく、欲動の生態についてのものの見事なこの二元論的見解のもとに留まることにしよう。生命ある基質内の出来事に関するE・ヘーリングの理論(69)によれば、基質の中では、対立する方向をもつ二つのプロセスが絶えずゆきかっている。その一つは、構築的－同化的であり、もう一つは解体的－異化的である。生命のプロセスのこれら両方向によって、われわれの言う両方の欲動の蠢きが、つまり生の欲動と死の欲動とが確証されるのだと認めてかかるべきなのだろうか。だが、われわれはそういうことと別の点にも目をつむるわけにはゆかない。すなわち、われわれはいつのまにやら、ショーペンハウアー哲学の港に漂着しているのである。実際、ショーペンハウアーにとって死が生の「本来の結末」であり、その限り生の目的であるのに対し[*28]、性欲動は生への意志を体現するものである。

大胆にもう一歩先に進むことにしよう。一般に理解されているところでは、多数の細胞が互いに組み合わされて生命の合成体をなし多細胞の有機体となることは、その寿命を延ばす一つの手段となっている。一つの細胞は、他の細胞の生命維持に役立ち、細胞の国家は、個々の細胞が死滅せざるをえないとしても、それ以上に生きのびることができる。接合も、つまり、二個の単細胞体の一時的融合もまた、その両方の細胞を若返らせて生命維持的に働くということを、われわれはすでに耳にした。それゆえ、精神分析によって獲得されたリビード理論を細胞相互間の関係に転移させて、それぞれの細胞のうちで活動している生ないし性の欲動は、自分の細胞以外の細胞を対象とするのではないか、と考えてみてもよいであろう。生ないし性の欲動は、他の細胞の死の欲動を、つまり死の欲動によって発動させられたプロセスを、部分的に無効にし、そのようにして他の細胞を生命につなぎとめておくのであり、他方同じことを別の細胞がはじめの細胞のためになし、さらに別の細胞もみずからの身を挺してこのリビード機能を果たすのではないか、と考えてみてもよいだろう。ただし胚細胞の方は、それ自身絶対的に「ナルシス的」に振舞うだろう。ここで「ナルシス的」というのは、われわれが神経症の学説においてつねづね用いている言い方であって、一個体全体がそのリビードを自我のうちに引き留めておき、対象への備給のためになに一つとして支出しない場合のことを謂う。胚細胞は、後になって大規模な構築的活動をなすときに備えて、そのリビードを、つまり生の欲動の活動力を、蓄えておくのである。有機体を破壊する悪性の腫瘍細胞も同じ意味でナルシス的であると、もしかしたら形容できるかもしれない。実際、病理学も、悪性細胞の原基は有機体と一緒に生まれるものとみなし、それには胚としての特質が認められるとしている(70)。したがって、このようにして、われわれの言う性欲動のリビードは、あらゆる生命体を一まとめにする、詩人や哲学者の言うエロースと一致することになるだろう。

これを機会に、ゆっくりと発展してきたわれわれのリビード理論を概観してみることにしよう。まずわれわれは、転移神経症の分析によって、対象へと向かう「性欲動」と、大変不十分にしか認識できず暫定的に「自我欲動」と名づけた他の欲動とを、対立させざるをえなかった(71)。そう名づけたのは、他の欲動の中では、個体の自己保存に奉仕する欲動が第一のものと認めざるをえなかったからである。それ以外にどのような区別ができるのか、そのとき

＊28 「個人の運命における外見上の意図的性格に関する〔超越的思弁〕」ヴィルヘルム・エルンスト大公版、第四巻、二六八頁〔『付録と補遺』一八五一年所収。「死が生の「本来の結末」であり、その限り生の目的である」とは同論文の最終部からの引用〕。

には知るよしがなかった。欲動の共通の本性と、ひょっとしたらありうるそれぞれの欲動の特殊性とを、だいたいのところであってでも理解しておくことほど、正当な心理学創設のために大切な知識はなかったであろう。だが、心理学のいかなる領域もこれほど五里霧中のところはなかった。それぞれの人が、自分の好きな数だけの欲動や「根本欲動」を提起したり、またその数を制限しようとしたりした。それはちょうど、ギリシアの自然哲学者が、水・土・火・空気という四元素について行ったのと同じことであった。精神分析は欲動に関するなんらかの仮定なしでは済ませられなかったので、「空腹と愛情」という言葉(72)によって典型的に表されるような通俗的な欲動の区分に、最初のうち依拠した。その区分は少なくとも、恣意的に新たなことを試みたわけではなかった。精神神経症の分析の一部分においては、それで十分に間に合ったのである。「性」の概念は――そして、それとともに性欲動の概念は――むろん拡張されて、生殖機能にすんなり収まらない多くのことを含みもつようにならざるをえなかった。この点については、厳格な上流社会で、あるいは、単に偽善的な社会においてだけのことかもしれないが、喧騒がたっぷり見られた。

次の一歩が踏み出されたのは、精神分析が心理学でいう自我に手探りしながらより接近しえたときであった。自我は精神分析にとってさしあたり、抑圧と検閲を行い、保護機構となる反動形成の能力をもった審級として知られていたにすぎなかったのである。批判的精神の持ち主や、それ以外でも視野の広い精神の持ち主は確かに早くから、対象に向かう性欲動のエネルギーだけにリビード概念を限定することに異議を唱えていた。しかしそうした人々も、自分がどこからそのすぐれた洞察を得たのかを伝えてはくれなかったし、また、その洞察から精神分析にとって利用可能なものを導き出すすべも知らなかった。ところが、より慎重な歩み行きのうちでではあるが、リビードが規則的に対象から引き離されて自我に向けられる様子（つまり、内向）が、精神分析によって目だって観察されるようになった。そして、子供のリビード発展の最初期の段階を研究するうちに、自我はリビードのもともとからの本来的貯蔵庫(73)であって、そこから発してリビードが対象にまで伸び広げられるのだ、と精神分析は洞察するようになった。自我は性的対象の一員となり、そのうちでも、いわばもっとも貴いものとして認識された。そのように自我のうちに滞留するとき、リビードはナルシス的と呼ばれたのである。*29 このナルシス的リビードはもちろん、精神分析的な意味で性欲動の力の発現でもあるが、それはまた、そもそもの始まりから容認されていた「自己保存欲動」と同一視されざるをえなかった。したがって、自我欲動と性欲動のもともとの対立関係では不十分となった。自我欲動の一部はリビード的なものとして認定され、自我のうちには性欲動も――他の欲動同様――働いているのであった。とはいえ、精神神経症は自我欲動と性欲動の葛藤に基づいているというかつての定式には今日でも棄却すべきなにものも含まれていない、と述べることも正しいのである。ただ、二種類の欲動の相違は、元来は質的なものと考えられていたが、いまでは別様に局所論的にしか規定されえなくなっているだけである。ことに、精神分析の本来の研究対象である転移神経症が、対象へのリビード備給と自我との間の葛藤から結果するものであることは、依然として変わりない。

それだけに、いまのわれわれとしては、自己保存欲動のリビード的性格を強調せざるをえない。というのも、われわれはさらなる一歩を踏みだし、一切を維持するエロースとして性欲動を認識し、自我のナルシス的リビードを

---

*29　「ナルシシズムの導入にむけて」(*Jahrbuch der Psychoanalyse*, VI, 1914)。

も、ソーマ細胞を互いに付着させるリビード供出から導き出そうとするからである。ところが、われわれは突如として、次のような問いを突きつけられていることに気がつく。すなわち、自己保存欲動もまたリビード的本性のものだとしたら、そのときには、欲動はもしかしたらリビード的なもの以外に何もないことになるのではないか。少なくとも、それ以外の欲動は見当たらない。しかし、そうだとするなら、精神分析は一切を性欲によって説明するだろうとはじめから予感していた批判者、もしくは、リビードという語を「欲動力」一般を表すために用いようとさっさと意を決したユングのような改革者の言い分を正しいとせざるをえない。果たして彼らの言う通りとしてよいのだろうか。

　われわれの意図としては、断じてこのような結果にはならないはずだった。実際われわれはむしろ、自我欲動＝死の欲動と性欲動＝生の欲動との鋭い分断から出発した。それどころかわれわれは、自我のいわゆる自己保存欲動をも死の欲動に数え入れようとしていた。ただし、のちにそれは訂正するというかたちで撤回された。われわれの見解ははじめから二元論的であり、しかもいまでは、対立する二者をもはや自我欲動と性欲動ではなく、生の欲動と死の欲動として命名するようになっており、それ以来、かつて以上に鋭く二元論的になっている。それに対し、ユングのリビード理論は一元論的である。彼が自分の唯一的欲動力をリビードと呼んだために、混乱が生じずにはおかなかったが、われわれとしてはこれ以上、そのことに引きずりまわされるべきではない[74]。自我のうちには、リビード的[75]自己保存欲動以外の欲動も活動していると、われわれは推測している。ただ、それを明示できなければならないであろう。自我の分析がほとんど進展しておらず、いま述べた自己保存以外の欲動の証示がきわめて困難なのは、遺憾なことである。もっとも、自我のリビード的欲動は、われわれには未知の他なる自我欲動と特殊な仕方で結びついているのかもしれない。[76] ナルシシズムが明晰に認識される以前にも、「自我欲動」はリビード的成分を自分の側に引きつけているのではないかという推測が、すでに精神分析のうちでは行われていた。しかし、それはきわめてあやふやな可能性であって、われわれの敵対者が意に介することはほとんどないであろう。精神分析によってこれまでのところ常にリビード的欲動しか証示できていないのは、残念なことである。だからといってわれわれとしては、それ以外の欲動は存在しないのだという結論まで下したいとは思わない。

現在のところ欲動の学説には不明な点が多いので、どんな思いつきであろうと、事柄の解明に資するところがありそうなものであれば、拒絶しない方がよいであろう。われわれの出発点は、生の欲動と死の欲動との大がかりな対立関係であった。同様の双極構造を第二に示してくれたのは、対象愛そのものであった。それは、愛（情愛〔優しさ〕）と憎しみ（攻撃性）との双極構造である。これら二つの双極構造を互いに関連づけて、一方を他方に還元できたらよいのだが！　性欲動にはサディズムの成分があることを、われわれはかねて来認めてきた。*30 その成分は、われわれの知るところでは、自立し、倒錯として、ある人物の性的追求全体を支配することがある。その同じ成分はまた、わたしのいわゆる「性器期前編成」の一つにおいて、優勢な部分欲動として登場することもある。しかし、対象に傷害を与えようと目論むサディズム的欲動がどのようにして、生命維持的なエロースから導出されるのだろうか。そこでむしろ、このサディズムというのは本来死の欲動なのであって、それがナルシス的リビードの影響によって自我から押し退けられ、対象に接するようになってはじめて表に出てくるようになるのだ、と仮定する方がよ

*30　『性理論のための三篇』は一九〇五年の初版以来そう認めてきた〔GW-V 56〕。

いのではないだろうか。そうなってサディズムは性機能に奉仕することになる。つまり、リビードの口唇的編成時期においては、愛による対象の制圧は対象の壊滅といまだ一致しているが、のちになるとサディズム的欲動は分離し、最後に性器優位の段階に至ると、性対象を制覇して性行為を成し遂げられるようにするという機能を、生殖の目的のために引き受けることになる。実際、こう言ってもよいくらいなのだ。つまり、自我のうちから外へ押しやられたサディズムが性欲動のリビード成分に道を指し示し、それ以降リビード成分は対象に向かって押し寄せることになるのだ、と。もともとからのサディズムが緩和もされず他と融合もしていないところでは、性愛生活に周知の愛と憎しみの両価性《アンビヴァレンツ》が打ち建てられている(77)。

このように仮定してよいならば、死の欲動の——もっとも、ずらされたものであるが——事例を提示するという要求が満たされたことになろう。ただ、この見解には具体的に目に見えるところがまったくなく、露骨に神秘的な印象を与えるところがあるが。そのため、いかなる手段を使ってでもある大きな困惑から逃れようとしているのではないかという嫌疑を、われわれはかけられることになる。そのときには、そうした仮定は目新しいものではない、すなわち、困惑という事態がまだ生じていなかったときに、われわれはすでに一度こうした仮定を行っていた、という事実を引き合いに出すことができるだろう。当時われわれは臨床的観察によってマゾヒズムというサディズムと補完的な関係にある部分欲動は、自分自身の自我にサディズムが逆戻りしたものであるという見解をもたざるをえなくなっていたのである[*31]。ところが、欲動が対象から自我へ方向転換することは、自我から対象へ方向転換することと原理的にはなんら異なったものではないのだが、いまの場合、この後者の方向転換が新たなものとして問題となっている。とするなら、欲動が自分自身の自我へと敵対的に方向転換することであるマゾヒズムとは、実際には、欲動のもう一つ前の段階への回帰であり、退行であることになろう。ある一点において、その当時マゾヒズムについてなされた説明はあまりに一面的であるとして、訂正が必要であろう。つまり――当時わたしは否定しようとしていたのだが――マゾヒズムはまた第一次的なものでもありうるだろう。[*32]

しかし、生命維持的な性欲動の方に戻ることにしよう。すでに原生物の研究からわかったことだが、それ以降の〔細胞〕分裂なしに二つの個体が融合すること、つまり接合は、やがて互いに引き離れる両個体に対し、強壮にし若返らせるよう働くのであった（リプシュッツ、前掲書参照）。両個体はさらに世代を重ねてもなんら退化の現象を示さないし、自分の行う新陳代謝の害に対しより長く抵抗しうるように見うけられる。この一つの観察は性的合一の効果をも典型的に示すとみなされてもよいだろう。しかし、たいして異なるところのない二細胞の融合がどのような仕方で、生命のこうした刷新をもたらすのであろうか。この問いに対しては、原生生物の接合を化学的刺激によっ

＊31 『性理論のための三篇』第四版、一九二〇年〔GW-V 57〕、および、「欲動と欲動運命」〔GW-X 219ff.〕参照。

＊32 内容豊かで思想豊かであるが、残念ながらわたしには全面的理解はできない論文において、ザビーナ・シュピールラインはこうした思弁の一部をまるごと先取りしていた。彼女は性欲動のサディズム的成分を「破壊的」なものとして言い表している（「生成の原因としての破壊」〔*Jahrbuch für Psychoanalyse*, IV, 1912〕）。さらに別のやり方で、A・シュテルケ〔S・フロイト「「文化的」性道徳と現代の神経質症」〔本全集第九巻〕オランダ語訳への序文、一九一四年〕は、リビード概念そのものを、死への衝動という理論的に想定されるべき生物学的概念と同一視しようとした（ランクの『芸術家』〔ライプツィヒ－ウィーン、一九〇七年〕も参照）。こうした尽力はみな、本文における尽力もそうであるが、欲動の学説において到達されていない解明になんとか迫ろうとしているあり様を示している。[78]

て、いやそれどころか機械的刺激(前掲書)によって、取って換えようという実験が、確実な答えを与えてくれるだろう。つまり、その若返り作用は、新たな刺激量の流入によって生ずるのである。ところで、このことは次の仮定とうまく合致する。それはすなわち、個体の生命のプロセスは、内的理由によって化学的緊張を解除することへと、つまり、死ぬことへと向かってゆくのに、別個体の生命ある基質との合一はそうした緊張を増大し、いわば新たな生命活力の差異を搬入するのであり、この差異が今度は生き尽くされて均されねばならないことになる、という仮定である。この差異がどのくらいのものであればよいのかということについては、むろん一つないしいくつかの最適のものが存在するに違いない。快原理のうちに現れているような、刺激の内的緊張を低下させ、恒常に保ち、除去しようと追求する努力(バーバラ・ロウ[79]の表現によれば、涅槃原理[80])を、われわれが心の生活の、いやひょっとしたら神経的生命活動一般の支配的性向として認めたということが実際、死の欲動の存在を信じる最強の動機の一つとなっている。

　反復強迫のおかげではじめて死の欲動が嗅ぎつけられたのだが、反復強迫のそうした性格をまさに性欲動に関しては証示できないことが、われわれにとって依然として、思考の歩みを妨げ癇にさわる障害となっている。なるほど、胚の発展過程はそうした反復現象で満ち満ちた領域であるし、有性生殖の両胚細胞やその生命史もそれ自身初期の有機的生命の反復にすぎない。しかし、性欲動の意図する過程の本質的なところは、二つの細胞体の融合にこそある。この融合によってはじめて、より高等な生物において、生命ある基質の不死性が確保される。

　換言するならば、われわれは有性生殖の発生と性欲動一般の由来とについて情報を手に入れなければならないのであるが、それは、部外者のしりごみせざるをえない課題、しかも、専門的研究者によってもこれまでのところ解決されえなかった課題なのである。それゆえ、あらゆる対立し合う主張や意見のうちから、われわれの思考の歩みにつながりそうなものを、最大限圧縮して取り出すことにしよう。

ある見解によるなら、生殖を成長の部分現象（分裂・発芽・出芽による増殖）として解するならば、生殖の問題からはその秘密めいた刺激は取り除かれる。性的に分化した胚細胞による生殖の発生は、ダーウィン流の冷徹な考え方に従うなら、かつて二つの原生物の偶発的な接合の結果として生じた二体混合の利点が、さらなる進化発展のうちでも堅持され、より広く利用されたものとして、考えることができるだろう。[*33] したがって、「性差」とはそんなに古いものではないし、また、性的合一を招き寄せようとする並々ならぬ激しい欲動も、かつて偶発的に生起しそれ以来利のあるものとして固定化されてきた事柄を、そうした際に繰り返しているのだということになろう。

原生物に関して、それが示しているもの以外はなにも容認してはならないのか、それとも、高等生物の段階になってはじめてはっきりしてくる力や過程もはじめは原生物において発生したと仮定してよいのか、という問題がここでも再び、死の場合と同じように〔本巻一〇五頁〕生じてくる。われわれの意図にとっては、性に関する上述の見解はたいして役に立たない。この見解に対しては、もっとも単純な生物においても生の欲動が存在しすでに働いていることが前提されていると、異議を申し立てることが許されるだろう。さもなければ実際、接合は堅持・完成さ

＊33　ただし、ヴァイスマン（『胚形質』一八九二年）はこの利点も否定している。「受精は生命の若返りや刷新を決して意味しない。受精は生命の存続に必然的なものではまったくない。それは、二つの異なった遺伝性向を混交させる仕掛けにすぎない」。とはいえ彼は、生物の可変性の上昇を、そうした混交の結果とみなしている。

れず、逆に回避されたであろう。というのも、接合は生命の成行きに逆らい、生命を使い尽くして死滅するという使命を困難ならしめるからである。したがって、死の欲動の仮定を放棄すまいとするなら、そもそものはじめから、死の欲動には生の欲動が組み合わせられるのでなくてはならない。しかしそうすると認めざるをえなくなるのだが、われわれは二項の未知数を伴う方程式に取り組んでいることになる。有性性の発生について科学によって見出されることは普通たいそう少ないので、この問題は、仮説の光線すら入り込んだことのない晦冥な暗闇に比せられてよいくらいである。もっとも、科学とはまったく異なった場所でそのような仮説に出くわすこともある。しかし、それはあまりに夢想的な性格のものなので——科学的説明というよりは確かに神話であるので——われわれの求めている条件を満たすことがないならば、ここで言及する気にはならないであろう。つまり、その仮説は、より以前の状態の再興への欲求から、欲動を導き出すものなのである。

わたしが念頭においているのはもちろん、プラトンが『饗宴』においてアリストパネスに開陳させている理論のことである。それは性の欲動の由来のみならず、対象と関連して性の欲動がきたすもっとも重大な変異の由来をも取り扱っている。*34

「何を隠そう、わたしたちの体は最初は全然いまと同じようではなかったのです。それはまったく違っていました。第一に、三つの性があったのです。いまある男と女だけでなく、さらにその両方を一緒にした第三の性もあったのです。……男‐女の性があったのです……」。しかし、これらの人間はすべてが二重になっていた。つまり、手足は四本ずつで、顔は二つ、恥部も二重であった等々。そこでゼウスは、それぞれの人間を二つの部分に分ける気になった、「漬物にするためにマルメロを真っ二つにするように。……ところが、全存在を二つに分断されたた

め、両半身は互いへの憧憬によって一つに結びついた。両半身は、一つに合体したいという渇望に動かされ、かき
抱き合い互いに絡み合ったのである……」[*35]。

詩人哲学者の示唆に従い、われわれはあえて次のように仮定してみるべきであろうか。すなわち、生命ある基質
は、生命を吹き込まれたとき、多数の小片に引き裂かれ、それ以来小片は性欲動によって再合一を志しているのだ、 63
と。原生物の時代を通じて性欲動は、生命を脅かす刺激が環境に満ちているために、保護膜となる皮質層の形成を
余儀なくされながら、しかし、性欲動それ自身のうちに生命なき物質の化学的親和性が継続していることもあり、
その同じ環境が再合一の追求に突きつける困難を徐々に克服するのだ、と。生命ある基質のこれらのバラバラにな
った小部分はこうして多細胞組織に到達し、最後には、再合一への最高に張り詰めた欲動を胚細胞に転移するのだ、
と。しかし、これについてはこの辺で打ち切るべきであろう。

ただし、批判的な省察からする言辞を二、三付け加えないわけにはいかない。わたし自身がここで展開されてい
る仮定について納得しているのか、そして納得しているとすれば、どの程度納得しているのか、という疑問が提出
されるかもしれない。それに対するわたしの答えは、自分自身納得しているわけでもないし、他人にそれを信じる 64
よう求めているわけでもない、となろう。もっと正確に言うなら、自分でもどのくらいこの仮定を信じているのか、
わたしはわからない。納得ということに含まれる情動的契機はここではなんら問題とするにあたるまい。思考の赴
くままに、その歩みに身を委ね、追跡していったらよろしい。それもただ、科学的好奇心に基づいて、あるいは、

---

*34　U・v・ヴィラモーヴィッツ＝メレンドルフ訳（『プラトン』第一巻、三六六―三六七頁）。

おのぞみなら、〔なにかと難癖をつける〕《悪魔の代弁人》として。だからといって、悪魔そのものに身を売るわけではないが。ここで企てられている、欲動の学説における第三の歩みは、性欲概念の拡張とナルシシズムの導入という先立つ二歩と同じくらいの確実性を要求できるものではないことを、わたしとしても見誤っているわけではない。この新たな種類の改革は、観察を直接的に理論に引き移したものであって、多少の過ちが引き起こされるとしても、同様の場合にはみな避けがたい範囲以上のものではない。欲動が退行的性格をもつという主張も確かに、観察された素材に、つまり反復強迫の事実に基づいてはいる。しかしながら、もしかしたらわたしはその事実の意義を過大評価したのかもしれない。この着想を突き詰めてみるには、いずれにせよ、事実的なものを単に頭で考えられただけのものと何回も順に組み合わせていくということ以外に、やりようがない。ただし、そのときには観察から遠く離れることになる。周知のように、理論構成の最中にこうしたことを繰り返すと、それだけいっそう最終結果は信頼の置けないものとなるが、しかし、どの程度あやふやになるのかは述べることができない。理論構成がうまくいっていることもあれば、恥ずかしくも、過ちに陥ってしまっていることもある。こうした仕事の場合、いわゆる直観はあまり当てにならない。わたしが知りえた限りの直観というのはむしろ、知性のある種の不偏不党性の成果であるように思われた。ただ残念なことに、科学や生命の究極的な事象が、つまりその大問題が関わってくる場合には、そう簡単には不偏不党の立場を取ることができない。そうした場合には各人は自分の内面深くに根づいた偏愛に支配され、また、そうした偏愛に知らぬうちに思弁を凝らして助力してしまうようである。このように自分に不信を懐くのももっともだとするなら、力を尽くした自分の思索の成果に対しては冷静な好意をもってする以外にはないであろう。ただし急いで付言したいのだが、このように自己批判するからといって、自分とは違う意見に対し寛容

＊35 〔一九二一年の追加〕プラトンの神話の由来に関する、次に挙げる示唆を、わたしはハインリヒ・ゴンペルツ教授（ウィーン）に負うている。部分的には教授の言うことをそのまま再現している。プラトンの神話と本質的に同じ理論がすでに「ウパニシャッド」にも見られることが注意されなくてはならない。というのも「ブリハッド・アーラニヤカ・ウパニシャッド」I、四、三（ドイセン『ヴェーダの六十のウパニシャッド』三九三頁）には、アートマン（自己ないし自我）からの世界の誕生が描かれているが、こう言われているからである。「……しかし彼（アートマン、自己ないし自我）にはなんらの喜びもなかった。それで、一人でいるときには、だれにも喜びがない。そこで彼は次なる者を欲した。というのも、彼は、互いに抱き合っているときの女と男くらいに大きかったからである。この自分の自己を彼は二つに切り分けた。そこから夫と妻が発生した。それゆえ、この体は自己にあっていわば半身である。このように、ヤージュニャヴァルキヤは説き明かした。だからこの何もない空間はここでは女によって充塡されているのである」。

「ブリハッド・アーラニヤカ・ウパニシャッド」は全「ウパニシャッド」の中でも最古のものであり、どんな専門家によっても、紀元前八百年より後のものではないと判断されている。プラトンがこうしたインドの思想に、間接的にすぎないにしろ、依拠していることはありうるのかどうかということについて、わたしは支配的な意見とは異なり、一方的に否定する気にはなれない。というのも、そうした可能性は魂の輪廻説についても端的には拒絶できないからである。さしあたりはピュタゴラス派を介したそうした依存関係があるとしても、思想的一致からその重要性のなにかしらが失われるわけではほとんどない。なぜなら、このように東方から伝承した説話がプラトン自身にとって明らかに真実を含むものと思われなかったならば、彼がその説話を自分のものとし、いわんや、それにこれほどの重要な位置を振り当てたはずもないからである。

K・ツィーグラーは論文「人間生成と世界生成」（*Neue Jahrbücher für das klassische Altertum*, Bd. 31, 1913）五二九頁以下において、プラトン以前における当該の思想の探求に組織的に取り組んでいるが、そこではこの思想はバビロニアの考え方に帰せられている[81]。

であらねばならないわけではない。観察をほんの少し分析してみるだけで異論が出てくるような理論は仮借なく撥ねつけてよいのだし、それでいながら、自分が提唱する理論の正しさも単に暫定的なものにすぎないと心得ておくことは可能なのだ。生の欲動と死の欲動に関するわれわれの思弁を判定するに当たっては、ある欲動が他の欲動によって押し退けられるとか、自我から対象へと方向転換するとかいった、目に見えない奇異な出来事がそのうちに多数出来してくるからといって、たいして差し障りにならないであろう。こうした出来事が出来してくるのは、科学的術語を、つまり、心理学（正確には、深層心理学）に特有の比喩的言語を、用いざるをえないというところに基づいている。そうしなければ、われわれは当該の出来事をおよそ記述できないであろうし、それどころか、その出来事を全然知覚できなかったであろう。もしわれわれがこの時点ですでに心理学の術語ではなく、生理学の術語ないし化学の術語を動員できるなら、われわれの記述の欠陥はおそらく消え去るであろう。生理学や化学の術語にしたところで、比喩的言語であるには違いない。ただそれは、より長い間われわれに馴染み、そして、もしかしたらより単純でもある比喩的言語なのだ。

それに対し、われわれの思弁が高度に不確定なものになったのは、生物科学に依拠せざるをえないからであったということは、はっきりさせておきたい。とはいえ、生物学はまことに限りない可能性を秘めた領域であって、まったく思いもよらないような解明が期待できるし、またあと数十年もすれば、われわれが提示した問いに対しどのような答えを寄せてくるか、予見することなどできたものではないだろう。ひょっとしたら、われわれの築いた仮説の建造物全体をなぎ倒すような答えを、寄せてくるかもしれない。そうだとするなら、いったいなんのために本節に記されたような探求を企てるのか、しかもなぜそうした探求を公にするのか、と尋ねる向きもあるだろう。しかしともかく、そうした探求に見られる、生物学との類比や連結や連関の幾つかが、わたしにとって注目すべきものに思われたということは否めない。[*36]

*36　ここでついでに、本論文の論究の内で一定の展開を遂げることになった、われわれの命名方法を明確にするために、いくらか言葉を足しておくことにしたい。「性欲動」がいかなるものであるかを、われわれはその両性や生殖機能との関連で知った。そのあと、精神分析の成果によって、その欲動と生殖との関連を緩めざるをえなくなったときも、われわれはその名称を保持した。ナルシス的リビードが提示され、またリビード概念が個々の細胞にまで拡張されることで、性欲動はわれわれにとって、生命ある基質の諸部分を寄せ集めて一つにしようとするエロースに変わった。一般に言われるところの性欲動は、このエロースのうち対象へと方向づけられた部分のことだと考えられた。次に思弁によって、このエロースは生命のはじまりから働いているとされ、「生の欲動」として、無機物に生命が付与されることによって発生した「死の欲動」と対立することになる。思弁が試みているのは、原初のはじめから相互に闘うこれらの両欲動の仮定によって、生命の謎を解決することである。〔以下一九二一年の追加〕もしかしたら、「自我欲動」の概念が蒙った変化の方が見通しにくいかもしれない。対象に向かう性欲動から分離しているが、その方向性についてはそれ以上知られていなかった欲動をことごとく、われわれはもともとそのように名づけて、リビードによって表現される性欲動に対立するものとして位置づけた。のちになってわれわれは自我の分析にアプローチし、「自我欲動」の一部もリビード的本性のものであり、自分の自我をその対象としていることを認識した。こうして、このナルシス的自己保存欲動は、いまやリビード的性欲動に帰せられざるをえなくなった。自我欲動と性欲動の対立は自我欲動と対象欲動の対立に改められたが、後者の対立項は両方ともリビード的本性のものとされた。しかしそのかわり、リビード的（自我への、また対象への）欲動と、自我のうちにその存在が確認され、もしかしたら破壊欲動としてその姿を現すらしい他の欲動との対立が登場した。この対立が思弁によって生の欲動（エロース）と死の欲動の対立に改められるのである。

VII

67 より以前の状態を再興しようとするというのが本当に欲動のごく一般的な性格だとするなら、心の生活のうちでたいそう多くの出来事が快原理から独立した形で遂行されていることは驚くに当たらないだろう。この性格はあらゆる部分欲動に伝わるであろうし、また、部分欲動が発展経路の一定の段階に舞い戻ったりするのもこの性格のゆえであろう。こうしたことはすべて快原理がいまだ覇権を獲得していない事柄である。だから、そのすべてが快原理に対立する必要はない。欲動の反復の出来事と快原理の支配との関係を規定するという課題は未解決のままである。

到来する欲動の蠢きを「拘束」し、そのうちで優勢な一次過程を二次過程に代替し、欲動の蠢きの自由に動く備給エネルギーを静止が勝る（緊張性）備給に変えるというのが、心の装置の最初期からのもっとも重要な機能の一つであることを、われわれは理解してきた。そうした変換の最中は、不快が出てこようとかまってはいられないが、だからといって快原理が放棄されるわけではない。変換はむしろ、快原理に仕える形で生ずる。拘束とは、快原理の支配を導入し確実にする、準備的作用なのである。

機能と性向とを、これまで以上にきっぱりと分けることにしよう。そうすると、快原理は、心の装置をおよそ興
68 奮なき状態にするか、そうでなければ、装置内の興奮の値を恒常に保つか、できるだけ低く保つ、という機能に仕える一つの性向であることになる。「興奮なき」とか「恒常」とか「できるだけ低い」といった言い方のうちどち

らがよいのか、いまだはっきりとは決めかねるが、そのように確定された機能が、無機的世界の休息に帰還しようとする、あらゆる生命体のもっとも一般的な追求に参与していることは述べておこう。だれもが経験していることだが、人間に到達可能な最大の快である、性行為の快というものは、高く上昇した興奮が瞬時のうちに消失することによっている。だとするとしかし、欲動の蠢きの拘束とは、放散の快によって興奮を最終的に解消すべき準備的機能だということになろう。

これと同じ関連で、一つの疑問がもち上がってくる。すなわち、快と不快の感覚は、拘束された興奮過程と拘束されていない過程のいずれによっても、同じ仕方で生み出されうるのか、という疑問である。その場合、拘束されていない諸過程である一次諸過程の方が、二次過程の拘束された諸過程よりも、快の方向であろうと不快の方向であろうと、はるかに強烈な感覚を結果させるということは、まったく疑いえないと思われる。一次諸過程はまた時間的により早い過程であり、心の生活の最初にはそれら以外の過程は存在しない。だから、快原理が一次諸過程において作動していないならば、それはおよそより後の諸過程に対しても打ち建てられることはありえない、と推論してよいだろう。こうしてわれわれは、根本的には単純とはいえない次のような結論に至る。すなわち、快の追求は心の生活の始まりにおいて、後よりもはるかに集約的に表面化するが、だからといって、まったく無制限にというわけではない。ところどころにほころびがあることも甘受せざるをえないのだ。より成熟した時期になると、快原理の支配ははるかに確実なものになっているが、しかし快原理そのものは制御の手を逃れているわけではまったくなく、その点では他の一般の欲動と変わらない。いずれにせよ、興奮過程において快・不快の感覚を発生させるものが、一次過程においてと同様の形で、二次過程においても存在せざるをえない。

本来ならここで、新たな研究が開始されなければならないであろう。われわれの意識は内部から、快・不快の感覚のみならず、ある特有の緊張の感覚も伝達してくる。後者の緊張感覚はそれ自身また快の、あるいは不快の感覚ともなりうる。ところで、このような感覚を介して相互に区別されなければならないのは、拘束されたエネルギー過程と非拘束のそれなのであろうか。それとも、緊張の感覚は備給の絶対量に、ひょっとすると備給の水準に関係づけられるべきなのに、それに対し、快・不快の系列の方は単位時間内における備給量の変化を示唆するのであろうか(82)。また、生の欲動は絶えず緊張をもたらす邪魔者として登場し、その緊張が解消されると快として感じ取られる一方、死の欲動の方は目だたずにその仕事を遂行しているように思われる。それだけにいっそう、生の欲動は内的知覚に関わってくることが多く、その点もわれわれの目につかざるをえない。快原理はまさしく死の欲動に仕えているように思われる。確かに快原理は、両方の欲動によって危険とみなされる外部からの刺激に対しても警戒を怠らないが、しかし、生命の課題の実現を困難にする内部からの刺激の上昇に、なにより警戒するのである。この点からは無数の他の疑問が連鎖的に繰り出されるが、いまそれらに答えることは不可能である。忍耐強く、探求の別の手段や機会を待たねばならない。また、しばらく追跡してきた道筋であっても、なんら良き結果に導かないように思われるなら、再びそこから離れる用意ができているのでなくてはならない。科学の研究者とは自分の見解に引き続き手を入れたり、それどころか改訂したりするものだが、そうした研究者の姿に遺恨を懐くのは、すでに放棄された教理問答書の埋め合わせをしてくれるよう、科学に要求する信仰者くらいのものだろう。さて、われわれの科学的認識の進展の遅さについて、ある詩人(「ハリーリーのマカーメン」におけるリュッケルト)に慰めを与えてもらおう。

「飛翔によって成し遂げられぬものは、跛行しながら成し遂げなければならない。……跛行はなんら罪ではない、と聖なる書も言う[83]」。

集団心理学と自我分析

藤野 寛 訳

Massenpsychologie und Ich-Analyse

I 緒　言

個人心理学と社会心理学もしくは集団心理学[1]との対立は、われわれが一見したところでは、とても意義深く映じるかもしれないものだが、立ち入って考察してみると、その鋭さの多くは失われる。なるほど個人心理学は、一人ひとりの人間に照準を合わせ、その人がどんな風に欲動の蠢《うごめ》きを充足させようと努めるかを追跡する。けれどもその際、この個人が他の個人と結ぶ関係を度外視することは滅多にできるものではなく、できるとしても特定の例外的条件のもとでしかない。個人の心の生活においても、模範として、対象として、協力者として、敵として他者が問題になってくるのはごく普通のことであり、だからこそ、個人心理学は、そもそもの始めから、拡張されてはいるが全く正当なこの意味で同時に社会心理学でもあるのだ。

両親や兄弟姉妹に対する個人の関係、愛する対象、教師、医者に対する関係、つまり、これまで好んで精神分析の研究テーマとされてきた関係はすべて、社会現象として評価されてもおかしくないものであり、その場合、われわれがナルシス的と名づける別種の出来事——そこでは欲動の充足が、他の人間からの影響を免れるか、もしくは他の人間を〔対象とすることを〕断念している——とは対立する。心の働きのうち、社会的なそれとナルシス的な——ブロイラーなら、おそらく自閉的と呼ぶだろうが[2]——それの間の対立は、従って、どこまでも個人心理学の領域内部におさまるものであり、この対立を理由に個人心理学を社会心理学もしくは集団心理学から切り離すことは、適切とはいえない。

上に言及した、両親や兄弟姉妹、愛する人や友人、教師、医者に対する関係においては、個人が経験するのは、いつもただ一人の、あるいは、きわめて少数の人間からの影響にすぎない。それらの人たちの各々が、個人にとって重大な意義を獲得している。ところが、社会心理学や集団心理学が話題となる場合、この種の関係は度外視され、個人が多数の人間――つまり、何事かを通して結ばれてはいるにせよ、それ以外には多くの点で疎遠であるだろう人たち――から同時に影響を受けるという事態を研究テーマとして抽出することが習慣化している。つまり、集団心理学は、個々の人間を、ある部族、民族、カースト、身分、機関の一員として、もしくは、ある時点で特定の目的のために集団へと組織化された人間の集積の構成成分として取り扱うのである。こうして自然な連関がばらばらにされた後では、この特殊な条件の下で姿を現す現象を、それ以上何にも還元不可能な特殊な欲動、つまり、異なる状況下では現れてこない社会的欲動――群棲本能(herd instinct)、集団の心(group mind)――の表出とみなすことになるとしても不思議はない。しかしながら、次のように反論することが、われわれにはきっと許されるだろう。つまりふだんは活動することのない新しい欲動を人間の心の生活の中に呼び覚ますことがそれだけでできるとするほどにも大きな意義を、数という契機に認めることは難しい、という反論である。こうして、われわれの予想は、異なる二つの可能性の方に向けられる。社会的欲動は決して根源的でもそれ以上分解不可能でもないという予想、そして、この欲動が形成される発端は、もっと狭い範囲、例えば家族という範囲の内にこそ見出されうるという予想である。

集団心理学は、ようやく端緒についたばかりでありながら、いまだ全体を見渡しえないほど大量の個別問題を抱え込んでおり、現状ではなお十分な分類すらなされていない無数の課題を研究者に突きつけてくる。集団形成の多様な形態を分類し、それぞれの形態によって表現される心的現象を記述する仕事だけでも、観察と描出のために多大な労力を必要とし、既に豊富な文献を生み出している。この薄手の小冊子を集団心理学の守備範囲に照らしてはかり見る人なら、直ちに、ここでは、研究題材全体のほんの僅かの論点が取り扱われるにとどまるだろう、と推測することだろう。実際にも、精神分析の深層研究がことさらに関心を示すのは、ほんの二、三の問いにすぎないということになるだろう。

II　ル・ボンによる集団の心の叙述

〔集団心理については〕定義を先に呈示するよりも、それが現象する領域にまず注意を促し、次いで特に目に止まりやすく特徴的ないくつかの事実をそこから選び出して研究の糸口とする方が、目的に適っているように思われる。なるべくして有名になったル・ボンの著作、『集団の心理学』[*1]からの抜粋を行うことで、われわれはその両方を手に入れることになる。

問題状況をいま一度明らかにしておこう。心理学は、個々の人間の素質や欲動の蠢き、動機、意図を、その人の行為にまでたどり、かつ最も身近な人々との関係にまで分け入って追跡するものだが、仮にその課題をあまさず解決し、それらの連関のすべてを透明に見通すことに成功したとしよう。その場合でも、心理学は、未解決のままに

＊1　ルードルフ・アイスラー博士訳、第二版、一九一二年(3)。

そびえ立つ新たな課題の前に立たされていることに、突如として気づかされることになろう。もう理解できたと思えたはずの個人が、特定の条件の下では、その人から予想されるのとはまるで違った風に感じ、考え、行為するという驚くべき事実を、心理学は説明せねばならないはめになるだろう。その条件とは、「心理的な集団」という特性を獲得するに至った人間の集合の中に組み入れられるという事態である。ではこの「集団」とは何であるのか。個々人の心の生活にそれほどにも決定的に影響を及ぼす能力を、集団は何によって獲得するのか。そして、集団が個々人に強いてくる心の変化は、どの点に存するものなのか。

この三つの問いに答えることが、理論的な集団心理学の課題である。その内、第三の問いから始めるのが、着手の仕方としては最善だろう。集団心理学に題材を提供してくれるのは個々人の反応が変化したという観察であるから、いずれの説明の試みにも、もちろん、説明されるべき事態の描写が先行しなければならない。

では、ル・ボンに発言してもらうことにしよう。彼は言う、「心理的な集団にあって最も奇妙なのは次の点だ。集団を構成する個人がどのような性質の人たちであろうとも、彼らの暮らしぶりや仕事、その性格や知性がどれほど似ていても似ていなくても、その点には関わりなく、集団へと変形されたという事情さえあれば、それらの個人は、ある集合的な心の持ち主となり、その心のおかげで彼らは、各人が一人で感じ、考え、行為するのとはまるで違った仕方で感じ、考え、行為するようになる。集団へとたばねられた個人のもとでしか現れず、行為に転化されることもないような観念や感情が存在するのである。心理的な集団とは、一瞬の間互いにたばねられた異質の要素から成り立つ暫定的な存在である。ちょうど、有機体の細胞が、合体することによって個々の細胞の性質とは全く異なる性質をもった新たな存在を形成するのと同様に」（一三頁〔邦訳二九頁〕）。

ル・ボンの記述をわれわれの寸評によって中断するという勝手をお許しいただくことにして、ここでわれわれは次のような見解を述べておこう。もし、集団の中で個人が一つのまとまりへとたばねられているのだとすれば、そこにはきっと、彼らを互いに一緒に拘束する[4]何かが存在するに違いない。そして、この接着剤こそ、集団にとって特徴的な何かである可能性の高いものだ。けれども、〔それが何かという〕問いにはル・ボンは答えない。彼は、集団の中では個人が変わるという事態を立ち入って考察し、それを、われわれの深層心理学の基本前提ともうまく調和する表現で描き出してゆくのである。

「集団に属する個人が孤立する個人とどの程度異なるかは、容易に確かめられる。それほど容易でないのは、この違いの原因を発見することだ。

その原因をせめていくらかなりとも見つけ出すためには、まず第一に、現代の心理学によって突き止められた次の事実を思い起こす必要がある。すなわち、有機体の生命においてのみならず、知的な機能においても、無意識の現象が重要な役割を演じているという事実である。意識された精神生活は、無意識の心の生活と並べれば、いかにも僅かの部分を表すものでしかない。どれほど精緻な分析、どれほど鋭い観察がなされても、心の生活の意識された[5]動機のほんの少数のものにたどり着くことしかできない。われわれの意識的な行為は、とりわけ遺伝的影響によって生み出された無意識の基層に由来するものだ。その基層は、祖先の痕跡を無数に含んでおり、人種の心はそれによって構成されている。われわれの行為のそれと認められた動機の背後に、われわれが認めようとしない密かな理由が存在しているのは、疑いない。しかし、その理由の背後には、われわれがその存在すら知らない、さらに秘められた理由が横たわっているのである。[6]われわれの日常の行為の大半は、われわれ自身にも見逃されている隠された動機の結果にすぎない」（一四頁〔邦訳三〇頁〕）。

各人が個人として獲得してきたものは集団の中ではその輪郭がぼやけ、それに伴い個人の独特さも消え失せる、とル・ボンは考える。人種に基づく無意識が表面に現れ、異質なものは同質なものの中に埋没する。われわれならこう言うだろう。個人個人のもとできわめて多様に発達してきた心的上部構造は取り払われ無力化され、誰にあっても同質の無意識の土台が露出させられる（力を揮うようになる）のだ、と。

このようにして、集団化した個人の平均的な性格は成立してくるのだろう。しかしル・ボンは、集団化した個人はそれまでにはそなえていなかった新たな性質を示すようにもなると考えており、その理由を三つの異なる要因の内に求めている。

「それらの原因のうち第一のものは、次の点に存する。集団の中に身を置く個人は、数というこの事実のみによって、打ち負かされることのない力を自分がそなえているという感情を既に獲得するのであり、この感情が、個人が一人でなら必ず制御しただろう欲動に溺れることを許すのだ。匿名であり、それに伴い無責任でもある集団の中では、普通なら個人を抑制する責任の感情がすっかり消えてしまうため、個人はいまや欲動を制御するきっかけをますます失ってゆく」（一五頁〔邦訳三二頁〕）。

新しい性質の出現については、われわれの観点からはさほど重視する必要はなかろう。集団の中では個人は、無意識の欲動の蠢きへの抑圧を払いのけることを許すような条件のもとに置かれるのだ、と言えばわれわれにはもう十分だろう。その場合に個人が示す新しい性質と見えるものとは、まさにこの無意識の表現に他ならないのであって、そこにはなにしろ人間の心の内なる邪悪さのすべてが素質という形で含まれているのである。こういう事情のもとで良心あるいは責任感情が消滅するとしても、そのことはわれわれの理解にいかなる困難ももたらさない。いわゆる良心なるものの核は「社会的不安」である——われわれは既に久しくそう主張しているのだ。*2

「第二の原因、つまり伝染も、集団の中で独特の特徴を表すと同時にその表現の方向性を定めるのに貢献する。伝染とは、容易に存在が確認できるものの、説明するとなると困難な現象であって、この後すぐにわれわれが詳しく検討する催眠に類する現象に数え入れられねばならないものだ。どんな感情も、どんな行為も、群衆の中では伝染性をもち、しかも、その度合たるや、個人が自分の個人的利害をいとも簡単に全体のそれの犠牲に供してしまうほどにも高い。これは、人間の本性とはとことん対立する能力だが、集団の構成要素となった場合に限って、人間はこの能力を発揮する」(一六頁〔邦訳三三頁〕)。(7)

この最後の命題を根拠として、われわれは後ほど重要な推測をなすことになるだろう。

「第三の、しかも最も重要な原因は、集団へと統合された個人の中に、孤立した個人のものとは真っ向から衝突する独特の性質を生み出す。ここで私が言おうとしているのは、暗示されやすさのことであって、ちなみに、上に

---

*2　ル・ボンの見解とわれわれのそれとの間には一定の相違が存するが、それは、彼の無意識の概念が、精神分析が想定するものと完全には一致しないという点に由来する。ル・ボンの無意識概念は、何よりも人種の心を最も深い特徴として含んでいるが、それは、個人の精神分析にとっては本来考察の対象にならないものだ。なるほどわれわれも、自我の核(私が後にそう名づけたところでは、エス)——人間の心の「太古の遺産」はそこに含まれる——が無意識的なものであるという点を見誤るものではない。しかしわれわれは、その遺産の相続分に由来する「無意識の抑圧されたもの」をさらに抽出する。抑圧されたものというこの概念が、ル・ボンには欠けているのである。(8)

言及された伝染は、この性質の一つの結果にすぎない。

この現象を理解するためには、生理学のいくつかの新しい発見を思い起こす必要がある。今日では、われわれは次のことを知っている。一人の人間が、様々な手順を踏むことによって、意識的な人格特性をすっかり喪失させられた後に彼から人格意識を奪ったその当人のかける暗示にことごとく従ってしまう状態に置かれうるということ、そして、自分の性格や習慣とはこの上なく鋭く対立するような行動をとるに至るということである。ここでとても注意深く観察するならば、次の点が明らかにされるように見える。つまり、一定期間、活動的な集団のふところに包み込まれた個人は、ほどなく——集団から発散されるものやその他の未知なる原因によって——催眠術師の影響のもとで催眠状態にある人が陥る呪縛にとてもよく似た特殊な状態の内に身を置くことになる、という事実である。……意識的な人格特性は、完全に消え失せてしまう。意志と弁別能力は欠落する。感情や思考はすべて、催眠術師によって設定された方向に向けられる。

心理的な集団に属する個人の状態も、おおよそそのようなあり方をしている。個人は、自分の行為をもはや意識していない。催眠状態にある人の場合と同様、彼にあっても、いくつかの能力がたな上げされる一方で、同時に、他の能力は最高度にまで強められる。暗示の影響を受けると、個人は抵抗しがたい欲動にかられて、なんらかの行為の実行に取りかかるだろう。しかも、その激しさたるや、集団の場合には、催眠状態にある人の場合よりさらに抗いがたいものとなる。というのも、あらゆる個人に等しくかかっている同じ暗示が、その相互性のせいで膨れ上がるからだ」(一六頁(邦訳三三―三五頁))。

「集団の中に身を置く個人が示す主要な特徴は、従って、以下のようなものだ。意識的な人格性の消失、無意識的な人格性の優位、思考や感情が暗示や伝染によって同一方向に向けられること、暗示された観念を即座に実現しようとする性向。個人はもはや個人その人ではなく、意志を欠いた自動機械と化しているのである」（一七頁〔邦訳三五頁〕）。

この引用を私がこれほど詳しく書き出したのは、ル・ボンが、集団の中の個人の状態とは催眠状態にある人のそれだと事実たしかに明言しており、そういう人とただ単に比較しているのでは決してない点を確認するためである。われわれはこの点で彼に反論するつもりなどない。集団の中で個人が変化するという事実に関して最後にあげられた二つの原因、つまり、伝染と、いつにもまして暗示されやすい状態とは、明らかに同じ性質のものではないという点を強調したいだけだ。なにしろ、伝染は暗示されやすさの一表現でもあると言われているのだから。またこの二つの契機がもたらす効果についても、ル・ボンのテクストでは明確に区別されていないように見える。次のようにすれば、おそらくわれわれは彼の発言に最良の解釈を加えることになるだろう。つまり、伝染を、集団の個々のメンバーが相互に及ぼし合う影響に関係づけて説明するのである。それに対して、催眠術的な影響行使の現象と同一視される集団内部の暗示現象の方は、ある別の起源を指し示している。しかし、それはどんな起源なのか。この同一視における主役の一人、つまり、集団にとって催眠術師の代わりとなる人物がル・ボンの叙述の中で言及されていないことは、〔ル・ボンにとっては〕痛い不備だとわれわれとしては言わざるをえない。もっともル・ボンは、不可解なまま放置されてきたこの呪縛的影響から、伝染の作用を少なくとも区別してはいる。こちらは個々人が互いに及ぼし合う作用であって、それによってもともとの暗示は強められるのである。

さらにもう一つ、集団化した個人について判断する上で重要な視点がある。「組織された集団に属するというだけで、人間は、文明の階段を幾段も下ってしまう。ばらばらの状態では、彼はおそらく教養ある個人だったのだろうが、集団の中では一人の野蛮人、つまり欲動に従う存在である。原始的な存在のもつ自発性、激情、粗暴さを、さらには、熱狂や英雄的精神をも彼はそなえている」（一七頁〔邦訳三五頁〕）。そこからさらにル・ボンは、個人が集団の中に埋没することによって経験する知的な働きの低下という問題に、特にこだわって言葉を費やしている。[*3]

　このあたりでわれわれは、個人の問題を離れ、ル・ボンがスケッチしている集団の心の描写の方に目を向けよう。そこに含まれている特徴で、その導出や分類が精神分析家にとって悩みの種になりかねないものなど一つもない。ル・ボン自身が、原始人や子供の心の生活との一致に注意を促すことによって、われわれに進むべき道を示してくれている（一九頁〔邦訳四〇頁〕）。

　集団は衝動的で、変わりやすく、刺激されやすい。集団は、ほぼ全面的に無意識によって動かされている。[*4]集団が従う衝動は、状況次第で高貴にも残虐にも、英雄的にも臆病にもなりうる。いずれにしても、その衝動は全く有無を言わさぬもので、個人的な利害関心、自己保存への関心すら働かなくなるほどだ（二〇頁〔邦訳四一頁〕）。集団にあっては、あらかじめ熟慮されているものなど何もない。集団が情熱的に何かを欲することがあるとしても、決して長続きしない。持続する意志という能力を欠いているのが集団だ。何かを欲するや、集団はその欲望の実現を先延ばしすることに我慢できない。集団は全能感をもっている。集団の中の個人にとって、不可能なものという観念は消えてしまう。[*5]

　集団は並はずれて影響されやすく、信じやすい。批判力に欠け、ありそうにないことは、集団にとって現実にも存在しない。集団はイメージでものを考えるのだが、イメージは、個人にあって自由に空想している状態の中で生まれてくるのと同様、連想によって互いに喚起し合うものであり、現実と合致するか否かという観点から理知的審級によって比較検証されることはない。集団の感情はいつもとても単純であり、とても大袈裟だ。かくして集団は、懐疑も不確かさも知るところではない。*6

集団は、瞬時に極端な行動に走る。集団にあっては、懸念として表明されたものがたちまち覆しえない確信に変わる。反感の萌芽が、荒々しい憎悪になる（三二頁〔邦訳六〇頁〕）*7。

集団は、どんな極端なことにも傾くくせに、度を越えた刺激によってしか興奮させられない。集団に影響を及ぼ

---

*3　シラーによる次の二行詩を参照。

一人ひとりを見てみると、誰もがそこそこ利口で分別もある。
彼らが寄り集まると、たちまち一人の間抜けができあがる(9)。

*4　無意識という語は、ル・ボンによって、「抑圧されたもの」のみを意味しているのではないにせよ、記述的な意味では正しく用いられている。

*5　『トーテムとタブー』第三論文「アニミズム、呪術そして思考の万能」（GW-IX 93 ff.）〔本全集第十二巻〕参照。

*6　夢解釈のおかげで、無意識の心の生活についてわれわれは最良の知識をもっているのだが、そこでわれわれは、夢を物語る際に生じる懐疑や確信の無さは度外視し、顕在的な夢の要素はいずれも平等に確かなものとして取り扱うという技法上のルールに従う。懐疑や確信の無さは検閲の影響に由来する、とわれわれは考える。夢の工作は検閲に服しているのだ。そして、一次的な夢思考は、批判的機能としての懐疑や確信の無さなど知らないと想定する。それはもちろん、他のもの一切と同じく、夢へとつながる日中残渣の中に内容として現れてくるかもしれない（『夢解釈』第七版、一九二二年、三八六頁〔本全集第五巻〕を見よ）。

ばならない。

したい人は、議論を論理的に整える必要などない。どぎついイメージで描き、誇張し、同じことを何度も反復せね

集団は、何が真であり何が偽であるかについて疑うことを知らず、しかもその際、自分には大きな力があるという意識をもっているので、非寛容であると同時に権威を信じやすい。集団は力を重んじ、善良さには僅かしか影響されない。善良さなど集団にとってはある種の弱さを意味するものでしかない。集団が英雄に求めるものは強さであり、それは暴力性であってもよいほどだ。集団は支配され抑え込まれたい、支配者を恐れたいのだ。根本のところでとことん保守的なので、集団は、革新や進歩には何であれ深い嫌悪を、伝統には限りない畏敬の念を抱いている（三七頁〔邦訳六七頁〕）。

集団の道徳性を正しく評価したければ、次の点を考慮に入れねばならない。集団化した個人が寄り集まると、個人としての抑制がすべて消え去り、個人の中に原始時代の残滓としてまどろんでいた残虐で粗暴で破壊的な本能がすべて存分に欲動充足されるべく呼び覚まされる、という事実である。ところが、集団は、暗示の影響のもとで、断念や非利己性、理想への献身といった、より高い行いを示すこともできる存在である。個人として孤立している場合には、個人的な利益が〔行為の〕ほとんど唯一の原動力であるのだが、それは、集団にあってはきわめて稀にしか支配的とならない。集団によって個人が道徳化される（三九頁〔邦訳七〇頁〕）、と言えるほどだ。集団の知的能力が個人のそれよりいつもずっと未発達であるのに対して、集団の倫理的な振舞いは、個人の水準を大きく凌ぐこともあれば、そのはるか下方に転落することもありうる。

ル・ボンの性格描写に見られる他のいくつかの特徴は、集団の心を原始人の心と同一視することを正当化する上

で鮮やかな光を投げかけてくれる。集団の中では、真っ向から対立する観念が併存し両立しうるのであって、その際、論理的な矛盾から何らの葛藤も生じないというのだ。しかし、その同じことは、個人の無意識の心の生活の中でも子供や神経症患者の場合には確かめられるのであり、精神分析が久しい以前から証明している通りである。*8

さらに加えて、集団は、言葉のもつまぎれもなく呪術的な力の支配下にある。言葉は集団の心の中に、この上なく恐ろしい嵐を引き起こすことも静めることもできる（七四頁〔邦訳一三〇頁〕）。「ある種の言葉や言い回しには、理性や議論をもってしても太刀打ちできない。それらが集団の前でうやうやしく口にされる。するとたちまち人々の表情は敬意にあふれ、頭は垂れる。それらの言葉や言い回しは、多くの人から、自然の力、あるいは超自然的な力とみなされる」（七五頁〔邦訳一三一頁〕）。それに関しては、原始人にあって名前を呼ぶことがタブー視されていた事実や、彼らにとって名前や言葉に結びついていた呪術的な力を思い浮かべるだけで、十分だろう。*9

そして、最後の論点になるが——集団は、真理への渇望などあずかり知らない。集団は錯覚[10]を求め、それを断念

---

*7　あらゆる感情の蠢きが昂じると、極端に、過度に走るものだが、それと同じ事態が、子供の情動の性格にも含まれており、また夢の生活の中にも再び見出される。そこでは、無意識の中で個々の感情の蠢きがともすれば孤立傾向にあるせいで、日中のほんのかすかな怒りでさえ、責めを負う人物の死を欲望する形で表現されたり、あるいは、ほんのかすかな誘惑でさえ、夢の中では犯罪行為として描き出されるきっかけになったりする。この事実については、ハンス・ザックス博士が、見事な見解を述べている。「夢が現在（現実）との関係についてわれわれに明らかにしてくれたことを、次いで意識の中にも探してみよう。分析という拡大鏡のもとで見られた怪物が繊毛虫として再発見されることがあっても、われわれは驚いてはならない」（『夢解釈』第七版、一九二二年、四五七頁（GW-II/III 626）〔本全集第五巻〕を見よ[11]）。

することができない。集団にあっては、架空のものの方が、現実のものより常に優先順位が高い。非現実的なものが、現実的なものとほとんど同じくらいに強い影響を及ぼす。両者の間に違いを認めない性向を、集団は顕著に示す〔四七頁〔邦訳八二―八四頁〕〕。

空想生活と、成就されない欲望[12]によって支えられた錯覚とが支配しているというこの事態が、神経症の心理学にとって決定的なものである、とわれわれは指摘してきた。神経症患者にとっては、普通の客観的現実ではなく、心的な現実の方が重みをもつことを、われわれは見出した。ヒステリー症状は空想の上に基礎を置くものであって、反復される現実の体験の上にではないこと、強迫神経症の罪責意識は、決して実行には移されない邪悪な意図という事実の上に基礎を置くものであることを、われわれは見出した。実際、夢の中や催眠術においてと同様、集団の心の活動にあっても、現実吟味という働きは、情動を備給された欲望の蠢きの強さに押されて背景に退いてしまう。

〔それに比べて〕集団の指導者についてル・ボンが述べていることは、問題を汲み尽くしているとは言いがたく、法則的と言えるほどのものをはっきり透かし見せるには至っていない。生ある存在が一定数糾合されると、動物の群れであろうが人間の集まりであろうが本能的に首領の権威に服してしまうというのが、彼の言わんとするところだ〔八六頁〔邦訳一五一頁〕〕。集団とは、主人なしには決して生きることのできない従順な群棲なのだ。集団が抱く従属への渇望たるや、主人であると称する人が現れると誰にでも本能的に屈服してしまうほど強いものなのである。

〔しかし〕集団の欲求が指導者の方に歩み寄るのだとしても、指導者の側でも、その人格的特性によって集団の欲求に対応しなければならない。集団の内に信仰を惹起するためには、指導者自身も（ある理念への）強い信仰によって呪縛されていなければならない。指導者は、畏敬の念を起こさせるような強い意志をそなえていなければならず、意志を欠いた集団はそれを彼から受け取ることになる。そこからル・ボンは、様々なタイプの指導者や、指導者が集団に働きかける手段について論じてゆく。全体としてル・ボンは、指導者が意義をもつに至るのは、指導者自身が狂信している理念を通してであると論じている。

＊8　小さな子供の場合、例えば最も身近な人に対する感情の上での両価的《アンビヴァレント》な姿勢が長い間並存し、しかもその際、一方が対立する他方の姿勢の表現を妨害しない、ということがある。最終的に両者の間で葛藤に立ち至ったとしても、子供が対象を取り替え、両価的な蠢きの一方を代替対象に遷移することでその葛藤にけりをつけるということがしばしば起こる。成人における神経症の発展史からも、抑え込まれた蠢きが無意識の空想《ファンタジー》の中に、あるいは意識的な空想の中にさえ、しばしば長期にわたって存在し続ける事実を知ることができる。その空想の内容は、もちろん、支配的な追求(13)とは真っ向から衝突するものなのだが、しかし、この対立の結果、自我が非難の対象に向けて介入するという事態は生じない。空想は、かなりの間大目に見られるのだが、しかし最後には、突如として――通常は空想に対する情動面での備給が昂じた結果――空想と自我の間に葛藤が生み出され、ありとあらゆる帰結を伴うところとなる。

子供が成熟した大人へと発達してゆく前進の過程においては、概して、人格統合が包括性を増しつつすすんでゆく。つまり、人格の中で互いに独立に成長してきた個々の欲動の蠢きと目標追求がまとめ上げられてゆくのだ。性生活の領域においては、類似の経緯として、すべての性欲動が最終的に性器的編成へとまとまってゆくという事態が、われわれには久しく知られている（『性理論のための三篇』一九〇五年〔本全集第六巻〕）。ちなみに、自我の統一化のプロセスが、リビードのそれと同様の障害を経験しうることは、聖書を信じ続けている自然研究者の例をはじめとして、とてもよく知られた多くの事例が示す通りだ。後になって自我が解体する様々な可能性は、精神病理学が特別に章をさいて論じるべき問題である。

＊9　『トーテムとタブー』を見よ。

その上でル・ボンは、指導者と同様これらの理念にも秘密に満ちた抗いがたい力を認め、それを「威信」と呼んでいる。この威信なるものは、個人や作品、あるいは理念がわれわれの上に及ぼす一種の支配力である。それは、批判に向かうわれわれの能力をすべて麻痺させ、われわれを感嘆と尊敬の念で満たす。それは、催眠術の呪縛の感情にも似たある感情を呼び起こすのかもしれない（九六頁〔邦訳一六八頁〕）。

ル・ボンは、獲得された、つまり人為的な威信と、人格的な威信を区別している。前者は、人間の場合には、名前や富や名声を通して授けられ、ものの見方や芸術作品やそれに類するものには、伝統を通して授けられる。その威信は、すべての場合に過去を引き合いに出しているため、この謎めいた影響を理解するにはあまり役に立たない。人格的な威信は、それによって指導者となる僅かな人物にしかそなわっていない。そのおかげで、それらの人物には、すべてのものがまるで磁石の魔法の力のもとにあるかのように意のままになる。ただし、威信はいずれも成功に依存するものでもあるので、失敗すると失われてしまう（一〇三頁[14]〔邦訳一七七頁〕）。

指導者の役割と威信の強調とは、ル・ボンにおいて、集団の心についてあれほどにも精彩に富む描写がなされていたのに比べると、いささかバランスを失しているとの印象が否めない。

III　ル・ボン以外の、集合的な心の生活の評価・検討

われわれは導入のためにル・ボンの叙述を用いてきた。というのもそれは、無意識の心の生活を重視する点で、われわれ自身の心理学ととてもよく合致するからである。しかし、われわれとしては次のように付け加えないわけ

にはゆかない。つまり、この著者の主張は、どれをとっても実は何の新しい知見ももたらしてはいないという点である。集団の心の表現について、彼がまずいこととして、また貶めるように語ることはすべて、既に彼以前にも、他の人たちによって同様に明確に同様に敵意をこめて言われており、文献が残されている最古の時代から、思想家や政治家、詩人たちによって、同じ趣旨で何度も繰り返されているのである。*10 ル・ボンの最も重要な見解を含んでいる二つの命題、すなわち、集団の中では知的営為が集合的に制止されるとする命題と、情動が昂進するとする命題にしても、つい先日、シゲーレによって明確に述べられたばかりである。*11 ル・ボンの独創としてなお残るのは、結局のところ、無意識についての見解と、原始人の心の生活との比較という見解の二つだけであり、それらにしても、もちろん彼以前にも幾度となく言及されてきたものだ。

しかし、問題はそこにはとどまらない。ル・ボンやその他の論者が集団の心についてなしている描写や評価・検討それ自体が、異論の余地のないものでは決してないのである。ここまでに描き出された集団の心の諸現象が、すべて正しく観察されたものであることには疑いを入れないが、しかし、集団形成には、それとは異なり真っ向から対立する印象を与える発現形態もまた認められうるのであって、その場合には、そこから集団の心についてはるかに高い評価を導き出さねばならなくなる。

＊10　B・クラシュコヴィチ二世『心理学と集合性』(ヴコヴァー、一九一五年、クロアチア語よりジークムント・フォン・ポサヴェツ訳)の中のテクストと文献リストを参照。

＊11　ヴァルター・メーデ「集団心理学と社会心理学　批判的概観」(*Zeitschrift für pädagogische Psychologie und experimentelle Pädagogik* von Meumann und Scheibner, XVI, 1915)参照。(15)

集団の道徳性が、事情次第ではそれを構成する個々人の道徳性より高いものともなりうる点、また、全体へとまとまった人々しか高度の非利己性や献身への能力を示すことはないという点、ル・ボンも認めるにやぶさかとはしなかった。

他の論者は次のように主張する。社会こそがそもそもはじめて個々人に道徳性の規範を定めるのであって、それに対して個人の方は普通、いかようにしてであれこの高い要求の背後にとり残されたままなのだ、と。あるいは、例外的な事態が発生すると、集合的状態の中に熱狂という現象が起こり、それこそが、集団の最も偉大な仕事を可能ならしめてきたのだ、と。

「個人として孤立している場合には、個人的な利益が〔行為の〕ほとんど唯一の原動力であるのだが、それは、集団にあってはきわめて稀にしか支配的とならない」（三八頁〔邦訳七〇頁〕）。

知的な仕事について言えば、なるほど、思索の営為の偉大な決断や、重大な影響を伴う発見や問題の解決は、孤独の内に仕事をする個人しか能くするところではない――その点の正しさは揺るがない。しかし、集団の心もまた、天才的な精神的創造をなしうるのであって、それについては、何よりも言語そのものが証明しており、さらに民謡や民間伝承その他についても同じことが言える。その上、個々の思想家あるいは詩人が、自らもその一員である集団からの刺激にどれほど多くを負っているか、他の人々も同時に共に関与してきた心の仕事を完成にもたらす以上のことを彼がしたのかが問われうるのだが、それについてここでは結論を急ぐまい。

こういう全面的な対立を目の当たりにすると、集団心理学の仕事は何の成果もあげないままに終わらざるをえないかに見える。けれども、より希望のもてそうな抜け道を見出すことは簡単だ。おそらく、大いに異なり合う形成体が「集団」として一括りにされてきたのであり、それらを区別して考える必要がある。シゲーレ、ル・ボン、その他の人々が述べていることは、長続きしない種類の集団に関係している。それは、一時的な利害関心に基づいて様々に異なる個人から大急ぎでまとめ上げられたものだ。革命的な集団、とりわけ、フランス大革命時の集団の性格が、彼らの叙述に影響を与えたことは見誤りようがない。これと対立する主張は、安定した集団あるいは社会形態を評価・検討することから生まれてくる。人々はその中で一生を送るのであり、それらは社会の諸制度の中に具体化されている。[16] 前者のタイプの集団は、後者のタイプの集団に、言うなれば上からかぶせられるのであって、ちょうど、短いけれども高い波が、海の長いうねりの上にかぶさるのに似ている。

マクドゥーガルは、その著作『集団の心』*12の中で、上述の同じ対立から議論を起こしているが、その解決を、組織化という契機の内に見出している。最も単純なケースでは――と彼は言う――集団(group)は、いかなる組織性ももたない、もしくは取り立てて言うほどの組織性をもたない。そのような集団を、彼は群衆(crowd)と呼んでいる。もっとも、彼は次の点も認めてはいる。つまり、人間の群衆にしても、少なくともそこに何らかの組織性の萌芽が形成されなければ、容易には成立しないということ、そして、まさにこの単純な集団においてこそ、集合心理学のいくつかの基本事実がとりわけ容易に認められるということである(二二頁)。人間がたまたま吹き寄せられて群衆となった状態から、そのメンバーたちの間に心理学的な意味での集団の如きものが形成されるためには、条件として次のことが要請される。つまり、それら個々人が互いに何かを共有するということで、それは、ある対象へ

＊12　ケンブリッジ、一九二〇年。

の共通の関心であったり、ある状況下で感情が同一の方向に向かうことであったり、（私なら、その結果として、と付け加えるところだが）互いに影響を及ぼし合う一定程度の能力であったりする《グループのメンバー間での、一定程度の相互の影響》[17]（二三頁）。こういう共通点《精神的同質性》が強ければ強いほど、それだけ一層容易にその個々人から心理的な集団が形成され、それだけ一層人目を引く仕方で、「集団の心」が告知され発現してくることになる。

さて、集団形成にあって最も奇妙で同時に最も重要な現象は、各個人の中に引き起こされる情動性の昂揚という事態である《情動の昂揚あるいは強化》（二四頁）。集団の中で起こりうるほどに人間の情動が大きく膨れ上がることは、他の条件下では滅多にないと言える――マクドゥーガルはそう考える。しかも、それほどにも無制限に自らの情熱に身をゆだね、その際集団の中に埋没し去り、個人として限界づけられているという感情を失うことが、当人にとっては、喜ばしい感覚なのだ。マクドゥーガルは、個人がもろともに引きさらわれてしまうというこの経験を、「《原始的共感の応答による情動の直接的誘発の原理》」（二五頁）と彼が呼ぶものから、つまり、われわれにも既に馴染みの感情伝染から説明している。ある情動状態の徴しが知覚されると、その徴しが、知覚した当人の内にも自動的に同じ情動を引き起こすのにもってこいのものとなる、という事実である。自動的に起こるこの強迫は、同じ情動がより多くの人間に同時に感知されればされるほど、一層強いものとなる。そうなると、個人が発する批判は口を閉ざし、彼はこの同じ情動の中にあっさり連れ去られてしまう。その際にはしかし、彼の側でも、自分に影響を及ぼした他者の興奮を高めるのであって、充電された個人の情動はこうして相互の誘発によって高まり続ける。その際、他の人と同じようにしなければならないとか、多くの人と調和していなければならないといった強迫の如きものが作動していることは、見紛いようがない。感情の蠢きがより荒々しくより単純であればあるほど、そのように集団の中に広まってゆく見込みもより大きくなる（三九頁）。

情動の昂揚というこの機制は、集団から発する他のいくつかの影響によっても促進される。集団は無制限の力をそなえ、打ち勝ちがたい危険をはらんでいるという印象を個人に抱かせる。集団はしばしの間、人間社会の全体に取って代わったのであって、それは権威の担い手であり、その制裁は恐れられ、そのためにとても多くのことが制止されてきた。集団に異を唱えることは、まちがいなく危険だ。身の回りで示される例に従っている方が、場合によっては「付和雷同」さえした方が安心なのだ。新しい権威に服することで、それまでに身につけていた「良心」の活動を停止することが認められ、その際、制止をたな上げにすることで確実に達成される快の獲得という誘惑に屈することが許される。そういうわけで、集団の中にいる個人が、なれ親しんだ生活条件のもとでなら背を向けたであろうことをしたり認めたりするのが目撃されるとしても、全体としてはそれほど奇妙なことではない。われわれ自身にしても、そうすることで、通常「暗示」という謎めいた言葉によって押さえられている暗闇に一部なりとも光をあてられるのではないかという希望を抱くことができるのである。

集団の中では知能が集合的に制止されるという命題に、マクドゥーガルも反対していない（四一頁）。より小さな知能は、より大きな知能を自分の水準に引き下げるものだ、と彼は言う。後者、すなわちより大きな知能は、活動を制止される。というのも、情動性が昂揚すると、概して適切な精神労働にとって不利な条件が生み出されるからであり、さらに、個人は集団によって畏縮させられ、その思考の作業が自由でなくなるから、また、各個人において、自らの仕事に対する責任の意識が低下するからである。

単純で「組織化されていない」集団の心的営為が、マクドゥーガルにおいてル・ボンの場合よりも全体として好意的に評価されているわけではない。そのような集団は、きわめて刺激されやすく、衝動的で、気性が激しく、移り気で、首尾一貫せず、優柔不断で、それでいて行動面では極端に走りやすく、より粗野な情熱やより単純な感情しか抱くことがなく、並はずれて暗示にかかりやすく、思慮は軽率で、判断は激しやすく、単純きわまりなく不完全この上ない推論や議論を理解する能力しかなく、誘導されやすい上に威嚇されやすく、確たる自己意識も自尊心も責任感もなく、にもかかわらず力の意識はもっているので、それによって、絶対的で無責任な力からしか予想されえないようなどんな非行にもすすんで拉し去られてしまう、という(四五頁)。こうして、集団はむしろ、躾《しつけ》のできていない子供や、あるいは気性が激しいのに監視下に置かれていない野蛮人が馴染みのない状況下でするのと同じように振舞う。その振舞いは、最悪の場合、人間存在というよりは野生動物の一団のそれに近くなる。

〔しかし〕マクドゥーガルは、高度に組織化された集団の振舞いを、ここまでに描き出されたものとは対立させるので、われわれとしては、その組織化が何において成り立つのか、また、それはいかなる要因から作り出されるのかを知ることに特別の期待を抱くことになる。著者は、集団の心の生活をより高い水準に引き上げるための「《主要条件》」として五つのものを挙げている。

第一の根本的な条件は、集団の存続という点で一定の持続性があることだ。この持続性は実質的なものであっても、形式的なものであってもよい。前者は、同じ人たちがかなり長期にわたって集団の中にとどまり続ける場合、後者は、集団の内部に一定の地位が生み出され、それが交代に別の人たちに割り当てられる場合である。

第二の条件は、集団内の個人に、集団の本性、機能、営為、要求について一定の表象が形成され、結果としてそこから、その個人にとって集団全体に対する感情的関係が生まれることである。

第三の条件は、集団が、似てはいるが多くの点でそれ自身とは異なる他の集団的形成体との関係の内に置かれ、例えば、これとライヴァル関係に入ることである。

第四の条件は、集団が伝統、習慣、恒例行事をもつこと、とりわけ、メンバー相互の関係に関わるような伝統、習慣、行事をもつことである。

第五の条件は、集団の中に、個々人に割り当てられる仕事に関して種別化や細分化として表現されるような組織系統が存在することである。

マクドゥーガルに従えば、これらの条件が満たされれば、集団形成によって生じる心的な欠点は取り除かれる。知的課題の解決が集団からは免除され、集団に属する個人に取っておかれることで、知能の営為が集合的に低下してしまう事態から守られるのである。

マクドゥーガルが集団の「組織化」と呼んだ条件は、異なる仕方で描き出した方がより大きな正当性をもつようにわれわれには見える。課題は、個人に特徴的であったのに集団形成のせいで個人の中から消え失せてしまった特性を、集団にも作り出してやることだ。というのも、個人はかつて——原始的な集団の外部では——自ら持続性を、確たる自己意識を、伝統と習慣を、独特の仕事ぶりと序列をそなえていたのであり、そのようにして、ライヴァル関係にある他者から自分を区別していたのだから。〔それなのに〕「組織化されて」いない集団に加わることで、個人はこの独自性を一時的に失ってしまったのだ。こうして、個人のもつ属性を集団にそなえつけることが目標であると認められるなら、その場合には、W・トロッター[*13]の含蓄に富む見解を思い出すよう促されることになろう。彼の見るところ、集団形成への傾向とは、あらゆる高等な有機体がそなえる多細胞性が生物学的に継承されたものなのだ。[*14]

IV　暗示とリビード

個人は集団の中に身を置くと、その影響を受け、心の活動という点でしばしば深刻な変化を経験する——この基本事実からわれわれは出発した。個人の情動性は法外に高められ、その知的営為は目に見えて制限される。その際、両方の事態が、集団化した他の個人に順応同化する方向で起こることはまちがいない。これは、各個人に固有にそなわっている欲動制止の働きがたな上げされ、個人の傾向に独自の輪郭を与えることが断念されずしては達成されない成果である。往々にして望ましくないこの影響は、集団をより高度に「組織化」することで、少なくとも部分的には阻むことができるという意見を、われわれは耳にしてきた。しかし、集団心理学の基本事実、すなわち、原始的集団の中では情動が昂進し思惟が制止されるという両命題が、それによって反駁されたわけではない。こうして、われわれの関心は、いまや、集団内部の個人のこの心の変化に心理学的な説明を見つけるという課題に向かうことになる。

例えば、先にも言及された個人の畏縮という合理的な契機、つまり、自己保存欲動に基づく行動によっては、考察されるべき現象全体を押さえることはとてもできそうにない。社会学や集団心理学について論じる著者たちによって、それ以外に説明としてわれわれに提供されているものは、名前こそ色々変わりはするものの、いつも同じだ。

その際、魔法の言葉となるのは暗示である。タルド[18]では、それは模倣と言われている。しかし、われわれとしては、模倣は暗示の概念に含まれるものであり、要するにその帰結だ、とわれわれを非難している著作家[*15]の方が正しいとしなければなるまい。ル・ボンにおいては、社会現象にあって奇異の念を抱かせるものはすべて、二つの要因に帰せられている。個人相互の暗示と、指導者の威信である。ところが、威信は、それはそれで暗示を引き起こすという効果の中でしか表面化してこないものだ。マクドゥーガルの場合、「一次的情動誘発」という彼の原理のおかげで、暗示を想定する必要がなくなるのではないかという印象を、束の間とはいえわれわれは受け取ることができた。しかし、さらに考察をすすめてゆくと、やはり次の点を認めなければならなくなる。つまり、この原理は、よく知られている「模倣」あるいは「伝染」という主張以外の何を表現するものでもなく、ただ情動の契機が断然強調されている点が異なるにすぎない。そのような性向、つまり他人の内にある情動状態の徴しを察知するとその同じ情動のとりこになってしまう性向がわれわれの内に存在すること、それについては疑う余地はない。だが、どれほど頻繁に、われわれはその性向に首尾よく抵抗し、その情動をはねのけ、しばしば全く反対のやり方で反応している

*13　『平時と戦時の群棲本能』ロンドン、一九一六年。

*14　〔一九二三年の追加〕私は、ハンス・ケルゼンによる批判[19](*Imago*, VIII/2, 1922)について、その他の点では理解にあふれ洞察力に富むことを認めるものだが、そのように「集団の心」に組織化〔の能力〕をそなえつけることは集団の心を実体化すること、つまり個人における心のプロセスからの独立性を認めることを意味する、とする見解に同意することはできない。

*15　ブリュジェイユ「社会現象の本質——暗示」(*Revue philosophique*, XXV[20], 1913)。

ことか。だとすると、何故われわれは、集団の中では判で押したようにこの伝染なるものに従うのか。ここでも再び、次のように言わねばなるまい。集団が及ぼす暗示的影響こそが模倣の性向に従うようわれわれに強要し、この情動をわれわれの内に誘発するのだ、と。ついでに言えば、その他の点でもわれわれは、マクドゥーガルにおいて暗示を避けて通ることができない。集団は特別に暗示をかけられやすいという点で際立つという発言を、他の人々からと同様に彼からも聞くのだから。

こうしてわれわれは、暗示(より正確には、暗示されやすさ)こそ、人間の心の生活の、それ以上何ものにも還元不可能な根源現象、基本事実である、と発言する用意が整ったことになる。ベルネームも同様に考えていたのであり、一八八九年、私自身が彼の驚嘆すべき技能の証人となった。しかし私は思い出すことができるのだが、暗示のこの圧制に対しては、当時もぼんやりとした反発を抱いていた。言いなりになろうとしない一人の病人が「あなたは一体何をしているのですか。《あなたは暗示に抵抗しているのですよ》[21]」と大声で叱りつけられた時、私は、これは明らかに不当な行為であり暴行だ、と独りごちたものだ。もし、暗示によってその男を屈伏させようと試みられているのなら、その男は、暗示に反抗する権利を確かにもっているのだ、と。私の抵抗は、その後、暗示がすべてを説明するとしながらそれ自身は説明を免れるとされることに逆らう方向を取るに至った[22]。暗示に関しては、私は古《いにしえ》の冗談の問いを繰り返したのである。[*16]

クリストフはキリストを支えた、
キリストは全世界を支えた。

なら言ってくれ、クリストフは、
その時、どこに足を置いたのか。

Christophorus Christum, sed Christus sustulit orbem:
Constiterit pedibus dic ubi Christophorus ?

さて、およそ三十年の隔たりを置いた後に、いまや再び私は暗示の謎に立ち向かうわけだが、この点で何かが変化したとは少しも思えない。こう主張するに際して、他ならぬ精神分析の影響を証言する唯一つの例外については、度外視してよいだろう。暗示の概念を正確に定式化するために、つまり、この名称の使用を慣例として確定するために特別の骨折りがなされていること[*17]は、私も認める。そして、その努力は無駄なものではない。というのも、この言葉は、意味がどんどん緩められ、より幅広く用いられる傾向にあり、遠からず、英語の場合——そこでは、「《暗示する、暗示》〔to suggest, suggestion〕」の語は、われわれの「容易に思いつかせる」や「示唆」に対応している——と同様に、影響の行使であればどんなものでも意味するようになりかねないからだ。しかしながら、暗示の

＊16　コンラート・リヒター『ドイツの聖クリストフ』ベルリン、一八九六年(Acta Germanica, V, 1)。
＊17　例えばマクドゥーガル「暗示に関するノート」(*Journal of Neurology and Psychopathology*, Vol. 1, No. 1, May 1920)。

本質については、すなわち、十分な論理的根拠づけなしに影響の行使が起こる条件については結果として解明されるには至らなかった。私にしても、過去三十年の文献の分析を通して上記の主張を裏付けるという課題を回避しようとするものではない。しかし、私はそれをやらずにおく。というのも、私の身近なところで、まさにその課題と取り組む詳細な研究が準備されている事実を知っているからである[*18]。

そのかわりに、私は、集団心理の解明のためにリビードの概念を用いることを試みてみよう。この概念は、われわれが精神神経症を研究するに際して大いに貢献してくれたものである。

リビードとは、情動理論からきた表現である。愛としてまとめあげることのできるものなら何であれ、そのすべてに関係する欲動のエネルギーを——現時点では計測不可能だとしても——量的な大きさとして考察する場合に、われわれはリビードと呼んでいる。われわれが愛と呼ぶものの核をなしているのは、もちろん、一般にも愛と呼ばれ、詩人たちが歌い上げてきたもの、つまり性的合体を目標とする性愛である。しかしわれわれは、それ以外にも愛の名に関係しているものをそこから切り離しはしない。つまり、一方で自己愛、他方で親や子への愛、友情や一般的な人類愛、さらには具体的な事物や抽象的な理念への献身なども除外しない。そうすることは、われわれの考えでは、以下の理由により正当化される。つまり、精神分析の研究がわれわれに教えてきたところでは、これらの追求はいずれも同じ欲動の蠢きの表現であり、それは両性の間では性的合体を求めて突き進むが、他の状況下でも、なるほどこの性的目標の脇に押しやられたり、あるいはそれに到達するのを妨げられたりすることはあるにせよ、それでもやはりもともとの本質を常に十二分に保ち続け、（自己犠牲や接近の追求という形で）その同一性をそれとわかる仕方で維持しているからである。

つまり、われわれはこう考える。〔ドイツ語という〕言語は、「愛〔Liebe〕」という単語によって、それがどんなに多様に用いられようとも、あくまで正当なまとまりを生み出しているのであり、われわれの学問的究明と叙述にとっても、この愛なるものを土台に置くこと以上に正しいやり方はないだろう、と。この決断のせいで、精神分析は憤激の嵐を巻き起こすことになった。まるで、それがもたらした革新は冒瀆にも等しい罪だ、とでも言わんばかりに。しかし、そうは言うが、愛をこのように「拡大」解釈することで、精神分析は独創的なことなど何もなし遂げてはいない。哲学者プラトンの「エロース」は、その由来においても、働きにおいても、性愛との関係においても、愛の力と、精神分析のいうリビードとぴったり重なり合うのであり、それは、ナハマンゾーンやプフィスターが個々の論点にわたって論じてみせた通りである。[*19] また、使徒パウロがコリントの信徒への有名な手紙の中で、愛を他の何にもましてほめ称える時、彼はたしかに、愛を「拡大」されたこの同じ意味で理解していたのだ。[*20] これらの例から学びうることは、人間は、偉大な思想家たちを大いに賛嘆していると称してはいるが、必ずしも常に真剣に受け止めているわけではない、ということ以外ではない。

さて、この愛の欲動は、精神分析においては《大勢において》〔a potiori〕、またその起源からして、性欲動と呼ば

＊18　〔一九二四年の追加〕この仕事は残念ながら実現に至らなかった。

＊19　ナハマンゾーン「プラトンのエロース説との比較におけるフロイトのリビード理論」[23]（*Internationale Zeitschrift für Psychoanalyse*, III, 1915）、およびプフィスター（同上、VII, 1921）。

＊20　「もし私が人間の舌と天使の舌で語り、愛をもっていなかったら、私は音をたてる銅か、それとも鳴り響く鈴であっただろう」、および以下[24]。

れている。「教養ある人々」の大半はこの命名を侮辱と感じ、精神分析に「汎性愛主義」という非難を浴びせかけることで侮辱の恨みを晴らそうとした。性欲を、何か人間の自然本性を恥じ入らせ卑しめるものと受け止める人々は、そうしたければ、エロースだのエローティクだのといった、より格調高い表現を用いるがよろしかろう。私自身も、始めからそうすることはできたのだし、そうすれば多くの異論なしで済ますこともできただろう。しかし、私はそれを望まなかった。というのも、気の弱さに譲歩することは、私は避けたかったからだ。この譲歩の道に迷い込むと、一体どこに行き着くことになるやら、知れたものではない。最初は言葉の上で譲歩することから始まるのだが、徐々に事柄そのものにおいてもそうすることになる。性欲を恥ずかしく思うことで得られるものが何か一つでもあるとは、私には思えない。エロースというギリシア語にしても、それを使えば罵倒の声が鎮まるというのだが、しかし結局のところ、愛というわれわれのドイツ語を言い換えているにすぎない。つまるところ、待つことのできる者はいかなる譲歩もする必要はないのだ。

そういうわけで、われわれは、集団の心についても愛の関係が（中立的に表現すれば、感情の拘束が）その本質をなしている、という前提が成り立つかどうか試してみよう。愛の関係については、〔集団心理を論じる〕どの著者たちも話題にしていない、という点を思い起こそう。それに対応するであろうものはどうやら、遮蔽板の背後、スペイン壁(25)の背後、つまり暗示というものの背後に隠されているようだ。さしあたり、われわれの予想を漠然とした二つの着想の上に基礎づけることにしよう。第一に、集団はどうやら、何かある力によって一つにまとめ上げられているらしいという着想だ。だがしかし、世界の内にある一切のものをまとめ上げているエロース以上の一体どんな力に、この働きを帰することができようか。第二に、その際に得られる印象として、集団の中で個人が独自性を放棄し他者による暗示にかかるにまかせるのであれば、その人の内に、他の人たちと対立するよりはむしろ協調していたいとする欲求が存するから、つまり、おそらくはやはり「彼らへの愛から」そうするのだ、という着想である。(26)

101

V　二つの人為的な集団　教会と軍隊

集団にはとても多様なタイプが存在し、その形成のされ方に関しても対照的な方向性を区別することができる。その点を、われわれは集団の形態論に基づいて記憶に呼び出しておこう。全く短命の集団が存在するかと思えば、きわめて持続的な集団が存在する。同じ種類の個人からなる同質的な集団がある一方で、そうでない集団が存在する。自然な集団が存在し、結束を維持するためには外からの強制すら必要とする人為的な集団が存在する。原始的集団が存在する一方で、系統的に組織化された集団、高度に編成された集団が存在する。しかし、なぜそうなのかはまだ隠されたままの様々な理由から、われわれは、他の著者たちからはあまりに僅かしか注目されていない一つの区別を特に重視したい。私が言いたいのは、指導者を欠いた集団と、指導者を伴う集団との区別である。そして、慣例には随分反することながら、われわれの探究は、比較的単純な集団形成を出発点に選ぶのではなく、高度に組織化され持続的で人為的な集団から議論を始めたい。そのように形成されたもののうち最も興味深い例が、教会、すなわち信仰者の共同体と、軍隊、軍である。

教会と軍隊は、人為的な集団である。言い換えれば、集団を解体から守り、構造面での変化を遅らせるために外部から一定の強制が加えられる。[*21] そういう集団の一員になりたいかとは通常問われないし、その決定が個人の自由

102

にゆだねられることもない。足抜けの企ては通例、迫害されるか厳しく罰せられ、あるいはきわめて明確な条件と結びつけられている。これらの社会形態が、何故それほど特別の保護を必要とするのかという問題は、目下のところ遠くわれわれの関心外にある。われわれが興味を引かれるのはもっぱら、そういう仕方で崩壊から守られている高度に組織化された集団にあっては、他の場合にはより覆い隠されたままのなんらかの事情がはるかに明瞭に見て取れる、という事情である。

教会――カトリック教会を範例とする方がわれわれには好都合だろう――にあっては、軍隊においてと同様、他の点で両者がどれほど異なっていようとも、同じ次のようなまやかし(錯覚)がまかり通っている。すなわち、首長となる存在――カトリック教会の場合はキリストであり、軍隊においては隊長――がいて、集団のすべての個人を等しい愛情をもって愛しているというまやかし(錯覚)である。すべてはこの錯覚にかかっている。この錯覚を手放してしまえば、教会も軍隊もたちまち崩壊してしまうだろう――外的強制もそれを許せばの話だが。キリストによっては、この等しい愛ははっきりと口に出して言われている。汝らが最も卑しいこの私の兄弟たちの一人に加えた仕打ちを、汝らは私に加えたのである、と。[27] 彼は信心深い集団の一人ひとりに対して、心優しい兄の態度をとる。彼らにとって父親代わりの存在なのだ。個々人に向けられる要求はすべて、キリストのこの愛から導き出される。一定の民主的な特徴が教会を貫いているのであって、それはまさに、キリストの前では皆が平等であり、皆が彼の愛の等分の分け前に与っているからである。キリスト教の教区が家族と同じ性格をそなえているという点がことさら記憶に呼び起こされ、信者が互いをキリストにおける兄弟姉妹、すなわち、キリストが自分たちに抱く愛を通しての兄弟姉妹と呼び合うのも、深い理由なしのことではない。それぞれの個人がキリストに拘束されていることが、彼ら相互の拘束の原因でもあるという点については、疑いを入れない。類似のことが、軍隊にも当てはまる。隊長は自分の兵隊皆を等しく愛する父親であって、だからこそ、兵隊たちは互いに戦友なのである。軍隊が教会と構造的に異なっているのは、それが集団の階級構造から成り立っているという点である。大尉の一人ひとりが、彼の部隊のいわば隊長にして父親であり、下士官一人ひとりも、彼の小隊の隊長にして父親なのだ。類似の階層構造は、なるほど教会の中にも形成されているが、しかし、そこで同じ経済論的役割[28]を果たしているわけではない。というのも、キリストには、人間である隊長よりも、個々人についてのより多くの知識とより多くの心配りがあるとされるからだ。

軍隊のリビード的構造についてのこのような理解に対しては、次のような異議が申し立てられるとしても無理もない。つまり、それでは、軍隊の結束にとってきわめて重要な、祖国や国の名誉その他の諸々の理念が、何らのしかるべき位置も見出されなかったことになる、と。これに対する答えは次のようなものだ。それは、また別の、もはやそれほど単純ではない集団拘束のケースであり、偉大な軍指導者だったカエサルやヴァレンシュタイン、ナポレオンの例が示すように、それらの理念は軍隊の存続にとって不可欠というわけではない、と。指導者が場合によっては指導的な理念で代用されることや、指導者と理念との関係いかんについては、後で手短に話題にされるだろう。軍隊内部のこうしたリビード的要因の軽視は、それが影響力ある唯一の要因でない場合でも、単に理論的な欠

*21　〔一九二三年の追加〕集団においては、「安定した」という特性と「人為的な」という特性とは一致するように、少なくとも密接に関連し合っているように見える。

陥であるのみならず、実際的な危険にもなるようだ。プロイセンの軍国主義は、ドイツの学問同様、心理学に疎かったために、その点を先の大戦でおそらく身をもって経験しなければならなかった。なにしろ、ドイツ軍をずたずたにした戦争神経症とは、その大部分が、軍隊の中で自分に割り当てられた役割に対して個々人が示した反発であったことが今ではわかっているのだから。そして、E・ジンメルの報告[*22]に従うなら、一兵卒が上官から心ない仕打ちを受けたことが病因の上位を占めていたと主張してまちがいあるまい。このリビードの要求がより適切に評価・検討されていたならば、アメリカ合衆国大統領による空想じみた十四箇条の約束も、多分、あれほど容易に信用をかちうることはなかっただろうし、立派な軍隊装置がドイツの戦争技術者たちの手の中でぼろぼろに壊れ去ることもなかっただろう[(29)]。

　この双方の人為的集団においては、各個人が、一方で指導者(キリスト、隊長)に、他方で集団内の他の個人たちにリビード的に拘束されているという点を心にとどめておこう。この両方の拘束が互いにどう関係し合っているか、両者は同じ性格、同じ価値をもつものか、そして、両者は心理学的にどのように描写されうるか、これらの問いを、われわれは後の探究のために取っておかざるをえない。それでも、われわれとしてはここで既に、上述の著者たちにあえて声低く非難を加えることにしよう。彼らは、指導者が集団の心理に対してもつ意義を十分に検討・評価していない、と。それに対してわれわれは、最初に選んだ研究対象のおかげで、より有利な立場に置かれることになったのだ。集団の中では個々人が不自由になるという事態こそ、集団心理の主要現象なのだが、われわれは、それを解明しうる正しい途に自らが身を置いていると思わないわけにはゆかない。二つの方向に向かう大規模な感情の拘束が各個人に存在するのであれば、個人の人格が変化し制約をこうむるという観察された事実をこの関係の中から導き出し説明することは、難しいこととはならないだろう。

集団の本質が、集団の中にあるリビード的拘束の内に存することへの示唆を、われわれはパニックという現象からも得ることができる。パニック現象について研究するには、軍隊という集団を例にとるのが最良のやり方だ。パニックは、その種の集団が壊れてゆく時に起こる。その特色は、上官の命令に全く耳が傾けられなくなること、誰も他人など全く顧慮せず、自分しか気に掛けなくなることだ。互いの拘束は働かなくなり、巨大で正気を失った不安が解き放たれる。もちろん、ここでも再び、次のような異議が出てくるとしても当然だ。話はむしろ逆であって、不安があまりにも大きくなってしまった結果、他者への顧慮や拘束がすべてかなぐり捨てられてしまったのではないか、と。それどころかマクドゥーガルは、（軍隊のそれではないが）パニックの事例を、伝染による情動の昂進という、彼が力説する事態《一次的誘発》の模範例と評価しているほどだ（二四頁）。合理的なこの説明方法は、しかし、ここでは全く的を外している。不安がなぜそれほどにも巨大になるのかという点こそ、説明されねばならないのだから。それを危険の大きさのせいにすることはできない。というのも、今の例でパニックに陥っているのと同じ軍隊が、同じく大きな危険を、いやもっと大きな危険すら非の打ちどころなく乗り切ることもできたのだから。そして、他でもない、差し迫る危険の大きさと釣り合いのとれた関係になく、往々にして全く取るに足りないきっかけでも勃発するということが、パニックの本質には含まれるのである。もし個人がパニックの不安の中で自分自身にしか心を配らなくなるとすれば、そのことで彼が証言しているのは、その時点まで彼にとって危険を低く抑え

＊22　『戦争神経症と「心的外傷」』ミュンヘン、一九一八年。

ていた情動的拘束が働かなくなってしまったという洞察の正しさなのである。いまや個人は危険に一人で直面しているのであり、だからその危険をより高く見積もったとしても無理もなかろう。つまり、パニック的不安は集団のリビード的構造が緩んでしまったことを前提とし、その弛緩にもっともなやり方で反応している、というのがことの真相であって、決してその逆、つまり、危険に対する不安のせいで集団のリビード的拘束が壊れてしまった、という話ではないのである。

こう注釈したからといって、集団の中では不安が誘発（伝染）によって法外なものに膨れ上がる、という主張に異議を唱えているわけでは決してない。マクドゥーガルの見解は、危険が事実大きく、集団の中にいかなる強い感情の拘束も存在していないケースには、きわめてよく当てはまる。例えば、劇場や歓楽酒場で出火した場合などに現実となる条件である。〔だが〕学ぶところ多くわれわれの目的のためにも有益なのは、軍の部隊が日常茶飯でたいがいうまく切り抜けている程度以上に危険が高まっているわけでもないのにパニックに陥ってしまうという、上に言及した事例である。「パニック」という単語が輪郭鮮明で一義的に規定されて用いられているなどと期待してはならないだろう。集団不安であれば何もかもパニックと呼ぶ時もあれば、個人が抱く不安も、度を越して大きくなるとそう呼ばれることがある。不安の爆発が、きっかけとなった事柄によっては正当化されないような場合のために、往々にして、この名前は取っておかれているようだ。「パニック」の語を集団不安の意味で捉えるならば、われわれは、そこに〔個人が抱く不安との〕広範囲に及ぶ類似性の存在を主張することができるだろう。個人の不安は、危険の大きさか、さもなければ、感情の拘束（リビード備給）の廃棄によって引き起こされる。後者が神経症的不安の事例である[*23]。全く同様に、パニックは、全員に襲いかかる危険の増大か、あるいは、集団を一つにまとめ上げる感情の拘束が断たれることによって起こる。そして、この後者のケースが神経症的不安に対応しているのである（これについては、ベーラ・フォン・フェルスツェギーによる、いささか空想的な面も含むが着想豊かな論文「パニックと牧神《パン》コンプレクス」（*Imago*, VI, 1920）参照）。

マクドゥーガルのように（同頁）、パニックを「《集団の心》〔group mind〕」の最も明瞭な働きの一つとして描き出そうとすると、われわれは、パラドクスに行き着く。すなわち、この集団の心なるものは、それが最も顕著に表出されているまさにその時に消え去りつつあるのだ。パニックが集団の崩壊を意味する点に疑問の余地はない。パニックは、集団の中の個人が普通なら互いに示し合う顧慮が全く存在しなくなるという結果を伴うものなのだから。

パニックの勃発にとって典型的なきっかけは、ユーディットとホロフェルネスについてのヘッベル(30)の劇作品に対するネストロイ(31)のパロディの中で描き出されているものにとてもよく似ている。そこでは、一人の戦士がこう叫ぶ。「隊長は気が変になられたぞ」。それを聞くと、アッシリア人たちは皆てんでに逃げ去ってしまうのだ。どんな意味であれ隊長を失うことは、彼が信じられなくなることであっても、危険の大きさにはかかわりなくパニックを引き起こしうるのである。指導者への拘束が失われるとともに――通例――集団化した個人相互の拘束もまた失われる。集団は、先端部を割ったときのボローニャ瓶のように粉々に飛散する。

宗教的な集団が解体する様子を観察することは、それほど容易ではない。つい最近、カトリックの側によって書かれロンドンの僧正からお薦めを受けた『暗くなると(32)』と題された英語の小説が私の手元に届いたが、この小説は、

＊23　『精神分析入門講義』第二五講（GW-XI 407 ff.）〔本全集第十五巻〕を見よ。(33)

そういう可能性とその帰結を、巧みに、そして私に言わせれば的確に描き尽くすものだった。この小説は、キリスト個人およびキリスト教信仰に敵対する者たちが、アリマタヤのヨセフ(34)が「敬虔の念から、私はキリストの亡骸を、彼が埋葬されて三日目にこっそり墓から運び出し、ここに埋めた」と告白している碑文を収めた墓室をエルサレムで発見させるという陰謀にまんまと成功する様を、現代の出来事として物語るものである。それによって、キリストの復活と彼の神性は葬り去られてしまう。この考古学的発見は、ヨーロッパ文化を震撼させ、ありとあらゆる暴力行為と犯罪を異常に増加させる結果となった――それらは、歪曲者たちの陰謀が暴露された後にようやく消えてゆくのだが。

ここに想定された宗教集団の解体において現れ出てきているのは、不安――それにはきっかけが欠けているのだ――ではない。そうではなくて、他の人々に対する容赦のない敵対的衝動である。それは、その時点までは、キリストの平等な愛のおかげで表面に現れることができなかったのだ*24。しかし、この拘束の外部には、キリストの国が続いていた間も、信仰の共同体に属さず、キリストを愛することなく、キリストが愛することもなかった個人たちが身を置いていた。だからこそ、一つの宗教は、たとえ愛の宗教を称する場合でも、それに属していない人々に対しては厳しく、また心ない態度をとらねばならないのだ。なにしろ根本的には、どの宗教も、それが包み込む人々には誰にとってもそのような愛の宗教なのだが、それに属さない人々に対しては残虐で非寛容であるといったものなのだ。だからといって、信仰にある者たちにあまりに手厳しい非難を浴びせてはならない――個人的にはそれがどれほど難しいことに思われようとも。信仰にない者や無関心な者は、この点で、心理学的にその分ずっと気楽な立場にあるのだから。もし今日、この非寛容が、かつての何世紀ほどにはもはや暴力的にも残虐にも表に現れることがないとしても、そこから、人間が振舞いの面で穏和になったゆえだなどと推論してはならない。その原因は、宗教的な感情と、それに依存するリビード的拘束が否みがたく弱まってきているという事実の内にこそ、はるかに容易に捜し求められるべきものだろう。もし、何か別の集団の拘束が宗教的なそれに取って代わるとするならば——目下のところ、社会主義的な集団の拘束が成功しているように見えるのだが——そこでも、外部に立つ者の身には宗教上の闘争の時代と同様の非寛容が結果として起こることだろう。そして、もし科学上の見解の相違がいつか集団にとって同様の意味をもつことがありうるとすれば、この動機づけにとっても同じ結果が繰り返されることになるだろう。

VI　これに続く課題と仕事の方向性

ここまで、われわれは、二つの人為的集団を取り上げて研究し、以下のことを見出した。それらは二種類の感情の拘束によって支配されており、その一方の指導者への拘束は、他方の集団化した個人相互の拘束よりも——少なくとも、これらの人為的集団にとっては——より重要な役割を果たしているように見えるということである。

さて、集団の形態学においては、なお多くのことが探究され記述されねばならないだろう。単に多くの人が集ま

＊24　これについては、領主の権威が崩れ去った後に見られる同様の現象に対して、P・フェダーンが『父親なき社会』(ウィーン、一九一九年)の中で与えている説明を参照。

っているというだけでは——その中に上述の二つの拘束が作り出されていない間は——いまだ集団ではない、という点を確認することから出発せねばなるまい。ただし、任意のどんな人間の集まりをとってみても、心理的な集団を形成しようとする性向がごく容易にその中に現れるという点は、譲歩して認めねばならないだろう。自然発生的に成立する、多かれ少なかれ安定した多種多様の集団に注目し、その成立と崩壊の条件が研究されねばならないだろう。就中、指導者をもつ集団と指導者を欠く集団との相違という問題が、われわれの関心を引くことになるだろう。指導者を伴う集団こそ、より根源的でより完全な集団なのではないか。他の集団にあっては、指導者は、理念という抽象的なものによって置き換えられているのではないのか——実際、この人と指し示すことのできる首長がいない宗教集団は、既にその方向に移行しているのだから。共通の性向や多数の人々が与っている欲望も、同じ代替の働きをしているのではないか。この抽象的なものが、いわば二次的な指導者の人格の内で、それはそれで大なり小なり完全に具体化されるということもありうるだろう。そして、理念と指導者の関係からは、興味深い多様な可能性が結果として生じることだろう。指導者、あるいは指導的理念が、いわば否定的なものであるケースもある。例えば、ある特定の人物や機関に対する憎悪も、肯定的な心服の場合と同様に、人々を一つにまとめる働きをなしうるし、似た感情の拘束を呼び起こすこともありえよう。そこからさらに、指導者は集団の本質にとって本当に不可欠なのか、とも問われよう。問いは、さらに他にも続いてゆく。

しかし、これらの問いのどれをとっても——一部は集団心理学の文献の中でも取り扱われているのかもしれないが——集団の構造の内で指し示される心理学的根本問題からわれわれの関心を逸らせることはできない。われわれはさしあたり、集団を特徴づけるのがリビード的拘束であることを最も簡潔に証明してくれそうな考察に専念するとしよう。

一般に人間は情動面で互いにどのような態度をとり合うものか、を心に銘記しておこう。ショーペンハウアーによる寒さに震えるヤマアラシについての有名な比喩に従えば、他者があまりに親しげに接近してくることには誰も我慢できない。[*25]

精神分析の証言によれば、二人の人間の間の親密な感情的関係のうち比較的長続きするものは――夫婦関係であれ、友情であれ、親子の関係[*26]であれ――ほとんどすべて、拒否的で敵対的な感情の澱を含んでいるのであって、それがなんとか知覚されずにすんでいるのは、抑圧のおかげであるにすぎない[(35)]。その事情がむき出しになるのは、会社の経営者の誰もが共同出資者といさかい、部下の誰もが上司にぶつぶつ文句を言うような場合である。同じことが、複数の人間が団結してより大きな単位にまとまる時にも起こる。婚姻を通して二つの家族が結びつく場合には必ず、それぞれの家族が、他方を見下げて自分たちの方がより良い家柄だ、より高貴な家柄だと思い込む。隣接す

＊25　「ある寒い冬の日に、ヤマアラシの一群がぴったりと身を寄せ合った。互いの暖かみによって凍死から身を守るためである。しかし彼らはたちまち互いの針の存在に気づき、再び身を離した。暖を求める欲求が再び彼らを近づけると、後者の災難が繰り返される。その結果、彼らは両方の苦しみの間を行ったり来たりして引き裂かれ、とうとう最後に一番上手に互いを我慢し合えるほどほどの間隔が見つけ出されるまで、それは続いたのである」（『付録と補遺』第二巻、第三一章「比喩と寓話」（第三九六節）[(36)]）。

＊26　おそらく唯一の例外をなしているのが母親の息子に対する関係であって、これは、ナルシシズムに根拠をおきつつ、後のライヴァル関係によっても妨げられず、性的対象選択の始まりによって強化される。

る二つの都市にあっては、その双方が他方のねたみ深い競争相手となる。〔スイスの〕どの小州も他の小州を馬鹿にして見下す。最も近い関係にある民族同士は互いに反感を抱き合う。南ドイツの人間は北ドイツの人間が好きになれない。イングランドの人間はスコットランドの人間に対してありったけの悪口を言う。スペイン人はポルトガル人を見くびる。[37] その違いがもっと大きい場合、乗り越えがたい反感が――例えば、ガリア人のゲルマン人に対する、アーリア人のセム人に対する、白人の有色人種に対する反感が――生まれる結果になるとしても、もはやわれわれの誰も驚かない。

こういう敵対心が、ふだんは自分が愛している人に向けられる場合には、われわれはそのケースを感情の両価性《アンビヴァレンツ》と呼び、他ならぬ親密な関係ゆえに利害葛藤のきっかけもまた幾重にも重なっているからだと――たしかにあまりに合理的にすぎるとはいえ――説明する。身近な他者に対して反感や反発がむき出しになる場合、そこにわれわれは、自己愛の表現、ナルシシズムの表現を見出すことができる。ナルシシズムは自己主張をめざすもので、少しでも自らの個人的発達からの逸脱が起こると、まるでそれが自分に対する批判を、そして、自分を作り変えろという要請を伴っているとでもいわんばかりに振舞うのである。差異の個々の細かな点にまで何故それほど過敏な反応を示さねばならなかったのか、われわれの知るところではない。しかし、次の点は見紛いようがない。人間のこの振舞いの中には、憎悪への用意が、攻撃性が告知されているのであり、その由来は知られておらずとも、それが人間の基本的な性格であることは認めてよいだろう。[*27]

ところが、こういった非寛容のすべてが、集団形成によって、そして集団の中では、一時的あるいは持続的に消失する。集団形成が継続する間は、あるいは、それが及ぶ範囲では、個人はまるで自分たちが同型の存在であるかのように振舞い、他人の独特さを我慢し、その人に自分を合わせ、その人にいかなる反発も感じない。そのようにナルシシズムが制限される事態は、われわれの理論的見解に従えば、ただ一つの契機によってしか起こりえない。すなわち、他人に対するリビードの拘束を通して、である。自己愛は唯一、他者への愛、対象への愛においてのみ限界を見出す。[*28] すると早速、次のような問いが投げかけられるだろう。利害関心に基づく共同性も、それだけで、つまりリビード的供出がなくても、他者を我慢し、他者のことを顧慮する姿勢に必然的に行き着くのではないか、と。この異論には次のように答えよう。つまり、そんなやり方では所詮、ナルシシズムの持続的な制限は成立しない。というのも、そうした寛容は、他者との協力から引き出される直接的利益以上に長続きはしないから、と。もっとも、争点となるこの問いの実際上の価値は、考えられているより小さい。というのも、経験が示すところでは、協力関係の場合には、仲間同士の間にきまってリビード的拘束が生み出されるのであって、それが、彼らの関係を、利益の有無を越えて長続きさせ、確かなものにするからである。個人のリビードの発達の歩みの中で精神分析研究によく知られるところとなったのと同じことが、複数の人間の社会関係の中でも起こる。つまり、リビードは人生の大きな欲求の充足に依托するものであり、その充足に関わりのある人物を最初の対象として選び出すのである。[(38)] そして、個人の場合と同様、人類全体の発展の中でも、ただ愛だけがエゴイズムから利他主義への転換という意味

＊27　先ごろ（一九二〇年）公刊した『快原理の彼岸』という著作の中で、私は、愛情と憎悪の両極性を生の欲動と死の欲動の想定される対立と結びつけ、性欲動を前者、すなわち生の欲動を最も純粋に代表するものとして示そうと試みた。[(39)]

＊28　「ナルシシズムの導入にむけて」（一九一四年）〔本全集第十三巻〕を見よ。

で文化要因として働いてきたのである。しかも、そこでの愛は、女性に対する性愛——および、そこから発する、女性にとって好ましいものはいたわりたいというやむにやまれぬ気持ちのすべて——には限定されない。それは、共同の仕事と結びついて生まれる、脱性愛化され昇華された、他の男性に対する同性愛も含むのである。

そういうわけで、ナルシス的自己愛の制限という、集団の外部では作動しない現象が集団の中では現れるわけだが、だとするとそれは、集団形成の本質が、集団のメンバー相互間における新しいタイプのリビード的拘束の内に存することを、強く示唆している。

さてしかし、われわれの関心からすれば、集団内部のそのようなリビード的拘束とはどんな種類のものなのかという問いが、さし迫ったものとして浮上してくるだろう。精神分析の神経症理論の中では、われわれはこれまでのところ、直接的な性的目標を追跡する愛の欲動の対象への拘束の問題にしかほとんど取り組んでこなかった。集団にあって、そのような性的目標が問題になっているわけではないのは明らかだ。ここでわれわれは、もともとの目標から逸らされてはいるが、だからといって、より少ないエネルギーで作用するわけでは決してない愛の欲動を問題にしているのだ。さて、われわれは、通常の性的対象備給の枠内で、欲動が性的目標から逸らされる事態に対応する現象が存在することに既に注目してきた。われわれはそれを、恋着の度合として描き出し、それが自我の一定の損傷を伴うことを認めた。(40) 恋着というこの現象に、今からより立ち入った注意を向けることにしよう。集団内における拘束へと転移可能な関係をそこに見出すことができるのではないか、と十分期待できるからだ。しかし、それに加えて、われわれとしては、性生活から知られているこのタイプの対象備給が、他の人間への感情の拘束の唯一のあり方なのか、それとも、さらに考察の中に加え入れねばならない機制が他にもあるのかを知りたい。実際たしかに、われわれは精神分析のおかげで、感情の拘束という点で他の機制がさらに存在することを経験してきた。
いわゆる同一化[41]である。これは、不十分にしか知られておらず、描き出しにくい出来事で、それを研究するために 114
も、われわれは、今からしばらくの間、集団心理学という主題を離れることになるだろう。

VII　同一化

115
同一化は、精神分析において他の人格への感情的拘束の最も初期の発現として知られている。それは、エディプスコンプレクスの前史の中で一つの役割を演じる。小さな男の子が父親に特別の関心を示す。彼はお父さんのようになりたい、お父さんのようでありたい、あらゆる点でお父さんの代わりをつとめたいのだ。われわれとしては安んじてこう言おう。彼は父親を自分の理想とする、と。この態度は、父親に対する(そして、男性一般に対する)受動的姿勢、あるいは女性的な姿勢とは何の関係もない。むしろ、すぐれて男性的なものだ。それは、エディプスコンプレクスときわめて相性が良く、その下準備をする。

父親とのこの同一化と同時に、それどころか、ひょっとするとそれより以前に、男の子は、依托型に従って[42]母親に対する正式の対象備給を始める。その場合、彼は心理学的に異なる二つの拘束を示すことになる。つまり、母親に対しては明らかに性的な対象備給、父親に対しては模範への同一化である。両者はしばらくの間併存し、互いに影響し合うことも妨害し合うこともない。心の生活が統一に向かうプロセスが押しとどめがたく進行してゆく結果、最終的にこの両者は出会う。そして、この合流によって通常のエディプスコンプレクスが成立するのだ。男の子は、母親を得ようにも父親が邪魔していることに気づく。父親との同一化はいまや敵対的な色調を帯び始め、母親に対する関係においても父親に取って代わりたいという欲望と一つになる。要するに、同一化は始めから両価《アンビヴァレント》的なのであって、情愛の表現に変わりうると同様、除去への欲望にも変わりうる。同一化は、リビード編成の第一期である口唇期の蘖《ひこばえ》であるかのように振舞う。口唇期においては、熱望され評価される対象は、食べられることで体内化され、そのものとしては破壊されてしまう。周知のように、食人種はこの地点にとどまり続ける。彼は食べたくなるほど敵を好いているのであり、どうしても好きになれない者は食べようとはしない。*29

父親との同一化がたどる運命は、後にはともすれば視界から見失われる。その場合に起こりうるのは、エディプスコンプレクスが逆転を経験し、女性的な姿勢の中で、直接的な性欲動が充足を期待する対象として父親が選ばれるという事態である。そうなると、父親との同一化は、父親への対象的拘束の先駆けとなる。同じことは、しかるべき置き換えがなされれば、小さな娘にも当てはまる。(43)

父親とそのように同一化することと、父親を対象として選択することとの違いは、容易に一つの定式の内に表現できる。前者においては、父親は、人がそうありたい存在であり、後者では、人がそれをもちたい存在なのだ。つまりそれは、拘束が自我の主体において着手されるか、それとも、自我の客体において着手されるかの違いだ。それ故、前者の拘束は、どんな性的対象選択にも先立って既に可能である。はるかに難しいのは、この違いをメタサイコロジー的にありありと目に見えるように描き出すことだ。同一化は「模範」として選ばれた他の自我に似せて自らの自我を形成しようと追求する、ということしか認識されていないのだから。

神経症の症状形成における同一化を、錯綜しがちな連関から切り離して考察しよう。以下では、ある幼い少女を手掛かりとしてみたい。その少女は、母親と同じ苦しみの症状、例えば同じく苦しい咳込みという症状を呈する。この事態は、様々な過程を経て起こりうる。この同一化は、エディプスコンプレクスによるものかもしれない。するとそれは、母親を敵視しそれに取って代わりたいという願望を意味することになり、症状が表現しているのは、父親を対象とする愛である。この症状は、罪責意識に影響されて、母親に取って代わるという事態を実現しているのである。お前は母親になりたいと思った。少なくとも苦しみの点ではいまやその通りになっているのだ、と。だとすると、ここにはヒステリー的症状形成の機制がすべて揃っている。あるいはそうではなくて、この症状は、愛している相手の症状と同じものなのかもしれない(例えば、「あるヒステリー分析の断片」の中で、ドーラが父親の咳込みを真似しているように[44])。その場合、事態は次のように描写されるしかない。同一化が対象選択の代わりになった、対象選択は同一化に退行したのだ、と。これまでわれわれが耳にしてきたところでは、同一化は、感情の拘束の最も初期の、最も根源的な形態である。症状形成がなされる状況、つまり、抑圧が起こり無意識の機制が支配しているところでは、往々にして、対象選択が再び同一化になる、つまり、自我が対象の性質を帯びるようになるのだ。注目すべきことに、この同一化にあっては、自我は愛していない人物を模倣する場合もあれば、愛する人物を模倣する場合もある。どちらの場合にも、同一化は部分的できわめて限定されたものにとどまり、対象となる

＊29　『性理論のための三篇』およびアブラハム「リビードの最も初期の前性器的発達段階に関する研究」(*Internationale Zeitschrift für Psychoanalyse*, IV, 1916)を見よ。後者は、同じ著者による『精神分析のための臨床的論集』(国際精神分析文庫、第十巻、一九二一年)にも収められている。

人物のただ一つの特徴しか借りてこない。この点もわれわれの目に止まらずにはすまない。

症状形成の第三の、特に頻繁に見られる重要なケースとして、同一化が、模倣される人物に対する対象的関係を全く捨象してしまうことがある。例えば、寄宿学校にいる少女の内の一人が密かに愛している男性から手紙を受け取り、この手紙が彼女の嫉妬心を掻き立て、ヒステリーの発作を起こすことで彼女がそれに反応するというような場合、それを知った彼女の友達の何人かも、われわれの言うところの心的感染によってこの発作を継承するという事態が起こるだろう。ここに見られるのは、同じ立場に身を置くことができる、もしくは置きたいと欲することに基づく同一化の機制である。他の少女たちも秘密の恋愛関係をもちたいものだから、罪責意識の影響のもと、それと結びついた苦しみまで受け継ぐわけだ。彼女らがその症状をわがものにしたのは同情からだ、と主張するのは正しくないだろう。むしろその逆である。同情は、同一化が起こってそこからようやく成立する。その証拠に、寄宿学校の女友達の間に通常存在している共感に比べればより僅かの同情しかあらかじめ二人の人の間に想定されえないような事情にあっても、そういう感染や模倣は生み出されるのである。一人の自我が、ある一点で、つまりわれわれの例でいえば感情の上で同じ用意ができているという点で、他の自我に自分との重要な類似があるのを知覚する。すると、それに続いて、まさにこの一点で同一化が形成される。そして、病理的な状況に影響されて、この同一化は、他方の自我が引き起こしたのと同じ症状へと遷移してゆく。症状を通してのこの同一化は、そういうわけで、両者の自我が重なり合う場所を示す目印になっているのだ。それは、抑圧されるにまかせておかれるのではあるが。

この三つの情報源から学ばれたことを要約すると、次のように言えるだろう。第一に、同一化こそは対象への感情拘束の最も根源的な形態であること。第二に、同一化は退行的な経過をたどり、言うなれば、対象を自我の中に取り込むことを通して、対象へのリビード的拘束に対する代替物になるということ。そして、第三に、同一化は、性欲動の対象ではない人物との間にであれ共通点が新たに知覚される度ごとに成立しうるということである。この共通点が重要であればあるほど、それだけ一層この部分的同一化は首尾よく行われ、新たな拘束の端緒にふさわしいものとなる。

われわれが既に予感するところでは、集団化した個人の相互の拘束は、重要な情動的共通点に基づくそのような同一化を本性とする。そして、この共通点は指導者に拘束されることの内に存在するものだ、と推測することができる。〔ただし〕別の予感が告げているように、われわれは、同一化の問題を論じ尽くしたというには程遠い。われわれは、心理学が「感情移入」と呼ぶ出来事を眼前にしているのであり、それは、他の人格の中の自我にとってよそよそしい部分を理解する上で最も重要な出来事なのである。けれどもここでは、われわれは同一化の最も身近な情動的作用に関心を限定し、それがわれわれの知的生活にもつ意義については、度外視したい。

精神分析的研究は、精神病というさらに難しい問題とも折にふれて既に取り組んでいるのだが、われわれの理解力がそのまますんなりとは及ばないいくつかの他の事例においても、同一化という問題の所在を証示することができた。そういう事例のうちの二つのものを、私はわれわれのさらなる考察のための材料として詳細に検討してみよう。

男性同性愛の発生のプロセスは、一連の多数の事例において以下のようなものである。(45) 若い男性が、異常に長期に渡って、しかも強烈に、エディプスコンプレクスの意味で母親に固着していた。それでも、思春期の完了後に、母親を他の性的対象と取り替える時点がようやく訪れる。そこで突然、方向転換が起こる。若者は、母親から離れるのではなく、彼女と同一化してしまう。彼は人が変わり、母親のようになる。そしていまや、彼自身の自我の代わりを彼のためにしてくれる対象を、つまり、かつて彼が母親から経験したのと同じように自分が愛し世話してあげられる対象を捜し求める。これは、しばしば起こり、いくらでも頻繁に確認することのできる経緯だ。その突然の方向転換がいかなる器質的駆動力や動機によるものだと想定されようとも、もちろんそれには全く左右されない。この同一化にあって顕著なのは、それが中途半端にはとどまらない点である。それは自我を、最も重要な点、つまり性的特徴という点で、これまで対象であったものを模範とすることによってすっかり変えてしまう。その際、対象そのものは放棄される。それが完全な放棄なのか、それとも、無意識の内では保持されたままでのことにすぎないのかについては、ここでは議論の外に置こう。もっとも、放棄あるいは喪失された対象を代用するためにその対象と同一化すること、この対象を自我の中に取り込むことというのは、われわれにとって何ら目新しい話ではない。そういう出来事は、時として、小さな子供を通しても直かに観察されうる。つい最近も、『国際精神分析雑誌』の中でそのような観察が公表されたが、それによれば、小さな猫がいなくなったために悲しみにくれた子供が、これからは自分があの猫であるときっぱり宣言し、それに合わせて四本足で這い、例えばもうテーブルでは食事を取ろうとしなくなったのだという。*30

対象のそのような取り込みについて、もう一つ別の例をわれわれに示しているのが、メランコリーの分析である。(46) この情感は、愛する対象を実際に、あるいは情動の上で失うことを最も顕著なきっかけの一つとする。メランコリーの事例が示す主な特徴は、自我が過酷なまでに自己卑下し、それが情け容赦のない自己批判および厳しい自己非難と結びついていることである。分析の結果が示すところによれば、この評価と非難は根本的には対象に向けられているのであり、対象に対する自我の復讐を表すものである。別の個所[*31]で私は対象の影が自我の上に落ちているのだ、と述べたことがある。対象の取り込みという事態が、ここには見紛いようもなく明らかに示されている。

　これらのメランコリーの事例は、しかし、後にわれわれの考察にとって重要なものとなる別のことも示している。そこに示されているのは、分割された自我、二つの部分に分解した自我である。その一方が他方に激怒しているのだ。この他方の部分は、取り込みを通して変容した部分であり、失われた対象を内に含んでいる。しかし、その様に酷い仕打ちをする部分の方も、われわれの見知らぬものではない。それは良心を含む。自我の中のこの批判の審級は、ふだんでも自我に批判的に対峙していたのだが、いまの場合ほど情け容赦なく不当であったことはついぞなかっただけである。われわれは様々なきっかけから、以前より既に次のように想定せずにはいられなかった（「ナルシシズムの導入にむけて」、「喪とメランコリー」[47]）。つまり、われわれの自我の中に、自我の他の部分から分裂し、これと葛藤に陥りかねない審級が発達してゆくという想定である。われわれは、これを「自我理想」と名づけ、自己観察、道徳的良心、夢の検閲、そして抑圧に際しての主要な影響をその機能とみなした。われわれはこうも言った。その審級は、子供の自我がその中で自足していた元来のナルシシズムの相続人である。それは周囲の影響を受け、周囲から自我に向けられる要請を徐々に受け入れていくのだが、自我の方では常にその要請に応えられるとはかぎ

＊30　マルクセヴィッチ「子供における自閉的思考に関する寄稿」(*Internationale Zeitschrift für Psychoanalyse*, VI, 1920)。

＊31　「喪とメランコリー」(*Sammlung kleiner Schriften zur Neurosenlehre*, IV. Folge, 1918)〔本全集第十四巻〕[48]。

らない。その結果、人間は自分自身の自我に満足できない場合でも、自我とは区別された自我理想の内に満足を見出すことが許されるようになる、と。われわれがさらに確認したところでは、観察妄想においてはこの審級の崩壊が一目瞭然となり、その際、この審級が、権威、とりわけ両親の権威の影響に由来することがあらわになるのだった。[*32] ただしわれわれは、次の点を詳論することも忘れなかった。すなわち、この自我理想と現実の自我との隔たりの度合は個人個人できわめて多様であり、多くの人々にあって、自我の内部でのこの分化は、子供の場合以上に進んでいるとは限らないということである。

しかし、この材料を集団のリビード的編成の理解のために適用しうるようになるためには、われわれはその前に、対象と自我の間の他のいくつかの相互関係を考慮の中に加え入れておかねばならない。[*33]

VIII　恋着と催眠状態

言語は、気まぐれに使用されている場合でも、何らかの現実を正確に反映している。その使用に従えば、なるほど、われわれも理論的に愛として一括しているとても多様な感情の関係が「愛」と呼ばれるのだが、しかしそう呼ばれる場合も、この愛は本来の、正しい、真実の愛なのかとあらためて疑われ、愛の現象の内部に段階をなして存在する様々な可能性の全体に注意するよう促される。実際の観察の中でこの可能性の全体を見出すことも、われわれにとって決して難しいことではない。

一連の様々な事例からすると、恋着とは、性欲動が直接の性的充足を目的として対象備給することに他ならず、この目的が達成されれば消え失せる。これは、ありふれた感性的な愛と呼ばれているものである。けれども、リビード的状況がそんなに単純であることは、よく知られているように、滅多にない。消え失せたばかりの欲求が再び目覚めることは確実に予期できたのであり、その確実さこそが、性的対象に持続的な備給をふり向け、欲が不在の期間中もそれを「愛し」続ける、最も身近な動機であったのに違いない。

人間の性愛生活のとても不思議な発達史の中から、第二の契機がそこに付け加わる。大概は五歳で既に終わりを迎える第一の時期に、子供は両親の一方に最初の愛の対象を発見し、充足を求める子供の性欲動のすべてがこの対象に向けて一つに結集されたのだった。その後に始まる抑圧は、この性的目標の大部分を断念するよう子供に強要

＊32　「ナルシシズムの導入にむけて」(上記引用個所(49))。

＊33　病理学から取られたこれらの事例では、われわれはいまだ同一化の本質を論じ尽くしたわけではなく、従って集団形成の謎に関して一部は触れられないままにとどまっていることを十分にわきまえている。本来ならここは、はるかに根本的でより包括的な心理学的分析が介入せねばならないところだろう。同一化からは、模倣を経て感情移入に道が通じている、つまり、他人の心の生活に対する態度決定がそもそもわれわれに可能になる機制の理解への道である。現に存在する同一化の表現に関しても、なお多くのことが解明されねばならない。同一化は、他にも色々あるうちで、特に次のような帰結を伴う。すなわち、同一化している相手に対しては攻撃性を制限し、その人を許容し、援助の手を差し伸べるようになるという帰結である。例えば、氏族社会の土台をなしている様々の同一化を研究した結果、ロバートソン・スミスは、驚くべき結論に到達した。それらの同一化は、共有された実体を承認することに基づいており(『親族関係と結婚』一八八五年)、それ故、共に会食することによっても生み出されうるという結論である。この特徴は、そのような同一化を、『トーテムとタブー』の中で私が構築した人間の家族の原史に結びつけることを許すものである。

し、その結果、両親に対する関係の深刻な変容が後に残された。子供はその後も引き続き両親に拘束されたままなのだが、しかしその欲動は、「目標制止された」と呼ばざるをえないものになる。それ以降に子供がこの愛する人に抱く感情は、「情愛のこもった」感情と呼ばれる。よく知られているように、それ以前の「感性的」追求は無意識の内に多かれ少なかれ強力に保存され続けており、その結果、もともとの豊かな感情の流れはある意味では存在し続けることになる。[*34]

〔同じく〕よく知られているように、思春期とともに、直接的な性的目標をめざす、新たなとても強烈な追求が始まる。恵まれないケースでは、この追求は感性的な流れとして、持続して存在している「情愛のこもった」感情の方向からは分離されたままにとどまる。その場合に思い浮かぶイメージは、以下のような二つの光景として、文学の特定の潮流によってとても好んで理想化されている。男性が大いに尊敬する女性に対してすっかり心酔する傾向を示す。ところがこの女性は、彼を性交渉へと刺激することはなく、この男性は、彼が「愛して」おらず、軽視し、軽蔑さえしている他の女性に対してしか性的態勢に入れない。[*35] しかし、より頻繁に起こるのは、成長期にある男性が、非感性的で天上的な愛と感性的で地上的な愛を一定程度総合することに首尾よく成功するという事例である。その場合、性的対象に対する彼の関係は、制止されない欲動と目標制止された欲動との共働という特徴を示す。目標制止された情愛の欲動がどれだけ寄与しているかに応じて、われわれは、単に感性的な欲とは対照的な、恋着の高貴さを測ることができる。

恋着というこの問題の枠内では、性的過大評価という現象が、そもそもの始めからわれわれの目を引くところとなった。つまり、愛の対象が一定程度において批判を免れ、その対象がそなえる性質のいずれもが、愛されていない人の同じ性質より、あるいは、その対象が愛されていなかった時点より高く評価されるという事実である。感性的追求の抑圧ないし冷遇がある程度効果的に行われている場合には、その心の美質の故に対象を感性的にも愛しているという錯覚が生まれる。実際には逆に、感性的に気に入ってはじめて、その対象にそれらの美質が授けられたのかもしれないのだが。

ここで判断が歪められるのは、理想化を追求するからである。しかし、そうだとすれば、われわれにとって研究方向の確認は容易になる。対象が自分の自我のように処遇されていること、つまり、恋着にあっては対象に向かって、より大きな度合のナルシス的リビードが溢れ出していることを、[50] われわれは認識する。少なからぬ形態の愛情選択では、対象が、到達できない自分の自我理想の代わりをする役目を負っている、という事態さえ一目瞭然となる。この対象は、自分の自我のために手に入れようと追求していた完全性をそなえているから愛されるのだが、その完全性は、自らのナルシシズムの充足のためにいまやこの迂回路を通っての調達が望まれるのである。

性的過大評価と恋着がその度合を引き続き増してゆくと、このイメージの解釈はますます見誤りようのないものになる。直接の性的充足めざして押し寄せる追求は、例えば若者の夢見るような愛の中で決まって起こるように、いまや、完全に抑え込み可能になる。自我はどんどん無欲に、謙虚になり、他方、対象はどんどん偉大に、価値あ

124

＊34　『性理論のための三篇』の上記引用個所を見よ。

＊35　「性愛生活が誰からも貶められることについて」(*Sammlung kleiner Schriften zur Neurosenlehre*, IV. Folge, 1918)〔本全集第十二巻〕。

るものになる。最後には、対象は自我の自己愛をすっかり獲得するに至り、そこから、自我が自己を犠牲にすることが自然な帰結となってしまうほどだ。対象が、言うなれば自我を食い尽くしてしまったのだ。へりくだり、ナルシシズムの制限、自己毀損といった特徴が、恋着にあってはいずれの場合も顔を出す。極端な場合には、それらはひたすら昂じるばかりで、感性的な要求が背後に退く結果、単独で支配するところとなる。

不幸な、満たされない愛の場合、とりわけ容易にこういう事情になる。なにしろ、性的充足が起こると、性的過大評価は、その度ごとに繰り返し低減するのだから。自我が対象に「献身」するようになると、抽象的な理念への昇華された献身とさえもはや区別不可能になり、同時に、自我理想に割り当てられた諸機能は全面的にその無力さをさらけ出す。この審級によって加えられる批判は黙り込む。対象がなすこと、求めることはすべて正しく、非の打ちどころのないものになる。対象に都合好く起こることには、良心は全く適用されなくなる。愛による盲目の状態の中では、人は、犯罪者となって何ら悔いることがない。次のように言えば、状況の全体はあますところなく要約できるだろう。対象が、自我理想の代わりに置かれたのだ。

同一化と、呪縛とか恋の奴隷状態[51]とか呼ばれる最高度の恋着との違いを描き出すことは、今となってはたやすい。前者の場合、自我は、対象がそなえる性質分だけ自分も豊かになった、フェレンツィの表現[52]に従えば、その対象を「取り込んだ」のである。それに対して後者の場合には、自我は貧しくなった、対象に身を捧げ、自らの最も重要な部分に代えてその対象を据えたのである。けれども、さらに立ち入って検討してみるとたちまち、そのような記述は、実際には存在しない対立をまことしやかに見せかけるものであることに気づく。そこで問題になっているのは、経済論的に見て貧しくなったか豊かになったかではない。極端な恋着であっても、自我が対象を取り込んだと描き出すことは可能だ。おそらく、それとは違った区別をする方が、本質的な点をより的確に捉えることになろう。同一化のケースでは、対象は失われたか、もしくは放棄された。しかしその後、対象は自我の内に再び打ち立てられる、自我は、失われた対象を模範として部分的に変容するのである。他方、恋着のケースでは、対象は保持され続け、そのようなものとして、自我の側から、また自我を犠牲にして過剰備給される。しかし、これに対しても疑念の声は上がる。同一化が対象備給の放棄を前提しているというのは、本当に確かなのか。対象が保持されたまま同一化することはありえないのか、と。この厄介な問いをめぐる議論に深入りする前から既に、われわれの脳裏に次のような洞察が浮かび上がってくるかもしれない。すなわち、別の「あれか／これか」、つまり、対象は自我の代わりに置かれるのか、それとも自我理想の代わりなのかという二者択一の方が、この事象の本質をうまく捉えている、という洞察である。

恋着から催眠までは、どうやら、それほど遙かな一歩ではないようだ。両者の間に一致する特徴があることは、一目瞭然だ。催眠術師に対するへりくだった従属、従順さ、無批判性は、愛する対象に対するものと同じである[53]。自らの主導権が吸い上げられてしまうという同じ事態が起こっているのであって、催眠術師が自我理想に取って代わっていることは疑いない。この事情はすべて、催眠においてより明瞭に見て取れるし、より昂じてもいるのであるから、催眠を通して恋着を究明する方が、その逆よりも目的に適っているだろう。催眠術師は唯一の対象になっており、それと並んで注意を払われる対象など何もない。催眠術師が要求し主張することを自我が夢の中でのように体験しているという事態は、われわれに次のことを思い出させる。すなわち、われわれは言及するのを怠ったのだが、自我理想の働きの中には現実吟味の実行も含まれる、ということである[*36]。だから、ふだんなら現実吟味という課題を任されているはずの心的審級が現実に肩入れしてしまうような場合には、自我がある知覚内容を現実だとみなすとしても、何ら驚くには当たらない。制止されることのない性的目標の追求ということが完全に不在であるせいで、こうした現象が極端に純粋な形で現れてくる。催眠的関係とは、性的充足を排除した上で恋着し無制限に献身することだが、それに対して、恋着の場合には、その充足が後方に押しやられるのはほんの一時でしかなく、将来の可能な目標としては背景にとどまり続けるのである。

他方でしかし、われわれは、催眠的関係とは——こういう表現が許されるなら——二人で行われる集団形成である、と言うこともできるだろう。催眠は、集団形成との比較の対象として恰好のものとは決していえない。両者はむしろ同じものだからである。催眠は、複雑な構造をもつ集団というものから、集団化した個人が指導者に対してとる態度という一つの要素だけをわれわれのために切り離して取り出す。催眠は、直接の性的追求の脱落によって恋着から区別されるのと同様、数がこのように制限されることで集団形成からも区別される。その限りで、催眠はこの両者の中間に位置している。

他ならぬ目標制止された性的追求こそが、人間の大いに持続的な相互拘束という事態を達成する様子を見るのは、興味深い。しかしこれは、次の事実から容易に理解できることだ。つまり、目標制止された性的追求は、完全な充足を得ることができないわけだが、それに対して、制止されることのない性的追求は、性的目標に到達する度ごとに放散によって法外な低減を経験する、という事実である。感性的な愛は、充足されると消え去るよう定められている。それが長続きするためには、始めから、純粋に情愛のこもった、つまり、目標制止された成分が混ぜ合わされていなければならないか、あるいは、そのような成分へと変換されていなければならないのだ。

催眠そのものには、しかし——直接的な性的追求が排除された恋着であるとする——ここまでの合理的な説明をすり抜ける特徴が依然として含まれている。さもなければ、集団のリビード的構成という謎は、催眠によってあっさりと解かれることだろう。催眠については、なお多くのことが理解されておらず、神秘につつまれている点は認めざるをえない。加えて催眠には、圧倒的に強い者の、無力な者、寄る辺なき者に対する関係から生じる麻痺という事態が含まれており、ここから問題は、例えば、動物の驚愕催眠へとつながってゆく。催眠の生み出され方や、睡眠に対する関係も、透明であるとはいえないし、催眠術に適した人がいる一方で、それを完全に拒否する人もいるという、人物の選抜をめぐる謎は、いまだなお知られざる契機が存在することを示唆している。この契機は催眠の中で現実のものとなり、おそらくはこれこそが、催眠におけるリビード的姿勢の純粋さを可能にしているのだろう。その際、次の点もまた注目に値する。つまり、催眠術をかけられた人物は、その他の点では全く諸々と暗示に従っている場合でも、その道徳的良心だけはしばしば抵抗を示しうるという事実である。それはしかし、実際に行われている大抵の催眠術にあっては、ここで起こっているのは単なる遊びであり、人生にとってはるかに重要な他の状況の真ならざる再現でしかない、という知識が保持されたままでありうることに由来するのかもしれない。とはいえ、ここまでの論究によって、われわれとしては、集団のリビード的構成のための定式を呈示する用意が

*36　「夢学説へのメタサイコロジー的補遺」(*Sammlung kleiner Schriften zur Neurosenlehre*, IV. Folge, 1918)〔本全集第十四巻〕参照。〔一九二三年の追加〕しかしながらこのように割りふることの正当性に関しては疑念の余地が認められ、立ち入った議論が必要であるように思われる[54]。

188

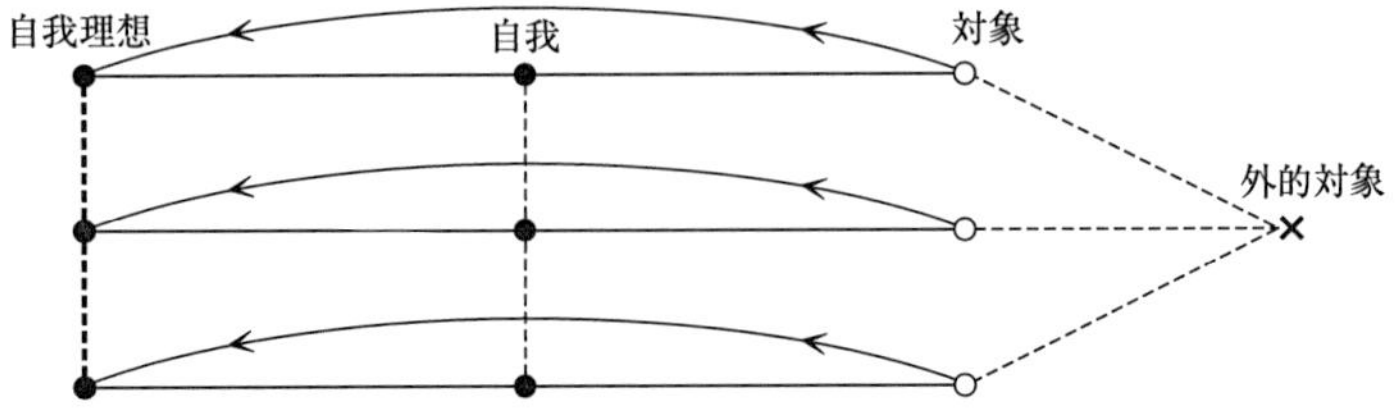

十分に整ったといえよう。少なくとも、われわれがここまでに考察してきたような集団、つまり、一人の指導者をもち、過度の「組織化」によって二次的に一個体の性質を獲得できるに至ったのではない集団については、そうである。そのような一次的な集団は、同じ一つの対象を自我理想の代わりに置き、その結果、自我が互いに同一化してしまった、相当数の個人から成る。この関係は、上のように図で描き出すことができる。

IX 群棲欲動

この定式化によってわれわれが集団の謎をもう解いてしまったという錯覚に耽ろうとしても、それができるのは束の間にすぎない。本質的にはわれわれは催眠の謎を参照すべしとの指示を受け入れたのだが、その謎についてはきわめて多くのことがなお未解決のままだと警告され、たちまち動揺してしまうのは必定だ。ところが、ここにもう一つ別の異論が現れて、さらに進むべき道をわれわれに指し示してくれる。

集団の内にわれわれが見出した豊かな情動的拘束は、集団の特徴の一つを説明するためなら、つまり、個人における自立性と自発性の欠如や、個人の反応と他のすべての人のそれとの同質性、言うなれば集団化した個人への転落を説明するためなら、全く十分なものと考えてよいだろう。けれども、集団は、全体として視野に収めるならばそれ以上の特徴を示している。知的な働きが弱体化し情動性に制止がきかなくなるとか、自制したり猶予したりする能力が欠如するといった特徴、感情を表出する際にすべての制限を踏み外し、行為として完全に放散しようとする傾向、またこれに類する一切のこと——それは、ル・ボンにおいてとても印象深く描写されているものだが——が、心の活動のより初期の段階への退行の見誤りようのない像を示しているのであり、そのような退行が未開人や子供のもとに見出されるとしても、われわれは少しも驚かない。そのような退行は、とりわけ低級な集団の本質に属するのであり、それに対して高度に組織化された人為的な集団にあっては、既に聞き知っているように、大幅に遅らせることの可能なものなのだ。

こうしてわれわれが手に入れることになるのは、個人の散発的な感情の蠢きや人格的で知的な行為があまりにも弱すぎて、単独では効力を発揮することができず、他者の側から同種の反復によって強化されるのを当てにせねばならないような状態の印象である。依存というこの種の現象がどれほど人間社会の通常の構成成分をなしているのか、独創性や人格的勇気などというものがどれほど少ししかその中に見出されないものか、人種的特質や身分的偏見、世論などとして表明される集団の心の姿勢に各個人がどれほど支配されるものか、といった点へと想起を促されることになる。暗示的な影響が、指導者のみならず、一人ひとりの個人から一人ひとりの個人へも及ぼされる点を認めるならば、暗示的影響の謎はさらに大きなものとなる。そして、われわれは指導者に対する関係を一面的に強調しすぎ、相互の暗示という別の要因の方は不当に封じ込めてしまったのではないか、と自責の念にかられることになる。

そのように謙虚であれと指図されると、われわれは、もっと単純な根拠に基づく説明への期待を抱かせる別の声を聞いてみたい、と心が傾くことになる。そういう声を、私は、W・トロッターが群棲欲動について書いた思慮深い書物から聞き取るのだが、ただ、この本については、それが先の大戦によって掻き立てられた反感を完全には免れていない点だけは、残念に思うものだ。[*37]

トロッターは、集団に即して描き出された心の現象を、他の動物と同様人間にも生まれながらにそなわっている群棲本能(gregariousness)から導き出している。この群棲的性格は、生物学的には多細胞性に類比されるものであり、いわばその継続である。リビード理論的に言えば、あらゆる同質的な生物は、リビードに発する傾向としてより包括的な単位に結合しようとするのであり、そうした傾向のいま一つの現れである。[*38] 個人は一人でいる時、自分が不完全(incomplete)だと感じる。小さな子供が抱く不安でさえ既にこの群棲本能の一つの表現だ、という。群棲に異を唱えることは、それと訣別することに等しく、それゆえ不安におびえて回避される。群棲は、新しいもの、馴染みのないものはことごとく拒絶する。群棲本能は一次的なものであり、それ以上は分解不可能な(which cannot be split up)何ものかだ、と言われる。

一次的なものと想定される一連の欲動(ないし本能)として、トロッターは、次のようなものを挙げている。自己主張欲動、栄養摂取欲動、性欲動、そして群棲欲動である。この最後のものは、往々にして、他の欲動と対立する境遇に陥りがちだという。罪責意識と義務の感情は、《群棲的動物》に特有の持ち物だそうだ。精神分析は自我の中に抑圧する力が存在することを示したが、トロッターは、それらの力も群棲本能から発生するとし、従って、医者が精神分析の治療において遭遇する抵抗も、同様にこの群棲本能から発生するとしている。言語の存在意義も、群棲の中での相互理解に適しているという点に存しており、個人相互の同一化も、大部分はこの相互理解に基づいていると言う。

ル・ボンが主として典型的な一時的集団形成について、マクドゥーガルが安定した社会化過程についてそうしていたのに対して、トロッターは、社会的動物（ゾーオン・ポリティコン）[55]である人間がその中に生きている最も一般的な結合体を関心の中心におき、その心理学的な根拠を挙げている。しかし、トロッターにとっては、群棲欲動をさらに何かから導出する必要は生じない。というのも、彼はそれを一次的なもの、それ以上は分解不可能なものとみなしているからだ。ボリス・スィディス[56]は群棲欲動を暗示されやすさから導き出している、というトロッターの注釈は、幸運にも彼自身には当てはまらず余分なものだ。その導出は、よく知られた不十分な範型に従う説明であって、この命題を引っ繰り返したもの、つまり、暗示されやすさとは群棲本能の蘖《ひこばえ》であるという説明の方が、はるかに説得力に富むものに私には思える。

しかし、トロッターの記述に対しては、他の記述に対する以上に正当な権利をもって、集団における指導者の役割に対しあまりに僅かしか配慮していない、と異を唱えることができる。それに対してわれわれは、むしろ、集団の本質は指導者の存在を軽視したのでは理解不可能であるとする、逆の判断に傾いている。群棲本能は、指導者が入り込む余地を一切認めない。指導者は、全く偶然に群棲に付け加わるにすぎず、その点とも関連して、この欲動からは、神に向かう欲求への道が全く通じていないのである。群棲に対する牧人が欠けているのだ。しかし、それ

＊37　W・トロッター『平時と戦時の群棲本能』ロンドン、一九一六年、第二版。

＊38　拙論『快原理の彼岸』（一九二〇年）〔本巻所収〕を見よ。[57]

以外にも、われわれはトロッターの記述の土台を、心理学的に掘り崩すことができる。言い換えれば、群棲欲動が分解不可能ではなく、自己保存欲動や性欲動と同じ意味で一次的ではないことを、少なくともありうることとして示すことはできるのである。

群棲欲動が個体発生してきた跡をたどることはもちろん容易ではない。小さな子供が独りぼっちにされた時に感じる不安は既にこの欲動の表出であるとトロッターは主張しようとするが、この不安についてはしかし、それとは別の解釈の方がより蓋然性が高い。この不安が向けられるのは母親であり、後になると他の親しい人物である。それは、充たされざる思慕の念の表現なのであって、小さな子供は、この思慕の念を不安に変えること以外になすべを知らないのである。[*39] 独りぼっちの小さな子供が抱く不安は、「群棲の中の」誰であれ他の人を目撃しても鎮められない。それどころか反対に、そのような「見なれぬ人」の出現によってこそ喚起されるのだ。その後長い間、子供にあっては、群棲本能、あるいは集団感情など何も認められない。そういうものが最初に形成されるのは、何人もが共有する子供部屋の中で、また両親に対する子供たちの関係の中からであって、それも、年上の子供が年下の子供を受け入れる時に最初に感じる嫉妬心に対する反応としてなのだ。年上の子供の方は、たしかに、後から生まれた子供を嫉妬ゆえに抑圧し、両親から遠ざけ、その権利をすべて奪いたいと思うだろう。しかし――もっと後に生まれてくるすべての子供たち同様――この子も両親に等しく愛されているという事実に直面し、また、自分も被害をこうむることなく敵対的な姿勢を保つのは不可能であるという事態の結果として、年上の子供も他の子供たちと同一化するよう強制され、そのようにして、子供たちの群れの中に、集団の感情、共同体の感情が形成されるのだ。そして、それは学校の中でさらなる展開を示す。この反動形成がなす最初の要求は、公正さ、全員に対する等しい取り扱いの要求である。学校の中でこの要求がどれほど声高に、どれほど非妥協的に表明されるものかは、よく知られているところだ。自分はどうせ贔屓される立場にたつことができない。それなら、少なくともみんなの内の誰一人贔屓されるべきではない、というわけだ。子供部屋や学校の教室の中で嫉妬心が集団感情へと変換され代替されるというこの事態は、もし同じ経緯が後に他の状況下でも新たに観察されるのでなければ、ありそうもないこととみなされるところだろう。演奏終了後に歌手やピアニストの回りに殺到して取り囲む、うっとりと恋着した婦人や少女の群れを思い浮かべていただきたい。たしかに、お互いに対して嫉妬心を抱くことは、彼女らの誰にとっても当然の成り行きだろう。しかし、その人数の多さを前にして、またそのこととも結びついて恋着の目標には到達できそうもないという事態に直面して、彼女らは嫉妬することを断念し、互いの髪の毛をつかみ合う代わりに、統一された集団であるかのように振舞い、称賛の対象であるその男性に共同の歩調をとって忠誠を誓い、例えば彼の巻き毛の飾りを分かち合うだけでも十分に嬉しいのである。もともとライヴァル同士であったのに、彼女らは、同じ対象に対する等しい愛を通して互いに同一化することができたのだ。欲動が置かれた状況は、いつものことだが、様々に異なる結末を迎えることができるから、一定の充足の可能性が結びついているそうした結末が生じ、その一方で、それとは別の結末がよりありそうに見えるものでありながら、現実の状況がその目標への到達を許してくれないがゆえに起こらないとしても、われわれは不思議とは思わないだろう。

すると、後になって社会の中で共同精神、団体精神《エスプリ・ドゥ・コール》〔esprit de corps〕等々として働いているのが見出されるも

＊39　『精神分析入門講義』第二五講「不安について」を見よ。

のも、元来は妬みに由来するという素性が否認できないのだ。誰一人目立とうと欲するべきではないし、各人が同じものであり、同じものをもつべきだ。人は自ら多くのことを諦め、そのことによって他の人々もまたそれを断念せねばならなくなるようにすること、あるいは同じことだが、それを要求することができなくなるようにするということ、社会的正義が意味するものとはそのことだろう。平等へのこの要求こそ、社会的良心と義務感情の根である。この要求は、梅毒患者たちの感染への不安――われわれは、精神分析を通してそれについて理解するところとなったのだが――の中で、思いもかけない仕方で露呈したりする。この哀れな人たちが抱く不安は、自らの感染が他の人々の間にさらに広まってゆくのを無意識の内に欲望することに対する激しい抵抗に対応している。一体なぜ自分たちだけが感染し、多くのものごとから締め出されなければならないのに、他の人たちはそうではないのか。ソロモンの裁きについての美しい逸話も、その核心は同じものである。一人の女の子供が死んでしまったのであれば、もう一人の女も生ける子供をもつべきではない、というのである。この欲望を抱いているか否かを通して、誰が子供を失った当人かが認識されるのである。(58)

そういうわけで、社会的な感情は、最初は敵対的だった感情が、同一化を本性とする肯定的に強調された拘束へと方向転換されるという事態に依拠している。この成り行きをわれわれがここまでのところで見通すことができた限りで言えば、この変換は、集団の外部に身を置く人物との情愛のこもった共通の拘束の影響下に実行されるもののように見える。同一化についての分析は、われわれ自身にさえすべてを汲み尽くしているようには見えないのだが、しかし、対等な処遇が首尾一貫して行われるよう要求される、という特徴に立ち戻っただけで、目下のわれわれの意図にとっては十分である。二つの人為的集団である教会と軍隊を究明した際に既にわれわれは、両者の前提とは、全員が一人の人、すなわち指導者によって等しく愛されることである、という点を知ったのだった。けれども、ここでわれわれは、集団の平等への要求が、その集団の個々のメンバーにしか当てはまらず、指導者には当てはまらないという点も忘れないようにしよう。すべての個人は互いに対等であるべきだ、しかし、彼らは誰もが一人の人に支配されることを望むのだ。互いに同一化することのできる多くの対等の人々、そして、唯一人の、彼らすべてに優越する人物――これこそ、生命力ある集団の内に実現されているのをわれわれが見出す状況なのだ。そういうわけで、われわれとしては、人間とは群棲する動物であるというトロッターの発言を、あえて次のように訂正することにしよう。人間とはむしろ、群族をなす動物、一人の首領によって先導される群族に属する個体的存在である、と。

X　集団と原始群族

一九一二年私は、人間社会の原型は一人の強力な雄のほしいままな支配を受けた群族だった、とするチャールズ・ダーウィン[59]の推理を採り上げた。この群族の運命が、人間の遺伝的継承の歴史の中に破壊し去ることの不可能な痕跡を残してきたこと、特に、トーテミズムが宗教と倫理、社会の構成化の端緒を含んでおり、その発展は、首領の暴力的殺害と、家父長的群族の兄弟的共同体への転換に関連するものだったことを、私は詳しく説明しようと試みた。[*40] これは、たしかにただの仮説にすぎず、その点、先史学者たちがそれを用いて原始時代の暗部に光をあてようと試みている他の多くの――無愛想とも言えないある英国の批評家[60]がおもしろおかしく「《〔検証不能な〕まさにそうなんだ、というお話》」と呼んだ――仮説とかわるところはない。しかしもし、その種の仮説が、絶えず新たな分野に連関と理解を生み出す上で適していると示されるのであれば、私としてはそれは名誉なことだと言いたい。

人間の集団が示しているのは、ここでも再び、同等の仲間の群れの只中に君臨する飛び抜けて強力な個人、というお馴染みの像であり、それは、われわれが原始群族に抱く表象の中にも含まれているものだ。しばしば言及されてきた描写からわれわれが知っているように、この集団の心理――意識的な個人の人格性の消失、思考や感情が同じ方向を向きがちになること、情動性と無意識の心の働きの優勢、何らかの意図が思い浮かぶや即座に実行に移そうとする性向といったことだが――は、どれをとっても、他ならぬ原始群族についつい帰したくなるような、原始的な心の活動への退行という状態に相応するものである。*41

こうしてわれわれの目に、集団は、原始群族が再び息を吹き返したもののように映じる。潜在的には一人ひとりの個人の内に原始の人間が保存されているように、任意の人間の集積から再び原始群族を作り出すことが可能なのだ。集団形成が習慣として人間を支配している限り、その中には原始群族が存続しているのを、われわれは認める。集団の心理とは最古の人間心理である、われわれはそう結論づけねばならない。集団の残渣をすべて軽視し、その上で個人心理としてわれわれが孤立させたものとは、もともとの集団心理から、後になってようやく徐々に、いわば依然として一部だけその輪郭を浮かび上がらせたものなのだ。この展開の出発点がどこにあるのか、その申し立てを後にわれわれは試みることになろう。

この主張がどの点で修正を必要とするのかを示すのが、以下の考察である。個人心理はむしろ、集団心理と同じほど古いに違いないのだ。というのも、そもそもの始めから、二種類の心理が存在したのだから。集団の中の個人の心理と、父親、首領、指導者の心理である。集団の中の個人は、今日われわれがそれを見出すのと同じ様に、かつても拘束されていた。しかし、原始群族の父親は自由だった。彼の知的な行為は、孤立の中にあっても力強くまた独立していたし、彼の意志は、他者の意志によって補強される必要などなかった。首尾一貫して考えるなら、われわれはこう想定することになる。彼の自我はリビード的にほとんど拘束されていなかった、彼は自分以外の誰も愛していなかった、もし他者を愛することがあったとしても、それは、他者が彼の欲求に役立つ限りでしかなかった、と。彼の自我は、対象に、余分なものなど何も与えはしなかった。

人類の歴史の始点において彼は超人だった——ニーチェはそれを未来においてようやく到来すると予期したのだが。今日でも依然として、集団の中の個人は、自分たちが指導者によって等しく公平に愛されている、というまや

＊40　『トーテムとタブー』[61]（本全集第十二巻）、一九一二—一三年に『イマーゴ』誌に発表（「未開人の心の生活と神経症者の心の生活における若干の一致点」）、本の形では一九一三年に刊行。一九二五年に第四版が出ている。

＊41　先にわれわれが人間の一般的特性として描き出した内容が、原始群族にはとりわけ当てはまるはずである。個人の意志はあまりに弱く、あえて行為に打って出る勇気を個人はもたなかった。集合的な衝迫以外にいかなる衝迫もなく、あるのは共同意志のみで、単独の意志は存在しなかった。いかなる表象も、一般的にも流布しているという知覚によって補強されているという実感がなければ、意志に転換されはしなかった。表象のこの弱さは、皆に共通する感情の拘束の強さにその説明が見出されるが、しかし、個人における心の行為の同型性を規定するために、生存状況の同質性と私的財産の欠如が、さらにこれに付け加わる。——排泄への欲求すら、子供や兵隊において気づきうるように、共有の可能性を排除しない。唯一の強力な例外は性行為で、そこでは第三者は少なくともお邪魔虫で、極端な場合、気まずい待ち惚けを食らわされる。性的欲求（性器的充足）が群族的なものに反対して示す反応については、後の論述を参照（本巻二一九頁以下）。

かしを必要としている。ところが、指導者当人は、他者を愛する必要など何もない。彼は主人としての性格をそなえていてよい、絶対的にナルシス的でありながら、しかし自信に満ち、自立的であってよいのである。われわれの知るところでは、愛はナルシシズムをせき止めるのであり、この働きを通じて愛がどのように文化要因になったのかを証明することも可能だろう。

群族の原父は、まだ不死ではなかった——神格化によって後にはそうなったのだが。彼は死んだ。すると、誰かによって代替されねばならなかった。彼に取って代わったのは、おそらく一番年下の息子だった——その時点までは、他のすべての者たち同様、集団の中の一個人にすぎなかったのだが。だから、集団心理を個人心理に変換することが可能でなければならなくなる。そのような変換が容易に実行される条件が見出されねばならないのだ——ちょうど、蜜蜂には、必要とあれば一匹の幼虫を働き蜂ではなく女王蜂に育て上げることが可能であるように。そこで考えられるのは唯一、次のようなプロセスだろう。原父は、息子たちが直接の性的追求を充足するのを妨げていた。彼は息子たちに禁欲を強要し、その結果、制止された性的目標の追求から生じうる感情の拘束を、彼らと自分との間に、そして彼ら同士の間に強要した。原父は息子たちを、言うなれば集団心理へと強要したのだ。彼の性的嫉妬心と非寛容が、最終的には集団心理の原因になった。[*42]

彼の後継者になった者には、性的充足の可能性も与えられることになり、それに伴って、集団心理の諸条件からの離脱の途が開かれることになった。リビードが女性に固着し、猶予も滞積もなしに充足される可能性が開かれることで、目標制止された性的追求にもはや意味は無くなり、ナルシシズムは常に同じ高さまで昂進されることになったのである。愛が性格形成に対して有するこの関係の問題には、われわれは補遺の中で戻ってくるだろう。

特別に教訓的なこととして、さらに次の点を浮き彫りにしておこう。つまり、人為的な集団が――強制という手段は別にして――ばらばらにならないようまとめ上げられるための工夫は、原始群族の構成といかなる関係にあるのか、という点である。軍隊や教会の例では、上に見たように、指導者はすべての個人を等しく公平に愛しているというまやかしがその工夫だった。しかしこれは、原始群族の置かれた状況を理想主義的に改作したもの以外の何ものでもない。そこで実際には、息子たちはみな原父から同じように迫害されていると思い、彼を同じように恐れていたのだから。これに次いで出現した人間の群居形態である、トーテム信仰に基づく氏族は、既にこの変型を前提し、すべての社会的義務はその上に築かれていた。家族は、自然な集団形成としては決して壊れることのない強さをそなえているが、その強さは、父親の等しい愛というこの必要不可欠な前提が事実たしかに当てはまりうる、という点に基づいている。

けれども、われわれは、集団を原始群族に還元することからこれ以上のことを期待している。集団形成に関して、催眠と暗示という謎の言葉の背後に潜み、いまだ理解されず秘密に満ちていることに、その還元によってもっと間近まで迫れるのではないかという期待である。そして私の考えでは、その期待は事実満たされる。催眠は何か直接的に不気味なものという性格を帯びている、ということを思い起こそう。ところが、不気味なものというこの性格は、抑圧の手に落ちた何か古くて馴染みのものを指し示しているのだ。*43 催眠が、どのように着手されるかを考えて

＊42　例えば、次のような想定も可能だろう。追放された息子たちは、父親から隔てられて、互いへの同一化から同性愛的な対象愛に進み、そうすることで父親を殺す自由を獲得した、と。(62)

みよう。催眠術師は、秘密の力をそなえていると主張し、その力が主体から自身の意志を奪ってしまう。あるいは同じことだが、主体は催眠術師がその力をそなえていると信じてしまう。この秘密の力は——通俗的には、今なおしばしば、動物磁気と言いならわされたりもするものだが——原始人たちがタブーの源泉とみなした力と同じものであるに違いない。つまり、王や首領たちから発し、彼らに近づくことを危険なことにする力(マナ)である。自分はこの力を身につけていると催眠術師は言うのだが、ではこの力を彼はどのようにして現象させるのか。相手に、自分の目を見るよう求めることによってである。典型的なケースでは、彼は眼差しによって催眠術をかける。しかし、他でもない、族長のこの注視の眼差しこそ、原始人たちにとって危険にして耐えがたいものだったのであり、それは後に、神的なものの眼差しが死すべき人間にとってそうなったのと同様である。モーセもなお、彼の民とエホバの間の仲介者を演じなければならなかった。というのも、民衆は神の眼差しには耐えられないだろうから。そして、神の臨在の場から帰還した時、モーセの顔は輝きを発した。「マナ」の一部が、原始人の仲介者[*44]においてそうであったように、彼にも転移されたのである。

もっとも、催眠は他のやり方でも引き起こすことが可能であり、そのことが誤解を招き、不十分な生理学理論が生み出されるきっかけを与えてきた。例えば、きらきら輝く対象を凝視することや、単調な物音に耳を澄ませることである。この手順は、実際には、意識的な注意を逸らし固定するのに役立っているにすぎない。状況は変わっていないのであって、催眠術師は相手の人物に「さあ、あなたはもう、ひたすら私にだけ心を傾けなさい。それ以外の世界はまったくどうでもよいのです」と言っているようなものである。たしかに、もし催眠術師がそう語るとすれば、技術的にみて目的に適っているとは言えないだろう。その語りによって、主体は、無意識にとっている姿勢から引きずり出され、意識的な抵抗へと刺激されることになるだろうから。けれども、主体の意識的な思考が催眠術師の意図には向かわないよう催眠術師が仕向け、世界など自分にとってはどうでもよいと感じずにはいられなくなる活動に被験者が沈潜していく間に、次のような事態が起こる。すなわち、被験者は実際、無意識のうちに注意の全体を催眠術師に集中し、催眠術師との交感の姿勢、転移の姿勢に身を置くようになる。つまり、催眠術をかける間接的な方法は、機知(63)の多くの技法にも似て、無意識の出来事の経過を妨害しかねないような、心のエネルギーの分散を巧みに遅らせているのであり、つまるところ、じっと見つめたり撫でたりする直接的な影響行使と同じ目標に行き着くのである。*45

催眠術師は催眠に導入するために、しばしば眠るようにという指示を与えるが、そうすることで彼は両親になり

＊43　「不気味なもの」(*Imago*, V, 1919)〔本巻所収〕。

＊44　『トーテムとタブー』(64)および、同書に引用されている文献を見よ。

＊45　被験者が、無意識には催眠術師の方に心が向いているのに、意識的には、何の変化もなくおもしろくもない知覚にかかずらわっているという状況は、精神分析治療の出来事の中に対応するものが見出される。ここでそれに言及しておく価値があるだろう。患者が、今自分には絶対何も思い浮かばないと頑強に言い張る、ということが、どんな分析の中にも少なくとも一度は起こる。患者の自由連想はつかえ、それを動かすためにいつものやり方で励ましても失敗に終わる。しつこく迫ると、終いには患者はようやく次のように告白する。治療室の窓から見える景色、目の前に見える壁紙、あるいは、部屋の天井からぶら下がっているランプのことを自分は考えているのだ、と。すると直ちにわかるのは、患者が転移の中に身を置き、医者に関係している無意識の考えに心を奪われていたということである。そして、その点を患者に明らかにしてやると、たちまち、患者の思いつきのつかえは消え失せる。

代わっているのだという点を、フェレンツィは正しく見抜いていた。彼は、催眠の二つのタイプを区別すべきだと考えていた。すなわち、母親の範例に帰せられる、良い気持ちにさせ宥める催眠と、父親に帰せられる、威嚇する催眠である。[*46] ところで、催眠において眠るようにという指示が意味するのは、一切の関心を世界から逸らしなさい、そして催眠術師の人格に集中しなさいという要請以外の何ものでもない。その指示は主体自身にもそのように理解される。というのも、関心を外の世界から引き剝がす点に睡眠のもつ心理学的特性は存するのであり、睡眠の催眠状態との親和性はその点に基づくのだから。

こうして催眠術師は、その処置を通して、主体が原始から相続してきた遺伝的資質の一部を主体のもとに呼び戻す。その資質は、両親に対しても現れていたもので、父親に対する関係の内で個人的再生を経験していた。すなわち、父親はきわめて強力で危険な人物として表象され、この人物に対しては人は受動的－マゾヒズム的な態度をとることしかできず、この人物に触れると人はその意志を失わずにはすまなくなり、この人物と二人きりになり「さしで向かい合う」ことは、容易ならざる冒険であるように思われたのである。原始群族に属する個人が原父に対してとっていた関係を思い描くとすれば、例えばそのようにするしかあるまい。個人が示す他の反応からもわかるように、古のそのような状況を再現する適性がどの程度保持されているかは、個人によって様々に異なっている。ただし、催眠なんて所詮ただの遊戯にすぎない、あの古い印象の嘘っぽい更新にすぎないという知識が保持され、催眠による意志のたな上げがもたらすあまりに深刻な帰結に対する抵抗が生み出される、ということだってありうるのだ。

こうして、暗示という現象の中で示される集団形成の不気味で強制的な性格は、それが原始群族に由来するとい

う事実に帰して説明されてしかるべきだろう。集団の指導者は依然として、恐れられている原父であり、集団は相
変わらず、無制限の暴力に支配されることを欲しており、最強度の権威中毒にかかっていて、ル・ボンの表現に従
えば、隷従への渇望を抱いている。原父は集団理想であり、自我理想に取って代わって自我を支配している。催眠
は、二人で成立する集団である、と特徴づけられる資格を十分にもつものだ。すると、暗示に残される定義とは、 143
知覚や思考の作業にではなくエロース的拘束の上に基礎づけられた思い込みであるというものだろう。[*47]

XI　自我の一つの段階

集団心理をめぐっては複数の論者によって互いに補い合う様々の描写がなされているわけだが、そんな状況を思 144
い起こしつつ今日個人がいとなむ生活を概観するなら、そこにあらわになる複雑な事態を前にして、全体の総括的
表現を試みようなどという気持ちは失せてしまうだろう。個人は誰もが数多くの集団の一部であり、同一化を通し
て多方面に拘束されていて、これ以上異なりようがないほど多様な模範に従って自我理想を形成してきた。従って、

＊46　フェレンツィ「取り込みと転移」(*Jahrbuch für psychoanalytische und psychopathologische Forschungen*, I, 1909)。

＊47　この節の論究によって、催眠に関して、われわれがベルネームの見解から素朴でより古い見解に遡るよう促されたという点は、私には強調に値するように思える。ベルネームによれば、すべての催眠現象は、もはやそれ以上は解明不可能な暗示という契機から引き出されるべきものである。われわれの推論によれば、暗示とは催眠状態の部分的現象に他ならず、この状態は、人間の家族の原史以来無意識的に保持されてきた素質の中に十分な根拠をもつものである。[(65)]

個人は誰もが数多くの集団の心と関わりをもっている。自分が属する人種に、身分に、信仰共同体に、国家に等々という具合に関わりをもっているのであり、それらを越え出たところまで自分を高めることでようやく、ささやかながら自立性と独自性を確立できるのである。恒常的に持続するこのような集団形成は、その影響の及び方が単調であることもあって、急速に形成される一時的な集団――これに即して、ル・ボンは、集団の心についてのあの精彩に富む心理学的特性描写をなしたのだが――に比べると、観察の対象となることが少ない。そして、騒々しくて儚く、言うなれば他の集団の上にかぶせられた後者の一時的集団の内でこそ、他ならぬあの奇跡、われわれがまさに個人の発達の内容をなすと認めたものが一時的にであれ跡形もなく消え失せてしまうという奇跡が起こるのである。

この奇跡をわれわれは次のように理解した。すなわち、個人がその自我理想を手放し、これを指導者の内に具現された集団理想と取り替えるのだ、と。ただし、付言して訂正しておいた方がよいだろうが、この奇跡はすべてのケースにおいて同じ大きさであるわけではない。自我と自我理想の分離は、多くの個人にあってはさほど進捗しておらず、両者はなお容易に合流し、自我は往々にして以前のナルシス的自己満足を保持し続けていた。この関連が存在すると、指導者の選出は大いに容易なものとなる。指導者は多くの場合、そういう個人がそなえる典型的な性質をそなえていることを殊のほか鋭くまた純粋に表に現していさえすればよく、より大きな力とリビード的自由をそなえている人だという印象を与えさえすればよい。すると、強力な首領への欲求が彼を出迎えるのであり、さもなければ彼がおそらく要求する資格などなさそうな巨大な力を彼に授けるのだ。そうなると、普通なら自らの自我理想がその指導者の人格の中にそのまま無修正で体現されることなどない他の人々も、「暗示的に」、すなわち同一化を通して一緒に引きずり込まれる。

われわれの認識するところ、集団のリビード的構造を解明する上でわれわれがなしえた貢献は、自我と自我理想の区別、そして、この区別によって可能となる二重の拘束――同一化と、自我理想に代わる対象の投入――に帰着する。自我の中にそのような段階を想定することは、自我分析の第一歩をなすものであり、心理学の考えられる最も多彩な領域で、徐々にその正当性が証明されてゆくはずである。「ナルシシズムの導入にむけて」という論文の中で[*48]、私は、まずは病理的な素材の中から、この分離を裏づけるために使えそうなものをそろえ集めた。しかし、精神病者の心理学にさらに深入りしてゆけば、この分離の重要性ははるかに大きなものであることが明らかになる、と期待してよいだろう。考えてもみよう。自我はいまや、対象と自我理想との関係、それも自我自身から発展してきた自我理想との関係の中に入り込むのであり、神経症理論の中で、外的対象と全体的自我との間に存在することが知られるところとなったすべての相互関係が、場合によっては、自我の内部のこの新しい舞台の上で反復されるかもしれないのだ。

私はここでは、この観点から可能になる結論の内のただ一つを究明するにとどめ、そうすることで、別の個所で未解決のまま放置せざるをえなかった問題の論究を継続したい[*49]。われわれの知るところとなった心の働きの分化は、

＊48　*Jahrbuch der Psychoanalyse*, VI, 1914. *Sammlung kleiner Schriften zur Neurosenlehre*, IV. Folge.

＊49　「喪とメランコリー」[66]（*Internationale Zeitschrift für Psychoanalyse*, IV, 1916/18. *Sammlung kleiner Schriften zur Neurosenlehre*, IV. Folge）。

そのいずれによっても、心の働きが新たに困難さを増し、その不安定さは高められ、その働きの機能不全、つまり病気の起点となるものだった。つまり、われわれは、生まれると同時に、絶対的に自足的なナルシシズムの状態から、外界の変化を知覚し対象の発見を開始する方向へと一歩を踏み出したのだが、この一歩と結びついているのは、われわれがこの新しい状態に決して持続的には耐えられず、周期的にこの状態を逆戻りさせ、睡眠のうちで、刺激にさらされることもなければ対象に出くわすこともない、より以前の状態に立ち戻る、という事情である。ただし、その際にもわれわれは、外界の合図には従っており、ただ外界は、昼と夜の周期的交替によって、われわれに作用を及ぼす刺激の大部分を一時的にわれわれから遠ざけてくれるのである。これに類する制限に、病理学にとってより重要な二番目の事例は服していない。われわれの〔理論の〕発展につれて、われわれは心の在庫を、統一性ある自我と、自我の外部に放棄され無意識の内に抑圧されているものとに分割したのだが、この新たに獲得された分割の安定性は、絶えざる動揺にさらされていることがわれわれには知られている。夢の中や神経症においては、この締め出されたものが入場許可を求め、抵抗によって監視されている門を叩く。また、健康な目覚めの状態にあっては、特別な技巧がこらされ、この抑圧されたものは、抵抗を迂回し快を獲得することによって一時的に自我の中に取り込まれる。機知とユーモア、総じて滑稽なものも部分的には、この観点から光をあてて考察されてよいだろう。神経症心理学に通暁している人なら誰にも、より僅かの射程しか伴わないものにせよ似た例が思い浮かぶことだろう。しかし、私はもともと意図されていた応用的論究へと先を急ぐことにしたい。

自我理想の自我からの分離も、長期に渡って耐えられるものではなく、一時的に元の状態に戻らなければならなくなる事態は、十分に考えられるだろう。自我に対してはありとあらゆる断念や制限が課せられるのだが、とはいえ、周期的に禁止が破られることは通例であって、それは例えば祝祭制度が示す通りである。祝祭とは、もともと法によって命じられた放縦以外の何ものでもなく、それが朗らかな性質を示すのも、解放というこの点に負うことである。[*50] ローマ人たちのサトゥルヌス祭やわれわれの今日の謝肉祭は、この本質的特徴の点で原始人たちの祝祭と一致しており、これは通常、最も神聖なはずの戒律の違反を伴う、ありとあらゆる種類の逸脱行動に行き着くのだった。自我理想はしかし、自我が従うべしとされるあらゆる制限の総計を包含するものであり、だからこそ、その理想の撤収は自我にとって壮大な祝祭であるに違いなく、そこでは自我は、再び自己自身に満足できることともなるのだろう。[*51]

自我の内にある何ものかが自我理想と一致する場合には常に、勝利の喜びの感覚が得られる。自我と理想の間の緊張の表現としては、罪責感（や劣等感）もまたそれとして理解可能だろう。

よく知られているように、気分の一般的な感情が、過度のふさぎ込み状態から中間状態を経てひどく昂じた上機嫌にまで周期的に大きく揺れ動く人々が存在する。しかも、その動揺はきわめて多様な大きさの振幅を伴って出現するのであって、かろうじて気づきうる程度のものから極端に大きなものにまで及び、この極端な場合は、メランコリーや躁病という形で、この上ない苦しみあるいは障害として、その人の人生に介入してくる。この循環的な精

＊50　『トーテムとタブー』[(67)]。
＊51　トロッターは、抑圧は群棲欲動に発するとしている。私は「ナルシシズムの導入にむけて」の中で、「理想形成とは、自我の側からすれば抑圧の条件である」[(68)]と述べたが、これは異論というよりはむしろ、別の表現方法への翻訳である。

神の変調が典型的に現れる症例にあっては、外的なきっかけは決定的役割を演じるものではないようだ。内的動機に関しても、他の人に見られるより多くのものとか別のものがこれらの病人に見出されるわけではない。だからこそ、それらの事例については、心因性ではないとの評価が通例となってきている。それに対して、容易に心の外傷に帰することのできる周期的変調の、異なってはいるもののとてもよく似た事例については、後の個所で話題にすることにしよう。

気分の自然発生的なこの動揺がいかなる理由によるものかについては、そういうわけで、よく知られていない。メランコリーが躁病に取って代わられる機制についての洞察は、われわれには欠けたままである。従って、これは、自我理想がはじめはとりわけ厳格に支配していたのに、その後一時的に自我の中に解消されたケースではないかとするわれわれの推測が該当する可能性のある病人なのかもしれない。

曖昧さが残るのを避けるために、次の点を確認しておこう。すなわち、われわれの自我分析の地盤の上では疑問の余地のないことだが、躁病的なものにあっては、自我と自我理想とが合流しており、その結果、人格は、いかなる自己批判によっても妨害されることなく勝利と自己喜悦の気分にひたり、制止や心配、自己非難がもはや存在しなくなったことを享受できている、という点である。メランコリー患者の惨状が、自我の両方の審級の間の鋭い分裂の表れであり、そこでは、過剰に傷つきやすい理想が自我に対する断罪を微小妄想と自己卑下という形で情け容赦なく表明しているという点も、明証性こそ下がるが、かなりありうる話だろう。自我と自我理想の間のこうした関係の変容は、新しい体制に対する、上に要請されたような周期的反抗の内にその原因を求めるべきなのか、それとも、それについては他の事情に責任を負わせるべきなのか、疑問が残るのはこの点だけである。

躁病への急転は、メランコリー的な抑鬱状態の病像において必ず現れる特徴ではない。単純で一回きりのメランコリーも存在するし、周期的に繰り返されるメランコリーであっても、決してこの運命をたどらないケースも存在する。他方で、そのきっかけがどうやら病因論的な役割を演じているメランコリーも存在する。それは、愛の対象の喪失の後に起こるメランコリーである。対象の喪失には、対象の死によるものもあれば、リビードを対象から撤収するよう強いる事態の結果起こるものもある。そのような心因性のメランコリーも、一見したところ自然発生的なメランコリーの場合と同様、躁病に行き着き、しかもそのサイクルが何度も繰り返されるということが起こりうる。そういうわけで、事態はかなり見通しにくい。とりわけメランコリーについては、これまでのところ、きわめて僅かの形態や症例しか精神分析的研究の対象とされてこなかったので、なおさらである。[*52] これまでのところわれわれが理解しているのは、愛するにふさわしくないことが判明したために対象が放棄されるに至った症例にすぎない。対象はその後、同一化によって自我の内に再び打ち立てられ、自我理想によって厳格に裁かれる。対象に対する非難と攻撃性が、メランコリー的な自己非難として表現されるのである。[*53]

そのようなメランコリーの場合でも、躁病への急転がそれに続いて起こることはありうる。従って、この可能性は、この病像が示すそれ以外の性格からは独立した特徴を表していることになろう。

＊52　アブラハム「躁鬱病などの精神分析研究と治療のためのいくつかの手掛かり」一九一二年（『精神分析のための臨床論集』一九二一年所収）を参照。

＊53　より厳密に言おう。自分自身の自我に対する非難の背後には対象に対する非難と攻撃性が隠れており、そのために、メランコリー患者の自己非難には、その特徴である堅固さ、粘り強さ、退けがたさという性格が与えられるのである。

しかしながら、自我が自我理想に周期的に反抗するというこの契機を、メランコリーの両方のタイプ、つまり、心因性のものと自然発生的なもの双方の考察の中に取り入れることについては、私は何の困難も認めない。自然発生的なメランコリーの場合には、次のように想定することができるだろう。つまり、自我理想には特別の厳格さを発揮しようとする傾向があり、そのせいで自動的に自我理想の一時的な上げという結果に至るのである。心因性のメランコリーの場合には、自我は、非難されている対象と同一化しているせいで理想の側から虐待され、その虐待経験によって反抗へと刺激されるのだろう。(69)

XII　補　遺

この研究はいまや暫定的な結論にたどり着いたのだが、それが進められる過程で、様々の脇道がわれわれには開かれていた。われわれはそれに踏み込むことをさしあたり避けてきたが、その途上では近くでいくつもの洞察がわれわれに手招きしていた。そういう具合によけておかれたものの内のいくつかを、遅ればせながらここで補っておきたい。

A　自我が同一化することと、自我理想を対象によって代替することとの間の区別は、われわれがはじめに研究対象とした二つの巨大な人為的集団の内に、興味深い例証を見出す。軍隊とキリスト教会である。

兵士が上官を、つまり本来は軍の隊長をその理想としていること、その一方で、同僚たちとは同一化し、自我のその共同性から、互いに助けの手を差し伸べ、物品を分け合うべしという仲間同士であるがゆえの義務を導き出していることは、明らかだ。ところが、もし兵士が隊長と同一化しようと欲したりなどすれば、彼はお笑い種となるだろう。ヴァレンシュタインの陣営の中の狙撃兵は、だからこそ軍曹を嘲笑ったのだった。

隊長そっくりに咳払いし、隊長そっくりにつばを吐く、
君らはなんと上手に隊長を見倣っていることか！……(70)

カトリック教会にあっては事情は異なっている。キリスト教徒は誰もが、イエス・キリストを理想として愛しており、同一化を通して他のキリスト教徒と結ばれていると感じている。しかし、教会は信徒により多くのことを要求する。その上さらにイエス・キリストと同一化し、イエスがそうしたように他のキリスト教徒を愛すべし、と。つまり、教会は愛と同一化の両方の場面で、集団形成によって与えられるリビード態勢を補充するよう求めるのだ。すなわち、対象選択が行われる所では同一化が付け加わるべきであり、同一化が存立している所では対象への愛が付け加わるべきだという。この「より多くのこと」は、明らかに、集団の構成という事態をはみ出すようだ。人は良きキリスト教徒であることができるが、しかし、イエス・キリストになり代わりすべての人間をイエス・キリストのように愛し包み込むべしという理念が、その人にとって縁遠いことはありうるだろう。なにしろ人間は、か弱い存在として、救世主の心の大きさと愛の強さが自分にもそなわっていると信じる必要などないのだから。しかし、リビードの配分が集団の中でこのようにさらなる展開を示したことこそが、おそらく、キリスト教がより高次の道

徳性をかち得たと主張する時にその主張を根拠づける要因なのだろう。

Ｂ　一人ひとりの人間にとっても人間の心の発達過程のどの地点で集団心理から個人心理への前進が遂行されたのかを申し立てることは可能だろう、とわれわれは先に述べた[*54]。

それについてわれわれは、原始群族の父親についての学問的神話に再度立ち戻って手短に考えねばならない。この父親なる存在は、後に世界創造者へと持ち上げられた。正当にも、と言うべきだろう。というのも、彼こそが、最初の集団の構成員となった息子たち皆を生み出したのだから。息子たちの各々にとって父は理想であり、恐れられると同時に敬われる存在だった。後に、そこからタブーの概念が生み出されることになった。この多数派の者たちがあるとき団結し、父を殺し切り刻むこととなった。〔しかし〕集団で勝利した者たちの誰一人、父になり代わることはできなかった。あるいは、もし誰かがそうしたなら、戦いが再勃発し、結局、彼らの誰もが父親の遺産を断念せざるをえないと悟ったのである。そこで彼らは、トーテム信仰に基づく兄弟共同体を形成し、皆が同等の権利をもつとともに、トーテム禁令によって拘束されることになった。この禁令により、殺害行為の記憶が保存され、贖われることになったのである。しかし、そのようにして達成されたものに対する不満の思いは残り、新たな展開の源泉となった。兄弟集団へと結び付けられた者たちは、徐々に、古の状態を新たな水準で打ち立てる方向に向かい、男は再び家族の首領となり、父親なき時代に確立されていた女性支配の特権を打ち破ることになった。それを償うためにこそ、男は当時、母性神信仰に承認を与えたのかもしれない。母性神信仰の祭司は、父親が原始群族に示した範例に従って母親の安全を確保すべく去勢された。だが、新しい家族は、古い家族の影でしかなかった。父親の数は多く、各々は他の父親の権利によって制約されたのだ。

その当時、不自由さゆえの憧れの思いから、個人が集団から離脱し、父親の役割に身を置こうと動機づけられたとしても不思議はない。これを敢行した者は最初の叙事詩人だった。その一歩は彼の空想《ファンタジー》の内で敢行された。詩人は、憧憬に適うように現実をねじ曲げた。英雄神話を捏造したのだ。英雄とは父親を単独で撲殺した者であり、神話の中で父親はなおトーテム的な怪物の姿で現れた。男の子たちにとって父親が最初の理想であったように、いまや詩人は、父親に取って代わろうとする英雄の内に最初の自我理想を創造した。おそらく、この英雄を継承しようとしたのは一番年下の弟、母親のお気に入りだった。母親はこの子を父親の嫉妬から守り、この子は原始群族の時代に父親の後継者になった。そして、闘いの褒賞であり殺害への誘惑であった女は、原始時代の虚偽をはらんだ改竄が進むうちに、おそらくは、悪行へと誘いそそのかす存在に変わっていった。

英雄は、たしかに群族全体でなければよくなしえなかったような行為を、自分一人で成し遂げたことにしたがるものだ。けれどもランクの注釈に従えば、お伽話の中には、問題の事情は、否認されているとはいえ明らかにその痕跡をとどめている。というのも、そこでは、次のような事態が頻繁に起こっているからだ。つまり、困難な任務を解決せねばならなくなった主人公が——大概は一番年下の弟であり、父親に相当する者に対して愚鈍な、つまり何の危険もない態度をとる者であることも稀ではない——この任務を解決できるのは、一群の小動物(蜜蜂、蟻)た

＊54　以下に続いて述べられている内容は、オットー・ランクとの意見交換から影響を受けている。〔以下、一九二三年の追加〕(「ドン・ファンの人物像」(*Imago*, VIII, 1922)参照)。その後、本の形でも入手可能、一九二四年。(71)

ちの助けを借りてようやくのことにすぎない。この小動物たちとは、原始群族の兄弟たちだったのだろう――ちょうど、夢の象徴表現の中でも、昆虫や害虫が〔軽蔑的に、小さな子供たちとして〕兄弟姉妹を意味しているのと同じ様に。その上、神話やお伽話の中の任務は、その一つひとつが、容易に英雄的な行為の代替物であると認識できるものだ。

そういうわけで、神話とは、個人が集団心理から踏み出る一歩を標すものである。最初の神話はきっと、心理的な神話、英雄神話だったのだ。説明をこととする自然神話は、かなり後になってから登場したのに違いない。この一歩を踏み出し、そのようにして空想の中で集団から身を振りほどいた詩人は、ランクのさらなる注釈に従えば、現実にはしかし、集団に戻って行くすべを心得ている。というのも、彼は集団の所に出かけて行き、自分が創作した英雄の行為を物語るのだから。この英雄とは、根本的には、彼自身に他ならなかった。そのようにして、彼は現実の中に降り立ってゆき、彼の聴衆を空想の高みに持ち上げる。聴衆は、しかし、詩人を理解する。同じ原父への憧憬にみちた関係のおかげで、英雄と同一化できるのである。[*55]

英雄神話の嘘は、英雄を神格化することの内で頂点に達する。ひょっとすると、神格化された英雄の方が、父なる神よりも以前の存在であり、原父が神性として帰還する先駆けをなしていたのかもしれない。そうすると、神々の順序は、年代記的に、母なる女神－英雄－父なる神、となるだろう。けれども、決して忘れ去られることのない原父が〔神へと〕高められることで初めて、神性は、われわれが今日なお知っているもろもろの特徴を獲得するに至ったのだ。[*56]

C　われわれはこの論考の中で、直接の欲動と目標制止された欲動について多くを語っているので、この区別が大きな抵抗にぶつかることはないと期待してよいだろう。とはいえ、それについて立ち入った究明を行うことは、大部分がこれまでの個所で既に言われたことの繰り返しにすぎないとしても、歓迎されなくもないだろう。

目標制止された性欲動の最初の、しかし最良の実例をわれわれに教えてくれるのは、子供のリビードの発達である。子供が両親や養育者に抱く感情は、子供の性的追求を表す欲望の中にいかなる制限も受けることなくことごとく引き継がれる。子供は、自分が知っている情愛のすべてを愛する人から要求する。その人にキスしたい、触りたい、見つめていたいのであり、性器を見たい、排泄行為に立ち会いたいと好奇心旺盛であり、母親や世話してくれる女性と結婚――この言葉のもとに子供が何を思い描いているかはともかく――を約束し、父親には子供を産んであげようと心に決める、という具合だ。子供時代の残渣について直かになされる観察も事後的になされる分析的な解明も、情愛にあふれ嫉妬心に満ちた感情と性的意図とが無媒介に合流するという点について、いかなる疑問の余地も残さないし、子供がどれほど徹底的に、愛する人を、いまだきちんと中心化されていない性的追求一切の対象とするのかを、われわれに説き明かしてくれる(『性理論のための三篇』参照)。

＊55　ハンス・ザックス「共有された白昼夢」第六回精神分析学会(ハーグ、一九二〇年)における講演の講演者自身による報告(*Internationale Zeitschrift für Psychoanalyse*, VI, 1920)。その後、本の形でも出版されている(『イマーゴ』叢書、第三巻)。

＊56　この簡略化された記述の中では、説話、神話、お伽話、教訓譚等々に由来する素材をこの理論構築を支持するために動員することは一切断念されている。

子供のこの最初の愛情形成は、いかにも典型的にエディプスコンプレクスに組み入れられるものだが、よく知られているように、潜伏期の始まりとともにその後抑圧の力に屈してゆく。この最初の愛情形成のうちなお残存しているものは、純粋に情愛こもるばかりの感情的拘束としてわれわれに示されるのであって、それは同一人物に向けられるにせよ、「性的」と呼ばれるべきではもはやない。〔しかし〕心の生活の深い層にまで光をあてる精神分析には容易に指摘できることだが、子供としての最初の年月の性的拘束も依然として存在し続けているのであって、ただ抑圧され無意識となるだけなのだ。精神分析は、われわれが情愛のこもる感情に遭遇する所ではどこでも、その感情は、当該の人物あるいはその模範像（イマーゴ）を対象とする全面的に「感性的な」対象的拘束を継承するものだ、と主張する勇気をわれわれに与えてくれる。もちろん、先行するこの性的エネルギーの奔流が、所与のケースにおいて、抑圧されつつもなお存続しているのか、それとも既に消費し尽くされているのかについては、精神分析も、特別の調査なしにわれわれに明かしてくれるわけではない。その点をより先鋭化して表現するならば、この奔流が、形式や可能性としては依然として存在しており、退行が起これればいつ何時でも再び備給され活性化されうるものであることは動かしがたい。ただ、それが現時点でなおどのような備給と効力を有しているかは、なお疑問が残り、常に決定可能とは限らない。ここでは、われわれは、誤りの原因となる二つの点に等しく注意を払う必要がある。すなわち、一方で、抑圧された無意識的なものの過小評価というスキュラ[72]に対して、他方で、正常なものをとことん病理的なものの物差しで測ってしまう傾向というカリュブディスに対してである。

抑圧されたものの深層に分け入る意欲も能力もない心理学の手にかかると、情愛のこもる感情的拘束はいずれにせよ、たとえ性的なものを追求することから生まれ出てきたものであったとしても、もはやそれをめざしてはいない〔別の〕追求の表現とみなされるのだ。*57

〔しかし〕そういう感情の拘束は性的な目標から脇に逸らされたものだ、と言う正当な権利がわれわれにはある。もっとも、そのような目標からの逸脱を記述するに際して、メタサイコロジーの要請に応じることには固有の困難が伴うのではあるけれども。ちなみに、目標制止されたこの欲動は、もともとの性的目標の何がしかを依然としてなお保持して離さずにいる。情愛をこめて愛着している人、友人、崇拝者という存在であっても、自分がもっぱら「パウロ的」な意味で愛している人物に身体的に近づき、その姿を目にしようとするものだ。もしお望みなら、この目標の逸脱の内に性欲動の昇華の端緒を認めることも可能だし、あるいは、昇華の範囲を定める境界線をさらに遠くまで延ばすことも可能だろう。目標制止された性欲動は、制止されない欲動と比べて一つの大きな機能上の長所をもっている。それは、本来的に完全に充足されることが不可能なので、持続的な拘束を作りだすのには殊のほか適しているのである。それに比べると、直接的に性的な欲動の方は、充足される度にエネルギーを失い、性的リビードが再び蓄積されて更新されるのを待たねばならず、その間には対象が取り替えられることもありうるのである。制止された欲動は、制止されない欲動とどのような割合にも混ぜ合わせられうるし、もともと後者から生まれ出てきたものである以上、同様に後者に逆戻りすることも起こりうる。よく知られていることだが、友情というタイプの感情の結びつきから、賞賛と感嘆を土台にして、例えば、師と女弟子の間に、芸術家と夢中になっている女性聴衆との間に、それも特に女性の側において、どれほど容易にエロース的な欲望が育まれていくものか（モリエー

*57　敵対的な感情が一段と込み入った組み立てとなっていることはまちがいない。(73)

ルの「ギリシア語への愛のため、私にキスさせて」参照）[74]。いかにも、最初は何の意図も伴わないそのような感情的拘束の発生から性的な対象選択へと、道はまっすぐに通じており、幾度も歩まれてきたのである。『フォン・ツィンツエンドルフ伯爵の信心』〔ウィーン、一九一〇年〕の中でプフィスターは、強烈な宗教的拘束が激しい性的興奮へと振れ戻るという事態がどれほど自然なことかについて、この上なく明らかでしかもたしかに決して偶発的とはいえない例をはっきりと提示した。他方で、直接的でそれ自体としては短命の性的追求が、持続的でもっぱら情愛のこもった拘束に変化することも、とてもよくあることであって、恋着の情熱により結ばれた結婚生活が安定化していくのは、大部分はこの経緯に基づいているのである。

目標制止された性的追求が直接的に性的な追求から帰結するのは、性的目標の獲得に対して内的あるいは外的な障害が立ちはだかる場合であると聞いても、もちろん、われわれは何ら不思議には思わないだろう。潜伏期における抑圧とは、そのような内的な——あるいは、より適切な言い方をすれば、内的になった——障害である。原始群族の父親について、われわれは次のように想定した。彼は、その性的非寛容によって息子たち皆に禁欲を強要し、そのようにして、彼らを目標制止された拘束へと追いやる一方で、自分自身には性的享受の自由を確保し、そのことによって、何にも拘束されないままであり続けた、と。集団の基礎となっている拘束は、すべてがこの種の目標制止された欲動から成り立っている。そう想定することによってしかし、われわれは、直接的な性欲動が集団形成に対してもつ関係を取り扱う新たなテーマの究明に接近することとなった。

D　直接的な性的追求は集団形成にとって好都合なものではない——その点を見て取るための用意が、上の最後の二つの注釈を通して既にわれわれには整っている。なるほど、家族の発展史の中では、性的な愛が集団的な関係を取り結ぶ例(グループ婚)も存在したことはある。しかし、性愛が自我にとって重要になればなるほど、それがより多くの恋着を育むことになればなるほど、それだけ一層強烈に、性愛は二人の人間に制限されるのを——《一夫一婦》——求めるようになった。それは、性器という目標の自然本性によってあらかじめ定められていることだ。一夫多妻への傾向は、対象を次々と取り替えることで満足せざるをえなくなる。

性的充足のために互いを必要とし合っている二人の人間は、孤独を求めることによって、群棲欲動・集団感情に反対する姿勢をあらわに示す。互いに恋着していればいるほど、それだけ一層完全に、二人は相手さえいれば充たされる。集団の影響を拒絶する姿勢は、羞恥の感情として表現される。性的対象選択を集団拘束による妨害から守るために、嫉妬というこの上なく激しい感情の蠢きが動員される。性愛関係の内の情愛のこもった要素、つまり人格的な要素が感性的要素の背後に完全に退いてしまう場合にのみ、他の人が居合わせる場でのカップルの性交や、あるいは、オルギアの場合のようなグループ内での同時的性行為が可能になる。そこに見出されるのは、しかし、性関係における、より初期の段階への退行の状態であって、そこでは恋着はいまだ何の役割も果たしておらず、性的対象は、互いに等しく価値あるものとみなされていたのだ。それは例えば、「恋着とは、一人の女性と他の女性との間の差異を不当に過大評価することだ」というバーナード・ショウの意地悪な言葉[75]に言われている通りである。

恋着は、男と女の間の性的関係の中に後になってようやく入ってきたのであり、従って、性愛と集団拘束との間の敵対関係も後になって発展したと考えさせる徴候は、豊富に存在している。そうすると、この想定は、原家族についてのわれわれの神話と相容れないかのような印象を与えるかもしれない。なにしろ、兄弟たちの一群は、母親や姉妹への愛によって父殺しに駆り立てられたとされるのであり、この愛は、中断されることのない原始的な愛として、言い換えれば、情愛のこもった愛と感性的な愛が緊密に統一されたものとしてでなければ思い描きがたいものなのだから。しかし、さらに考察をすすめてゆくと、この異論は解消され確証に変わる。なにしろ、父殺しへの反応の一つは、トーテム信仰に基づく族外婚制度の設定だったのだから。すなわち、家族の中で子供時代から情愛をこめて愛してきた女性といかなる性的関係をもつことも禁止する、という措置に他ならない。それによって、男性において情愛の蠢きと感性的な蠢きとの間に杭が打ち込まれたのであり、この杭は、今日なお男の性愛生活の中にしっかり根をおろしている。[*58] この族外婚制度の結果、男たちの感性的欲求は、愛してもいない外部の女性で満足しなければならなくなったのだ。

巨大な人為的集団である教会と軍隊の中では、性的対象としての女性にはいかなる場所も認められていない。男と女の間の性愛関係は、これらの組織の外部にとどまったままだ。男と女が混ざり合って集団が形成される場合にも、性差は何の役割も演じない。集団をまとめ上げるリビードが同性愛的な性質のものか異性愛的な性質のものか、と問うことにはほとんど意味がない。というのも、集団のリビードは性に従って分化されてはおらず、特に、リビードが性器的に編成される上での目標については、これをすっかり捨象するからである。

直接的な性的追求は、個体がその他の点では集団に埋没していても、その個体のために部分的に個人的活動を維持し続ける。それは、強くなりすぎると、いずれの集団形成をも破壊することになる。カトリック教会は信徒に未婚でいることを奨励し、神父には独身を義務づけているが、それには至極もっともな動機があるのだ。にもかかわらず、恋着は、往々にして、聖職者をも教会からの脱退へと追いやってきた。同様に女性への愛は、人種に、民族的分断に、社会的階級秩序に基づく集団拘束を突き破り、そうすることで、文化的に重要な仕事をなしとげてきた。同性愛の方が集団拘束とははるかに良く折り合いがつく、しかもそれが、制止されていない性的追求として登場してくる場合でもそうだという点は、保証済みであるように見える。これは奇妙な事実であり、それを解明すれば、大きな前進となることだろう。

精神神経症患者についての精神分析的研究がわれわれに教えてきたところでは、その患者の症状は、抑圧されてはいるが活動し続けている直接的な性的追求から導き出されうる。この定式は、次のように言い添えることで完全なものにできるだろう。すなわち、「あるいは、制止が全面的には成功していなかったり、あるいは、抑圧された性的目標に帰還する余地が認められているような場合に、そういう目標制止された性的追求から導き出されうるものである」と。この連関に対応しているのが、神経症は人を非社交的にする、それに見舞われた人を通例の集団形成からの外れ者にしてしまう、という事態である。神経症は、恋着と同じように集団に対して壊滅的な影響を及ぼす、と言えるかもしれない。それを裏付けるように、集団形成への強い後押しがなされているところでは、神経症が背後に退き、少なくとも一定期間は姿を消すという事実が見られる。神経症と集団形成のこの衝突を治療に役立てようとする試みが重ねられてきたのも、もっともなことだ。宗教的錯覚が今日の文化の世界から消滅しつつある事態を遺憾に思うわけではない者も、次の点は認めるだろう。つまり、宗教的錯覚が、それによって拘束された人々に神経症の危険に対する最も強力な保護を提供してきたという点である[76]――もちろん、そういう錯覚が依然とし

＊58　「性愛生活が誰からも貶められることについて（『性愛生活の心理学への寄与』Ⅱ）」（一九一二年）を見よ。

てなお力を保持している限りでの話だが。神秘的－宗教的な、あるいは哲学的－神秘的なセクトや共同体へと結びつけるあらゆる拘束の中に、多様な神経症に対する疑似治療の表現を見て取ることも、これまた難しいことではない。これらのことすべてが、直接的な性的追求と目標制止された性的追求との対立に関連しているのである。

ただ一人放置されると、神経症患者は、自分が締め出されている大きな集団形成を症状形成によって置き換えるよう強いられる。彼は自分独自の空想《ファンタジー》の世界を、自分の宗教を、自分の妄想システムを創造する。そのようにして、人類が生み出してきた制度を歪めつつ反復するのだが。その歪曲は、直接の性的追求が強力に寄与していることをはっきりと証言しているのである。[*59]

E　締めくくりに付け加える形で、これまでわれわれが取り上げてきた様々な状態を、リビード理論の立場から比較しつつ評価・検討しておきたい。恋着、催眠、集団形成、そして神経症である。

恋着は、直接的な性的追求と目標制止された性的追求が同時に存在するという事態に基づいている。その際、その対象は、ナルシス的な自我リビードの一部を自分の方に引き寄せる。恋着は、自我および対象にしか存在の余地を認めない。

催眠は、二人の人物への制限というこの点では恋着と共通する。しかし、あくまでも目標制止された性的追求だけに基づくものであって、自我理想に替えて対象を据える。

集団は、この過程を多重的に繰り返す。それを一つにまとめ上げる欲動の本性という点、および自我理想を対象で置き換えるという点で、集団は催眠と一致する。しかし集団には、他の諸個人との同一化がさらに付け加わる。

それは、もともとは、おそらく対象に対する同じ関係を通して可能となったものだ。
この両方の状態は、催眠にしても集団形成にしても、人間のリビードの系統発生からの遺伝的沈殿物である。催眠は素質として、集団はその上さらに直接的な残滓として。直接の性的追求が目標制止された性的追求によって代替されると、催眠と集団の両者において自我と自我理想の分離が促進される。ただし、その分離への端緒は恋着において既に切られているのだが。

神経症は、この系列からはみ出す。神経症もまた、人間のリビードの発達の独自性に、つまり、潜伏期によって直接的な性的機能が中断されるためその開始が二重化されることに基づいている。[*60] その限りで、神経症は、恋着には欠けている退行という特性を催眠および集団形成と共有している。直接的な性欲動から目標制止されたそれへの前進が十分には成功していない場合には、いたる所で神経症が出現する。神経症は、そのような発達過程を歩み通して自我に受け入れられた欲動と、抑圧された無意識に由来し——完全に抑圧された他の欲動の蠢き同様に——直接の充足を求める欲動部分との間の葛藤に対応している。神経症は、内容的には並はずれて豊かなものだ。というのも、それは、自我と対象の間のありとあらゆる関係を、つまり、対象が保持されている関係であれ、対象が放棄されていたり自我自身の中に設定されたりしている関係であれ、さらには、自我とその自我理想との間の葛藤関係であれ、それらのすべてを同じ様に包含しているのだから。

＊59　『トーテムとタブー』第二論文「タブーと〔感情の蠢きの〕両価性《アンビヴァレンツ》」の末尾を見よ。
＊60　『性理論のための三篇』(第五版、一九二二年)、九六頁を見よ。

論　稿（一九一九―二二年）

意識の機能に関するE・T・A・ホフマンの見解

E. T. A. Hoffmann über die Bewußtseinsfunktion

病理的な精神状態のみごとな描写に富む小説『悪魔の霊薬』(第二部、ヘッセ版全集、二一〇頁)の中で、シェーンフェルトは、一時的に意識が錯乱した主人公を以下のような言葉で慰める。「それにしても、あんたは一体、それを何だと思ってるんだい！　私が言っているのは、意識と呼ばれている特別な精神の機能のことだよ。そんなもの、門の所に立っているいまいましい徴税官——関税を徴収する下級役人——上級監督助手がやっている呪うべき仕事以外の何ものでもないのさ。頭の中のカウンターをうっかり開けてしまい、外に出ようとする商品のどれにもこれにも「ヘイ、ヘイ、輸出は禁止だ。国内に、国内にとどまるんだ」と叫んでいるんだ」。

(藤野　寛　訳)

GW-Nb 769

戦争神経症者の電気治療についての所見
Gutachten über die elektrische Behandlung der Kriegsneurotiker

外傷をうけたのち、すなわち、鉄道事故など驚愕すべき危険な体験をしたのち、心の生活や神経活動に重篤な障害を示す病状の患者は平時にも数多く存在したが、こうした病状に関する医者の診断は一致していたわけではなかった。

ある医者たちの考えでは、これらの患者は神経系に重篤な損傷を蒙っており、それは非外傷の病例における出血や炎症と似たものである。ところが、解剖学的検査によってそうした損傷の出来事は認められなかったので、医者たちは、より微細な組織変化が、観察された症状の原因なのだと信じ込むことになった。それゆえ、これらの災害患者は器質性の患者に数えいれられた。

他の医者たちははじめから、神経系が解剖学的に無傷である以上こうした病状は機能障害と捉えるほかない、と主張した。器官にたいした損傷が見られないにもかかわらず、どうしてこんなに重篤な機能障害が生じうるのか、これは医者にとって長いこと理解困難なものであった。

さて、先ごろ終結した戦争は、莫大な数のこのような災害患者を生み出し観察にもたらした。その際、上の論争は機能的見解の方に軍配が上がった。はるかに多くの医者はもはや、いわゆる戦争神経症者が病気となったのは神経系のはっきりとした器質的損傷のせいだとは信じていない。また医者の中でも理解力のある者はすでに、「機能的」変化というあいまいな言い方ではなく「心の」変化という一義的な物言いをしようと決めている。

戦争神経症の表立った障害としては、大部分が運動障害——震えや麻痺——であったし、また、すぐ近くで榴弾が炸裂したり、土中に体が埋められたりして動転するなどといったひどい目にあうと、同様にひどく機械的な影響が出る、と考えたくなるのはもっともなことなのだが、なされた観察によれば、いわゆる戦争神経症の起因は心的な本性のものであることに疑いはなかった。同じ病状が前線の背後、戦争のそうした驚愕から隔たったところでも出現したり、あるいは休暇に入るとすぐさま出現したりもしたとあっては、そのことになにか抗弁できただろうか。したがって、医者たちとしては、戦争神経症者についても、平時の神経質者についてと同じような見解をとらざるをえなかったのである。

わたしが命を吹き込んだ、精神医学のいわゆる精神分析学派は二十五年来、平時の神経症は情動生活の障害に引き戻して理解されなければならないと教えてきた。ところで、この同じ説明は広く一般に戦争神経症者にも適用された。われわれがさらに述べてきたところでは、神経質者は心の葛藤に悩んでおり、病的現象として表現される欲望や性向は患者自身には知られておらず無意識的である。それゆえ、危険であったり怒り心頭に発せしめたりするような軍務の要求から逃れたいという兵士の無意識的な性向が、あらゆる戦争神経症のもっとも手近な原因だとされるのは容易なことであった。自分の生命に対する不安、他人を殺せという指示に対する反抗、わが身を情け容赦なく抑え込む上官に対する拒否感といったところが、戦争逃亡的性向を養う最重要の情動源泉であった。

こうした情動のモティーフが強くはっきりと意識化されていたのなら、兵士は健康体で脱走するか、あるいは病気を装うか、どちらかを選ばねばならなかったろう。しかし、戦争神経症者が偽装者である割合はごくわずかでしかなかった。神経症者のうちにあって軍務に反抗させ病気へと追いやった情動の蠢《うごめ》きは、意識化されることなく彼らのうちで働いていたのである。その蠢きが無意識のままにとどまったのは、名誉心、自尊心、祖国愛、服従への慣れ、また他人の示す手本といった他のモティーフがさしあたり強く、無意識的に作動する別のモティーフによってしかるべき折に打ち負かされるまで、それらが支配していたからである。

戦争神経症の起因に関するこの洞察に従ってある治療が施されることになった。それは至極もっともな治療だと思われたし、また当初は大変効果があった。神経症者が偽装者でないことはわかっていたものの、偽装者として取り扱い、意識的な意図と無意識的な意図との心理学的な違いは等閑視して問題ないと考えられたのである。神経症者の病気が耐えがたい情況から逃れるという意図に奉仕していたのなら、病気であることをその奉仕以上に耐えがたくすれば、病気の根は明らかに掘り除かれたことになる。患者が戦争から病気へ逃走していた以上、患者を病気から健康へと、したがって軍務遂行可能状態へと無理やりにでも逃げ帰らせるための手段が適用されたのである。この目的のために使用されたのが痛ましい電気治療であった。しかもそれはうまくいったのである。電流の強度は機能障害にかねてから利用されていたのと同じであったという医者の主張は、事後の言い繕いにすぎない。もし主張通りだったのなら、それはごく軽症の場合にしか効かなかったであろうし、また実際、戦争神経症者が病気であることにいやけがさし快癒へと動機が反転せざるをえなくしようという、底にある考え方とも合致していなかった。

ドイツ軍でなされた、この痛ましい治療は確かにまた穏当なかたちで施されることもできた。ウィーンの病院でこの治療が適用されたときには、ヴァーグナー＝ヤウレク教授(1)の指導のもと、残酷なものにまで至ることは決してなかったとわたしは個人的に確信している。わたしの知らない他の医者のことはわからないが。たいていの医者には心理学の鍛錬がまったく欠けているので、そのためかなりの医者は、偽装者として取り扱われている患者が実はそうでないということを忘れていたかもしれない。

しかし、この治療法ははじめからある汚点に付きまとわれていた。それは患者の回復を目標としていたのではなかった。少なくとも回復を第一の目標としているのではなく、患者の戦争遂行能力の回復をなにより目標としていたのである。医学はまさにこの場合、医学とは本質的に異質な意図に奉仕していた。医者自身が戦争の官吏であり、自分に割り当てられた指令以外に意を払うなら、降格や役務怠慢の非難という危険がわが身にふりかかってくることを恐れなければならなかった。常ならば医者にとって主導的なものである人道上の要求と、国民戦争上の要求との解きがたい葛藤が医者の活動をも混乱させずにはおかなかったのである。

当初は華々しい成果を収めた強電流治療であったが、そのあと成果は長く続かなかった。治療によって回復し前線に送り返された患者はあらためて同じ振舞いを繰り返して病気がぶりかえし、そのことで少なくとも時間稼ぎをし、目前の危険を回避した。戦火の中に再度立つと、強電流への不安は後退した。それは治療の間は軍務への不安が消え去っていたのと同じことである。また、戦争が何年も続くにつれて、民心の疲労が急速につのり戦争遂行への嫌悪感が昂じていたことも影響を及ぼし、上述の治療は功を奏さなくなり始めた。こうした情況のもと、あってはならないことだったが、一部の軍医たちは、しゃにむに意図を貫徹しようとするドイツ人特有の傾向に屈した。病気であることから得ていた利得を戦争神経症者から奪い去るべく、電流の強度もそれ以外の治療の過酷さも、忍耐の限度を越えて激化されたのである。ともかく当時ドイツの病院ではこの治療の際に死亡に至ったり、治療のせいで自殺に至ったりした事例が存在したことは否みようのない事実である。ウィーンの病院でも治療がこの段階にまで至ったのかについては、しかし、まったくわたしの発言しうるところではない。

戦争神経症者の電気治療が最終的に挫折したことについては、わたしは有無を言わせぬ証拠を出すことができる。戦争神経症者のための(ポーゼンにあった)[2]野戦病院の院長であったエルンスト・ジンメル博士は、一九一八年、ある冊子を出版した。[3]その中で彼はわたしの生み出した精神療法が戦争神経症の重篤な症例にとても良好な成果を収めたことを報告した。この出版のおかげで、一九一八年九月に[4]ブダペストで出版後最初に開催された精神分析学会には、ドイツ軍・オーストリア軍・ハンガリー軍の司令部から正式の使節が派遣された。使節は学会で、戦争神経症を純粋に心的に治療するための診療科を設置する旨を表明した。このように患者をいたわる、労多く長期にわたる治療においては患者の軍務能力のすみやかな回復は見込めないことを使節がよくわかっていたにもかかわらず、この意は表明されたのである。精神治療のための部署をしつらえるための準備がまさに軌道に乗っていたそのとき、革命が勃発し、戦争は終わり、それまでは全権を握っていた役所の影響力も無に帰した。しかし、戦争とともに戦争神経症者も消失した。それは、彼らの病気が心的な事柄に起因していることの、最後の、しかし動かぬ証拠であった。

ウィーン、一九二〇年二月二十三日

(須藤訓任　訳)

夢学説への補遺
Ergänzungen zur Traumlehre

講演者が夢学説に関するその短い論究において取り扱ったのは三点であった。最初の二点は、夢とは欲望成就であるという命題にかかわり、その命題に必要な変更をもたらすものである。第三点は、夢のいわゆる予兆性向を講演者が認めないわけを十分に納得していただこうというものである。(1) 講演者の論究によれば、夢の欲望成就理論に容易に合致する夢に関して、欲望夢と不安夢のほかに、第三のカテゴリーの夢を認めることにはそれなりの理由がある。それを彼は「懲罰夢」と呼ぶ。自我のうちには自己を観察する批判的審級(自我理想、検閲係、良心)が別個に仮定されねばならないということに配慮するなら、この懲罰夢も欲望成就理論に包摂することができよう。というのも、懲罰夢はこの批判的審級の欲望成就を表現しているからである。懲罰夢が生粋の欲望夢に対して有する関係とは、反動形成から出てきた強迫神経症の症状がヒステリー症状に対して有する関係のようなものである。論者の見るところ、夢とは欲望成就であるという規則に対して、より重大な例外をなすのは、いわゆる「外傷」夢である。それは災害患者に生ずる夢であるが、神経症的な人の精神分析においても忘却されていた幼児期の心的外傷を再現するものである。こうした夢がどのようにして欲望成就理論と一致できるかについて、論者は『快原理の彼岸』という題名の近刊の仕事(2)を参照するよう求めた。

論者の報告の第三点をなしたのは、ガンのヴァーレンドンク博士の未刊の研究に対する次のような言及であった。

すなわち、半睡眠（博士の呼び方では「自閉的思考」）の状態における無意識的空想作業の大半を意識的な観察にもたらすことに、博士は成功した。その際明らかになったのは、翌日何が起こる可能性があるかを予見したり、解決や適応の試みをあらかじめ用意したりといったことは、あくまでこの前意識的な活動の範囲内のものであるということ、そしてこの前意識的な活動は潜在的夢思考をも作り出すが、講演者がつねづね主張しているように、夢工作(3)にはなんらかかかわらないということである。(4)

（須藤訓任　訳）

女性同性愛の一事例の心的成因について

Über die Psychogenese eines Falles von weiblicher Homosexualität

I

女性の同性愛は、たしかに男性のそれに劣らず頻繁に現れるものではあるが、しかし、人目を引く度合がはるかに低いため、単に刑法によって放置されてきただけでなく、精神分析的研究によっても軽視されてきた。従って、ここに極端すぎない一つの個別事例について報告するなら、その心的成立史がほぼ遺漏なく、しかも完全に確実な形で認識可能になったものであるだけに、世の注目を要求してもある程度お許しいただけるだろう。以下の叙述が、実際に起こったことをごく一般的に概略し、この事例から得られた洞察を呈示するにとどまり、解釈が依拠している個々の細かい特徴については一切公にするものではないとしても、その制約は、起こったばかりの事例に対して要請される医師としての秘密保持の観点から、容易に納得していただけるだろう。

社会的地位の高い家庭出身の美しく聡明な十八歳の少女が、約十歳年長の「その種の世界出」の婦人の後を追い回し、その際に示した情愛のせいで、両親の機嫌をそこね心配をかけることになった。両親の主張するところでは、この婦人は、高貴の出を示す苗字にもかかわらず、高級娼婦に他ならない。彼女が既婚の女友達の家に住んでおり、この女友達と親密な関係を結ぶ一方で、同時に何人もの男性ともふしだらな恋愛関係にあるのは周知の事実だ、というのである。このひどい中傷を少女は否定しないのだが、しかし、だからといって婦人を崇め奉る態度に動揺を示すことはない。礼儀作法や純潔のセンスが彼女に欠けているわけでは決してないにもかかわらず、である。どんなに禁止しても、また、どれほど厳しく監視しても、愛する人と一緒にいるためなら僅かな機会でも生かそうとする、婦人の生活習慣をつぶさに探り出す、家の門前や市街電車の停車駅で何時間も婦人を待ち伏せする、花束を贈ろうとする、等々といった行動を阻むことはできない。この唯一の関心がそれ以外のすべてを飲み込んでしまっていることは、少女にあって一目瞭然である。将来の仕事のことなど彼女はまったく気にかけず、社会的なつきあいや少女らしい楽しみに何の価値も見出さず、自分が心を許すことができ、また自分を助けてくれそうな何人かの女友達としかつき合おうとしない。娘とそのいかがわしい婦人との関係がどこまですすんでいるのか、情愛のこもった心酔という境界線をすでに踏み越えてしまっているのか、両親は測りかねていた。若い男性への関心や、彼らが示してくれる好意への満足といった心の動きを両親が少女に認めることは、ついぞなかった。それに反して、一人の女性に対する目下のこの傾倒が、過ぐる何年か他の女性たちに示され、父親の不興と厳格な態度を呼び起こすに至った感情を、度合を高めて継続しているにすぎないことは、両親にもはっきりわかっていたのである。

少女の態度には一見したところ対立する二つの側面があって、それこそ両親がいたく感情を害する最大の原因になっていた。一方で彼女は、人の往き来の激しい通りであろうとも、悪評高いその愛人と一緒にいる姿を公然と目撃されることに何のためらいも示さず、従って、自分自身の評判に対する配慮をなおざりにしていたのだが、他方で、愛人との逢瀬を可能にし覆い隠すためとあれば、人を欺くいかなる手段もいかなる口実もいかなる嘘もはばからなかったのである。要するに、一方に、度を越した開けっぴろげさがあったとすれば、他方には、完璧なまでの偽装行為があった。こういう事情のもとでは、いずれ起こらずにすむはずのなかったことが、ある日とうとう起こった。父親が、彼も知るところとなっていた例の女性と娘が一緒にいるところに、ばったり出くわしたのである。怒りに燃えた目つきで——それは、良いことを予告するものでは決してなかった——彼は二人のそばを通りすぎた。その直後に、娘は身を振りほどき、囲いを乗り越えて、すぐ近くにある市街電車の堀に飛び込んだのだ。疑いなく本気で試みられたこの自殺未遂の代償として、彼女は長期間病院で寝て過ごすことになったが、しかし幸いにも、後に遺るような怪我はほとんどせずにすんだ。怪我から回復してみると、彼女は、自分の願望にとって以前より好都合な境遇に置かれていた。両親はそれまでのように断固として彼女に対処することがもうできなくなっていたし、例の婦人も、それまでは彼女の求愛をつれなくはねつける態度をとっていたのに、彼女の情熱が本気であることがこれほどにも疑問の余地なく証明されたことに心動かされ、より好意的に彼女に接し始めたのである。

この事故からおよそ半年が経過した頃、両親は医者に相談し、彼女を正しい軌道に戻すという仕事を託した。娘の自殺未遂という事態にまで立ち至ったことで、どうやら両親も、家庭内で力づくで躾けても目下の障害を克服することはできないと悟ったようだった。ただし、ここでは、父親の姿勢と母親のそれとを区別して取り扱うのが妥当だろう。父親はまじめで尊敬に値する男性だった。根はとても情愛深い人だったが、厳格な態度をとっていたせいで、子供たちからいささか疎んじられていた。一人娘に対する彼の態度は、娘の母親、すなわち妻への気がねによって支配されすぎるきらいがあった。娘の同性愛的傾向に最初に気づいた時、彼は激怒し、威嚇によって押さえつけようとした。その時点では彼は、バツの悪いことには変わりのない二つの異なる見解の間で揺れていたのかもしれない。娘のうちに見出されるのは、ふしだらで堕落した人間なのか、それとも精神的に病んだ人間なのか、と。

例の事故が起こった後も、彼は余裕ある諦観という高い境地には達することができずにいた。われわれの同僚医師の一人は、よく似た逸脱が家庭内に起こった時、「これも数ある災難の一つにすぎない」という言い方でそうした諦観を表現したものである。娘の同性愛は、父親の全面的な憤慨を引き起こさずにはすまない何かをはらむものだった。あらゆる手段を講じて、彼はこれと闘おうと決意していた。精神分析に対する蔑視はウィーンではとても広く行き渡っているものだが、それすらも、彼が精神分析に救いを求めることの妨げにはならなかったのである。もしこの手段でさえ功を奏さなかったとしても、彼にはなお最強の対抗手段が残されていた。早急に結婚させることで、少女の自然の本能を呼びさまし、彼女の不自然な傾向の息の根を止めてしまおう、というのだった。

少女の母親の姿勢の方は、それほど容易に見通せるものではなかった。彼女は、いまだ若々しい女性であり、自身美しくあることで男性に気に入られたいという思いをどうやら諦めたくないようだった。彼女が、娘の心酔状態を父親ほどには悲劇的に受け止めておらず、決して彼ほど憤慨していないことはあまりにも明らかだった。それどころか彼女は、例の女性への恋着問題に関して、かなり長期間、少女の信頼を得ていたのである。この問題で彼女が反対する立場をとったとしても、それは基本的に、公衆の面前で自分の感情を表明する開けっぴろげな態度が娘に不利にはたらくからだった。母親自身、何年間も神経症状態にあり、夫から大きないたわりを受けながら、自分の子供たちには随分不平等に接していた。娘には本当に厳しく、三人の男の子には過剰なほどの情愛を示していたのである。末の男の子は遅く生まれた子で、この時点ではまだ三歳にも達していなかった。母親の性格について娘の口からもっとはっきりしたことを聞き取るのは容易でなかった。というのも、後になってようやく理解可能になった動機のせいで、患者が母親について申し立てる内容は、常に、父親の場合には決して問題にならなかったような留保を含むものだったからである。

少女の分析治療を引き受けることになった医者としては、居心地の悪い思いを抱かざるをえない理由がいくつもあった。眼前に見出されるのは、分析が求められる状況、そこでのみ分析がその効果を試しうる状況ではなかった。よく知られているように、状況が分析にとって理想的な形で現れる場合とは、次のようなものだ。ある人が、普段は自分をコントロールできているのに、内的葛藤に苦しみ、自分一人ではその葛藤に終止符を打つことができない。そこで、分析家を訪れ、事態を訴え、助けを求める。そうした場合に医者は、病気で引き裂かれている人格の片方の部分と協力して、葛藤のもう一方の相手に立ち向かうことになる。これと異なるような状況は、分析にとって多かれ少なかれ不都合なものであり、事例のもつ内的な困難に、さらに新たな困難がつけ加わる。自分の好みと欲求に合った別荘を設計するよう建築家に注文する建築依頼者とか、あるいは、芸術家に聖人画を描かせる際、祈りを捧げる自分自身の肖像が描かれるスペースをその片隅に確保しようとする敬虔な寄進者といった人が身を置く状況は、精神分析の条件とは根本において相容れない。なるほど、次のような事態は毎日のように起こることだ。夫が医者を訪ねてきて、妻が神経質で、そのため自分とうまく合わないという情報を提供し、どうか自分たちが再び幸せな結婚生活を送ることができるよう、彼女を治してやって下さい、と言う。けれども、あまりにしばしば明らかになったところでは、そういう注文は実行不可能である。つまり、医者は、夫が欲している治療結果を生み出すことはできない。妻は、神経症的な障害から解放されると、ただちに離婚したいという意思を押し通す。彼女が神経症であるという前提があったからこそ結婚生活は維持可能だったのだ。別のケースでは、両親が、神経質で反抗的な子供を健康にしてくれと求めてくる。健康な子供ということで彼らが理解しているのは、両親に何の面倒も起こさず、喜びだけを与えてくれるような子供、というものである。その子供の治療に、医者は首尾よく成功するかもしれない。しかし、治った後には、子供はさらに一層断固として自らの道を歩み始めるのであって、その結果、両親は以前にもまして不満をつのらせる。手短に言おう。一人の人間が自ら追求する気持ちから分析を受けにやってくるのか、それとも、他人がその人を連れてくるのか、つまり、その人自身が変化を望んでいるのか、それとも、その人を愛する家族、あるいは愛情が期待されて当然の家族がそれを望んでいるにすぎないのかは、どちらでもよい問題ではないのである。

さらに不利な要素と評価されるべきものに、次のような事実があった。この少女は決して病人ではなかった――彼女は内的な理由で苦しんでいたのではないし、自分の状態について苦しみを訴えていたわけでもない――という事実、そして、立てられた課題は神経症的な葛藤を解消することではなく、性器に関する性的編成の一つの形態を別の形態に転換することだった、という事実である。性器に関する対象倒錯(1)もしくは同性愛の矯正というこの仕事が容易に思われたことは、私の経験では一度もない。私がこれまで見てきたところでは、この仕事が成功するのは、むしろ特別に恵まれた事情のもとでしかなく、その場合でも、成功の内容は基本的に、同性愛の中に狭く押し込められている人に、それまで閉ざされていた異性への道を開くことができたという点、つまり、その人の両性愛的機能を十分に復元したという点に限られている。その場合、患者が、社会によって非とされるもう一方の道を廃れるにまかせようとしたか否かは、本人の決断に委ねられていたのであり、個々の事例の中には実際にそうする人もいた。正常な性も対象選択の制限に基づいている、という点は心得ておかねばならない。一般に、発達しきった同性愛者を異性愛者に変えようとする企ては、その逆方向の企てより成功する見込みがずっと大きいというものではない。後者については、実際上の理由から、かつて試みられたためしがないだけの話である。

きわめて多様な形態をとる同性愛を治療する上で、精神分析療法がもたらした成功は、数からすれば実際取るに足りないものだ。同性愛者は通例、その快の対象を手放すことができない。転換した場合、ここで断念された快は別の対象で再び見出されますよ、と説得しても成功しない。そもそも、同性愛者が治療を受けに訪れるとしても、たいていは外的な動機、つまり、その対象選択がもたらす社会的不利益や危険によって余儀なくされた結果にすぎない。ところが、自己保存欲動からくるその種の成分は、性的追求との闘いにおいてはあまりに弱すぎることが証明されているのである。そこでは、ほどなくして同性愛者の密かな計画が暴露される。すなわち、この試みは誰の目にも明らかな失敗に終わった、自分は自らの特異な性状を克服するためにできることはすべて試みたのであり、これからは何の良心の呵責もなくその性状に身を任せる、という心の平安がもたらされるというわけだ。愛する両親や家族に対する配慮が、治癒を試みる上での動機づけになっている場合には、事情はいささか異なってくる。たしかにその場合には、同性愛的な対象選択に対抗するエネルギーを育て上げることのできるリビード的追求が存在している。しかし、その力で足りることは滅多にない。同性の対象への固着がまだ十分に強くなっていない場合、あるいは、異性愛的な対象選択の萌芽や残渣が相当量見出せる場合にのみ、つまり、いまなお動揺しつつある編成や、あるいは明らかに両性愛的な編成の場合にのみ、精神分析的セラピーはより有望な予測を立てられるのだろう。

このような理由から、私は両親に対して、彼らの欲望が成就する見込みがあるかのように言うことは絶対に避けようとした。私は、何週間あるいは何カ月か少女を注意深く観察する用意があると表明するにとどめた。分析の継続を通してどれだけ影響力が行使できるかの見通しについては、見解を表明できるとしても観察後のことであるとしたのである。分析は、かなりの数の事例において、明確に区別される二つの段階に分解される。第一段階では、医者は患者について必要な知識を入手し、分析が前提し要求する事柄について患者に伝え、分析によって提供される素材に基づき、苦しみの発生について、患者自身も正当だと思うような仮説を組み立て、それを患者の前に繰り広げて見せる。第二段階では、眼前に呈示された材料を患者自身が自分のものとし、それと取り組みながら、自分にあって抑圧されていると言われるものから、想い出せる限りのことは想い出し、その他のことは一種の再生作業の中で反復しようと努める。その際患者は、医者が立てた仮説を是認することも、補充することも、訂正することもできる。その作業の中でようやく初めて、患者は、様々の抵抗を克服することを通して目標とされる内的変化を経験し、医者の権威から自らを独立させる確信を獲得するのである。(2) この二つの段階は、分析治療の進行の中で、必ずしもいつも截然と区別されるわけではない。区別が可能になるのは、抵抗が一定の条件を守っている場合に限られる。だが、実際にそういう事情にある場合には、旅が示す二つの段階と対応させて比較することができるだろう。第一の段階は、最後についに乗車券を買い、プラットホームに立ち、汽車の座席につくまでに必要な、今日ではとても複雑化し完璧には履行することの難しい準備作業のすべてを含んでいる。今や旅人は、遠く離れた土地へと旅する権利と可能性を手に入れたわけだが、しかし、これらの準備作業を万端整えた後でも、いまだそこに到着していないわけではない。いや実際には、ただの一キロメートルも目的地には近づいていないのである。そのためにはなお、駅から駅へと旅そのものを進めていかねばならない。そして、旅のこの部分こそ、上述の第二の段階と見事に対比可能なものなのである。

ここで話題になっている患者の分析も、この二段階図式に従って進行していたのだが、しかし、第二段階が始まったところで中断され、それ以上継続されることはなかった。にもかかわらず、抵抗が示した特異な布置のおかげで、私の仮説構築の正しさが完全に確かめられ、彼女の対象倒錯の発達過程について全体としては十分な洞察が獲得されたのだった。しかし、彼女に関する分析結果を詳しく述べるに先立って、すでに私自身が軽く触れ、あるいは最初に関心が向かう問題として読者の心におのずと浮かんだであろう論点のいくつかを、まず片付けておかねばならない。

私は、少女がその情熱をどの程度まで満足させていたか次第で、幾分かは診断の成否が変わってくると考えていた。分析中に私が入手した情報は、この点で好都合なものに思われた。彼女は、心酔した対象の誰一人とも、たまにキスしたり抱擁を交わしたりする以上のことを経験していなかった。彼女の性器の純潔――こんな言い方が許されるとしての話だが――は、無傷のままだった。一番最近の、抜きん出て激しい感情を彼女の内に引き起こした高級娼婦は、彼女に対するつれない態度を崩そうとせず、手への口づけを許す以上の恩恵を一度も彼女に与えていなかった。少女は、自らの愛の純粋さと性交渉に抱く身体的嫌悪感を再三にわたって力説したのだが、そうすることで、どうやら自らの災いを転じて福となしていたのだ。少女は自分が愛する気高い人について、高貴の出でありながらいまわしい家庭事情に強いられて目下の境遇に身を落としているとはいえ、依然として完璧に尊厳を保っていると賛美していたが、おそらく、全く不当なことを言っていたわけではないのだろう。というのも、この婦人は彼女に会えば必ず、自分に、そしてそもそも女性に傾倒するのを止めるよう説得するのを常とし、少女が自殺を試みるまでは、もっぱら彼女を厳しく拒絶する態度に終始していたのだから。

第二の論点は――やがて私はその解明を試みることになったのだが――少女が分析を受けるにいたった動機に関

係しており、分析治療は時としてこれに拠り所を求めることができたのだった。彼女は、同性愛からの解放が自分の切実な欲求であるなどと主張して私を欺こうとはしなかった。その反対で、自分にはそれ以外のどんな恋着も想像できないと言うのだった。けれども、さらに付け加えて言うには、両親のためを思えばこそ、治療の試みに真面目に協力する気にもなったのだという。というのも、両親にそんな苦しみを味わわせることは、彼女にはとても辛いことに感じられたから、と。この発言についても、当初私は好都合なものと捉えざるをえなかった。その背後にいかなる無意識の情動的姿勢が潜んでいるのかは思いもよらなかった。その後この点で表面化してきたことは、治療の具体化と予定より早い切り上げに決定的な影響を及ぼすことになった。

分析に不案内な読者は、別の二つの問いに対する答えを久しくじりじりしながら待ちうけておられることだろう。この同性愛の少女は、他方の性の明白な身体的特徴を示していたのか。また、彼女は同性愛の先天的な事例であると証明されたのか、それとも獲得された(後天的に発達した)同性愛の事例なのか。

私は、第一の問いに帰せられる意義を見誤るものではない。ただ、その意義を大袈裟に考えすぎない方がよいだろうし、それに都合の良いように以下の事実を曖昧にごまかしたりもしない方がよいだろう。つまり、他方の性の二次的特徴が散発的に見られる事態は、正常な個人にも一般に非常にしばしば現れるという事実、そして対象選択が倒錯という意味での変形をいささかも示さない人物にあっても、他方の性のとてもはっきり現れ出た身体的特徴が見出されることはありうる、という事実である。別の言い方をすれば、どちらの性にあっても、身体的な両性具有の度合は、心的な両性具有の度合からかなり独立しているのである。もっとも、これら二つの命題を限定するものとして、次の点を付言しておくべきだろう。その独立性は女性の場合よりも男性の場合により明らかで、女性にあっては、反対の性の特徴が身体に現れ出ているケースと心に現れ出ているケースが、どちらかというと決まったように一致しているのである。(3) とはいえ私は、ここで立てられた問いのうち第一のものについて、私の事例ではどうだったのかを満足のいくように答えられる立場にはない。精神分析家はある種のケースにおいて、自分の患者の身体を立ち入って診察することは断念するのを常としている。女性の身体の典型的特徴からの目立った逸脱は、いずれにしても存在しなかったし、月経の障害についても同様だった。美しく立派に成長した少女が、父親譲りの高い背丈と、少女らしく柔らかというよりむしろ鋭い顔だちの持ち主である場合には、そのことの内に身体的な男性性の徴候が認められるかもしれない。少女の知的な特性のいくつか、例えば、情熱のとりこになっていない限りにおいて彼女が示す理解力の鋭さや思考の怜悧な明断さという特徴を、男性的な本質に関係づけて考えることもできたかもしれない。しかし、その種の区別というのは、学問的に正当化されるというよりはむしろ慣習的なものにすぎない。より重要なのは、たしかに、彼女が、愛の対象に対する振舞いとして必ず男性的類型を演じていたという事実である。つまり、彼女は、愛する男性に特有の謙虚さと見事な性的過大評価の姿勢を示し、ナルシス的な満足はことごとく断念し、愛されるより愛することを優先した。つまり彼女は、対象として女性を選択しただけでなく、男性的な姿勢でそれに対してもいたのである。

もう一方の問い、彼女のケースが先天的な同性愛にあたるのか、獲得されたそれにあたるのかについては、彼女の障害の形成史全体を通して答えられるべきものである。そこでは、この問いの立て方そのものが、どれほど不毛でどれほど不適切なものかも結果として判明することだろう。

II

導入のために非常に詳細な論述をした後なので、それに続いては、この事例のリビードの履歴について簡略で概括的な描写をするだけでさしつかえないだろう。幼年時代、少女は、女性的なエディプスコンプレクス[*1]が示す正常な態度を、とくに目立った点もなく一通り経験し、その後、僅かに年長の兄で父親を代替し始めてもいた。幼少の頃に性的外傷があったことは想い出されておらず、分析によって発見されてもいない。兄の性器を自分のそれと比較するという経験は、ほぼ潜伏期の始まりの時期(五歳かあるいはその少し前)に起こって彼女に強い印象を残し、その影響は後々まで追跡されうるところとなった。幼児初期にオナニー体験があったと示唆するものはほとんどなく、もしくは、その点を明らかにしうるほどに分析は及ばなかった。彼女が五歳から六歳にかけての時期に上の弟が誕生したという経験は、彼女の発達に特別の影響を及ぼすものとはならなかった。学校時代、そして思春期前になって、彼女は徐々に性生活の事実を知るところとなり、好奇心と驚きからくる拒否とが混ざり合った反応でこの事実を受け止めたが、その反応の度合は大袈裟なものではなく、正常と呼べる範囲内にあった。これらの情報はすべていかにも貧弱に思えるもので、それが完全にそろったものだと保証することも私にはできない。ひょっとすると、少女としての物語ははるかに内容豊かなものだったのかもしれないが、私の知るところではない。すでに述べたように、分析は短期間の後に中断され、そのため、提供された既往歴は、文句をつけられても仕方のない他の同性愛者の既往歴と比べてもたいして信頼性が高いとは言いがたいものにとどまった。また、少女は一度として神経症的だったことがなく、分析の中にヒステリーの症状を持ち込むこともなかった。そのため、彼女の子供時代の物語を調べつくそうとする動機は、すぐには生まれようがなかったのである。

十三歳から十四歳にかけて、彼女は、児童公園で定期的に会うことができた三歳にもならない小さな男の子に、誰が見ても度を越して強い特別の情愛を示すようになった。彼女がその子の面倒を見る様たるや、本当に心のこもったものだったので、そこから、その子の両親との間に長く続く友情関係が生まれたほどだった。この出来事から、次のように推測することが許されるだろう。当時彼女は、自らも母になりたい、子供をもちたいという強い欲望にとらわれていたのだ、と。けれども、しばらくすると、その男の子は彼女にとってどうでもよい存在となり、代わって、成熟しているがまだ年若い女性に興味を示し始めたのである。その興味をあまりにあからさまに示したことが、ほどなく、父親の側からの厳しい懲らしめを彼女の身に招くことになった。

この変化が家族の内で起こったある出来事と時間的に重なり合うことは、いかなる疑念の余地もなく確かだった。従ってわれわれとしては、変化に対する説明をこの出来事から期待してよいだろう。それ以前、彼女のリビードは母性に向けられていたのだが、これ以後、彼女は自分より成熟した女性に恋着する同性愛者になり、以来そのままであり続けている。われわれの理解にとってきわめて重要なその出来事とは、母親の新たな妊娠、下の弟の誕生である。彼女がおよそ十六歳頃の出来事だった。

＊1　私は、「エレクトラコンプレクス」という用語を導入することにいかなる進歩も長所も見出さず、これを推奨しようとは思わない(4)。

さて、以下において私はある連関を明らかにしようと思うのだが、それは私の連想能力の産物などでは決してない。きわめて信頼度の高い分析素材によって強く示唆されたものであって、それが客観的に確かなものであることを私は主張できる。とりわけ、内容的に相互にからまり合い容易に解釈可能な一連の夢の存在が、その連関の正しさを結論づけることになった。

分析の結果明瞭に認識されたところによれば、少女が愛することになった婦人は、代替物――母親の――だった。もっとも、この婦人自身は母親ではなかった。しかし、彼女は少女が最初に愛した相手でもなかった。下の弟の誕生以来、最初に彼女の傾倒の対象となった人たちは実際に母親だった。三十歳から三十五歳の間の女性で、夏の避暑地や、大都会の家族ぐるみのつき合いの中で、少女は、子供たちと一緒にいる母親たちと知り合ったのだった。母親でなければならないという条件は、後に放棄されることになった。というのも、この条件は、もう一つ別の条件と現実においてうまく両立せず、この別の条件の方が重要性を増していったからである。一番最後に愛の対象になった女性、例の「婦人」へのことのほか強烈な拘束には、もう一つ別の理由があったのであり、少女はある日それを造作なく見つけ出した。婦人のほっそりした姿、きりっとした美しさ、そして荒々しい性格は、彼女に少し年上の兄を思い起こさせたのである。最終的に選び出された対象は、そういうわけで、単に彼女の理想の女性像に合致するだけでなく、理想の男性像にも合致するものだった。それは、同性愛的な方向をとる欲望の充足と異性愛的なそれを一つに結びつけるものだったのだ。よく知られているように、男性同性愛者の分析は、数多くの事例の中に同様の合致が存在することを指摘してきているのであって、それは、対象倒錯の本質と成立についてあまり安易に考えすぎないように、また、人間すべてに一貫している両性性を見失わないように、と示唆するものとなっている。*2

しかしそれにしても、次の事実はどう理解すべきなのだろうか。少女が自身すでに成熟し、自ら強い欲望を抱くにいたった時点で遅い子供が誕生したことに心を揺り動かされ、その子供を産んだ女性、つまり自分の母親に熱烈な情愛をさし向け、それを母親の代わりとなる女性に対して表現するようになった、という事実である。他のケースから知られていることすべてにかんがみれば、むしろ、反対の事態こそ予期されてしかるべきだったろうに。こういう事情のもとでは普通、母親は、ほとんど結婚してもおかしくない年齢の娘に対して恥ずかしがり、娘の方では母親に対して、共感と軽蔑と嫉妬の入り混じった感情を示すものであって、その感情が母親に対する情愛を高めるのに寄与することなど全くありえない。われわれが観察していた少女が母親に情愛を感じる理由などそもそも無いに等しいのだった。自身まだ年若い女性にとって、早々に花開いたこの娘は厄介な競争相手だった。若い母親は娘を男の子たちの背後に押しやり、その独立心に可能な限り制限を加え、娘が父親に近づきすぎないよう、ことのほか熱心に目を光らせていた。だから、もっと優しい母親への欲求を少女が抱いたとしても、前々から無理もないことだったのかもしれない。しかし、その欲求がなぜあの時点で、しかもやつれんばかりの情熱という形で燃え上がることになったのかは、理解しがたいのである。

これに対する説明は以下のようになる。幻滅に見舞われた時、少女は、幼児期のエディプスコンプレクスが思春期において復活する段階にいた。子供、それも男の子がほしいという欲望は、彼女にはっきり自覚されていた。そ

*2　I・ザートガー「性的倒錯に関する年次報告」(*Jahrbuch der Psychoanalyse*, VI, 1914)、および他の個所参照。

れに対して、その子供が父親の子供、それも父親そっくりの子供でなければならないという点は、彼女の意識は聞き知ってはならなかったのである。ところがそこで、例のことが起こった。彼女ではなく、無意識の内に憎悪の対象だった競争相手、つまり母親が子供を得たのである。憤慨し激怒して、彼女は父親に背を向けた、いや、総じて男性全体に背を向けた。この最初の非常な不首尾を経験して以降、彼女は、自らの女性性を拒絶し、自分のリビードの別の収容先を追求し始めたのだ。

その際彼女が示した態度は、最初に屈辱的な経験をしたため女性という不実な性と長らく不和になり、女ぎらいにすらなってしまう多くの男性の場合と全くそっくりのものだった。われわれの時代の最も魅力的で最も不幸な貴公子の一人について、次のような逸話が伝えられている。婚約中の女性が他の男と組んで彼を欺いたせいで、彼は同性愛になったのだ、と。これが史実通りなのか、私の知るところではない。しかし、この噂話の背後に一片の心理学的真理が隠れていることは確かだ。われわれのリビードはすべて、普通は、生涯を通して男性的対象と女性的対象との間で揺れ続けている。独身の男性は結婚すると、男友達とのつき合いをやめてしまう。しかし、結婚生活が味気ないものになると、仲間同士のたまり場のテーブルに戻っていく。もちろん、この揺れが非常に徹底していて最終的に一方に傾く場合には、われわれは、どちらかの側に決定的に有利に働く何か特別の要因があるのではないかと推測することになる。その要因はおそらく、自分の意にかなう対象選択を貫徹する上で好都合な時点が訪れるのをただ待ち受けていただけなのだ。

つまり、われわれの少女は、幻滅体験の後に、子供がほしいという欲望、男性への愛、総じて女性的な役割というものを振り捨ててしまったのだ。そしてその時点では、明らかに、全く異なる様々のことが起こりえていただろう。実際に起こったのは最も極端なことだった。彼女は男性に変身し、父親の代わりに母親を愛の対象に選んだのだ。[*3] 母親に対する彼女の関係はたしかに、最初から両価《アンビヴァレント》的なものだった。母親に対するかつての愛を再び蘇らせ、その助けを借りて、母親に対する目下の敵愾心を過度に埋め合わせることに易々と成功したのだ。しかし、現実の母親とは折り合うすべがわからなかったので、ここに描き出された感情の転換の結果として、熱烈な情愛を抱いて執着することの可能な母親の代替物を捜し求めるという事態になったのである。[*4]

母親との現実の関係に発する一つの実際的な動機が、「疾病利得[5]」としてこれにさらに付け加わった。母親は、自分が男たちからちやほやされ賛美されることにいまだ価値を置いていた。だからもし少女が同性愛になり、男たちは母親に委ね、言うなれば母親との「衝突を回避する」ことになれば、少女はこれまで母親の不興を買う原因となっていたものを取り除くことにもなったのである。[*5]

＊3　愛情関係を、自分がその対象と同一化することによって中断するというのは、決して珍しいことではない。それは一種のナルシシズムへの退行に対応するものである。それが起こった後には、改めて対象選択がおこなわれるに際して、以前とは反対の性にリビードが備給されることは容易に起こりうる。

＊4　ここに記述されたリビードの遷移という現象は、たしかに、分析家になら誰であれ、神経症患者の既往歴の研究を通してよく知られているものだ。ただ、それらの患者にあっては、この現象はいたいけな子供の年齢、つまり、性愛生活が開花する初期に起こるものだ。ところが、いささかも神経症的ではなかったわれわれの少女の場合、これが、思春期が終わった後の最初の年月に起こっているのである。ちなみに、それは同じく全く無意識のうちにおこなわれたのだが。時期というこの契機がとても重要なものであることがいずれそのうちに明らかになる、ということにならないだろうか。

父親にとって自分がいかに不愉快な存在であったかに少女が気づいた時、こうして獲得されたリビードの姿勢が今や打ち固められることになった。女性へのあまりに情愛のこもった接近のせいで最初に叱責を受けて以来、彼女は、何をすれば父親を傷つけることになり、どうすれば彼に復讐することができるかを知っていた。今より彼女は父親への反抗心から同性愛にとどまることになる。彼女は、手段をつくして父を欺き嘘をつくことに何の良心の痛みも感じなかった。母親に対して不正直だったのは、父親が何も伝え聞かずにいるのに必要な限りでのことだった。「目には目を」の原則に従って彼女が行為しているという印象を私はもった。「汝が我を欺いたのだから、我もまた汝を欺くことを、汝は甘んじて受け入れなければならない」と。その他の点では抜け目なく利口な少女が露骨に不注意におかす失態の数々を他の仕方で判断することは、私にはできない。父親は実際、婦人と娘のつき合いについて折りにふれて伝え聞かされねばならなかったのだ。さもないと、彼女にとって最も切実な復讐心の充足がうまくゆかなかったことだろう。崇拝する女性と一緒に公衆の面前に登場したり、父親の事務所近くの路上を散歩したりすることで、彼女は狙い通りの結果を手に入れた。これらの不手際も、意図せず起こったわけではなかったのだ。ついでに言えば、両親がいずれも、まるで娘の秘められた心理を理解しているかのように振舞ったのは、不思議なことだった。母親は寛容さを示し、まるで娘の回避行動を好意の表現と評価するかのようだったし、父親は自分の人格に向けられた復讐の意図を察知したかのように逆上したのだった。

ただし、この少女の対象倒錯が最終的に強化されるにいたったのは、彼女が件の「婦人」と出会い、いまだ兄に執着していた異性愛的リビード成分を同時に充足してくれる対象をそこに認めた時だった。

＊5　そのような回避行為が同性愛の原因に関連して言及されることは、リビード固着の機制に関してと同様、これまで全くなかったので、よく似た分析的観察についてここで続けて論じておきたい。それは特別な事情のせいで興味深いものである。かつて私は、二人とも強いリビード的衝動に恵まれた双子の兄弟と知り合ったことがある。二人のうちの一方はとても女性にもてる人で、婦人や少女と数え切れないほど多くの関係に深入りしていた。もう一人の方も始めのうち同様の道を歩んでいたのだが、そのうちに、兄の領分に踏み込むこと、そして親密な関係になると外見が似ているせいで兄と間違われてしまうことを不愉快に感じるようになった。そこで、彼は同性愛になることに救いを見出した。女性は兄に委ね、そうすることで兄との「衝突を回避した」のである。また別の機会に、私はかなり若い男性を治療した。彼は芸術家で、誤解の余地なく両性愛の素質があったのだったが、彼にあっては同性愛の方が貫徹されると同時に仕事面での障害が発生した。彼は女性と仕事の双方から逃げていたのだ。分析の結果、その両方に彼を復帰させることができたのだが、その分析は、父親に対する畏怖の念が両方の障害――それらは実は断念だった――にとって最も強い心的動因であることを証明した。彼の想像の中では、女性はみな父親に属するものだった。恭順の念から、彼は父親との葛藤を回避すべく男性へと逃避していたのである。同性愛的対象選択がそのように動機づけられている事例は、もっと頻繁に見出されるに違いない。人類の原始時代には、おそらく、女たちはみな原始群族の父親にして首領である人物に属していたのだから。――双子ではない兄弟姉妹の場合も、そういう回避は、愛情選択の領域と異なる領域においてではあるが、やはり大きな役割を演じている。兄が例えば音楽に打ち込み、それに対する評価を得るとする。すると、音楽的にはるかに才能に恵まれている弟は、音楽に憧れる思いがあるにもかかわらず、ほどなく音楽の勉強を打ち切り、もはや楽器にさわることさえ拒むようになる。これは、とても頻繁に見られる出来事の一例にすぎない。競争を受け入れるのではなく、それを回避するにいたる動機を研究することは、きわめて複雑な心的条件を露《あらわ》にするのである。

III

単線的な叙述は、様々に異なる層で経過してゆく錯綜した心の出来事を描き出すには、あまり適していない。私としてはやむをえずこの事例についての議論の進行を中断し、既述の内容のうちいくつかについて論点を広げ深めてゆかざるをえない。

すでに述べたように、敬慕する婦人との関係の中で、少女は愛情の男性的類型を演じていた。彼女の恭順と情愛のこもる控えめな態度、「《望むところ少なく、何ものも欲しない[6]》」態度、ほんの少し婦人に同伴し、別れ際に手に口づけることが許されただけで抱かれる至福の思い、知らない人に美しさを認められても何の意味もなさなかったのに、婦人が自分のことを美しいと称賛していると耳にした時には感じる喜び、愛する人がかつて一度滞在した土地への巡礼行、より以上を求める感性的欲望一切の沈黙——こういったささやかな特徴のすべてに対応するものがあるとすれば、それは、崇拝する女性芸術家に若い男が最初に示す心酔の情熱だった。若者は、女性芸術家が自分よりはるかに高い所に位置していると信じて疑わず、あえて彼女の方に視線を上げることがあっても、おずおずとでしかない。「男性における対象選択のある特殊な類型」について私はすでに論じたことがあり[*6]、その特徴を、母親への拘束に由来するものと考えたのだが、この類型と目下の事例との一致は個々の具体的な点にまで及んでいた。自分自身の観察からも、愛する女性への陰口の正しさを確信せずにはおれなかったにもかかわらず、その悪しき評判によって彼女がいささかも怯むことがなかったという点は、十分人目を引きえたのだった。そもそも彼女は育ちが良く汚れを知らない少女であって、彼女自身としては性的冒険を回避し、露骨に感性的な充足などは不潔と感じるような人だった。にもかかわらず、すでに彼女の最初の心酔からして、とくに厳格な道徳的傾向の持ち主と称賛されているとは言いがたい女性に向けられていた。彼女が愛情選択に関して最初に父親に反対されることになったのは、かの避暑地で、ある映画女優に交際をせまった態度があまりにしつこかったせいだった。しかも、白羽の矢が立てられたのは、同性愛の評判が立ち、だからその種の欲求の充足への見通しを与えてくれそうな女性たちでは全くなかった。むしろ彼女は、理屈には反することながら、言葉の通常の意味で、男に媚を売るような女たちにこそ求愛を繰り返していたのである。彼女にあっさり身を任せる用意があるような、自分と同年代の同性愛の友達など、彼女は何のためらいもなく撥ねつけていた。その「婦人」の悪しき評判は、それこそ彼女にとって愛の条件だったのだ。こうした振舞いの謎は、母親に由来する例の対象選択の男性的な類型にとっても、選ばれる条件として愛人は何らかの形で「性的に悪い噂があり」、媚を売る女と呼ばれてしかるべき女性でなければならないという点を思い起こすなら、すべて消え失せる。彼女は後に、この特徴づけが自分の敬慕する婦人にどんなによく当てはまるかを、また、婦人が要するに身を売って生計をたてている事実を伝え聞くのだが、その時に彼女が示した反応は深い同情であり、どうすれば愛する人をこのふさわしからぬ境遇から「救い出す」ことができるかについて空想《ファンタジー》をたくましくし、あれこれ思案をめぐらせるというものだった。同様の救出の努力は、私が描き出した例の

＊6　「男性における対象選択のある特殊な類型について(『性愛生活の心理学への寄与』I)」(GW-VIII 66ff.)〔本全集第十一巻参照〕。

類型の男性たちにあっても目立たずにはいなかったもので、この努力が何に由来するものかを、私は言及個所で分析しようと試みたのだった。

それに反し、自殺の企てについての分析は、全く異なる領域に説明を導いてゆくものだった。私は、この自殺の企てが本気でなされたと見なさざるをえなかったが、ちなみにそれは、少女の立場を両親に対しても愛する婦人に対しても著しく改善するものとなったのである。彼女はある日、婦人と一緒に散歩していた。ちょうど事務所から出てきた父親といかにもばったり出くわしそうな場所、時間帯だった。事実父親は彼女らのかたわらを通りすぎ、その際、怒りにもえる眼差しを娘と、すでに彼も知るところとなっていた同伴の女性に投げつけたのだった。その直後に、彼女は市電路線の堀に飛び込んだ。この決断のより詳しい原因について彼女が与えた説明は、全面的に信じるに値するように聞こえるものである。自分たちをあのように憎々しげに睨みつけた男性は自分の父親であって、この交際については聞くもおぞましいと思っているのだ、と彼女は正直に婦人に告白した。すると婦人は突然怒りだし、ただちに自分と別れ、今後二度と待ち伏せしたり話しかけたりしないよう命じたのだ。この件はこれでおしまいにしなければならない、というのである。こうして、愛する人を永遠に失ってしまったという絶望の思いから、彼女は自殺を思い立った。けれども、分析は、彼女自身の解釈の背後にもう一つ別の、より深部にまで及ぶ解釈を露にし、彼女自身の夢を通してそれを裏づけることになった。自殺の試みは、予想できたことだが、自殺以外にさらに二つのことを意味するものだった。懲罰の成就(自己懲罰)と欲望成就である。後者であるとはつまり、自殺の試みとは、その幻滅こそが彼女を同性愛に追いやった例の欲望の貫徹を意味するものだったのだ。すなわち、父親の子供がほしいという欲望である。なぜなら、今や彼女は父親のせいで分娩した〔落下した〕のだから。[*7] その瞬間に婦人がまるで父親同様に話し、同じ禁止を口にした事実のせいで、この深層の解釈が、少女にも自覚されていた表層の解釈と結びつけられることになった。自己懲罰としては、少女の行為は、彼女が両親のどちらかに対して無意識のうちに強い死の欲望を育んでいたことをわれわれに保証するものとなっている。それはひょっとすると、彼女の愛を邪魔する父親への復讐心からくる欲望だったのかもしれないが、しかしよりありそうなこととしては、小さな弟を妊娠した母親に対する復讐心から出た欲望でもあったのだろう。というのも、自殺の謎をめぐって分析がわれわれに明らかにしてきたところによれば、おそらく、次のような人でなければ、自分を殺すために必要な心のエネルギーを見出すことなどないからだ。すなわち、第一に、自殺の際に自分が同一化している対象を共に殺してしまう人であり、第二に、それを通して、他の人に向けられていた死の欲望を自分自身に向け変える人である。とはいえ、そのような無意識の死の欲望が判で押したように自殺者に見出されるという事実には、意外の念を抱くには及ばないし、またわれわれの推論の正しさを証明するものとして感心するにも及ばない。というのも、すべての生きとし生ける者の無意識は、そのような死の欲望で溢れかえっているのであり、普段は愛している人たちに対してさえそうなのだから。[*8] しかし、この懲罰の成就は、母親との同一化においては——彼女（娘）には与えられなかったこの子供の出産に際して母親は死ぬべきだったのだから——それはそれで再び欲望成就でもある。そして最後に、

＊7　自殺の経緯を、このように性的欲望の成就によって解釈することは、分析家には誰でも久しく馴染みのところである（毒殺する＝妊娠する、溺死させる＝産む、高い所から墜落する＝分娩する）。

＊8　「戦争と死についての時評」（*Imago*, IV, 1915）参照〔本全集第十四巻参照〕。

われわれの少女がなしたような行為が可能となるために、この上なく多様な強い動機が共に働かねばならなかったという事実は、われわれの予想に反するものでは決してない。

少女自身が認めた〔分析治療への〕動機づけの中に父親は登場しない。彼の怒りに対する不安が言及されることすらない。ところが、分析によってさぐり当てられた動機づけの中では、父親に主役が帰せられる。分析治療、というよりむしろ検査の経過と結末に対しても、父親との関係は同じく決定的な意義を有することになる。両親に対する気遣いがあるからこそ、彼女は〔治療による〕転換の試みに協力する気持ちになったというのだが、その口実の背後には父親に対する反抗と復讐の姿勢が潜んでいたのであり、それこそが彼女を同性愛に引きとめていたのだ。そのようにかくまい護られていたからこそ、抵抗は分析調査に広い領域を自由にあけ渡していたのである。分析は、ほとんどいかなる抵抗の徴候もなしに、被分析者の生き生きとした知的参加のもとに実施され、にもかかわらず、彼女は完全な心の平静を保ち通した。一度私が、理論の中でもとくに重要で、彼女にもそのまま当てはまりそうな部分を説明した時、彼女は真似しがたい口調で「まあ、なんて興味深いことかしら」と口にした——まるで、美術館を案内されている淑女が、自分には全くどうでもよい陳列品を手持ち眼鏡で吟味する時のように。彼女の分析から得られる印象は、催眠術治療のそれにどんどん似通ってきた。その場合も同様に、抵抗は一定の境界線までは引き下がるのだが、そこから先はもうてこでも動かない。強迫神経症のケースでは、抵抗は、非常にしばしばこのロシア流の——と呼べるだろう——戦術に従おうとするのであって、その結果、しばらくの間は、この上なく明快な成果が得られ、また症状の原因に対する深い洞察が得られる。そのうちにわれわれは、分析上の理解の点ではこれほど大きな進歩が見られるのに、何故そのことが病人の強迫や制止行動の変化には何の成果ももたらさないのか、と訝しく感じ始める。そしてとうとう気づくのだ。そこでもたらされた成果にはすべて、疑いという留保がつけられたままであり、神経症はその防御壁の背後に安住していられるのだ、と。「この男性の言うことを信用せねばならないとしたら、何もかも随分好ましいことでしょう」——病人の心の中ではそう言われているのだ、しかも、しばしば意識しつつ——「でも、実際そうではないのだし、実際にそうでない以上、私は何一つ変える必要などないのだわ」と。もし、この疑いの動機にまでわれわれがさらに肉薄しようとするなら、その時こそいよいよ抵抗との闘いが本格的に勃発するのだ。

われわれの少女のケースでは、彼女の冷やかな留保を可能にしていたのは、疑いではなく、父親への復讐という情動的な契機だった。それが、分析をはっきりと二つの段階に分解し、第一段階の成果を全く完璧で見通しのきくものにしていたのだ。またこの少女の場合、医者への転移に類することなどまるで全く起こっていないかのようだった。しかし、これはもちろんナンセンスであるか、あるいは不正確な言い回しでしかない。医者に対する何らかの関係は打ち立てられているはずであり、ほとんどの場合それは幼児期の関係から転移されたものだろう。実際には彼女は、父親に失望させられて以来はまり込んでいた、男性への徹底した拒絶という姿勢を私に転移したのである。男性に対する憤慨の気持ちが医者との間で充足を見出すには、通例、何の苦労もいらない。そのために嵐のように感情を噴き出させる必要もない。単に医者の努力をすべて台無しにし、病気の状態に留まり続ければそれで表現されるのだ。他ならぬこの物言わぬ症状を被分析者に理解させ、潜在的で往々にして過度に大きなその種の敵対感情を、治療を危険にさらすことなく意識化させるという作業がどれほど困難なものかを、私は経験から知っている。そういうわけで、父親に対するこの姿勢を少女の内に認めるや否や、私は治療を打ち切り、もし治療の試みに価値をおくのであれば、女医のもとで続行するよう忠告した。そうこうする間に、少女は父親に、少なくともあの「婦人」とのつき合いはもうやめる、と約束していた。動機が見え見えの私の忠告が聞き入れられることになるのかどうかは、私の知るところではない。

陽性の転移として、つまり父親に対するもともとの情熱的な恋着が大いに和らげられつつ更新されたものとして理解可能なことが、たった一度だけだが、この分析の中でも起こった。この転移の表現も、他の動機の混入を免れるものではなかったが、にもかかわらず私が言及するのは、それが、異なる方向の話ながら、分析技法について興味深い問題を投げかけるからである。一時期、治療を開始してほどなくのことだが、少女が一連の夢の話を持ち出すことがあった。それらの夢は、夢にふさわしく歪曲されており正確に夢の言語で語られながらも、容易かつ確実に翻訳できるものだった。ただし、そこで解釈された夢の内容には眼を惹くものがあった。それらの夢は、対象倒錯が治療によって快癒することを予兆し、そのことで彼女に開かれる人生の展望への喜びを表現し、男性に愛され子供をもつことへの憧憬を告白し、従って望まれる変身への喜ばしい準備として歓迎できるものだった。しかし、覚醒状態で同時に表明されていた内容との食い違いは、きわめて大きなものだった。彼女はたしかに、結婚するつもりがあることを私に隠そうとはしなかったが、それはしかしもっぱら父親の専制から逃れ、邪魔されることなく自分本来の素質に従って生きるためだ、というのである。男の人とは――いささか侮蔑的に彼女は言うのだった――まあ、なんとかやっていけるでしょう、敬慕する婦人の例が示しているように、いざとなれば男性、女性と同時に性的関係を持つことだってできるのです、と。曰く言いがたいかすかな印象の警告を受け、ある日私は彼女に宣告した。私はそんな夢は信じない。それらは、虚偽であるか偽善であり、あなたの意図は、ちょうどいつもお父さんにそうしてきたように、私を欺くことにあるのだ、と。(7) 私は正しかった。こう説明して以降、その種の夢は現れなくなった。とはいえしかし、それらの夢の中には欺こうとする意図と並んで、一片の求愛も含まれていたのだと私は思っている。それは、私の関心と好意的な意見を得ようとする試みだった。おそらくは、後でより徹底的に私を失望させんがために。

私にはありありと思い浮かぶのだが、好意を得るために見られるそのような虚偽の夢が存在するなどと指摘すると、分析家を称する多くの人に、途方に暮れた憤激の正真正銘の嵐を引き起こすことになるだろう。「ということは、無意識ですら嘘をつくことがありうるわけだ。われわれの心の生活の真の中核であり、われわれのうちにあってみすぼらしい意識より神的なものにずっと近いはずのものですら！　だとすれば、われわれは、どのようにして分析の解釈とわれわれの認識の確かさをあてにすることができようか」と。これに対しては、そういう虚偽に満ちた夢の存在を認めることは、人を震撼させるほどの新しさを何ら意味するものではない、と答えねばならない。神秘に対する人間の欲求は根絶不可能なもので、その欲求が、「夢解釈」によって神秘から奪い去られた領域を人間のために再び取り戻そうと不断に試みていることを、私はたしかに知っている。しかし、われわれが取り組んでいる事例にあっては、すべては十分すぎるほど単純なのだ。夢は「無意識」ではない。それはある形式――前意識からあるいは覚醒した生活の意識からさえ置き去りにされていた思考が、睡眠状態という好条件に恵まれてその中に注ぎなおされることのできた形式――なのだ。(8) 睡眠状態では、夢は無意識の欲望の蠢《うごめ》きによって支えられ、その際、「夢工作」による歪曲をこうむっていた。夢工作は、無意識を対象とする機制によって規定されているからである。われわれの夢見る少女の場合、いつも父親にしていたように私を欺こうとする意図は、全く意識されていなかったとしても、たしかに前意識から生まれてきたものだった。その意図が貫徹されえたのは、もっぱら、父親（ないしは父親の代わりの人）に気に入られたい、という無意識の欲望の蠢きと結びつくことによってであり、そのようにして虚偽を含んだ夢を創り出したのだ。父親を欺きたいという意図と、父親に気に入られたいという意図は双方共に、同じ一つのコンプレクスから生まれてきている。前者は後者を抑圧する中から育ってきており、後者は、夢工作を通して前者へと連れ戻される。そういうわけで、無意識の名誉が失墜するとか、われわれの分析の成果に対する信頼が動揺するとかいうことは、問題にならない。

私はここで、せっかくの機会を逸することなく、一つの事実に関する驚きの思いを言葉にしておきたいと思う。人間は、性愛生活のきわめて大きなそして重要な部分を、その多くに気づかぬままに、いやそれどころか時としては微塵も予感することすらなく経験し通すことができるという事実、そして、それが意識されるにいたる場合でも判断をすっかり誤ることがある、という事実である。そういうことが起こるのは、われわれにも馴染みの現象である神経症という条件のもとに限らず、それ以外にもかなりありふれたことに見える。われわれの事例では、一人の少女が女性に対する心酔を育んでいるのだが、そのことを両親は当初、不愉快に感じ取るのみで、ほとんど真剣に受け止めない。少女自身は、自分がどれほどその心酔の囚われの身であるのか、おそらくわかっているのだろうが、しかし、強烈な恋着という激情については、ある不首尾の結果きわめて過剰な反応を起こし、荒々しい強さを伴い身を焼き尽くす情熱こそが問題になっていると誰の目にも明らかになるまで、やはりほとんど自覚していない。そのような心の嵐が吹き起こるために必要な前提条件について少女が少しでも気づくことなど、絶えてなかったのである。これとは別の機会だが、重い鬱状態にある少女や婦人と出会い、自分の状態についてどんな原因が考えられるかと尋ねると、彼女たちは、ある特定の人にそれなりの興味を抱いたのは確かだが、しかしその興味はさほど深いものではなく、諦めざるをえなくなった後には、じきに縁を切ることができた、などと申し立てる。にもかかわらず、表向き容易に耐えられたというこの断念は、やはり、重い障害の原因となっていた。あるいはまた、別に関わり合うことになった男たちは、女性との表面的な恋愛関係にけりをつけたのだが、その結果生じた現象によってようやく初めて、表向き軽い扱いしかしていなかった対象に自分がいかに熱烈に恋着していたかを思い知らされずにはすまない。また、躊躇せず悔悟の念もなく決断したはずの人工流産、つまり、胎児の殺害の結果、予想もしない影響が生じて驚かされることもある。こうしてわれわれは、それと知ることなく愛している人や、あるいは、自分が愛しているのかどうかも知らずにいる人や、実際は愛しているのに憎んでいると思い込んでいる人を好んで描き出してきた詩人たちが正しかったことを認めざるをえなくなる。自らの性愛生活についてわれわれの意識が受け取る情報こそは、とりわけ不完全で穴だらけになりがちで、偽造されやすいものであるようだ。これらの論究の中で、私が、事後的に起こる忘却の占める比重を差し引くことを怠らなかったのはもちろんである。

IV

ここで私は、この事例について先に中断されたままの議論に立ち戻ることにする。少女のリビードを正常なエディプス的姿勢から同性愛のそれに変えた様々な力について、またその過程で歩まれた心的行程についてわれわれは概観した。彼女を動かすことになったこれらの力のうち上位に位置していたのは、小さな弟の誕生が与えた印象だった。それもあって、この事例は後天的に獲得された対象倒錯に分類するのがもっともだ、とわれわれには思われた。

しかしここでわれわれは、心の出来事の分析的解明に際して他の多くの実例においても遭遇するある事情に注目させられることになる。それらの実例の最終結果から出発し展開を遡って追跡していく限りでは、遺漏のない連関が組み立てられる。そしてわれわれは、自らの洞察が完全に満足すべきもの、おそらくはすべてを汲み尽くしたものであるとさえ見なすことになる。ところが、逆方向の道を選び、分析によって発見された前提から出発しこれを帰結までたどっていこうとすると、他のやり方では測れない必然的な連鎖が存在するという印象はすっかり失われてしまう。事態は異なる結果にいたることもありえただろうし、この異なる結果にしても、同様にきちんと理解し解明することができただろうことに、われわれはただちに気づかされる。つまり、総合は分析のようには満足のゆくものではない。別の言葉で言い換えれば、前提の知識から出発して結果の本性を予言することなどできはしないのだ。

気を滅入らせるこの認識の原因が何であるかを突き止めることは、きわめて容易だ。ある特定の結果に対して決定的な役割を果たした病因論上の諸要素がすっかり知られているとしよう。しかしその場合でも、われわれがそれらを知っているのは、質的特性の観点からでしかなく、それらの相対的強度に関してではない。それらの要素のいくつかは、弱すぎるものとして他の要素によって抑え込まれ、最終的な結果にとっては全く考慮に値しないものとなる。けれども、決定要因のうちのどれがより弱くどれがより強いかをわれわれがあらかじめ知ることは決してない。われわれは、自己を貫き通したものこそより強い要因だったのだ、と最後になって知るにすぎない。こうして、何が原因かを分析という方向の中で認識することは確実に可能なのだが、総合という方向でそれを予言するのは不可能という話になる。

だから、思春期のエディプス的姿勢に由来する愛の憧憬が深い幻滅を味わえば、どんな少女もそのせいで必然的に同性愛に陥ってしまうだろう、などと主張するつもりはわれわれにはない。むしろ逆に、この外傷に対しては、異なるタイプの反応の方が頻繁に見られるものだろう。だとすると、この少女の場合、特異な要因が決定的な意味をもったのに違いないことになり、それは、外傷の外側にあった要因、おそらくは、内的性質のものであったに違いない。それが何かを指摘することもさほど難しいことではない。

よく知られているように、正常な人の場合でも、愛の対象がどちらの性になるかが最終的に決定されるまでには一定の時間が必要となる。同性愛的な心酔や、感性的色彩の濃い過度に強い友情というのは、思春期後の最初の何年か、どちらの性にあってもいかにもありがちなものだ。われわれの少女の場合も、事態はそのようであったが、ただし彼女の場合、これらの傾向が他の人より明らかに強く、また長く続いた。それに加えて、後年の同性愛を予告するこうした先触れが、彼女の意識生活を常時占領するところとなったのに対し、エディプスコンプレクスに発する態度の方は無意識のままにとどまり、小さな男の子に優しくする態度といった徴候の中でしか表面化しなかった。学校の生徒だった頃、彼女は、近寄りがたく厳しい女性教師、つまり一目で母親の代替物とわかる人に長らく恋着していた。少女は、若くして母親になった多くの女性に対する特別に活発な関心を、弟が生まれるずっと以前から示していた。ということは、より確実なこととして、父親に初めて叱責される以前から示していたのだ。つまり、彼女のリビードは、とても早い時期から二つの方向に流れていたのであり、そのうちのより表面的な流れの方は、ためらいなく同性愛的と呼ばれて差しつかえないのである。これはおそらく、幼児期における母親への固着がそのまま変わることなく継続していたものだろう。ことによると、われわれの分析が発見したのは、恰好のきっかけが与えられたために、深い方の異性愛的リビードの流れまでもが顕在的で同性愛的なそれに転換することになったというプロセスに他ならないのかもしれない。

さらに分析が教えてくれたところでは、少女は子供時代から非常に強い「男性性コンプレクス」を抱え続けてきた。活発で、喧嘩好きで、少し年上の兄の後ろに引っ込んでいる気など毛頭なかった彼女は、性器を観察した時以来、強烈な「ペニス羨望」の思いを育み、その蘖《ひこばえ》がいまだに彼女の思考を充たしていた。彼女は本来、女性の権利擁護者であり、女の子が男の子と同様の自由を享受すべきでないとされることを不公平と見なし、総じて、女性の運命に抗って生きていた。分析がおこなわれた時点では、妊娠や出産を思い浮かべることは彼女にとって不愉快だったが、私の想像では、それは妊娠の結果として身体が不格好になることとも結びついていた。彼女の少女らしいナルシシズムはこの防衛へと退却してしまい[*9]、自らの美しさに対する誇りとして表現されることはもはやなかった。様々の異なる徴候が、見ることと見せることへのとても強い好奇心がかつて存在したことを示唆していた。病因論において後天的獲得の権限を切り縮めて見ることをよしとしない人なら、次の点に注意を喚起するだろう。少女の上述のような態度は、母親に強く固着する中で彼女に冷遇されていたことと自らの性器を兄のそれと比較したこととが一体となって生じた作用に規定されたものに違いない、という点である。ここにも、生得の体質による特徴と捉えてみたくもなろうものを、早くから力を及ぼした外部の影響による刻印へと還元して考える可能性が存在している。そして、この後天的獲得についても——それが本当に起こったことだとして——その一部は、生まれつきの体質の方に数え入れねばならないだろう。理論の中でわれわれが――遺伝と後天的獲得という――対立するもののペアに分解しがちなものは、観察の中では、常々そのように混ざり合い一体となって存在しているのだ。

先に下されたこの分析の暫定的な結論では、ここで問題になっているのは後天的に獲得された同性愛の事例であるという見解が表明されたのだが、今題材を再検討してみると、むしろ、ここに見られるのは先天的な同性愛である、ただしよくあるように、思春期の後にようやく固定され見紛いようなく発揮されることになったものだ、という結論が否応なく浮上してくる。このような分類はそのどれをとっても、観察を通して確かめられうる事の真相の一面にしか対応しておらず、他の側面はないがしろにするものだ。こういう問いの立て方の価値をそもそもあまり高く見積もらない場合に、われわれは正鵠を射ることになるのだろう。

同性愛を取り扱う文献では、通例、一方における対象選択の問題と、他方における性的特徴と性的姿勢の問題が、十分厳密に区別されているとは言えない。まるで一方の点での決定が、必然的に他方のそれに直結するとでもいわんばかりだ。しかし、経験が示すのはその反対である。男性的性質の方が優り、性愛生活でも男性的な類型を示す男性が、にもかかわらず対象の点では倒錯していて、女性でなく男性しか愛さないということがありうる。また、性格面で女性的特徴が目立って優勢で、恋愛では女性のように振舞う男性の場合、その女性的な態度のせいで、愛の対象としては男性の方に注意が向けられるというものだろう。にもかかわらず、彼が異性愛で、対象に関して正常な男性が平均的に示す以上には倒錯を示さない、ということがありうるのだ。同じことは、女性にも当てはまる。

＊9　『ニーベルンゲンの歌』の中のクリームヒルデの告白を参照せよ。(9)

女性にあっても、心的な性的特徴と対象選択とは固定的な関係をなし一致するとは限らない。つまり、同性愛の秘密というのは、通俗的な目的のために好んで表現されているほど単純なものでは決してないのだ。一方で、女性の心が、女性であるがゆえに男性を愛して当然なのに、不幸にも男性の身体の中に宿っていたり、あるいは、男性の心が、抗いがたく女性に惹きつけられるにもかかわらず、残念ながら女性の体に閉じ込められていたりする。問題になっているのは、むしろ、特徴の三つの系列、すなわち、

身体上の性的特徴(肉体的両性具有) —— 心の性的特徴(男性的/女性的姿勢) —— 対象選択の種類

であって、それらは、ある程度は互いに独立に変化し、個人個人のうちで様々に置き換えられながら見出されるのだ。偏向しがちな文献は、実際上の動機から、素人にはそればかりが目立つ第三の点、つまり対象選択における態度を前面に押し出し、それに加えて、この点と第一の点との関係の動かしがたさを誇張することによって、こうした事情への洞察を難しくしてきた。それは、精神分析研究が発見した二つの基本事実に反対することで、画一的に同性愛と呼ばれている現象総体へのより深い洞察につながるはずの道を塞いできたのである。同性愛の男性は母親に対する特別に強い固着を経験していた、というのが第一の事実であり、正常な人もすべて、顕在的な異性愛と並んで著しい程度の潜在的あるいは無意識的な同性愛を示す、というのが第二の事実である。これらの発見を考慮に入れると、自然が特別の気まぐれを起こして創造した「第三の性」なるものを想定する余地は失われてしまう。

精神分析の使命は、同性愛の問題を解決することにあるのではない。精神分析は、対象選択に際してその決定につながった心的機制を明らかにし、その機制から欲動の素地への道をたどってゆくことでよしとしなければならない。そこまでたどりつけば、精神分析は仕事を打ち切り、残った問題は生物学的研究に委ねることになる。生物学

的研究はつい先頃、シュタイナハ[*10]がおこなった実験によって、上述の第二、第三の系列が第一の系列によってどのように影響されるのかに関してきわめて重要な解明をもたらした。精神分析は、人間の（動物の場合もそうだが）個体がもともとは両性性を有していたと前提することを通して、生物学と共通の地盤の上に立っている。けれども、精神分析は慣習的あるいは生物学的な意味で「男性的」、「女性的」と呼ばれているものの本質を解明することは、精神分析にはできない。この二つの概念を受け入れ、自らの仕事の土台に据えるしかないのである。還元の試みをさらに押し進めるならば、精神分析にとっては、男性性は能動性、女性性は受動性対象に希薄化してしまうが(10)、それでは内容が乏しすぎる。分析の領域に属する解明作業の中からも、対象倒錯を改善するための手がかりが成果として得られるだろうと期待されているが、そうした期待がどの程度容認され、あるいはどの程度すでに経験によって確認されているかについては、私は先に詳述を試みた(11)。この影響力の度合など、シュタイナハが個々の事例において手術の介入によって到達した見事な変化と比較するならば、おそらく微々たるものだろう。われわれが、汎用的に使える対象倒錯「セラピー」への期待を今すでに抱くなら、それは性急にすぎるか有害な誇張にしかなるまい。シュタイナハが成功を収めた男性同性愛の事例は、この上なく顕著な肉体的「両性具有」という、常に存在するわけではない条件を満たすものだった。類似の方法による女性同性愛のセラピーがどのようなものになるのかは、当面全くわからない。もしそれが、おそらくは両性具有である卵巣を切除し、望ましいとされる単性的な他の卵巣を移植するという操作であるとすれば、それが実用化される見込みは実際上ほとんど皆無だろう。自分を男性だと感じ、男性

＊10　A・リプシュッツ『思春期腺とその影響』E・ビルヒャー社、ベルン、一九一九年を見よ。

のように〔女性を〕愛してきた女性個人が、女性の役割の中にだまって押し込められることなどほとんどありえないだろう――もし、もっぱら利点のみからなるとはいいがたいこの変身を、母性の放棄という代価で支払わねばならないとすれば。[12]

（藤野　寛　訳）

分析技法の前史にむけて
Zur Vorgeschichte der analytischen Technik

ハヴロック・エリスは性に関して多くの業績を残してきた研究者であり精神分析の高邁な批判者であるが、『葛藤の哲学および戦時の他の評論、第二集』（ロンドン、一九一九年）という題名の近著に所収の論文「性との関連における精神分析」において、精神分析の創始者の作品は科学的な仕事ではなく、芸術的業績として評価されるべきだということを証明しようと試みている。われわれとしては、この見解がどんなに好意的な物言いを、それどころかおもねるような物言いを装っているにしても、そこに精神分析に対する新たな局面の抵抗と拒絶を見ないわけにはゆかない。こうした見解には断固として反論しておきたい。

とはいえ、ハヴロック・エリスの評論にかかずらう動機は、反論したいということではない。そうではなく、エリスの博覧が、自由連想を技法として行使し推奨していた一人の著述家を引き合いに出すにまで至っている事実が問題なのである。その著述家が自由連想を行使・推奨する目的はわれわれと異なっているが、それにしても、この点で彼は精神分析家たちの先駆者として名づけられる権利があるというのである。エリスは書いている。「一八五七年、医者というよりはスヴェーデンボリ系統の詩人・神秘家として知られたJ・J・ガース・ウィルキンソン博士は、「着想」という名の、自称新たな方法によって生み出された、韻律不整の神秘詩集を上梓した(1)。彼の言うには、「あるテーマを選ぶかあるいは書き記してみる。そうしたなら、タイトルを書き記したあと最初に思い浮かんだ着想(impression upon the mind)を、テーマを仕上げてゆく事始とみなしてよい。その場合、当該の語や文がいかに奇妙で的外れであると思われても意に介してはならない」。「精神の最初の蠢《うごめ》きが、最初に出会われる言葉が、所与のテーマに沈潜しようという努力の成果なのである」。このやり方を一貫してやってみる。そうすると、「あやまつことのない本能に導かれでもしたように事の内奥にまで達するのをわたしはいつも見出したのである」とウィルキンソンは言う。この技法は、ウィルキンソンの考えでは、深部に存する無意識の蠢きに対する表に出てこいという要求に、つまり、最高度の自由放任に対応したものであった。意志や熟慮は排されなければならない、とウィルキンソンは忠告する。思いつき(influx)に身を委ねることだ。そうすれば、精神の能力が知られざる目標にむけて投入されていることがわかるだろう」。

「ウィルキンソンは医者であるにもかかわらず、この技法を宗教的・文学的目的のために応用しても、医師としての目的や科学的目的のためには応用しなかったということは忘れてはならない。しかしいまの場合、自分自身を対象としている技法が本質的に精神分析の技法であることは簡単に見て取れるし、それは、フロイトの手法が芸術家(artist)のそれであることの、いま一つの証拠なのである」。

精神分析の文献に通じている者ならここで、シラーとケルナーの往復書簡中のあの美しい個所[*1]を想い起こすであろう。そこで偉大な詩人＝思想家(一七八八年)は、創造力をもちたいと願う相手に対し、自由な着想に注目するように勧めている。ウィルキンソンの自称新たな技法はすでに他の多くの人も考えついていたことは推測するに難くないし、精神分析でこの技法が体系的に応用されていることも、フロイトの芸術家気質を証明するというよりは、あらゆる心の生起が徹頭徹尾決定されていることをフロイトがまるで先入見のように堅く確信していることからの帰結として考えられよう。そうすると、自由な着想は固定されたテーマに結局は行き着くというのが可能性としてもっとも手近でありそうなことであった。この点は、過大な抵抗のために、推測された連関が認めがたいものとなっていない限り、分析の経験によっても確かめられる。

とはいえ、シラーにせよガース・ウィルキンソンにせよ、精神分析の技法の選択にあたって影響を及ぼしたわけではないことは、間違いないとみなしてよいだろう。より個人的なつながりの方が別の角度から指し示されるように思われる。

最近、ブダペスト在のフーゴー・ドゥボヴィッツ博士がフェレンツィ博士に、ルートヴィヒ・ベルネ(2)のわずか四頁半の小論説に対して注意を促した。一八二三年に書かれたこの論説は、彼の『著作集』(一八六二年版)第一巻に再録されている。タイトルは「三日間で独創的著作家となる技術」というもので、ベルネが当時崇敬していたジャン・パウル流の周知の特徴的文体を示している。論説は次のような文章で締めくくられている。「約束された応用とは以下のようである。二、三枚の大型紙を用意し、頭によぎる一切を、三日間たてつづけに、ごまかしもへつらいもなしに書き記してみよ。自分自身について、妻について、トルコとの戦争について、ゲーテについて、フォンクの刑事裁判(3)について、最後の審判について、上司について、自分が考えるところを書き記してみよ――三日もすれば、自分がなんと前代未聞の新たな考えをもっているかに驚き、まったく呆然としてしまうだろう。これが、三日間で

＊1　O・ランクが見つけたもので、『夢解釈』第五版、一九一九年(4)、七二頁(GW-II/III107-108)〔本全集第四巻〕に引用されている。

独創的著作家となる技術なのだ！」

ベルネのこの論文を読む機会を得たときフロイト教授は、ここで触れられている着想の精神分析による利用の前史を考えるに当たって、有意義な一連の発言を残した。教授の語ったところによると、彼はベルネの作品を十三歳のときにプレゼントしてもらい、その書物は五十年後の今日でも、若いときからのものとしては唯一所有している。この作家は、教授がその作品にのめりこんだ最初の作家であった。話題にされた論説のことは想い出せないが、同巻所収の、「ジャン・パウル記念講話」や「食事の芸術家」や「白鳥亭の馬鹿男」といった他の論説は、はっきりとした理由もなく長い年月を通して繰り返し想い出の中によみがえってきた。教授自身がつねづね懐きまた主張してきた幾つかの考えが、独創的著作家になるためのアドヴァイスとして発言されているのを見て、教授はとりわけびっくりしたという。たとえば、「考えることへの恥ずべき臆病さゆえに、われわれはみな引っ込み思案になる。政府の検閲以上に、われわれの精神的所業に対する世論の検閲の方が威圧的である」(ちなみにここでは「検閲」が言及されているが、これは精神分析において夢の検閲として再来することになった……)。「著作家がいま以上に卓越したものとなるために欠けているのは、ほとんどの場合、精神や性格ではない。……率直さがあらゆる天才の源であり、人間はより道徳的であったなら、より利発であったことだろう……」。

したがって、多くの場合外見上の独創性の背後に推測されてよい、あの記憶隠匿の一つが、この指摘によってもひょっとして暴かれた可能性がなしとしない。

（須藤訓任　訳）

アントン・フォン・フロイント博士追悼

Dr. Anton v. Freund

一九二〇年一月二十日、四十歳を迎えて数日後、アントン・フォン・フロイント博士がウィーンのサナトリウムで逝去された。一九一八年九月ブダペストでの学会以来、国際精神分析協会の事務総長を務めていた博士は、われわれの科学の最大の促進者であり将来へのもっとも麗しい希望の一人であった。一八八〇年ブダペスト生まれ。哲学の博士号を取得し教職につくことに決めたが、のち、父親の企業経営に参画するよう説得された。製造業者として、また企業組織者として大きな成功を収めたが、その両方の成功をもってしても、彼の本質の内奥から押し寄せる社会扶助と学問活動への欲求を満たすことができなかった。個人的な野心がなく、人に愛される魅力的なあらゆる資質を身に付けていた彼は、他人のために尽くし他人の過酷な運命を和らげることに、そして社会正義への人々の感覚をあまねく研ぎ澄まさせることに、自分の有効な資産を活用した。そのようにして、彼には友人の大きな輪ができた。この友人たちは彼を失ったことに多大の打撃を受けるだろう。

生涯の最後の数年に精神分析を知った彼は、自分の二つの大きな欲望が一挙に成就される見込みがあるのではないかと思うようになった。それまでは少数の富裕層にしか役立ちえなかった精神分析を大衆のために役立て、その医療技法の治癒作用を貧しい人々の悲惨な神経症の緩和に利用するという課題を、彼はみずからに課した。国家は国民の神経症など意に介していなかったし、たいていの診療所は精神分析治療を唾棄はしても、その代替物を提示することはできていなかった。そして精神分析医個々人はといえば、自分の身を養うことに手一杯でこの巨大な課題に立ち向かうことができないでいた。こうした情況の中、アントン・フォン・フロイントは私的な発意で、万人のためにかくも重要な社会的責務を果たすべく道を切り開こうとした。戦争の年月の間、彼は、一五〇万クローネ以上という当時としては莫大な金額を、人道的目的に用いるべくブダペスト市のために集めたのである。この金額は、ブダペストに精神分析の施設を創設するために使うということで、当時のブダペスト市長シュテファン・フォン・バルツィ博士と合意された。施設では、分析が実施また教育され、民衆に開放されるはずであった。かなりの数の医者を精神分析の実践にむけて施設で養成し、そうして今度はそれらの医者が貧しい外来の神経症者の治療にあたり、その対価を施設から得るということも、意図されていた。そのうえさらに、施設は分析医の学問的な継続養成の中心地になるはずのものであった。フェレンツィ博士が施設の学問的指導者に決まっていたし、フォン・フロイントみずからその組織化と維持に当たる手はずになっていた。この創設者は国際精神分析出版社の設立にむけてもフロイト教授に、当然より小額であるが相応の寄付をした[1]。しかし、

人間、このはかなきものが立てる、
希望とは、企てとは、いかばかりのものであろうか[2]。

フォン・フロイントの夭折のため、学問的希望に満ちたこれらの博愛的計画に終止符が打たれた。彼の集めた基金はいまだ残ったままであるが、ハンガリーの首都を治める現在の権力者の態度からして、フォン・フロイントの

意図の実現は期待できない。ただ精神分析出版社だけはウィーンで日の目を見た。

しかし、故人が示すことを望んだ手本はすでに効果を発揮している。彼の死の数週間後、マックス・アイティンゴン博士の尽力と惜しみない寄金のおかげで、最初の精神分析の診療所がベルリンで開設された。こうしてフロイントの事業は後継者を見出し、彼の人柄はかけがえなく、忘れられえない。

（須藤訓任　訳）

ある四歳児の連想
Gedankenassoziation eines vierjährigen Kindes

あるアメリカ人の母親から届いた手紙に次のように書かれていた。「小さな娘が昨日語ったことについて、私はあなたにお話ししなければなりません。今もってそのことが私には全く理解できないのです。いとこのエミリーが、わたし、新しい家に入居することになるわ、と語りました。すると子供がこう言ったのです。エミリーが結婚するなら、彼女には赤ちゃんが生まれるわ、と。私はとても驚き、彼女に尋ねたのです。そうね、でもそんなこと、あなたはどこから知ったの。それに対して彼女が答えました。そうよ、誰かが結婚すると、いつも赤ちゃんがやってくるんだわ。私は繰り返しました。でもあなたは、どうしてそんなこと、知ることができるの。それに対して娘は言いました。あら、わたし、もっと多くのことを知っているわ。わたし、木が土の中で(in the ground)成長していくことだって知っているわ。考えのこの独特の結びつけ方を想像してみて下さい。これこそ、私がいつか性教育のために彼女に言おうと思っていたことなのですよ。そして、娘はそこからさらに続けたのです。わたし、愛する神様が世界をお創りになった(makes the world)ことだって知っているわ。そんな風に話すのを聞くと、彼女がまだ四歳にすらなっていないことが、私にはほとんど信じられません」。

この母親は、子供の最初の発言から二つ目の発言への移行を自分でも理解したようだ。子供はこう言いたいのだ。わたしは、子供がお母さんの中で成長することを知っているわ、と。そして、この知識を直接ではなく、母親を母

GW-XII 305

282

なる大地で置き換えることによって象徴的に表現するのだ。子供がどれほど早くから象徴を用いるすべを心得ているかを、われわれは、疑問の余地のない多くの観察からすでに知っている。ただし、小さな少女の三番目の発言もこの連関からはずれてはいない。われわれとしては、その子は、子供がどこから来たのかについても自分がもっと知っているのを伝えようとしたのだ、と想像するしかない。わたしは、それがみんなパパの仕業だということも知っているわ、と。もっともここでは、彼女は、直接の思考をそれにふさわしい昇華で置き換え、「愛する神様が世界をお創りになった」と表現したのである。

（藤野　寛　訳）

J・J・パットナム著『精神分析論集』への序言

Preface to J. J. Putnam, "Addresses on Psycho-Analysis"

本シリーズ(1)の編集者はその劈頭を飾る巻として、ハーヴァード大学の傑出した神経学者、ジェームズ・J・パットナム教授の遺したこの精神分析論集を出版できることに、格別の満足を感じているに違いない。一九一八年に七十二歳で亡くなったパットナム教授は、精神分析に興味をもった最初のアメリカ人であるだけでなく、やがてアメリカにおけるそのもっとも断固たる支持者となり、もっとも影響力のある代表者となった。教師としての活動によって、また器質性神経疾患の領域における重要な仕事によって確立された名声のおかげで、そして、だれからも尊敬されるその人柄のゆえに、教授はおそらくほかのだれにも劣らず祖国で精神分析を広めるのに功績があったし、大西洋のこちら側でもあちら側でも不可避的に投げかけられる誹謗から精神分析を護ることに功績があった。そうした非難はみな、パットナムのように気高い倫理的志操と正しい道徳性をもった人がこの新たな学問とそれに基づいた治療との支持者の側に与したとあれば、沈黙せざるをえなくなったのである。

ここに集められて一巻をなした諸論文は、一九〇九年から生涯の最後までの期間に書かれたものであるが、精神分析に対するパットナムの関係について、わかりやすいイメージを与えてくれる。その内容とは以下のようなものである。最初パットナムは、〔精神分析に関する〕不十分な知識に基づいたその場限りの判断の修正に取りかかったこと。それから人間の不完全性や欠陥の起源について精神分析が明瞭な光を投げかけるのを認め、精神分析の本質を受け入れたこと。そして、精神分析の路線によって人間性の改善に寄与できる見込みが高いことに心を打たれたこと。ついで、精神分析が下した結論と公準のほとんどが真理である、と医師としての自分の活動によって確信するにいたり、さらに医師は分析を使用する方が患者の苦しみについてはるかによく理解し、それ以前の治療法に可能であったよりもはるかに多くのことを患者のためになしえる、という事実を自分の側でも証言するにいたったこと。そして最後に、科学として精神分析はある特定の哲学体系と手を結び、分析の実践はある特定の倫理学説と公に繋げられるべきだと要求することで、精神分析の限界を超えはじめたこと。

してみれば、パットナムのようなすぐれて倫理的・哲学的な性向をもつ精神が、精神分析に深く没潜した後、自分の心にとってもっとも大切な目標と精神分析との間に緊密きわまりない関係を打ちたてようと願うとしても、なんら不思議なことではないであろう。しかし、彼のような高齢の人にあってはいかに賛嘆すべきことであろうとも、その熱意が他の人々をも動かすにはいたらなかった。若い人々は冷静なままであった。特に反対の意見を表明したのはフェレンツィであった。パットナムの提案を拒絶する決定的な理由となったのは、無数にある哲学体系のうち、どれを受け入れたらよいのかわからないというものであった。なぜなら、哲学体系はどれも同様にあやふやな基礎の上に立っているように思われたし、また、いかなる犠牲を払おうとも精神分析の成果を相対的に確実ならしめることがこれまで目指されてきたのだからである。生に対するある特定の態度が、分析的探求それ自身によって必然性の重みをもってわれわれに課せられることになるのではないかと、むしろしばらく待ってみる方がより賢明だと思われたのである。

著者の未亡人であるパットナム夫人には、草稿や著作権や財政に関する支援のゆえに、心からの感謝を述べなくてはならない。この支援がどれか一つ欠けても、本巻の出版は不可能となっただろう。論文Ⅵ、Ⅶ、Ⅹについてはその英文草稿がみつかりそうもなかったので、パットナム自身が書いたドイツ語のテクストからキャサリン・ジョーンズ博士が英語に翻訳した。

本巻のおかげで、精神分析の同僚の中に、その喪失をわれわれが深く悼む友人の想い出が護られてゆくことであろう。願わくは、本巻がシリーズの第一巻となって、それに続く出版が英語圏の人々の間に精神分析に対する理解を広め、その応用をさらに押し進めてくれるよすがとならんことを！——それこそ、ジェームズ・J・パットナムがその実り多き生涯の最後の十年を捧げた目的だったのである。(2)

（須藤訓任　訳）

クラパレード宛書簡抜粋

Auszug eines Briefs an Claparède

（…）一つの点において——こうした批判的言辞をお許しいただけるなら——あなたはわたしに対し間違いを犯し、読者に不正確な情報を与えています。つまり次の個所です[1]。「《八、リビード。性欲動は心的活動のあらゆる発現の根本的駆動力である[2]》」。そして少し後で、わたしもわたしの弟子もこの点をはっきりと表明していない旨を付け加え、こう述べています。「《しかし、行間を読み取り、理論の字面でなく精神を捉えなければならない[3]》」。あなたの筆ですら、よく見られるこの誤解から逃れられていないのを見て驚いています。これとはまったく反対に、わたしは幾度も、そしてあたうる限りはっきりと、転移神経症との関連で、性欲動と自我欲動[4]との間に区別を設けたこと[5]、そして、わたしにとってリビードとはもっぱら前者、性欲動のエネルギー[6]を表示するものだということを説明してきました。リビードを心というもののすべての原動力と等価にし[7]、リビードの性的本性を難じているのは——わたしではなく——ユングです。あなたの論述はわたしの見解にもユングの見解にも忠実ではなく、むしろ両方を混在させているのです[8]。

あなたはわたしからリビードの性的本性を借用し、ユングからはその普遍的意義を借用しています。このようにして批判者たちの頭の中に、わたしのもとにもユングのもとにも見出されない汎性欲主義なるものが作り出されるのです[9]。

わたしに関して言えば、一群の自我欲動が存在していることも、心の生活において自我欲動に帰着するものがことごとく存在していることも十二分に認めています。ただ一般人の大部分はそのことを知りません。一般人には隠されているのです。わたしの夢理論を紹介する際には、往々にしてまさにこうしたやり方がなされるのです。[10] あらゆる夢が性的[11]欲望の成就であるなどと、わたしが主張したことはありません。しばしばその反対のことを強調してきたのです。[12] しかし、それも詮方ありません。いつも同じことが繰り返されるのです。

心よりの感謝と挨拶をこめて

フロイト

（須藤訓任　訳）

精神分析とテレパシー
Psychoanalyse und Telepathie

まえがき

われわれの科学の完成に安んじていそしむことは、どうも運命が許してくれそうにありません。二回の攻撃を勝利のうちに撃退した――最初の攻撃はわれわれの明らかにしたことをあらためて否定しようとしましたが、無内容にただ否定の動機を示しただけであり、第二の攻撃は、明らかにされた内容の本性をわれわれが誤解し、ともすれば取り違えていると説き伏せようとしました(1)――と思ったら、それゆえ、これらの敵からやっと身を護ることができたと思ったら、とたんに新たな危険がもちあがってきました。今度の危険は大規模で根本的なもので、われわれにとってだけ脅威となっているのではなく、もしかしたらわれわれ以上にわれわれの敵にとってより大きな脅威となるものです。

いわゆるオカルト事象の研究を、もはや拒否するわけにはまいらないようです。オカルト事象とは、いわれるところでは、誰もが知っている人間や動物の心以外に心的な力が現実に存在することを保証したり、あるいは人間や動物の心にもこれまで思ってもみなかったような能力があることを暴露したりする事象のことです。こうしたことについての研究趨勢には抗いようもなく強力なものがあるようです。いまの短い休暇の間にわたしは、オカルト研

GW-XVII27

究のために新たに創刊された雑誌へ協力を求められ、お断りするということが三度ありました。この潮流がどこから力を得ているのか、それもわかります。それは、大戦によって世界が破局を迎えて以来、現存するあらゆるものを襲った価値喪失の表現でもありますし、われわれに迫っている、未曾有の規模の大変革を手探りしようとすることの一端なのです。むろん、この世の生が失った魅惑を、他の――超地上的な――領域で手に入れようとする補償の試みでもあります。実際、厳密科学におけるかなりの数の出来事もこうした展開に好都合だったようにも考えられます。ラジウムの発見は物理世界の説明可能性を大いに拡張もすれば混乱させもしましたし、つい先ごろ獲得されたいわゆる相対性理論の知見は、よく知りもしないで驚嘆している多くの人に、科学の客観性への信頼を揺るがせるという結果をもたらしました。アインシュタインが最近みずからそのような誤解に抗議するという挙に出たことは、皆さんもおぼえておられるでしょう。

　オカルティズムへの興味の増大が精神分析にとって脅威であるのかどうかは自明のことではありません。反対に、両方の側で互いに共感を懐くようになるという事態も十分考えられるでしょう。両方とも、公認の科学の側から同じように冷淡で傲慢な取り扱いをされてきました。精神分析は今日でも神秘説の疑いありとみなされていますし、それが言う無意識なるものは学校知識の与り知らぬ、天と地の間の事物[2]に数えいれられています。オカルト主義者から寄せられる無数の協力依頼が示しているのは、彼らがわれわれを半分仲間として扱おうとしていること、厳密学の権威からの圧力に対抗する支えとしてわれわれを当てにしているということです。他方、精神分析もこの厳密学の権威を献身的に防御することになんら利害をもっておりません。精神分析自身は因習的に制限され固定されたものや一般に認可されたものすべてに敵対しております。精神分析が知識人の知の驕りに反対し、民衆の、はっきりしないけれども取り壊しがたい予感に助力を差し伸べるとしても、これがはじめてではありません。こうして、分析家とオカルト主義者との連合・共同作業は自然なことでもあれば、見込み豊かなことでもあるように思われます。

けれどもう少し詳しく見てみると困難が出てきます。大多数のオカルト主義者を突き動かしているのは知識欲でもなければ、羞恥心――否定しようもない問題に向き合うことを科学はこんなにも長く忽《ゆるが》せにしてきたという羞恥心――でもなければ、新たな現象領域を科学の配下に置こうという欲求でもないのです。オカルト主義者はむしろすでに確信し終えているのであって、それにお墨つきをもらって、あからさまに自分の信仰に帰依するための正当化を求めているだけなのです。しかし、オカルト主義者が最初に自身で証明し、ついで他人にも押しつけたいと思っているこの信仰とは人類の発展史のうちで科学によって撥ねつけられた昔の宗教的信仰であったり、原始人のすでに克服された信念により近い代物であったりするのです。それに対し分析家は、厳密な科学精神に自分が由来し、また科学精神の代表的人物と同じところに帰属していることを否定できません。人間の欲望の蠢《うごめ》きが有する力に対し、つまり快原理の誘惑に対し、極度に不信感をもつ分析家は、客観的な確実性に少しでも到達するためなら一切を犠牲にする覚悟ができています。犠牲にされるものとは、遺漏のない理論のまばゆいばかりの威光であり、完成された世界観を所有しているという胸の高鳴る意識であり、筋の通った倫理的行為にむけて幅広く動機づけられているがゆえの満足感のことです。こうしたものの代わりに分析家は、断片的な知識のかけらと、不鮮明なところがあっていつなんどき改変されるかわからない基本的仮説とで満足します。周知の物理・化学的法則の強制から逃れさせてくれる瞬間を待ち構える代わりに、分析家はより拡張され深くにまで及ぶ自然法則の出現を期待し、よろこんでそれに従います。結局のところ分析家は度しがたい機械主義者・唯物論者です。ただ、心的なもの・精神的なものから、そのいまだ知られざる特有性を奪うことのないようにと心がけているだけなのです。オカルト的資料の探求に足を踏み入れるのも、そのことによって人類のさまざまな形の欲望を物的現実から決定的に引き離しておくことができると期待するからにすぎません。

これほどまで精神の持ち方が異なっている以上、分析家とオカルト主義者の共同作業から多くを得ることは見込めません。分析家には、心の生活の無意識という、離れてはならない作業領域があります。作業の最中にオカルト的現象に目を凝らそうとするなら、分析家はより手近にあるすべてのものを見逃してしまう危険を冒すことになるでしょう。分析家としての武器装備の本質的部分をなしていたはずの虚心坦懐・公平無私・予断のなさといったものが失われることになるでしょう。もっとも、オカルト的現象がほかの現象と同じように見誤りようのないものなら、分析家はその現象もほかの現象同様避けることはないでしょう。これが、分析家の活動と齟齬をきたさない唯一の心構えだと思われます。

オカルト的現象への興味を失うという一方の危険、つまり主観的危険に対しては、分析家は自己鍛錬によって防御することができます。客観的危険に関しては違います。オカルト的現象と付き合っていれば、やがてある程度の数の現象が事実として認められることになるのは、ほとんど疑いありません。これらの新たな事実について受け入れ可能な理論に到達するには、大変長い時間がかかることと予想されます。けれども、いまかいまかと聞き耳を立てている人はそんなに待っていられません。一度同意を得たとなると、オカルト主義者はそれ見たことかと勝ち誇り、一つの主張が信じられるなら、すべての主張を信じてよいことにし、現象が信じられるなら、現象の説明も、つまり自分にとって一番好ましく身近な説明も信じてよいことにするのです。科学的探求の方法とは、オカルト主義者にとっては科学を越えてゆくためのはしごの役目を果たすにすぎません。あまり高くのぼったら、それこそ大変です。周りで話を聞いている人々が疑いを表明してもお構いなしです。多数の人々の異論もオカルト主義者を止めることができません。オカルト主義者は、強制的思考の重荷からの解放者として歓迎されることになります。人類にその幼年期以来、また個々人にも子供時代以来残りつづけている軽信が、こぞってオカルト主義者に歓声を上げるのです。そのときには、批判的思考や決定論的要求や機械論的科学の恐るべき崩壊が目前に迫ることになるかもしれません。力の大きさだとか資料の量や質だとかを歯を食いしばって堅持することで、精神分析技法はこの崩壊を阻むことができるでしょうか。

分析の作業は、秘密めいた無意識にかかわるからといって、そうした価値の倒壊を免れるだろうというのは虚しい希望です。人間に馴染みの霊たちが究極の説明を与えてくれるなら、分析的探求が苦労して心の知られざる力にアプローチしたところで、関心は寄せてもらえないでしょう。分析技法の道も、オカルト的方策によって霊の作用と直接に結合できるという希望につられて、見捨てられることでしょう。それはちょうど、投機の成功によって一躍金持ちになれるという希望につられれば、我慢してこつこつ働く習慣が放棄されるのと同じことです。この戦争でわたしたちは、敵対する二国の狭間に立たされた人々のことを耳にしました。生まれからすれば一方の国に属し、選択と居住地によって他方の国に属していた人々のことです。そうした人々は、はじめ一方の国によって敵として扱われ、ようやくそこから逃れ出たと思ったら、今度は他方から同じ目に遭うという運命に見舞われたのです。精神分析の運命もそのようなことになるやもしれません。

しかし、いかなるものであろうと、運命は担ってゆかなければなりません。精神分析もその運命をどうあれ甘受してゆくでしょう。現在に、さしあたっての課題に、戻りましょう。ここ数年の間にわたしは二、三の観察を行いましたが、少なくとももっとも近しい人々にはそれを伝えておきたいと思います。しかし、時代の支配潮流に棹差すことはいやですし、精神分析への関心を奪ってしまうのも心配です。また、事柄を慎み隠すこともできるわけはありません。こうしたことすべてのゆえに、以下の報告をこれ以上に公にすることは控えます。報告の素材には、利用できる二つの珍しい長所があります。一つは、この素材がたいていのオカルト主義者の観察につきものの懸念や疑念から免れていることです。そして第二として、分析による処理が施されてはじめて、この素材はその証拠能力を発揮するということです。もっとも、この素材は共通の性格をもった二つの事例からなるにすぎません。第三の事例は違った性質のもので、付録として付け加えられるだけです。それについては別様にも判断できると思います。これから論ずる二つの事例は、同じ性質の出来事にかかわっています。それはすなわち、当たらなかった職業占い師の予言という出来事です。にもかかわらず、予言はそれが与えられた人物にとっては並外れて重要なものだったので、未来との関係はもはやどうでもよくなったのです。この予言の説明を買って出ようという方、またその証拠能力には疑念があるという方、大いに歓迎します。この資料に対するわたし個人の態度はぐずぐずとし、両価的《アンビヴァレント》なままです。

戦争のはじまる二、三年前、ある若い男がドイツからわたしのもとに分析を受けにやってきて[3]、勉強ができない、人生のすべてを忘れた、あらゆる興味関心を失ったと訴えました。彼は哲学の博士号をとろうとミュンヘンで勉強し、試験を控えていました。教養の豊かな如才ない人で、子供っぽいいたずらっ子でもあり、銀行家の息子でした。父親は、後にわかったことですが、とてつもない肛門性愛にうまいこと加工を施しやりこなした人でした。本当にいま現在自分の人生に興味関心のもてるものはなにも残っていないのかと尋ねると、患者はある小説の構想を練っていると打ち明けました。それはアメンホテップ四世時代のエジプトを舞台とし、ある指輪に重要な役割が振り当てられるものという。この小説をわたしたちは出発点としました。指輪は結婚の象徴であることがわかり、そこからさらに彼のありとあらゆる想い出や関心を活性化することができました。その結果わかったのは、彼の瓦解はある大きな心の克服の結果だったということです。彼には二、三歳若い妹が一人いました。妹を彼は心から愛し、またそれをなんら隠すこともありませんでした。どうして二人は結婚できないのだろうと、よく二人で話し合ったそうです。しかし、二人の情愛が兄弟姉妹間に許されている一線を越えることはいかなる時もありませんでした。

この妹に若いエンジニアが恋をしました。妹も憎からず思いましたが、厳格な両親は二人を許そうとしません。困ったカップルは兄に助けを求めました。兄は承知し二人の手紙のやり取りを仲介したり、休みで家にいるときには二人の逢瀬の段取りをつけてあげたりし、ついには両親に掛け合って、二人の婚約と結婚を認めさせました。婚約期間中一度ひどく胡散臭いことが起こります。兄は自分が先導をつとめて、未来の義弟と一緒にツークシュピッツェ峰[4]にハイキングに出かけたのですが、彼らは山中で道に迷い、あやうく転落する目に遭い、かろうじて助かります。この冒険をわたしは殺人と自殺の試みとして解釈しましたが、患者はたいして反対しませんでした。妹の結婚後数カ月して、この若い男は分析を受けることになったのです。

十分に勉強ができるようになって、試験を受け博士論文を書くために彼が分析から離れたのは、六カ月ないし九カ月後でした。そしてまる一年後、哲学博士となって、分析を継続するために再びやってきました。というのも、彼の言うところでは、哲学者として自分は精神分析に治療効果以上の興味を懐いているからだそうです。彼が来たのは十月のことでした。数週間後、話のつながりのなかで彼は次のような体験について語ってくれました。

ミュンヘンに大変評判のよい女占い師がいる。バイエルンの貴公子たちは、なにかことをなそうとするときにはいつも彼女を訪れる。占い師はなにかの日付を出してもらうだけである(その際に年も添えねばならないのかどうかは聞き漏らしました)。日付が誰かの誕生日であることは暗黙の了解となっているが、誰の誕生日かを彼女が尋ねることはない。この日付を手にすると、占い師は占星術の本を調べいろいろ計算し、最後に当該の人物に関する予言を発する。わたしの患者は去る三月に成り行き上この占い師を訪問することになり、義弟の誕生日を差し出しました。むろん、義弟の名前を出したり、義弟を念頭に置いていることを洩らしたりはしませんでした。託宣が下りました。この人物は来る七月か八月に蟹か牡蠣の中毒で死ぬだろうと。こう述べたあと、患者は付け加えました、これはすごいことでした!

わたしはわけがわからず、きつく言い返しました。何がすごいのですか。あなたはいまや数週間わたしのもとに来ているのだから、もし義弟が本当に死んだのなら、とっくにそのことは語ったはずです。だから義弟は生きています。予言は三月になされ、夏の最中に実現するはずなのに、いまは十一月です。したがって予言は当たらなかった、どこがすごいというのですか。

彼の返答。確かに当たらなかった。しかし奇妙なのは、義弟は蟹や牡蠣などが大好物で、実際去年の八月、蟹中毒(5)になってあやうく死ぬところだった、と。それ以上そのことは話題にされませんでした。

では、この事例をご一緒に議論してみましょう。

わたしは、語った人は正直だったと信じています。彼の言うことは真に受けるべきです。現在彼はKというところで哲学教師をしています。わたしを誑《たぶら》かそうとする動機が彼にあったとは考えられません。この物語は挿話的に語られたもので、なにかためにするものではありませんでした。それに付け加わってなにかが出てくるということや、それから結論が引き出されることもありませんでした。オカルト的な心の現象が実在するとわたしに信じさせようとしていたわけではないのです。それどころか彼自身、自分の体験の意味をまるでつかみあぐねているという印象を受けました。わたし自身も大変びっくりし、実際ひどくうろたえてしまい、彼の報告を分析のために利用することは諦めました。

彼の観察はほかの面からしても申し分ないように思われます。占い師が占いを頼んだ彼のことを知らなかったのは確実です。考えてもみてください、ある日付が自分の知人の義弟の誕生日だとわかるためには、どれほど親密な間柄でなければならないことか。他方、なにかの決まった方式や一覧表を使えば、蟹中毒で病気になるといった運命の細部までも誕生日から割り出すことができるなどとは、わたし同様皆さんの誰もが断固疑ってかかることでしょう。どれだけの数の人間が同じ日に生まれることか、忘れてはいけません。誕生日を同じくすることで運命に共通性が出てくるとしても、それがこんな細部にまで及ぶと誰が考えるでしょうか。ですから、占星術の計算などは、この際まるっきり議論から除外しましょう。占い師が違うやり方をしたとしても、占いの結果は変わりがなかったでしょう。したがって、幻惑の源泉の一つが占い師——霊媒と換言しましょう——の側にあるというのもまったくありえないことのように思われます。

彼の観察が正直な事実だと認めるなら、われわれはその説明を求められることになります。そうすると、たいていのこうした現象に当てはまることですが、オカルト的なことを仮定して説明するなら、稀にみるほどうまく説明ができ、被説明項をくまなくカヴァーできるとわかります。ただ、説明がそれ自体としてとても満足の行くものでないというだけのことなのです。話題に挙げられた日に生まれた人が蟹中毒になったという知識が、あらかじめ女占い師にあったはずがないし、一覧表や計算によって得られたはずもない。しかしその知識は、占いを頼む側にはあったのです。この知識が占いを頼む側から、自称予言者である彼女の方に——われわれに知られた伝達方法以外の、知られざる道筋で——転移されたと仮定するなら、事柄はすっかり説明がつきます。そうなるとつまり、思念の転移が存在するという結論をわれわれは引き出さざるをえなくなります。その際、占星術的作業の役割とは、占い師自身の心的力をそらして害のない形で占有することにあります。そのことによって、占い師は、自分に働きかける他人の思念を受けいれやすい浸透性のある状態となる、つまり、まさしく「霊媒〔＝媒体〕」となることができるのです。似たようなやり口がたとえば機知にも見られました。それは心の出来事に対し、より自動的な経過を確保しようとする場合に出てくるものでした(6)。

しかし現在の事例に関して分析の援用はより多くのことをもたらし、その事例をより意義深いものにしてくれます。分析の教えてくれるところでは、どうでもよい知識の任意の部分が感応の道によって別の人物に伝えられたのではなく、ある人物の異常に強い欲望が、その人物の意識と特別な関係にあるために、別の人物の助けを借りて、軽くぼかした意識化の表現を作り出すことができたということなのです。それは、スペクトルの目に見えない端が感光板の上では連続する色彩としてはっきり現象するのとよく似たことなのです。憎らしい恋のライヴァルである義弟の発症と回復ののち、若い男がたどった思念の道筋を再構成してみることができるでしょう。よろしい、今回はやつは切り抜けた、がしかしそれで危険な好物を捨てたわけではない、次回にはそのせいでお陀仏となってほしいものだ。この「ほしい」が予言に姿を変えたのです。これと好一対の別の人の夢を報告することができます。その夢でも予言が素材となります。そして、夢を分析してみますと、予言の内容が欲望成就と一致することが証示されます。(7)

義弟の死を願うわたしの患者の欲望は無意識的に抑圧されたものであると言うなら、ことは簡単になりますが、そのように単純化する発言をすることはわたしにはできません。彼の欲望は実際に前年の治療で意識化されていたのです。そのため抑圧から出てくる帰結は回避されたのです。しかしその欲望は依然として存続していました。もはや病因性のものではありませんでしたが、十分強度は保っていたのです。こうした欲望は「抑え込まれた(8)」欲望として表示することができるでしょう。

II

F市にある子供がいました。五人姉妹の長女として育ちました。(9)末の妹は彼女より十歳若く、彼女はその子が赤ん坊のとき腕から落としたことがあり、のちにはその子を「自分の子」と呼んでいました。次女との歳の差はあたうる限りわずかで、二人とも同じ年の生まれでした。母親は父親より年上で愛想がありませんでした。父親は年齢が若いだけでなく、なにくれとなく小さい娘たちの世話をし、手先が器用で子供たちを感嘆させました。残念なことにそれ以外に取り柄がなく、商売人としてはやり手でなく、親戚の助けがなければ家族を養ってゆけませんでした。父親の稼ぎが悪いことから来る面倒の一切を、長女は早くから見させられました。

長女は子供のころは頑固で気性の激しい性格でしたが、それを克服して美徳の真のお手本的存在となりました。強い道徳的情熱に、乏しい知性能力が一緒になっていたのでした。小学校の先生となり、大変尊敬されました。彼女に音楽の手ほどきをした若い親戚の男がおずおずと求愛しましたが、彼女の心には届きませんでした。それ以外に彼女の関心を引いた男もありません。

ある日母方の親戚が現れました。彼女よりかなり年上でしたが、彼女自身ようやく十九歳を数えるくらいで、それからすればまだ若い男でした。彼は外国人で、大きな営利企業の社長をしてロシアに住み、大変な金持ちでした。世界大戦と大専制政治の転覆がなければ、貧乏になることはなかったでしょう。彼は若く厳格な従妹に恋し妻に迎えたいと思いました。両親は決して勧めはしませんでしたが、彼女には両親の願いはわかっていました。道徳的理想はいろいろあったでしょうが、その背後で彼女をなびかせたのは、父親を助け窮境から救い出したいという空想《ファンタジー》的欲望で、その欲望を成就できるのではないかという思いでした。彼女は計算しました。彼は父親が商売をしている限りはその資金援助をし、商売から引退したときには年金を与えるだろうし、妹たちには持参金と嫁入り道具を与えて、結婚できるようにしてくれるだろう、と。こうして彼女は彼に恋をし、やがて結婚し、彼に従ってロシアへ行きました。

結婚はすべて順調でした。ただ、二、三のよくわからない小さな出来事がありましたが、それは後から振り返ってみると意義が出てくるようなものでした。彼女は彼を優しく愛し、官能的にも満足した妻となり、家族のこともいろいろ思いやりました。一つだけ欠けているものがありました。子供がいなかったのです。いまや彼女は結婚八年目の二十七歳で、ドイツに住んでいます。ためらう気持ちを振り切って婦人科医のもとを訪れました。医者は専門家の常として特に考えることもなく、ちょっとした手術を受ければうまくゆく、と請合いました。彼女は覚悟を決め、その旨前日の夕刻に夫に話しました。たそがれ時で彼女は灯をともそうとしました。夫はそれはやめてくれと頼み、言わなければならないことがある、それには暗い方がいいと言いました。手術は断りなさい、子供ができないのは自分の方の責任なんだ。二年前の医学会で知ったのだが、ある種の病気になると男性は子供をつくる能力を奪われることがあるそうだ、それで診断してもらうと、自分もこの場合に当たることがわかった。この打ち明け話の結果、手術は中止されました。彼女の中で瞬間的になにかが崩壊し、それを彼女は隠そうとしましたが無駄でした。彼女が彼を愛することができたのは単に父の代替としてだけだったのです。ところがいま彼女は彼が父親になれないことを知ってしまった。彼女が選ぶことができる道は三つありましたが、そのどれも彼女は歩むことができませんでした。不実な妻となるか、子供を断念するか、夫と別れるかです。最後の選択肢は無理からぬ実際的理由からして選択できませんし、第二のものは、あなたがたには簡単におわかりの最強の無意識的な理由からしてできないことでした。彼女の子供時代全体は、父の子供を得たいという欲望によって支配されていましたが、その欲望は三度裏切られていました。したがって彼女にはあの抜け道しか残されていませんでした。これがために彼女はわれわれにとって大変興味深いものとなるのです。彼女は重度の神経症に陥ったのでした。しばらくの間彼女は不安ヒステリーによってさまざまな誘惑を防いでいましたが、しかし次に重度の強迫的行為に転じました。彼女は治療施設に入り、十年間病気が続いた後でついにわたしのところにもやってきました。もっとも目立った症状としては、ベッドでシーツを安全ピンでベッドカヴァーに刺しとめるということでした。このようにして彼女は、自分に子供をもてなくした夫の感染[10]の秘密を洩らしていたのです[11]。

彼女はおそらく当時四十歳[12]でしたが、わたしに一度、強迫神経症発症前でしたがぼちぼち不調が始まりかけていたころの、ある体験を物語ってくれました。彼女に気晴らしをさせようと、夫が彼女をパリへ商用旅行に同伴させたのです。夫妻が夫の商売上の友人とホテルのロビーに座っていたところ、あたりにざわざわとした動きがあることに気づきました。ホテルの従業員になにごとかと彼女が尋ねると、《教授》がやってきて入り口近くの小部屋で診察するというのです。《教授》は偉大な占い師で、なにも問い尋ねることなく、訪問者に砂をいっぱいに入れた鉢に手を押し当ててもらい、その痕跡を見て未来を告げるのだという。彼女は自分も行って占ってもらいたいと述べましたが、夫は馬鹿馬鹿しいやめておけ、と諫めました。しかし、夫が友人と出かけると、彼女は結婚指輪をはずして占い師の小部屋に忍びこみました。占い師は手の跡を長いこと調べたあと彼女に言いました、あなたは近々大きな戦いを耐え忍ぶことになるでしょうが、終わりよければすべて良しで、あなたは結婚するでしょう、そして三十二歳で二人の子供をもうけるでしょう、と。この話を彼女は見たところ感嘆しながら、またわけがわからないといったおももちで物語りました。予言はもう八年もその年限を越えてしまっていて残念ですね、というわたしのコメントには、彼女は心ここにあらずという風でした。わたしとして考えることができたのは、彼女が驚嘆したのはこの予言の自信たっぷりの大胆さ、「ラビの遠目[13]」に対してであったということでした。

38

残念ながら、その他の記憶ははっきりしているのですが、予言の最初の部分が「終わりよければすべて良しで、あなたは結婚するでしょう」であったのか、それとも「あなたは幸福になるでしょう」であったのか、あやふやです。わたしの注意は、二つの目立った細部を伴い強く心に残る結論文に向かっていて、それに囚われすぎていたのです。実際、終わりよければすべて良しの戦いについての最初の文は、あらゆる予言、それも出来合いの職業的予言にさえつきものの不明確な言い回しだったのです。だからいっそう、結論文に出てくる二つのはっきりとした数がそれと対照をなすのです。しかし、教授が事実彼女の結婚のことを語ったのかどうかについてもむろん興味がそそられないではいられなかったでしょう。確かに彼女は結婚指輪をはずしていましたし、二十七歳にしては若く見える質で容易に少女とも見間違えられるような人でした。けれど他方、指にある指輪の跡を見つけるのもわけのないことでしょう。しかし三十二歳で二人の子供ができると約束する最後の文に問題を限定しましょう。

この細部はまったく気ままなもので、説明がつかないように思われます。これを手相から割り出してこようなどとは、信心に凝り固まった人でもほとんどしないでしょう。運命がその通りになったら、それもなるほどということになったでしょうが、そうはなりませんでした。彼女はいま四十歳で子供はいません。だとしたら、この数の由来と意義はどういうものなのでしょうか。患者自身にもそれはわかりませんでした。問い自身を抹消し、この出来事は価値のないもので、その他多くの意味をなさぬ、いわゆるオカルト的伝心の一つだということにしてしまうのが、ごく自然なことなのかもしれません。

これがもっとも単純で、安心を与えてくれるもっとも望ましい、結構なやり方でしょう。ただし、不幸にもと言わなくてはなりませんが、まさしく分析によってこの二つの数について解明することができなかったとしたら、それも、十分満足の行く、それどころか、情況からしてまさに自明であるような形で解明することができなかったとしたら、の話です。つまり、この二つの数は、よりにもよってわれわれの患者の母親の生活史に一致しているのです。母親は三十をすぎて結婚し、まさしく三十二歳を迎えた年に、普通の女性とは異なって、そしてその遅れを取り戻すかのように、二人の子供に生命を授けたのでした。こうしてあの予言はたやすく翻訳できます。いま子供がいないことを悲嘆するには及ばない、それはたいしたことではない、おまえはいまでもおまえの母親の運命をもつことができる、おまえの歳ではそもそも結婚しておらず、三十二歳で二人の子供をもった母親の運命を、と。予言は、彼女の子供時代の秘密であった、母親との同一化の成就を、こうした事情にまったく疎く、砂上の手の型を云々する予言者の口を通して、彼女に約束しているのです。その際、あらゆる意味で無意識的な欲望成就の前提として、次のようなことが考えられても許されることでしょう。すなわち、おまえの役立たずの夫を死によって厄介払いするか、あるいは、夫と別れるために力を注ぐかどちらかだ、と。強迫神経症の本性には、前者の方がより適ったことでしょうが、予言が語っている、耐えて勝利を収められる戦いというのは後者の可能性を指示しています。

おわかりいただけることでしょうが、この症例の場合、分析による解釈の役割は前節の症例におけるよりも意義深いものです。この解釈によってはじめてオカルト的事実が作り出されたといってよいくらいのものです。そうである以上、強度の無意識的欲望とそれに依存する思念や知識とが転移可能であることについて、まさに有無を言わせぬ証明力をこの事例も有していることを認めなければならなくなるでしょう。わたしにはこの場合の強迫から逃れる道は一つしかわかりません。むろんそれを黙ったままにしておくつもりはありません。予言がなされたときと、それを治療で語るときとの間に介在する十二、三年間に、(14) われわれの女性患者が想起の錯誤を作り出したということ、すなわち、教授はなんら驚くべきことでない一般的で色褪せた慰めしか語っておらず、彼女の方が徐々に自分の無意識の中から意義のある数を引き出して置き入れたということは、ありえることです。その場合には、重大な帰結を余儀なくさせる事態は雲散霧消することになります。われわれとしては自分を懐疑論者と同一視し、彼女がなしたような報告は体験のすぐあとでなされたのでなければ尊重しないようにしたいところです。もしかしたらその場合でも、疑念が残らないわけではないでしょう。わたしは自分の教授任命後、大臣に謝恩謁見を許されたときのことを想い出します。謁見からの帰り道、わたしは自分が大臣との間で交わされた話を偽造しようとしていることにはたと気がつきました。それ以降、実際になされた談話を正しく想い出すことはできませんでした。上述の解明が信頼の置けるものかどうかは、皆さんに判断を委ねざるをえません。わたしはそれを反駁も証明もできません。したがってこの第二の観察も、それ自体としては第一のものより印象深いのですが、同じように疑問なしとはしないでしょう。

皆さんに提示した二つの症例は、両方とも当たらなかった予言に関するものです。こうした観察が思念転移の問題に関する最良の素材をもたらしてくれると思いますし、皆さんにも同じようなものを収集するようお願いしたいと思います。また、違った種類の素材についても事例を皆さんに準備していました。それは、ある特別な資質をもった患者が診察のときに、わたしの方で直前に体験したことと奇妙きわまりないくらいに一致したことを語ったという事例です(15)。しかしわたしは最大限の抵抗をこらえてオカルティズムのこうした問題を取り扱っているのでして、そのことに関するわかりやすい証拠をお見せしましょう。この発表を仕上げるために捜し出し持参してきたメモ類をガスタインで取り出してみると、この最後の観察を記しておいた用紙が見当たらず、それに代わって、まったく別の種類の無関係なことを書き記した他の用紙が誤って持ってこられていました。こんなにもはっきりとした抵抗はいかんともしようがありません。この事例は皆さんに対する借りにしておかざるをえません、記憶で補うということはできませんから。その代わり、ウィーンで大変知られた人物である筆跡解釈者、驚嘆するしかないことをやり遂げると噂されているラファエル・シェーアマンについて、いくらかのコメントを付け加えることにしましょう。シェーアマンは筆跡見本からその人物の性格を読み取ることができるばかりか、そのうえその人の風貌がどうであるかを述べ、あまつさえさらに予言を行うと、のち事実その通りの運命になるというのです。もっとも、この奇妙な曲芸の多くは彼自身の話を典拠としています。友人が一度わたしの知らぬ間に、筆跡見本をもとにして、わたしについて彼に空想してもらおうとしました。そこから彼が取り出すことができたのはただ、この筆跡は老人男性のものだ――簡単にわかることです――、家庭では耐えがたい暴君で、一緒には住みにくい人だ、ということでした。わたしと家庭を共にしている人は、これをまず認めないでしょう。しかし周知のように、オカルトの領域では、否定的事例によってはなにも証明されないという便利な原則がまかり通っています。

　わたしはシェーアマンについて直接観察をしたことはありませんが、ある患者を介して彼とつながりを持つようになりました。彼自身はなにも与り知らないことです。そのことについて皆さんに語りたいと思います[16]。数年前[17]、若い男がわたしのもとにやってきました。彼の印象は大きな共感を呼ぶものでしたので、わたしは彼をほかの多くの人より優先しました。そうするとわかってきたのは、彼がある有名な高級娼婦との関係に巻き込まれており[18]、そのため自分で自分の事を決定することがなに一つできなくなったので、そこから抜け出したいと願っていたが、そうできないでいるということでした。わたしは彼をそこから解放し、その際に彼の強迫について十分洞察することができました。つい数カ月前彼は、市民として満足の行く普通の結婚をしたところです[19]。分析するうちにやがてわかったのは、彼が抗っていた強迫が彼を拘束していたのは実はあの高級娼婦に対してではなく、ごく若いころからつながりのあった、仲間内のある女性に対してであったということでした。高級娼婦はたんに身代わりとして受け入れられていただけであって、本来はこの愛人に向けられていたあらゆる復讐心や嫉妬心をぶちまける対象にされていたのでした。彼はわれわれに周知のパターンに倣い、新たな対象に遷移していたために、両価性《アンビヴァレンツ》によって制止されることもなかったのでした。

　ということで、ほとんど無償の心で彼を愛していたこの高級娼婦を、彼はつねづね、手練手管を尽くして苦しめていました。しかし、彼女が自分の苦しみをそれ以上隠しおおせなくなると、若いときの愛人に向けられていた情愛もそのときには彼女に移ってゆき、彼は彼女に贈り物をしたりなだめたりしました。このようにしてサイクルは繰り返されてゆきました。治療に導かれて彼がついに彼女と別れたとき、このような振舞いによって彼がこの代用愛人から何を得たいと思っていたのか、が明らかになりました。それは、彼が若いときに例の愛人に応えてもらえなかったために惹き起こした自殺の試みに対する補償だったのです。この自殺未遂のあと、ついに彼はその年上の愛人の征服に成功しました。治療期間中、彼は自分でも知っていたシェーアマンをよく訪問していました。シェーアマンは高級娼婦の筆跡見本をもとに、この女性はもう力尽きている、自殺の直前だ、間違いなく自分に手を下す、という解釈を何度も繰り返しました。しかし彼女はそうせず、人間としての弱さを振り切り、自分の職業と客に対する義務の原則を想い出したのです。奇跡の人シェーアマンはわたしの患者に患者自身の内密な欲望を明かしただけであった、とわたしにはわかりました。

口実として前に押し出されていたこの女性との関係を克服したあと、患者は自分の実際の桎梏から身を解き放つことに本格的に取り掛かりました。彼の夢からわたしは、若いときの愛人との関係を、彼女をひどく傷つけたり物的に損害を与えたりせずにいかにして解消できるのかについて、ある計画が彼のうちで練られつつあったことを推量しました。愛人には娘がありました。娘は家をしげく訪れる若い友人に大変優しく接していましたが、その秘密の役割についてはなにも知らないはずでした。その少女と彼は結婚しようとしたのです。やがてその計画は意識化され、男は実現の一歩を踏み出しました。企ては困難な情況から抜け出す正規の抜け道ではないが、ともかく可能な抜け道となるものでしたので、わたしはそれを支えました。しかしやがて、この娘に敵対的な様子を示す夢が現れ、それで彼はあらためてシェーアマンに相談しました。シェーアマンは、この娘は子供っぽく神経質で結婚すべきでないという所見を与えました。この偉大な人間通は、今回は正しかったのです。娘はすでに男の花嫁とみなされていましたが、その振舞いはどんどん矛盾したものになり、分析にかかることになったのです。分析の結果、この結婚の計画は破棄されました。娘は母と婚約者の関係について無意識に十分知っており、婚約者に思いを寄せたのはエディプスコンプレクスのなせるわざにすぎなかったのです。

このころ分析は中止になりました。患者は解放され、自分のこれからの道をみずから切り開くことができるようになっていました。彼は自分の一族郎党の外部から立派な女性を妻に選びました。その女性についてはシェーアマンも好意的な判断を下していました。今回もまた彼の言う通りでありますように！

シェーアマンとのこうした経験をわたしがどのような意味に解釈しようとしているかはもうおわかりでしょう。ご覧の通り、わたしが素材としたものすべてで取り扱われているのは唯一、思念の感応だけです。オカルティズムが主張するそれ以外の驚異については述べるべきことがありません。すでに公に告白しているように、わたし自身の生涯はオカルト的観点からするなら、大変乏しいものでした。[20] もしかしたら皆さんには、オカルトの大きな魔法世界に比するなら、思念の転移という問題はごくつまらないもののように思えるかもしれません。しかしながら、これを一つ仮定するだけでも、われわれからするならこれまでの立場を越えた一歩であって、それがいかほど重大な帰結をもたらすことになりかねないか、よく考えてみてください。聖ドゥニ〔のバジリカの〕管理人がこの聖人の殉教の話につねづね付け加えていることは、やはり真実なのです。聖ドゥニは、首を切り落とされたあと、それを拾い上げ腕に抱えてしばらく歩いたというのです。そのことについて管理人はこうコメントしました、「《こうした場合、大切なのは最初の一歩にすぎません》」。後はおのずと出てくるのです。[21]

（須藤訓任　訳）

夢とテレパシー
Traum und Telepathie

上記のような標題[1]を予告すると、いわゆるオカルト現象に対し興味津々のいまのご時世では、ある特定の期待を掻き立てずにはおきません。それゆえ急いで、こうした期待に反論しておきましょう。わたしの講演からテレパシーの謎について何かを知るということはないでしょうし、わたしが「テレパシー」の実在を信じているか否かについてすら、はっきりしたことを教えられることもないでしょう。ここでのわたしの課題はごく慎ましやかなもので、どこに由来するにせよ、テレパシー的出来事がいかなる関係を夢に対してもつのか、より正確には、われわれの夢理論に対していかなる関係をもつのかを探求するということです。ご存知のように、夢とテレパシーの関係は大変緊密だと一般にみなされています。わたしが皆さんにこれから述べる見解とは、両者は互いにそんなに関係してはいないということ、そして、テレパシー的な夢の実在が確保されるとしても、そのことが夢に関するわれわれの見解をなんら変更させる必要はないということです。

今回の発表のもととなる素材はごくわずかのものです。『夢解釈』(一九〇〇年)執筆当時とは異なり、今回はわたし自身の夢を材料にできなかったのは何より残念なことです。しかし、わたしは「テレパシー的」夢というものを見たことが一度もありません。それは、ある遠く離れた場所でなにか特定の事件が起こるという伝達内容を含む夢を見ないということではありません。ただし、そうした場合、事件が生ずるのはまさにいまなのか、それとももっと後なのかという決定は、夢見る人の見解に委ねられるようですが。またわたしは、目が覚めている最中でも、遠くの出来事に対する予感をしばしば感じたことがあります。しかし、こうした予見・予言・予感は、俗に言うように、当たらなかったのです。これらの予見等にはなんら外的現実が対応しないことが示され、したがってこれらは純粋に主観的な期待として捉えられざるをえないのでした。

たとえばわたしは戦争中一度、前線に赴いていたわたしの息子の一人が斃れた夢を見たことがあります。夢はそれを直接告げているのではないのですが、けれど見間違えようなく、夢はそのことを、W・シュテーケルが最初に言明した、(2) 周知の死の象徴法を手段として表現したのです(文献上良心的であれ！というわずらわしく感じられることも多い義務をここで忽《ゆるが》せにしないようにしましょう)。わたしは、上陸用桟橋のもとに、陸地と水との境界に、若い兵士が立っているのを見ました。とても青ざめた風情で、話し掛けてみましたが、返事はありませんでした。かてて加えて、それ以外にも誤解しようのない暗示がありました。息子は軍服ではなく、スキー服を着用していました。それは戦争の何年か前、息子が重いスキー事故を起こしたときに着ていたものです。息子は足台のようなものに上って、一つの箱を前にしていました。この情況はわたし自身の幼年期の想い出との関連で「たおれる」という解釈をさせずにはおきませんでした。というのも、わたしは二歳を少し越えたころ、同じような足台に上って箱の中からなにかを——おそらくなにか良い物を——取ろうとして転倒し、怪我をしたことがあるからです。その傷跡は今日でも示すことができます。あの夢によって死を告げられたわたしの息子は、しかし、戦争の危難から無事に帰還しました。(3)

最近になってわたしは、災難を告げる別の夢を見ました。この小さな発表をしようと決心する直前のことであったと思います。今度はあまり隠し立てはなされていませんでした。イギリスに住んでいる二人の姪を夢に見たのです。二人は黒い服装をし、木曜日にわたしたちは彼女を埋葬した、とわたしに言いました。それは、いま八十七歳になる二人の母、つまり、すでに亡くなったわたしの長兄の妻が死んだという意味でした。

当然のことながら、ひと時胸を痛めつつ待ち受けることになりました。これほど高齢の婦人が突然死去するというのはなんら驚くべきことではありませんし、とはいっても、わたしの夢にこの事件を言い当ててほしくなど、とうていありません。しかし、その後イギリスから届いた手紙は、こうした心配を追い払ってくれました。夢の欲望理論のことを気にかけるすべての人を安心させるために、こうした死の夢に関しても、無意識的動機を分析によって推定し発見することは困難ではなくなっていると、ひとこと挿入しておきましょう。

このような報告は無価値だ、なぜなら否定的経験は、他のより非オカルト的な領域に劣らず、この場合においてもなにかの証明にはなりえないからだ、と異議を申し立てて、どうかわたしの話を中断させないでください。わたし自身そのことは承知していますし、これらの事例を持ち出したのも、なにかを証明したりあるいは特定の態度を皆さんにこっそり押しつけようと意図するからでは決してないのです。ただ、わたしの素材が限られていることに対して申し開きをしたいというだけのことだったのです。

ただし、もう一つ別の事実の方はより意義深いもののように思われます。すなわち、およそ二十七年間分析家として活動している中でわたしは一度として、自分の患者がまぎれもなくテレパシー的な夢を体験する場に立ち会ったことがないのです。わたしが診療していた人々は、神経を重く病んだ「高度に敏感な」性質の人々ばかりでしたのに。その中の多くは、それまで生きてきた中から奇妙きわまりない出来事をわたしに語り、それを支えとして謎めいたオカルト的影響の存在を信じていました。治療の最中には災害、近親者の発病、なかんずくどちらかの親の死亡といった事件がしばしば起こって治療を中断させましたが、しかし、テレパシー的な夢を手にするのに本質的に大変適したはずのこれらの偶発事がわたしにその機会を与えてくれたことは一度としてないのです。治療は半年、一年、数年以上に及ぶことがあったのにです。この事実のおかげでわたしの素材はまたしても制限されることになるのですが、それを説明することは、やってみたい人にお任せすることにしましょう。この事実そのものがわたしの発表内容にかかわりがないことは、やがておわかりになるでしょう。

また、文献には豊富にテレパシー的夢が書き記されているのだから、どうしてそこから事例を引き出してこないのかと質問されたとしても、わたしとしては戸惑うことはありません。わたしはアメリカとイギリスの「心霊研究協会」のメンバーとして、そこで出版されているものをその気になれば自由に利用できますので、たいして事例を捜しまわる必要もなかったでしょう。そこでの報告例においては、夢を分析的に評価・検討するということは一度として試みられていませんが、その評価・検討こそ、われわれの関心を第一に呼ぶものなのです。[*1] 他方、皆さんにはやがておわかりいただけると思いますが、今日の発表の意図するところはたった一つの夢の事例によっても満足させられるものです。

それゆえ、わたしの素材は、ドイツに住む二人の文通相手から受け取った、たった二つの伝達からなるにすぎません。その人々とわたしは個人的に面識があるわけではありませんが、お名前と住所は教えてもらっています。また、書き手であるその方々にこちらを誑《たぶら》かそうという意図があるとは、ほんのこれっぽちも思われません。

I

二人[4]のうちの一人とは、わたしはかねてから文通をしていました。彼は大変好意的な人で、多くの他の読者もそうなのですが、日常生活で観察したことなどをわたしに伝えてくれていました。教養も知性もありそうなこの男性はこのたび、わたしが彼の報告を素材として「文献に使用」したいなら、そうしてよいとはっきり認めてくれました。

その文面とは、こうです。

以下の夢は大変興味深いので、あなたに研究の素材としてお伝えすることにします。まず述べておかなければなりませんが、結婚してベルリンで暮らしているわたしの娘は、今年の十二月中旬に初めてのお産が予定されていました。わたしは、娘には継母に当たる（二番目の）妻とともに、そのころベルリンに行くことを計画していました。十一月十六日から十七日にかけての夜、わたしは夢を、それもこれまで

＊1　先述の著者W・シュテーケルはその二つの著作（『テレパシー的夢』ベルリン、年記載なし（TBに依拠すれば、一九二〇年）、および『夢の言葉』第二版、一九二二年）において、いわゆるテレパシー的夢に対し分析技法を応用することの、少なくともその端緒を示している。著者はテレパシーの実在を信じていると認めている。

なかったほど迫真的な夢を見ました。**妻が双子を生んだ。赤いほっぺをした元気ではちきれそうな二人の子が妻のベッドに並んでいるのがわかったが、性別ははっきりしない。淡いブロンドの子ははっきりとわたし似で、それに妻似のところが混じっており、もう一人の子は栗色の髪ではっきりと妻似で、それにわたし似のところが混じっていた。妻は赤みがかったブロンドだが、わたしは妻に、「おまえの」子の栗色の髪も後になるときっと赤毛になるよ、と言った。妻は子たちにお乳を与えた。妻は洗濯鍋でマーマレードを煮ていた(これも夢)が、二人の子はよちよちで鍋の中を這いまわり舐めまわしていた。**

以上が夢です。夢の最中わたしは四度か五度、半分目が覚め、わたしたちに双子ができたというのは本当だろうかと自問しましたが、夢見ているだけだと十分に確信するには至りませんでした。夢は目覚めるまで続き、そのあとになっても、ことの真相がはっきりするまでしばし続きました。コーヒーを飲みながら妻に夢を語ると、妻は大変面白がりました。妻曰く、イルゼ(娘)はもしかしたら本当に双子をもうけるのじゃないかしら。わたしの答え、それはほとんど考えられない、わたしの家でもG(娘の夫)の家でも双子はできたためしがないしね。十一月十八日の朝十時にわたしは、前日の午後に打たれた、義理の息子からの電報を受け取りました。そこには、双子、一人は男で一人は女の子が生まれたとありました。それゆえ、二人が生まれた時刻は、妻が双子を産んだ夢をわたしが見ていた時刻なのです。お産は、娘とその夫の推定に基づいてわたしたちみんなが思っていたより、四週間早かったのです。

そしてさらに、次の夜わたしはこういう夢を見ました。**娘の母である死んだ妻が四十八人の新生児の面倒を見ることになった。最初の十二人が運び込まれると、わたしは抗議した。**そこで夢は終わりました。

死んだ妻は大変な子供好きでした。周りに子供の大群がいてくれたらいい、それも多ければ多いほどよい、幼稚園の先生に自分は結構向いているし、そうなれたら幸せだろう、そのようによく語っていたものです。子供の立てる騒音と叫び声は彼女の音楽でした。折りをみて彼女は街路から大勢の子供たちを招き入れて、屋敷の庭でチョコレートとケーキでたんともてなしたりしたものです。娘は分娩後、性別の違う双子の早産で特に驚かされたせいもあって、すぐさま母親のことを考えたに違いありません。母親なら今回の事件を興味深そうに喜び勇んで歓迎してくれるだろうことは娘にもわかっていたからです。「母さんがいまわたしの産褥の場にいたら、なんて言うかしら」。こうした考えが疑いもなく彼女の頭をよぎったに違いありません。そして今度はわたしが、死んだ最初の妻のことをこうして夢見たのです。彼女の夢はめったに見たことがありませんし、最初の夢の後、彼女については話もしてもいませんし、なにも考えていなかったのに、です。

夢と事件のこの合致は両方の場合とも偶然だとお考えになりますか。娘はわたしに対する愛着心が強く、お産の際にもきっと特にわたしに思いを馳せていたでしょう。妊娠時の振舞い方について、わたしは娘としばしば文通し、再三忠告を与えていたこともありますしね。

この手紙に対しわたしがどう答えたかは簡単に察しがつくでしょう。この文通相手もまた、テレパシーに対する関心のために、遺憾ながら、分析への関心が完璧に打ち負かされていました。それゆえわたしは、彼の直接的な問いかけには答えずに、夢は双子誕生との関連以外にもさまざまなことを含みもっていると述べ、夢の解釈を可能にしてくれそうな情報や思いつきを伝えてくれるよう、お願いしました。

そうすると、以下に挙げる第二の手紙を受け取りました。むろん、その手紙によってわたしの願いが完全に満たされたわけではありません。

今日になってようやく、今月二十四日付けのご親切な手紙にお返事することになりました。わたしが連想したことをすべて「遺漏も腹蔵もなく」お伝えしましょう。残念ながら、たいして多くは出てきませんでした。口頭ならもっと出たでしょうが。

それでは！　わたしたち夫婦はもう子供を望んではいません。性的関係はまったくないも同然で、少なくとも夢を見た時期には「危険」はなんらありませんでした。十二月半ばに予定されていた娘の出産はむろん、よくわたしたちの話題になりました。娘は夏に診察を受けレントゲンをとりました。そうすると検査医は男の子だと確言したそうです。妻はときに、女の子だったら笑っちゃうわね、と述べていました。またときには、その子がG（義理の息子の名）よりもHの子のほうがいいわね、とも言っていました。義理の息子は海軍将校だったのですが、娘の方が見目麗しいのです。わたしは遺伝の問題に興味をもっていたせいもあり、小さな子を誰似かと思って見る習慣があります。さらにもう一つ！　わたしたちは子犬を一匹飼っていて、夕食をともにします。餌をもらうと皿や鍋を舐めまわします。こうした素材はすべて夢に再現されています。

わたしは小さな子供が好きで、子育てに格段の理解と興味と落ち着きをもって当たれるいまこそ、もう一度小さな子を育ててみたい、とよく言っていました。しかし、妻は子供をきちんと育てる能力がなく、妻と一緒に子育てする気にはなれません。ところが夢は二人の子を授けてくれました——性別ははっきりしませんが。

いまでもわたしは二人がベッドに横たわっている姿が見えるようですし、一人はより「わたし」的で、もう一人はより妻的ですが、いずれも他方の側の特徴が少々混じっている、その様子をくっきり見定めることができます。妻の髪は赤みがかったブロンドですが、子の一人は(赤味がかった)栗色です。わたしは「まあ、これももっと後になると赤毛になるよ」と言いました。二人の子供は、妻がマーマレードをかき混ぜていた大きな洗濯鍋の中を這いまわり、底と縁を舐め尽くしていました(夢のことです)。こうした細部がどこに由来しているかは簡単に説明がつきますし、夢それ自体も理解困難、解釈困難なものではありません。ただし、夢が、孫の予想外の早い誕生(三週間早い)と、ほとんど時刻的にも(夢が何時に始まったかを正確に述べることはできません、九時と九時十五分に二人の孫は生まれましたが、わたしが床に就いたのは十一時ごろでその夜夢を見たのです)一致することがなく、また、わたしたちがあらかじめ、生まれる子は男の子だろうということを知っていなかったとしたらの話ですが。もちろん、男の子だという確言は正しいのか——男の子なのかそれとも女の子なのか——という疑いが夢に双子を登場させた可能性はありますが、しかしそれでも、娘に双子が予想に反して三週間早く生まれたということと双子の夢とが時間的に一致していた事実は残ります。

遠くでの事件が、その一報を受け取る以前に意識化されることはこれがはじめてではありません。以下はその数多い中の一つ！　十月にわたしは三人の兄弟そろっての訪問を受けました。三十年ぶりのことです(むろん、兄弟の一人が別の一人と会うというのはよりしばしばあることです)。ただ父と母それぞれの埋葬の際にほんのちょっとだけ会ったことがあるだけでした。両親の死は予期されたことで、いずれも「虫の知らせ」を感じたことはありませんでした。しかし、二十五年ほど前に一番下の弟が思いがけず九歳で突然死んだ際、郵便配達人からその死を知らせる葉書を手渡されたとき、それを一瞥するまでもなくすぐさま、この葉書には弟が死んだと記されているという考えが浮かんできました。弟は頑健な少年でしたが、一人だけ両親とともに暮らしていました。それに対し、われわれ四人の兄はみなすでに両親のもとを巣立って家にいませんでした。兄弟の訪問のとき話がたまたまいま述べた体験に及ぶと、兄弟たちはそろって、自分にもそれと同じ事が起こったと、まるで号令でもかけられたようにいっせいに説明し出したのです。内容がすべて同じだったかはもはや言えませんが、いずれにせよ、全然予期していないニュースが到着して弟の死を知らせる少し前に、その死をあらかじめ感覚的に確信していたと言うのです。われわれはみな母親譲りの多感な質で、背丈の大きい頑強な人間ですが、心霊的なところやオカルトがかったところは一切ありません。それどころか、心霊もオカルトも断固として拒絶しています。兄弟は三人とも大卒者で、二人はギムナジウム教師で、一人は土地測量主任技師です。みな空想家というよりは杓子定規なタイプです。——以上が夢に関連してあなたに述べることのできるすべてです。夢を文献に使用したいと思われることがあったら、よろこんで認めます。

わたしとしては、皆さんがこの二通の手紙の書き手と似たような振舞い方をするのではないかと恐れざるをえません。皆さんもまた、この夢が思いがけない双子の誕生をテレパシー的に予告したと本当に捉えてよいかどうかに、なにより関心はもっても、これをほかの夢同様、分析にかけようという気は全然起こさないでしょう。精神分析とオカルティズムがぶつかり合うときには、いつでもこのようになることが予見されます。精神分析には、いわばあらゆる心の本能が敵対しますし、オカルティズムについては強力なしかし晦冥な共感が味方します。とはいえ、わたしはオカルティズムに関し立場をはっきりさせることはないでしょう。自分は一介の精神分析家にすぎず、オカルティズムの問題は自分にはかかわりのないことだ、という立場をわたしが取ろうとしているのではありません。そういうことをすれば、皆さんは、それは問題からの逃避にすぎない、と判断されるだけでしょう。立場がどうのこうのということではなく、非の打ち所のない観察によってテレパシー的出来事が実在する、と自分も他人も説得できるなら、大いに満足するであろうけれど、この夢に関する報告はあまりにも不十分で、テレパシー実在の決定を正当化することはできない、というのがわたしの主張するところなのです。ご覧の通り、自分の夢の問題に興味を懐いたこの知性的な男性は、出産を控えた娘と最後に会ったのはいつなのか、また最近娘からどのような知らせを受け取っていたのかすら、われわれに述べようとは考えていません。第一の手紙では、出産は一カ月早かったと書かれていますが、第二の手紙ではたった三週間となっていますし、それは実際に早産だったのか、それともしょっちゅうあるように、当事者たちの計算間違いだったのかについても、どちらの手紙でも触れられていません。しかし、夢見る人の無意識的な評価や推定の信憑性を測ろうとするなら、ことのこうした細部に左右されるでしょう。また、たとえこうした問いかけの幾つかに答えてもらえるとしても、なんの役にも立たないだろうとも、わたしは思っていました。証明を目指して進んでいくうちには、実際いつも新たな疑問が浮かんでくるでしょうし、そうした疑問は、当人を前にして、彼がひょっとしたら重要でないとして片づけてしまった関連するすべての想い出を新たにしてもらえなければ、除去できないものなのです。二番目の手紙の最初に彼は、口頭ならもっと多くのことが出てきたでしょうと述べていますが、その通りなのです。

類似した事例を、ただし、オカルト的関心によって少しも邪魔されていない事例を、もう一つ別に想像してみてください。任意の神経症者の既往歴や最初の問診の際の病状報告を、精神分析を行って数カ月後に患者から聞き知った内容と較べるという事態に立ちいたったことが、皆さんもたびたびあったでしょう。無理もない短縮は別にしても、なんと多くの重要な報告が省略されたり抑え込まれていることか！　なんと多くの連関がずらされていることか！　結局のところ、患者は初回の際なんと多くの不正確で真ならざることを皆さんに物語っていたことか！　われわれに伝えられた夢がテレパシー的事実に対応するのか、それとも夢見た者の特別に繊細で無意識的な所業に対応するのか、はたまた単なる偶然の一致として受け取らざるをえないのか、それについて判定を下すことは、われわれの現状を踏まえるなら、拒否せざるをえません。またそうしても、皆さんがわたしのことを慎重すぎると決めつけることはないだろうと信じています。好奇心を満たすことは、のちに、夢見た者を口頭で立ち入って精査する機会に恵まれるときを待つことにしましょう。われわれの探求がこうした結果に終わったからといって、がっかりしたなどと言ってはいけません。というのは、テレパシー問題に光を投げかけるようなことはなに一つお知らせすることはないだろう、とあらかじめ釘を刺していたはずだからです。

それではこの夢の分析的取り扱いの方に移るとしますが、そうすると新たにまた不満を表明せざるをえません。夢見た者が顕在的夢内容に結びつけている思念の素材がこの場合にも不十分で、それでもってでは夢の分析を開始することができないのです。たとえば、夢は子供と両親の類似にこまごまとこだわり、髪の毛の色のことを論じて、後になるとその色は変わることが予想されると述べ立てたりしていますが、この詳しく展開された細部の説明としてわれわれに与えられた情報といえば、夢見た者がいつも類似と遺伝の問題に興味をもっていたというわずかなことだけなのです。われわれとしては、そこからさらなる要求を出すのが普通なのですが。しかし一つの個所においてだけは夢が分析的解釈を許してくれています。まさにその個所において、通常はオカルティズムとかかわりをもたない分析でありながら、奇妙な形でテレパシーの手助けをすることになります。この一つの個所のためにわたしはおよそ皆さんの注意をこの夢に対し喚起するのです。

よくご覧ください。この夢は「テレパシー的」と呼ばれる権利をなんら有していません。夢は、ほかの場所で同時に――夢見る者にそれ以外では知られずに――生じていることを彼になんら伝えてはいないのです。そうではなくて夢が物語っていることとは、夢の夜の翌日に電報が知らせた事件とはまったく別のことなのです。夢と事件はたいそう重大な点で食い違っており、同時性を除くなら、両者が一致している点とは、大変興味深いけれども別の要素にすぎません。夢では、夢見た者の妻が双子をもうけました。ことの顚末[5]の方はしかし、遠くに暮らす娘が双子を産んだということです。夢見た者もこの違いを見逃してはいませんし、違いをのりこえるすべも知っていないように思われます。そして、自身の言によれば、彼はオカルトに対しなんらの偏愛も懐いていないのですから、双子の誕生という点における夢と事件の一致は偶然以上のものでありうるのかと、おずおずと尋ねているだけなのです。精神分析による夢解釈はしかし、夢と事件のこの違いを廃棄し、両者に同じ内容を与えます。この夢に対する連想を素材として参照するなら、わずかな素材ながら、いまの場合、父と娘の間には緊密な感情の拘束が存していることが示されます。それはごく普通で自然なものなので恥じいる必要もなく、生活の中ではもっぱら情愛のこもった関心の表現となっていて、行きつくところまで行きつくのは夢においてはじめてであるような、そういう感情の拘束なのです。父は、自分に対する娘の愛着心が強いことを知っていますし、苦しいお産の際、娘がしきりに自分に思いを馳せたと確信しています。わたしの思うには、彼は結局のところ娘を義理の息子に恵み与えてはいません。この息子のことは手紙の中で二、三回軽蔑的口調で触れられています。娘の(予期された、ないしテレパシー的に聞き届けられた)出産をきっかけとして無意識的欲望が、抑圧されたものの中で蠢《うごめ》き出したのです。つまり、娘はむしろわたしの(二番目の)妻であるべきだ、と。そして夢思考を歪曲し、事件と顕在的夢内容との違いを引き起こしたのは、この欲望なのです。ですから、夢の中の二番目の妻のところには娘を代入してよいでしょう。夢に関してもっと多くの素材を所有したなら、この解釈を確実にし、深化することができるに相違ありません。

ここまできて、皆さんに示したいと思っていたことを語ることができます。われわれは厳格きわまりない公平さを心がけ、夢に関する二つの見解を両方とも等しく可能で等しく未証明のものとしてみなしてきました。第一の見解によれば、この夢は、おまえの娘はちょうどいま双子を世にもたらした、というテレパシー的お告げに対する反応であることになります。第二の見解によれば、夢の根底には無意識的な思考作業が存し、それはたとえば次のような形に翻訳されます。つまり、もしベルリンの若夫婦が、実際わたしの思う通り、本当は一カ月計算違いをしていたとするなら、今日が分娩の行われる日に違いない。そしてもし、わたしの(最初の)妻が存命であったなら、一人の孫では満足しないだろう。妻にとっては少なくとも双子でなくてはなるまい。この第二の見解が正しいとするなら、われわれにとってなんら新しい問題は発生しません。これはほかのものと変わらない一つの夢だということになります。いましがた言及した(前意識的な)夢思考に、ほかならぬ娘こそが自分の第二の妻となるべきであったという(無意識的な)欲望が加わり、そのようにして、われわれに伝えられた顕在的夢が発生したのです。

それに対しむしろ、娘の分娩に関するテレパシー的なお告げが眠っている者にやってきたと仮定したいのであれば、そのようなお告げと夢との関係や、お告げが夢形成に及ぼした影響について新たな疑問がもちあがってきます。

その場合、答えは自明できわめて一義的に与えられます。テレパシー的なお告げは、夢形成のための素材の一つとして取り扱われるのです。それは、街路からやってくる邪魔な雑音や、眠っている者の器官からやってくるしつこい感覚のような、内外に発するほかの刺激に対するのと同じ扱いです。われわれの例においては、抑圧されて機を窺っている欲望の助けを借りたそのお告げが、どのように欲望成就のために改造されたかは明白ですが、お告げが同時に蠢き出したほかの素材と融合して一つの夢となったとは、残念ながら断言することはできません。テレパシー的なお告げは——そのようなものが実際に承認されるとしてですが——したがって、夢形成に変化を及ぼすことはできません。テレパシーは夢の本質にかかわらないのです。抽象的で立派そうな言葉遣いをして不明確な点を隠したがっていると思われてはかないませんから、繰り返しておくことにします。すなわち、夢の本質とは夢工作(6)の独自のプロセスに存するのであって、そのプロセスにおいて前意識的思考(日中残渣)が無意識的な欲望の蠢きの助けを借りて顕在的夢内容に引き入れられるのである。テレパシーの問題はしかし、不安の問題(7)同様、夢にはろくに関係しないのです。

皆さんもそのことは認めてくださると期待しますが、しかしすぐ反論なさることでしょう。事件と夢の間になんら違いのない別のテレパシー的な夢も存在するのであって、そうした夢にあっては事件の歪曲されざる再現以外のなにものも見出されないのだ、と。わたしは自分の経験としてはそのようなテレパシー的夢をやはり知らないのですが、しかし、たびたび報告されていることは承知しています。歪曲もされず夾雑物も混じっていない、そのような夢とかかわりをもつようになったと仮定してみましょう。そうすると、そのようなテレパシー的な体験をもおよそ「夢」と呼ぶべきだろうかという別の疑問がもちあがってきます。睡眠中に心の生活のうちで生ずることは何であれ「夢」と称する通俗的な言語使用をなす限り、皆さんもきっとそう呼ぶでしょう。皆さんはまたもしかしたら、「わたしは夢の中でのたうちまわった」というような言い方をなさるかもしれませんし、「わたしは夢の中で泣いた」とか「夢の中で不安を感じた」という言い方に不正確なところを見出すことはましてないでしょう。しかし、そうしたすべての場合において、自分が「夢」と「睡眠」ないし「睡眠状態」とを無差別に入れ替えていることに気づかれるはずです。「夢」と「睡眠状態」とは、よりきちっと別々にしておいた方が学問的厳密性の利にかなっているとわたしは思います。メーダーが引き起こした混乱[8]に匹敵するような混乱をわたしたちも作り出してよろしいものでしょうか。メーダーは、夢工作と潜在的夢思考とをまったく区別しないことによって、夢に新たな機能を発見したのでした[9]。したがって、そのような純粋にテレパシー的な「夢」に遭遇した場合には、それはむしろ睡眠状態におけるテレパシー体験と呼ぶことにしましょう。縮合[10]・歪曲・劇化のない夢、なにより欲望成就のない夢とは、夢の名に価しないのだからです。それなら、「夢」を名乗る権利が剝奪されなければならない睡眠中の心の産出物がそれ以外にも存在することになると、皆さんは警告なさるでしょう。日中の現実的体験が睡眠中に単純に反復されることもあるようですし、最近になってわれわれは外傷的情景が「夢」の中で再生されるがゆえに、夢理論に改訂を迫られることにもなりました[11]。きわめて特殊な性質をもつために、普通の種類の夢からは区別される夢がありますが、それは実際、毀損もされず混ぜ物もされていない夜中の空想《ファンタジー》以外のなにものでもなく、夜中という点を除くなら周知の白昼の空想にそっくりなものです。こうした形の現象を「夢」という表示からはずすのは、確かに不都合でしょう[12]。しかしそれらはみな内部からやってくる、われわれの心の生活の産物であるのに対し、純粋な「テレパシー的な夢」は概念上外部の知覚であり、それに対して心の生活は受容的・受動的に振舞うのです[13]。

II

皆さんにお知らせしたい第二の事例は本来は別系統のものです。この事例がもたらしているのはテレパシー的な夢ではなく、テレパシー体験の豊富なある女の人にその幼年期以来繰り返されている夢のことです。以下に載せるその人の手紙には奇妙な点がかなり含まれていますが、それらについて判断することはわれわれにはできません。その中の二、三の事柄は夢とテレパシーの関係のために利用できます。

――……わたしの主治医のN博士は、おおよそこの三十年から三十二年間わたしにつきまとって離れない夢のことをあなたに物語るよう勧めました。わたしは博士の忠告に従います。もしかしたらその夢は、科学的関連であなたの興味を惹くかもしれません。あなたのご意見では、そのような夢は最初期の幼年時における性的関連の体験に還元されるべきものですから、わたしは幼年期の想い出も述べておくことにします。それは、今日でもわたしの心をかき乱すもので、それによって宗教の選択を決定したほど切迫したものでした。

この手紙を閲読なさったなら、あなたはこの夢をどう説明づけるのか、また、この夢をわたしの人生から消し去ることができないのかどうかを、もし宜しければお教えくださるよう、お願いしてもよろしいでしょうか。というのもこの夢は、幽霊のようにわたしにつきまとい、この夢と一緒になって生ずる事態のために――わたしは決まってベッドから落ちて、少なからざる負傷を負ったこともあるのです――大変不愉快な痛い目に会うからです。

二　わたしは三十七歳で、大変頑強で健康な体をしています。幼年期に、はしかと猩紅熱のほか腎臓の炎症を経験しました。四歳のとき大変重い目の炎症にかかり、それ以来二重視が残りました。物の像は互いに斜めに傾き、像の輪郭がぼやけます。なぜなら、潰瘍の瘢痕がじゃまになって明確にものが見えないからです。専門医の判断ではしかし、目はもはや手の施しようがありません。より明確に見えるようにと左眼をすぼめていましたが、そのために顔の左半分が上方に引きつりました。鍛錬と意志の賜物でわたしはとても細かい手仕事もこなせます。同様に六歳のとき鏡を前に練習して斜めになった見方を直すことができました。今日では外見上、目の欠陥はそれとわかりません。

もっとも幼い子供のころからすでに、わたしはいつも一人ぼっちで、ほかの子から離れていて、すでに幻影（透視・透聴）を体験していましたが、現実と見分けがつかず、そのためしばしば葛藤に陥りました。そのせいでわたしは、大変引っ込み思案でおどおどした人間になりました。ごく小さいころから子供が学べることよりもはるかに多くのことをすでに知っていたので、わたしは同年配の子供たちを端的に理解できなくなりました。わたし自身は十二人いる兄弟姉妹のうち一番上です。

六歳から十歳までわたしは教区の学校に通い、それから十六歳までBにある聖ウルスラ会の上級校に通いました。十歳のとき四週間で、それは八回の補習授業でしたが、ほかの子が二年間で学ぶ分量のフランス語に追いつきました。わたしは繰り返すだけでよかったのです。まるで、すでに学んだことがあって、ただ忘れていただけといった按配でした。およそフランス語は後になっても学ぶ必要はありませんでした。その点で英語は反対でした。英語も苦労はしませんでしたが、わたしには未知のものでした。ラテン語に関してはフランス語と同様でした。ラテン語も本来わたしはまともに学んだことはなく、ただ教会のラテン語のみで知っているだけですが、それでも完全にお手のものなのです。今日なにかフランス語の作品を読むと、そのあとすぐにフランス語で考えもします。ところが英語ではこうは行きません。英語の方がよりよくマスターできているのに、です。――両親は農家で、代々ドイツ語とポーランド語しかしゃべったことがありません。

　幻影。時々、数刻の間現実が消え去り、なにかまったく別のものが見えます。自分の住居にいる場合であれば、よく見るのは老夫婦と子供が一人で、そのときには住居の調度も異なっています。――治療院にいるときにも朝四時ごろに友人の女性がわたしの部屋に入ってきました。わたしは目が覚めていて、ランプを灯し机に腰掛け読書をしていました。不眠に大変苦しんでいたからです。この霊現象は私にとっていつも癪の種で、この場合もそうでした。

　一九一四年わたしの弟は戦場にいました。わたしはBの両親のもとにではなくChにいました。八月二十二日午前十時のことです。わたしは「お母さん、お母さん」と呼ぶ弟の声が聞こえました。十分後もう一度その声がしましたが、なにも見えませんでした。八月二十四日帰郷してみると、母がふさぎこんでいます。どうしたのかと尋ねると、弟が八月二十二日に現れ出てきたとの説明です。午前中、庭にいると、弟が「お母さん、お母さん」と呼ぶのが聞こえたそうです。わたしは母を慰め、自分の体験はなにも言いませんでした。三週間後弟から葉書が届きました。それは彼が八月二十二日の午前九時から十時の間に書いたものでした。その後すぐ弟は死にました。

一九二一年九月二十七日、治療院でわたしに対しなにものかの告知がありました。二度か三度相部屋の女性のベッドが激しく叩かれたのです。わたしと彼女は二人とも起きていて、わたしは彼女が叩いたのかと聞きましたが、彼女はなにも聞こえなかったと言います。八週間後わたしは、友人〔女性〕の一人が二十六日から二十七日にかけての夜に死去したとの報に接しました。

さて今度は、感覚の錯誤とされるべき事柄ですが、そう取るかどうかは見方の問題です。わたしには、五人の子持ちのやもめと結婚した友人がいます。夫の方とはその友人を通じてはじめて知り合いになりました。わたしが彼女のもとを訪れると、その住居の中でほとんど毎回、ある女性が出入りするのが見えます。当然ながら、それは男性の先妻だろうと考えられました。折りをみて写真がないかと尋ね求めましたが、写真では出てきた霊との一致を確かめることはできませんでした。七年後、子供の一人のところで例の女性の面影をとどめた写真を見ました。それは実際に最初の妻だったのです。写真ではかなり具合がよさそうでしたが、先妻はちょうど肥満療法を受けたところで、そのため肺病患者らしからぬ外見に変わっていたのです。――以上は数多い中のほんの数例にすぎません。

夢。**水に取り囲まれた岬が見える。波は岩に砕けて押し寄せては引いていく。岬には椰子の木が一本はえており、いくらか水に向かってたわんでいる。一人の女が椰子の木の幹に腕を回しながら、水の方へ深く身をかがめている。水の中では男が陸地にたどり着こうと試みている。最後に女は地面に横たわり、左手で椰子の木をしっかりつかみながら、右手を水中の男の方に思いっきり伸ばすが、届かない。**ここでわたしはベッドから落ち、目が覚めます。

——およそ十五歳か十六歳のときでしょうか、わたしは自分がこの女なのだと気がつき、それで男のことを案ずる女の不安を体験したばかりか、ときには無関係な第三者として立会い、傍観するようにもなりました。また、この体験の夢を段階を区切って見ることもありました。この男に対する興味が目覚めるにつれて（十八から二十歳にかけてです）、その顔を見きわめようと試みましたが、できませんでした。しぶきのために、見えたのはうなじと後頭部だけでした。わたしは二度婚約しましたが、それは頭格好からして、また体型からして、どちらの男性の顔でもありませんでした。——治療院で一度パラアルデヒドを処方されて恍惚となって臥せっているときに、男の顔を見たことがありますが、爾来その顔はどの夢でも見ることになりました。それは治療院で治療してくれている医者の顔だったのです。その人は医者として確かに好感のもてる人でしたが、それ以上わたしたちを結びつけるものはありませんでした。

想い出。生後六カ月か九カ月のときのこと。わたしは乳母車に乗っている。わたしの右手には二頭の馬。一頭は栗毛で、わたしをまじまじと印象深げに見つめている。これは強烈きわまる体験で、この馬は人間だという感情をもった。

一歳のとき。わたしは父と市の公園にいる。公園の管理人がわたしに小鳥を手渡す。小鳥の目はまたしてもわたしをじっと見つめる。わたしは、これはおまえと同じ生き物なんだと感じる。

家庭での屠畜。豚のキーキー言う声を聞くと、わたしはいつも助けてと叫び、人間を殺しているのよ、と決まって声を挙げた（四歳のとき）。肉を食べることをわたしはいつも拒絶した。豚肉はわたしにいつも嘔吐を催させた。戦時になってはじめてわたしは肉食を学んだが、嫌悪感をこらえてのことであり、いまでは再び肉食を断っている。

五歳のとき。母がお産をし、その叫び声が聞こえた。屠畜の際と同じように、いまあそこでは動物か人間が最高の苦境にある、という感覚をもった。

性的な方面については、わたしは子供のころまったく無関心で、十歳になっても純潔に対する罪というものはわたしの理解力の中に入ってきていなかった。十二歳で初潮を迎えた。二十六歳になり、子供を一人産んだ後になってはじめて、わたしの中の女が目覚めた。それまでは（半年間）わたしは性交の際、いつもきつく嘔吐していた。後になっても、ちょっとしたことで不調になり気がふさぐと、嘔吐した。

わたしには並外れて鋭い観察の才能と、また例外的に鋭い聴覚があります。嗅覚も同様に発達しています。人が大勢いる中で目隠しをしていても、知人を嗅ぎ分けることができます。

わたしとしては自分の人並み以上の視覚や聴覚は病的な体質のせいではなく、より繊細な感覚とより敏捷な連合能力のおかげだと思っていますが、そのことについては宗教の先生や……博士にしか話したことがありません。博士に対してはたいそういやいやながらです。というのも、わたしのもっている、個人的にはプラスの性質とみなしている事柄をマイナスの性質と言われるのがいやだからですし、また、わたしは若いときに誤解されたせいで大変内気になってしまったからです。

書き手が解釈を求めている夢の理解は困難ではありません。それは水中からの救出の夢であり、したがって典型的な誕生夢です[14]。象徴法の言葉には、皆さんもご存知のように、文法はありません。その言葉は極端な不定法の言葉であり、能動態と受動態も同じ像で表現されます。夢で、ある女性がある男性を水中から引き出す（ないし引き出そうとする）場合、それは、女性が男性の母になろうとする（ファラオの娘がモーセに対してするように、自分の息子として承認する）ということを意味する場合もあれば、また、女性が男性によって母になろうとする、彼の息子を得たいということを意味する場合もあります。後者の場合、息子は男性の似像として男性に等値されることになります。女性がしがみついている木の幹は容易にファルスの象徴として認識されます。たとえまっすぐに立っておらず、水面の方に傾《かし》いでいる――夢の言い方では、たわんでいる――にせよ、です。砕けた波が押し寄せては引き返すさまはかつて、まったく似たような夢を生み出した別の女性に、間歇的に襲う陣痛との比較を思いつかせました。そして、出産経験のなかったこの女性に、どうして出産という労苦のこうした性格を知っているのかと尋ねると、陣痛は一種の疝痛のようなものだと聞かされたと言うのです。それは生理学的には文句のつけようのない言い方です。それとの連想で彼女は「海の波と愛の波[15]」と付け加えました。いま取り上げている夢見た女性がそんなに若い時期に微妙な象徴の一式（岬、椰子の木）をどこから仕入れたのかについては、むろんわたしにはなにも言えません。ちなみに、このことに関連して忘れてはならないことがあります。何年も同じ夢につきまとわれているとある人たちが主張する場合、それは顕在的には完全に同一の夢ではないと判明することがしばしばあるのです。ただ夢の核だけが毎回回帰しているのであって、個々の内容は変更されたり新たに追加されたりしているのです[16]。

どうやら不安に満ちたこの夢の最後に、夢見た女性はベッドから落ちました。これは再度、出産の表現です。高所恐怖症や、窓から飛び降りようとする衝動に対する不安を分析的に探求してみて、皆さん方すべても同じ結論をきっと得ているはずです。

それでは、この夢見た女性がその子供を得たいと望んだり、その似像の母親になりたいと思う男性とはだれなのでしょうか。彼女はたびたびその男性の顔を見ようと努めましたが、夢はそれを許さず、男性は匿名のままのようです。この隠匿がなにを意味するか、われわれは無数の分析から知っています。そしてわれわれの類推は、夢見た人のもう一つの言辞からも確実なものになります。パラアルデヒドによる恍惚状態の中で一度、彼女は夢の中の男性の顔を、彼女の治療をしていた治療院の医者の顔だと見きわめました。医者は彼女の意識的な感情生活にとってそれ以上の意味はもっていない人でした。原物はしたがって決して現れませんでしたが、「転移」による写しは、原物とは以前にはいつも父親であったはずだという推論を可能ならしめてくれます。「わけのわかっていない人の夢」〔一九一七年の同名の論文〕がわれわれの分析的推測の確証にとって価値ある典拠となるというフェレンツィの指摘は、なんと正しかったことでしょう！　われわれの夢見た女性は十二人の子供の中の最年長者でした。彼女ではなく母親が待望の子を父から受け取ったとき、彼女はなんとしばしば嫉妬と失望の苦痛を舐めなければならなかったことでしょう！

われわれの夢見る女性は、自分の最初の幼年期の想い出が、早期の、そしてそれ以来回帰してくる夢の解釈にとって価値があると考えましたが、それはまったく正しい理解だったのです。一歳未満の最初の情景で、彼女は乳母車に乗り、その傍らには二頭の馬がいて、そのうちの一頭は彼女をまじまじと印象深げに見つめていました。それを彼女は強烈きわまる体験と言い表し、これは人間だという感情をもったと言います。しかしわれわれがこの価値評価に感情移入できるのはただ、二頭の馬が、この場合よくあることですが、夫婦を、つまり父と母を表していると仮定するときだけです。そうすると、それはまるで幼児期のトーテミズムが一瞬きらめいたかのように思われます。この女性と話ができるのなら、父はその肌の色からして、彼女をまるで人間のように見つめた栗毛の馬のうちに認められてよいのではないか、という質問を彼女に向けるでしょう。第二の想い出は第一の想い出と、同じ「理解ある注視」によって連想的に結びつけられています。しかし、小鳥が自分の手に渡されるというのは、分析家には、確かに先入見でもあるのですが、女性の手をファルスのいま一つの象徴と関連づける夢の筋立てを想い起こさせます。

次の二つの想い出は一体をなし、その解釈はいっそう容易です。出産時の母親の叫びは、彼女に家庭での屠畜の際の豚のキーキー言う鳴声を直接想い出させ、同じ同情の狂乱のうちにおきいれます。しかしわれわれは、ここには母親に向けられた悪意ある死の欲望に対する激しい反動が存しているとも推測します。

父に対する情愛、父との性器的接触、母に対する死の欲望をこうして暗示することで、女性のエディプスコンプレクスの輪郭が描かれたことになります。長期間にわたって維持された性的無知や、より後の冷感症は、この前提に対応します。われわれの書き手は潜在的に――そして一時的には、確かに事実上も――ヒステリー性の神経症者となっていたのです。有無を言わせぬ生活の力に促されて、幸せなことに、彼女は女性としての性的感受性や母親としての幸福やさまざまな営利能力を身につけることができましたが、それでもリビードの一部は依然として幼年期の固着個所にしがみついていて、彼女はいまでも、ベッドから自分を投げ出し、近親相姦的な対象選択を「少なからざる負傷」でもって罰する夢を見ているのです。

最大の影響力をもつその後の体験をもってしても成し遂げられなかったことを、他人である医者が手紙で解明することによって、いま行ってほしい、と彼女は言っています。比較的長期間にわたって規則正しく分析すれば、それも多分成功するかもしれません。事情からしてわたしは、次のように彼女に書き送ることで満足せざるをえませんでした。すなわち、あなたは父親に対する強い感情拘束の余波と、それに対応した母親との同一化のゆえに苦しんでいるのは間違いないと思うが、しかしこう解き明かしたところであなたのためになると期待しているわけではない、と。神経症の自然治癒は通例、瘢痕を残し、それは時々痛み出します。精神分析によって治療をやり遂げたときには、われわれはそのことを大いに誇りに思いますが、だからといって、そのように痛みを伴う瘢痕形成に終わることをいつも防ぐことができるわけではありません。

ちょっとした想起の系列に、いましばらく注意を留めておくことにしましょう。そうした幼年期の情景は「遮蔽想起」となり、後になって捜し出され組み合わされ、その際偽造されることも珍しくない、とわたしはかつて主張したことがあります。[17] 後になってからのこの改造がいかなる性向に奉仕しているかは、ときに推し測ることができます。われわれの事例においては、まさに書き手の女性の自我が、この想起系列を介して、得意になったり自分をなだめたりするのが聞こえてきます。つまり、わたしは小さいときから特に気高く情け深い人間だった。早い時期から、動物にもわたしたちと同じ心があることがわかっていたし、動物に対する残虐行為に耐えることができなかった。肉の罪を遠ざけていたし、純潔を遅くまで護ってもいた、と。このように宣言することで彼女は、われわれが分析の経験に基づいて彼女の早期の幼年期について立てざるをえない仮説に対して、つまり、彼女は時ならぬ性的蠢きに満ちていたし、母親や年下の兄弟姉妹に対する激しい憎しみの蠢きに満ちていたという仮説に対して、声を荒げて反論しているのです（小鳥は、それに割り当てられた性器の意味のほかに、あらゆる小動物同様、小さい子供の象徴の意味ももちうるのでして、想い出はこの小さな生き物が彼女自身と同じ権利をもつことをこれみよがしに強調しています）。このようにして短い想起系列は、二重の局面を有する心的形成のみごとな例となっています。表面的に考察するなら、この系列は抽象的な思想を表現していますが、その思想とはこの場合、たいていの場合と同じように、倫理的なものに関連しており、そうするとこの想起系列はＨ・ジルベラーの言う天上的内容[18]を有していることになります。しかし、より深く突っ込んで探求してみると、この系列は抑圧された欲動生活の領域に発する一連の事実であることがわかり、その精神分析的内実が明らかにされます。ご存知のように、ジルベラーは人間の心のこの高貴な部分のことを忘れてはならないという警告をわれわれに発した最初の一人ですが、夢のすべてないし大多数は、卑俗な精神分析的解釈の上層に、より純粋な天上的解釈という二重の解釈を許容する、と主張しました。ところが、実情は残念ながらそうではありません。反対に、そのような重層的解釈がうまくゆくことは、きわめて稀です。わたしの知る範囲でも、そうした両義的夢分析の手ごろな例が公にされたことはありません。ところが、われわれの患者が分析的治療の際に差し出す連想の系列においては、皆さんはそうしたことを比較的頻繁に観察することができます。次々に継続して出てくる思いつきは一方で、明白で一貫した連想によって相互に結びついていますが、他方において、より深いところにあって秘密にされているテーマに皆さんはお気づきになるでしょう。このテーマは、それらの思いつきのすべてに同時にかかわっているのです。同じ思いつきの系列を支配している二つのテーマの対立とは必ずしも高級－天上的と卑俗－分析的の対立というわけではありません。むしろ、無礼と礼儀（ないしその中間）との対立であり、そうだとすれば、二重に決定された一連の連想が発生するもとになる動機も容易に理解されるでしょう。われわれの事例において、天上的解釈と精神分析的解釈とがこれほどまでに鋭い対立をなしているのはむろん偶然ではありません。両方の解釈とも同じ素材にかかわっていますし、より後に出てくる性向とはまさに、欲動の蠢きを否認し、それに対抗して立ち上げられた反動形成の性向にほかならないからです。[19]

ならば、われわれはいったいどうして精神分析的解釈を捜し求め、より手近な天上的解釈で満足しないのでしょうか。それには多くのことがかかわっています。神経症一般の存在とか、それが必然的に要求するさまざまな説明とか、人は期待と異なり、美徳によってはそんなに喜ばしい気持ちにもなれなければ、生きる力も与えられず、美徳といえども人間が生まれるもともとの由来から自由にしてくれるわけではないとでもいうような事実――われわれのあの夢見た女性も有徳であるからといって、その報酬をきちんと与えられたわけではありません――とか、そのほか幾つもの、皆さんに向かっては取り立てて論ずる必要もない事柄とかです。

しかし、これまで、いまの事例に対するわれわれの関心のもう一方の決定因子であるテレパシーのことをまったく除外してきました。いまやその方に戻るべきときです。ある意味ではこの事例の方がG氏の事例[20]より、ことは簡単です。すでにごく若いときから簡単に現実が消えてしまい空想世界に席を譲るような人物の場合、その人のテレパシー体験や「幻影」を神経症と関連づけ、神経症から導き出してこようという誘惑には大変抗しがたいものがあります。ただし、われわれの提示する内容にどれほどの有無を言わせぬ説得力があるのかについて、いまの場合もうぬぼれた判断をしてはなりませんが。未知で理解不可能な事柄ではなく、理解できる可能性を述べるだけにとどめましょう。

一九一四年八月二十二日午前十時、書き手の女性は、戦場にいる弟が「お母さん、お母さん」と叫ぶというテレパシー的な知覚に襲われました。現象としてはそれは純粋に聴覚的なものでしたが、少し後にもう一度繰り返され、その際には彼女はなにも見ませんでした。二日後母親に会い、母親がひどくふさいでいるのに気がつきます。というのも、弟が母のもとに「お母さん、お母さん」と繰り返し叫んで現れ出たからです。彼女はすぐ、同時刻に起こった自分に対する同じテレパシー的お告げのことを想い出します。そして実際に数週間後、若き戦士はあの日当該の時刻に死んだということがはっきりします。

これは証明できないし、また拒絶もできないことなのですが、ことの成り行きはむしろ、ある日息子がテレパシーで自分に訴え出た、と母親が彼女に報告した、ということだったのかもしれません。そうするとすぐさま彼女には、同時期に同じ体験をしたのだという確信が発生します。そのような想い出の錯誤は、現実の源泉から引き出されているがゆえに、強迫的なまでの強烈さをもって登場しますが、それによって心的現実性は物的現実性に転換されることになります。想い出の錯誤のどこが強烈かというと、その錯誤が姉のうちに存する母親との同一化の性向の、よい表現となりうるところにあります。「お母さんは息子のことを心配しているけど、わたしが本当の母親なのよ。だからあの叫びはわたしに向けられていて、テレパシーによるお告げを受け取ったのはわたしなのよ」。姉である彼女はむろん、われわれの試みる説明を断固拒絶するでしょうし、あれは自分自身の体験だったと信じつづけるでしょう。彼女にはそれ以外にしようがないのです。無意識的な前提の現実性が理解できない限り、彼女は病理的結末の現実性を信じざるをえないのです。妄想がどれも強烈で難攻不落であるのは、それが無意識的な心的現実性から派生しているからにほかなりません。母親の体験については、それをここで説明づけ、それが事実なのかどうかを探求することはわれわれにはできない、と申し添えておきます。

死んだ弟はしかし、書き手である女性の単に想像上の子供であるばかりでなく、憎悪をもってその誕生が迎え入れられたライヴァルでもあります。実に多くのテレパシー的な予感が死ないし死の可能性に関連しています。いかにしばしば陰鬱なことをまえもって予感し、しかもそれがなんと的中することか、と分析患者たちは語りますが、そうした人々に対しわれわれは、あなたがたは近親者に対しことさらに強烈な無意識的な死の欲望を無意識の中に懐いており、それゆえに久しくその欲望を抑え込んでいるのだということを、同じく判で押したように証示することができます。一九〇九年「強迫神経症の一例についての見解」〔本全集第十巻〕でわたしがその来歴を物語った患者はその一例です。彼は親類の間で「ムクロドリ」[21]とも呼ばれていました。しかし、人好きがして機知に富んだこの男――そのあと戦没しました――は快方に向かうと、わたしが彼の心理的詐術を解明するのをみずから手助けしてくれました。われわれの最初の文通相手の手紙には次のような報告が含まれていましたが、それもまた同じように解き明かすことができます。すなわち、彼と三人の兄弟は末の弟の死のニュースを、心のうちではとっくに知っていたこととして受け取ったという報告です。四人の兄たちはみな等しく、あとからやってきた末っ子が余計ものであるという確信を内心育んでいたのでしょう。

われわれの夢見た女性のもう一つの「幻影」についても、分析の洞察によってもしかしたら理解が容易になるかもしれません。彼女の感情生活にとっては、どうやら同性の友人が大きな意味をもっています。一人の同性の友人が死んだことは、まもなく治療院の相部屋の女性のベッドが夜叩かれるという形で彼女に示されました。もう一人の友人は何年も前に子だくさん(五人)のやもめと結婚していました。そこを訪れると、彼女は決まって住居に婦人の亡霊が出現するのを見ました。それは死んだ先妻に違いないと彼女は思いましたが、さしあたっては確かめられませんでした。七年後、死んだ女性の写真を新たに捜し当てることによって、ようやくそれは確信されることになります。幻影を見るこの所作は、弟の死の予感と同じく、書き手である女性の周知の家族コンプレクスに密接に依存しています。彼女が友人に自分を同一化していたなら、彼女は友人の中に自分の欲望が成就しているのを見て取ることができました。というのも、子供のたくさんいる家庭の長女というものはみな無意識のうちに、母親が死ねば自分が父親の第二の妻になるという空想《ファンタジー》を作り出すものだからです。母親が病気になったり死んだりすると、長女はあたりまえのことのように兄弟姉妹の母親代わりになり、父親に対しても妻の役割の一部を受けもつことが許されます。それ以外の部分は無意識的な欲望が補います。

以上でだいたい皆さんに語ろうと思っていたことは終わりです。ただ、ここで論じたテレパシー的なお告げや所作の事例は明らかに、エディプスコンプレクスの領域に属する興奮と結びついている、と付言してよいでしょう。これに驚かれる方もおられるかもしれませんが、大発見として喧伝したいとは思いません。むしろ、第一の事例の夢の探求によって獲得された成果の方に戻ることにしましょう。テレパシーは夢の本質となんら関係しませんし、また夢に関するわれわれの分析的理解を深めてくれることもありません。反対に、精神分析はテレパシーの研究を促進することができます。なぜなら、精神分析はその解釈によってテレパシー現象の不可解な点を幾つも理解に近づけたり、その他の疑わしい現象についてもそれがテレパシー的性質のものだということをはじめて証明したりするからです。

テレパシーと夢との間には密接な関係があるとみなされる理由のうちまだ残っているのは、テレパシーは睡眠状態によって間違いなく助長されるということです。もっとも、睡眠状態はテレパシー的な出来事が起こるための不可避の条件ではありません——出来事がお告げに基づいているにせよ、あるいは無意識的な所作に基づいているにせよ。このことを皆さんがまだご存知ないとすれば、弟が午前九時から十時の間に出てきた第二の事例がよい例となります。そうはいっても、事件と予感(お告げ)が同じ天文学的時刻に生じなかったからといって、テレパシーの観察に異論を唱える権利が出てくるわけではない、と述べておかなければなりません。テレパシー的なお告げについては、それが事件と同時に入ってきているのだが、ただ次の夜の睡眠状態になってはじめて――あるいは、目が覚めているときでも、しばらくして精神の能動的活動が休止したときになってはじめて――意識によって知覚されるということは、十分に考えられるからです。われわれはまた、夢の形成についても必ずしも睡眠状態の開始を待って始まるわけではない、と考えています。[22] 潜在的夢思考もしかしたら、しばしば日中ずっと準備されていて、それが夜になると無意識的な欲望に接続され、その欲望によって夢へと変形されるということかもしれません。一方、テレパシー現象は無意識の所作にすぎないのなら、そこには新たな問題は何も生じません。その場合には、無意識の心の生活の法則がおのずとテレパシーに対しても適用されることになるでしょう。

わたしは皆さんに、オカルト的な意味でのテレパシーの実在性を認める立場を暗々裏にとろうとしているという印象を与えたでしょうか。そういう印象は避けがたいだけに、もしそうなら、大変遺憾に思います。というのも、わたしは実際、完全に公平でありたいと思っているからです。そうすべきあらゆる理由がわたしにはあります。テレパシーの実在性について、わたしはいかなる判断もつかないし、何も知らないのですから。

(須藤訓任 訳)

嫉妬、パラノイア、同性愛に見られる若干の神経症的機制について

Über einige neurotische Mechanismen bei Eifersucht, Paranoia und Homosexualität

A

嫉妬とは情動状態の一つであり、喪の悲哀と同じく正常なものとみなしてよい。嫉妬が一人の人間の性格や振舞いに欠けているように思われる場合には、それは強く抑圧されており、そのために無意識的な心の生活においていっそう大きな役割を果たしている、と正当に推論することができる。異常に強い嫉妬の諸事例について分析を手がけてみると、それらは三重の層をなしていることがわかる。嫉妬の三層ないし三段階は名づけてみれば、一、競争の嫉妬、つまり正常な嫉妬、二、投射された嫉妬、三、妄想性嫉妬と呼ぶことができる。

正常な嫉妬については、精神分析としてたいして言うべきことはない。それの本質的構成要素がなにであるかは簡単にみて取れる。すなわち、愛の対象が失われたと信じ込まれたがゆえの痛みである喪の悲哀、また、他と区別される限りでのナルシス的傷心、さらに、ライヴァルが優遇されたことに対する敵意の感情、および、愛の喪失を自分の自我の責任にしようとする多少とも厳しい自己批判といったものである。ただし、正常と呼ぶにしても、この嫉妬は決して全面的に合理的なものではない、つまり、現実の人間関係から発生し、実際の事情と釣り合いが取れ、意識的な自我によってくまなく支配されているといったものではない。というのも、それは深く無意識に根を

張り、幼児の情動活動の最初期の蠢《うごめ》きを継続したものであって、第一期の性的時期のエディプスコンプレクスないし兄弟コンプレクスに由来しているからである。とはいえ、この嫉妬が両性的に体験される者もかなりいることは、いずれにせよ述べておかなければならない。つまり、男の場合であれば、愛する女をめぐる痛みとライヴァルの男に対する憎しみのほかに、無意識に愛しているそのライヴァルをめぐる喪の悲哀や、そのときには逆にライヴァルとみなされることになる女に対する憎しみもまた、嫉妬を強化するように働くのである。嫉妬の発作にひどく苦しみながら、その一方で、最悪の苦痛を経験したのは不実な女の立場に意識的に身を置いてみるときだったと述べる男もいるのである。そのときに感じた寄る辺なさの感情を、つまり、まるでプロメテウスよろしく禿鷹に肉をついばまれたか、手足を縛られて蛇の巣に投げ込まれたようなものだったという自分の様子を、彼は子供のころ体験した数回の同性愛的攻撃から受けた印象にみずから関係づけたのであった。

　第二層の嫉妬、すなわち投射された嫉妬とは男の場合も女の場合も、実生活のうちで犯した自分の不実から、あるいは抑圧されていた不実への衝動から出てくる。忠誠、とくに結婚において要求される忠誠は、絶えざる誘惑に抗してのみ維持されうる。これはだれもが経験する日常茶飯事である。誘惑を自分のうちで否認する者は、それでも誘惑が強く押し寄せてくるのを感じざるをえないので、自分を安心させるためにすすんで無意識的機制に訴えることになる。そうした安心、いや、良心の咎めからの解放が達成されるのは、不実への自分の衝動を、自分が忠実であるべきパートナーの側に投射する場合である。この強力な動機はその際、相手側にも同様の無意識的な蠢きがあることを洩らしてくれる知覚素材を利用でき、いざとなったら、パートナーの方も多分自分よりたいして善良なわけではないだろうと考えて、自己正当化することができる。*1

社会道徳は既婚女性の歓心欲と既婚男性の征服欲とに一定の活動の余地を与えて、そうすれば不実への否みようのない傾向をガス抜きし、無害化できるのではないかと期待しているのだが、これはこの一般的に見られる嫉妬状況を巧妙に勘定に入れたものである。慣習上、当事者の両方の側は不実へのこのささやかな歩みをお互い難じてはならないことになっているし、たいていの場合、よその対象に燃え上がった慾は、自分の対象への忠実さに帰還する形で満足させられるのである。嫉妬深い者はしかし、この慣習的寛容を認めようとはせず、一度道に踏み入ると停止や逆戻りはありえず、社交上の「戯れ」が本物の不実への防波堤になることなどありえないと考える。そのような嫉妬深い者を治療する際には、その者が支えとしている素材に異を申し立てることは避けなければならない。素材に違った評価を下すよう仕向けることができるだけである。

こうした投射によって発生した嫉妬は、確かにほとんど妄想的な性格をもっているが、自分の不実の無意識的な空想《ファンタジー》を暴く分析の作業には抵抗しえない。より始末に終えないのは、第三層の嫉妬、本来の妄想性嫉妬の場合である。この嫉妬も抑圧された不実の追求から出てくるが、その空想の対象は同性である。妄想性嫉妬とは同性愛の発酵に関連しており、パラノイアの古典的形態のうちにその位置を占めてしかるべきものである。それは強すぎる同性愛の蠢きに対する防衛の試みであり、（男性の場合）次のように定式化することができよう。

＊1　デズデモーナの歌の詩節を参照。
「つれない人を責めたらば　つれない人のいうことに（…）
わしが浮気をしたならば　お前はひとと寝るがよい[1]――」

346

彼を愛しているのはわたしではない、彼女なのだ。[*2]

嫉妬妄想の症例においては以上の三層すべての嫉妬が見出されるのであって、第三層のそれだけでないことは予期しておくべきだろう。

B

パラノイア。周知の理由により、パラノイアの症例はたいてい分析的探求の手にかからない。けれども最近わたしは、二人のパラノイア患者の綿密な研究から、自分にとって新たな幾つかのことを引き出すことができた。

第一の症例は、申し分なく忠実な妻を対象とした嫉妬パラノイアの完成型を示していた若い男であった。妄想に間断なく支配されていた激烈な時期はすでに過ぎていた。わたしが会ったときには、彼はかなり間をおいた発作をかろうじて繰り返していただけであった。発作は数日続くものだったが、面白いことに、夫妻の双方に満足の行く性行為がなされた次の日に決まって現れた。とするなら、異性愛のリビードの充足後にはいつも、同時に刺激されていた同性愛的要素が嫉妬の発作となって強引に表に現れてきたのだ、と推論してもおかしくないだろう。

発作は、妻がまったく無意識のうちになした媚態が彼に洩らした、他人には気づきようもないごく些細な徴候の観察から素材を引き出していた。あるとき妻は隣に座っていた殿方に意図せずに手で触っただとか、またあるときはその人に顔を近寄せすぎただとか、夫と二人きりのときよりも親しげな微笑を浮かべていただとか。妻の無意識のこうしたしぐさに対し、ことごとく彼はただならぬ注意力を発揮し、いつでもそれを正しく解釈するすべを心得ていた。そのため彼の言うことは実際いつでも間違いなかったし、自分の嫉妬を正当化するために分析を援用することもできた。彼の異常さといえば実際、妻の無意識を他人には思いもよらないほど鋭く観察し、たいそう高く値踏みするというだけのことだったのである。

ここで想い出されるのは、迫害パラノイア患者もまた、まったく似た振舞いをなすということである。迫害パラノイア患者も、他人が自分に対し中立的で無関心なはずがないと考え、「関係妄想」の赴くままに、他人・よそ者が示すごく些細な徴候を利用する。その関係妄想の意味とはすなわち、患者はすべてのよそ者から愛のようなものを期待しているということである。しかし他人はそのようなものはなにも示してくれない、他人は通り過ぎる際ただ笑っているだけだったり、杖を振りまわしたり、地面に唾を吐いたりさえする、しかし、近くにいる人物になにかしら友愛的な関心を懐いているなら、そんなことをする人などいないはずだ。そんなことができるのは、この人物にまったく無関心で、空気のようにしか感じられないときだけだ。パラノイア患者が、愛に対する自分の要求に他人がこのように中立的で無関心であることに自分に対する敵意を感じ取るとしても、「よそ」という概念と「敵対」という概念が根本的に類縁関係にあることを思えば、それほど不当ではないのである。

しかし、嫉妬パラノイア患者も迫害パラノイア患者も、自分の内部に知覚したくないものを外部の他人に向けて投射していると述べるだけでは、両者の行動をきわめて不十分に記述したことにしかならないということも、おぼ

＊2　シュレーバー症例に関する論述「自伝的に記述されたパラノイアの一症例に関する精神分析的考察」〔一九一一年、Ⅲ節〕(GW-VIII 299 ff.)〔本全集第十一巻〕参照。

ろげながら感じられる。

確かに両者とも投射を行っているが、しかしでたらめにそうするのではない。同じようなものが見出されないところに投射するのではなく、無意識に関する知識に導かれて、自分の無意識から引き離した注意を他人の無意識へと遷移するのである。われわれの嫉妬深い患者は、自分の不実を見る代わりに妻の不実を見た。妻の不実をものすごく拡大して意識化することで、自分の不実の方は無意識のままにとどめておくことに成功した。彼の例を基準とするなら、被迫害者が他人のもとに見出す敵意も、この他人に対する被迫害者自身の敵意感情の反照であると推論することが許されよう。パラノイア患者においては同性の最愛の人物こそがまさに迫害者になるということがわかっている。とすると、情動のこの逆転はどこに由来するのかが疑問となる。この疑問に対しては、もともと存在している感情の両価性《アンビヴァレンツ》が憎しみの基礎となっており、愛の要求が満たされなかったためにその憎しみが強化されるのだ、と答えることができよう。このようにして感情の両価性は被迫害者に対し、嫉妬がわれわれの患者になしていたのと同じ、同性愛から防衛する役割を果たしている。

嫉妬深い患者の夢はわたしに大きな驚きをもたらした。夢は、なるほど発作の開始と同時には現れなかったが、しかし患者が妄想に支配されているときでも妄想を完全に免れており、根底に潜む同性愛の蠢きを、普段よりも偽装することなしに認識させてくれた。パラノイア患者の夢について当時のわたしの経験は乏しいものであったが、その乏しい経験からするなら、パラノイアは夢の中にまでは押し入らないという、一般的な仮定を立てることは自然であった。

この患者の場合、同性愛がどのようなものなのかは簡単に見通すことができた。彼には親しい友人もいなかったし、社会的関心も養われていなかった。遅れた分を取り返すかのように、妄想によってようやく男性への関係を発展させようと図ったというような印象をもたざるをえなかった。彼の家族内で父親の存在意義が小さかったことと少年期の初年代に受けた屈辱的な同性愛的外傷とがあいまって、同性愛は抑圧へと追いやられ昇華の道は閉ざされていた。青年期全体は母親への強い拘束によって支配されていた。大勢いた息子の中で彼は母親も公言するそのお気に入りであったし、母親との関係で正常タイプの強い嫉妬心を育んでいた。のち結婚相手を選ぶ際、母親を裕福にしたいという基本的動機に支配されていた彼は、処女の母親を欲するその欲求が花嫁の処女性への強迫的な疑念となって表れた。結婚生活の最初の数年間は嫉妬から免れていた。それから彼は妻に不実になり、別の女性と長期にわたる関係をもつようになった。ある疑念のために恐れを懐くようになって、彼はこの愛人関係を断念したのだが、そうなってはじめて第二の投射タイプの嫉妬が噴出してきた。しかしこの嫉妬については、自分も不実であったがゆえに妻への非難をしずめることができた。この嫉妬はやがて、義父を対象とする同性愛の蠢きが付け加わることによって複合化し、完璧な嫉妬パラノイアとなった。

　第二の症例は、分析なしにはおそらく《迫害パラノイア》に分類されることはなかったものだが、わたしとしてはその若い男を、この結末に終わる病例の候補として捉えざるをえなかった。彼の父親との関係には並々ならぬ射程の両価性が存在していた。彼は一方で、あらゆる点で父親の欲望や理想からはっきりと外れた育ち方をした、紛れもない反抗児であったが、他方でより深い層では依然として従順きわまりない息子であって、父親が死去すると、情愛のこもった罪責意識を懐くようになり女性関係の楽しみを絶った。男性に対する彼の実際の関係は、明らかに不信に支配されていた。高い知性の持ち主であった彼はこうした態度を合理化し、知人や友人をして実際に彼を騙し搾り取るように仕向けることができた。わたしが彼から学んだ新たなこととは、古典的迫害想念は、そうと信じられたり重視されることがなくとも存在できるということであった。迫害想念は彼を分析している最中、折に触れてきらめきだしたが、彼はそれにいかなる意義も認めず、つねづねあざ笑っていた。これはパラノイアの多くの症例において似たような経過をとるのかもしれず、パラノイア発症の際、ひょっとするとわれわれは、表に出てきた妄想観念を、とっくの昔から存在していたものかもしれないのに、新たな産出物とみなすのかもしれない。

一定の神経症が形成されて現存するという質的契機よりも、量的契機、すなわち、どの程度の注意を、より正確には、どれだけの量の備給をこうした形成体がそれ自身に引き寄せることができるのかという契機の方が、実践的には大きな意味をもつものである。これは重要な洞察だと思われる。われわれの第一の症例である嫉妬パラノイアの論究も、この症例の異常性が本質的に他者の無意識の解釈に対する過剰備給に存していたことを示し、量的契機を同じように重視するよう求めていた。ヒステリーの分析によってわれわれはかねて来、類似の事実を知っている。抑圧された欲動の蘖《ひこばえ》である病因性空想《ファンタジー》は、正常な心の生活との併存を長期間許容されるのであり、リビード経済の激変のゆえに過剰備給を受けることにならない限り、病因的に作用することはない。過剰備給を受けてはじめて葛藤が噴出し症状形成に至るのである。このようにしてわれわれは認識が進展するにつれてますます、経済論的観点を前面に押し出すよう迫られることになる。ブロイラー[2]その他は、ある現象に対して最近「スイッチ」の概念を導入しようとしているが、わたしとしてはそうした現象はここで強調されている量的契機で十分カヴァーできるのではないかという疑問も呈しておきたい。その場合、心的経過の一方の方向における抵抗の上昇はもう一方の方向の過剰備給を伴い、そのことによって、心的経過の中で後者の方向のスイッチを入れることになるという点だけは仮定せざるをえないだろうが(3)。

わたしの二つのパラノイア症例は、夢の振舞いの点で啓発的な対立を示した。第一の症例では、すでに述べたように、夢は妄想から免れていたのに対し、他方の患者は多数の迫害夢を産み出した。この迫害夢は同内容の妄想観念の先駆ないし代替形成とみなされうるものである。彼にとって大きな不安を感じてようやく逃れることのできた迫害者とは、通例屈強な牛であったり男性性の他の象徴であったりしたが、それを彼はときには夢見ながら父親の代わりをなすものだと自分で認識していた。一度彼は大変特徴的なパラノイア性転移夢を報告したことがある。彼は、わたしが彼のいる前で髭を剃っているのを見、その際わたしが彼の父親と同じ髭剃り石鹸を使っていることに匂いで気がついた。そうしたことをわたしがしたのは、わたしという人物を父親とみなす転移を彼に強制するためであった。夢見られた情況の選択からして、患者が自分のパラノイア的空想《ファンタジー》に重きを置いておらず、それを信じてもいないことは見間違えようもなかった。というのも、日常目にしていることからして、わたしが髭剃り石鹸を用いることなどありえないし、したがって、この点が父親転移の手がかりにはなりそうもないことを彼は知りえていたからである。

二人の患者の夢を比較してみると、パラノイア（ないしその他の精神神経症）は夢の中にまで押し入ることができるのかというわれわれの問題設定は、ただ夢の不正確な理解に基づいているだけだということがわかる。夢は、覚醒時の思考においては表れることが許されない内容を（抑圧されたものの領域から）受け入れ可能な点で、覚醒時の思考とは異なっている。その点を別にすれば、夢も一思考形態にすぎない、すなわち夢工作(4)とそのための条件とによる前意識的思考材料の変形にすぎない(5)。抑圧されたものには神経症というわれわれの術語は適用できない。抑圧されたものはヒステリー的とも強迫神経症的ともパラノイア的とも呼びえない。それに対し、夢形成に従う、材料の他方の部分である前意識的想念は、正常であることもできればなんらかの神経症の性格を帯びることもできる。前意識的想念とは、神経症の本質が認められるあらゆる病因性のプロセスの成果かもしれないのだ。そうした病的観念がどれも変形を蒙り夢となってはならない理由など考えられない。それゆえ夢とはヒステリー性空想《ファンタジー》や強迫表象や妄想観念に端的に対応したものでありうる、つまり、夢を解釈してみればそうした空想・表象・観念が取り出しうるのである。二人のパラノイア患者の観察によってわれわれが見出したことは、一方の場合発作の最中にあっても夢は正常であるのに、他方にあっては夢はパラノイア的内容をもちながら患者自身はその妄想観念を嘲笑しているということであった。このようにして両方の症例において、覚醒生活で押し返されていたものを同時期の夢が受け入れていたのである。しかしこれもまた通例である保証はない。

C

同性愛。同性愛に器質的要因が認められるからといって、同性愛発生の際の心的過程を研究せずにすませるわけにはいかない。無数の事例においてすでに確証されている典型的過程[6]とは次のようなものである。すなわち、思春期を過ぎて数年経つと、それまでは強く母親に固着していた若い男は、ある転換を企てて自分を母親と同一化するようになり、自分の姿を再発見できるような愛の対象を物色するようになる。ついでその対象を、母親が自分を愛していたのと同じように愛したいと思うようになるのである。その際、対象となる男性は同性愛者にいま述べた変化が生じた年齢に達していなければならず、そのことが愛の、多年にわたる条件として設定される。そして、通常この条件が目印となって、いま述べたプロセスが認知されるのである。この結果に寄与するさまざまな要因が何なのかについて、寄与の程度はいろいろ異なるにしろ、われわれはすでに知っている。第一に母親への固着。これのために他の女性対象に移ることが難しくなる。母親との同一化は対象である母親へのこうした拘束からの出口であるが、同時にこの最初の対象にある意味で忠実でありつづけることをも可能にする。第二にナルシシス的対象選択への傾向。この方が一般に異性への方向転換よりも手近であり、容易にやり遂げることができる。この契機の背後にもう一つ別の、まったく特別な強さをもったある契機が隠れている。あるいはもしかしたらもう一つ別の契機はこの契機と一致するのかもしれない。そのもう一つ別の契機とは、男性器を高く評価し、それが愛の対象に欠けていることを容認できないというものである。女に対する軽視や嫌悪、それどころか忌避は、通例、女がペニスをもたないことを早い段階で発見したことから派生する。のちになってわれわれは、同性愛的対象選択の強い動機として、さらに、父親への配慮ないし不安があることを知った。というのも、女を断念するとは、父親（ないしその代わりとなるすべての男性）との競合関係の回避を意味するからである。最後に挙げた二つの動機、すなわち、ペニスという条件の固守と〔父との競合の〕回避とは、去勢コンプレクスに数えいれることができる。母親への拘束――ナルシシズム――去勢コンプレクス、これらは決して同性愛に特殊な契機ではないが、われわれはこれまでそれらを同性愛の心的原因論の中で見つけ出してきたのである。そこに、リビードの早期の固着を引き起こす誘惑の影響や、性愛生活において受身の役割を好む器質的要因の影響がさらに付け加わる。

しかし、これで同性愛発生の分析が完全となった、とわれわれは決して信じているわけではない。今日ならわたしは、同性愛的対象選択に通ずる新たな機制を指摘することができる。ただし、極端で明白な一義的同性愛の形成においてそれの役割がいかほどのものなのかを述べることはできない。二、三の症例の観察がわたしの注意を惹いた。そこでは幼年期初期の段階でライヴァル――たいていは兄――に対し、特別に強烈な嫉妬の蠢きが母親コンプレクスに発して登場していたのである。この嫉妬は、兄弟に対する強度の敵意ある攻撃的な態度につながっていき、死を念慮する欲望にまで昂ずることもあったが、長ずるにつれて消えていった。教育の影響のために、また、こうした嫉妬の蠢きが結局は無力だったこともあり、この蠢きは抑圧されて感情は変化し、かつてのライヴァルが今度は最初の同性愛の対象となったのである。母親への拘束のこうした結末は、われわれに周知の他のプロセスとの幾重にも興味深い関係を示してくれる。第一にこの結末は、《迫害パラノイア》の展開に対してまったき対照をなしている。後者の展開にあっては、最初愛されていた人物が憎き迫害者と化すのであるが、前者では憎まれていたライヴァルが愛の対象に変身するのである。さらにこの結末は、わたしの見方で描くなら、個人における社会欲動の生成に通ずる過程を誇張したものである。[*3] ライヴァルが愛の対象に変わる場合であれ、社会欲動が生成する場合であれ、いずれにせよ、さしあたり現存するのは嫉妬する敵意の蠢きであるが、それは満足を得るにいたらず、情愛的な同一化の感情や社会的同一化の感情が抑圧された攻撃衝迫に対する反動形成として発生するのである。

ライヴァル関係の克服と攻撃傾向の抑圧から発生するという、同性愛的対象選択のこの新たな機制は、われわれに周知の典型的条件とかなりの事例において交錯する。同性愛者となる転機が訪れたのは、母親が別の男の子を誉め、お手本として賞賛したのちだということを同性愛者の生活史から知るのは珍しいことではない。そのことによってナルシス的対象選択への性向が刺激され、うずくような嫉妬の短い段階を経てライヴァルは愛の対象となってしまったのである。しかし同性愛以外にこの新たな機制が働く場合には、ライヴァルの変化がはるかに早い年代におのずと生じ、母親との同一化は背景に退くという点で、〔同性愛の場合と〕区別がある。わたしの観察した事例においても、この機制は同性愛的態度につながっていたとはいえ、それはもっぱら、異性愛を排除せず《女性恐怖症》をなんらもたらさない同性愛的態度であった。

周知のように、相当数の同性愛者が、社会的な欲動の蠢きを著しく発展させ公益のために献身するという点できわ立っている。このことを理論的に説明しようとするなら、可能な愛の対象を他の男性に見る男は、男性の共同体に対し、男というものをさしあたり女性関係のライヴァルと見ることを余儀なくされる他の男とは異なった振舞い方をせざるをえないのだ、と述べてもいいだろう。これに対する反論があるとすれば、それは、同性愛にも嫉妬やライヴァル関係は存在するし、男性共同体はこの可能なるライヴァルたちをも包含するのだということを考慮する場合のみであろう。しかしまた、こうした思弁的理由づけは別にして、同性愛的対象選択は男性とのライヴァル関係を早い段階で克服したことから出て来ることが珍しくないという事実は、同性愛と社会感覚との連関にとってどうでもよいことではありえないだろう。

精神分析的考察においてわれわれは、社会感情を対象への同性愛的態度の昇華として捉えることに慣れてきた。社会的な心意気をもった同性愛者にあっては、社会感情を対象選択から引き離しておくことが完全には成功しなかったということなのかもしれない。

（須藤訓任　訳）

＊3　『集団心理学と自我分析』（一九二一年）〔Ⅸ節後半、本巻一九二頁以下〕参照。

ヨーゼフ・ポッパー＝リュンコイスと夢の理論
Josef Popper-Lynkeus und die Theorie des Traumes

一見したところ学問上の独創性と思われるものについては、多くの興味深いことが言われうる。学問においてある新しい着想が浮かび、はじめは新発見としてもてはやされながら、しかしまた通例そうではないと叩かれる場合、その着想は客観的に調査してみれば本来なにも新しいものではないことがやがて証明される。たいていの場合、その着想は何度も繰り返されてきたのであり、そして再び忘れ去られてきたのだ。ただ時として、忘れ去られている期間があまりにも長いだけのことである。そうではないとしても、その考えには少なくとも先駆者がいて、ぼんやりと予感されていたり不完全に表明されていた。こうしたことは自明であって、これ以上説明するまでもあるまい。

しかし、独創性の主観的側面もまた追跡してみるに価する。学問研究者なら、研究素材に適用した自分特有の着想がどこからやってきたのか、一度は自問するだろう。そうすると、その着想の一部分についてはたいして頭をひねることなく、いかなる刺激にそれが遡るものなのか、またその際、他人の側からのいかなる言述を自分が取り上げ変化させ帰結を引き出したのかを、見出すことができる。着想の別の部分についても同じようなことを想い出すことができず、それらの思想や観点は自分固有の思考活動の中で――どのようにしてかはわからないが――発生したものであると仮定せざるをえない。これによって研究者は、自分は独創的であるとの主張を補強することができる。

GW-XIII 357

心理学的に入念に探求してみれば、この主張もさらに制限されることになる。心理学的探求は、一見したところ独創的な着想のきっかけとなった刺激が流出してきた源泉を、それも隠されとっくの昔に忘れ去られていた源泉を暴きだし、新たな創造を名のるものは実のところ、忘れ去られていたものが新たな材料に適用されて再活性化されたにすぎないとする。それはなにも悔やむべきことではない。「独創的なもの」が、ほかから派生するのではない、なにか未決定のものである、と期待する権利は誰にもなかったのである。このようにしてわたしの場合についても、夢解釈や精神分析において用いられた多くの新たな思想の独創性が雲散霧消した。ただこれらの思想のうち一つについてだけは、わたしはその由来を知らない。その思想はまさに、夢に関するわたしの見解の鍵となり、今日までに解決しえた限りの夢の謎を解くのに資してきたのであった。わたしは、大多数の夢の、異様で混乱し馬鹿げた性格を着手点とし、そして、夢がそのようなものであらざるをえないのは、なにかが夢の中で表現されようと奮闘しているのだが、しかし心の生活には他の力も働いていて、その力に発する抵抗が敵に回っているからだと考えるに至った。夢の中では、夢見る人のいわば公式の倫理的・美的信条とは矛盾した隠微な蠢《うごめ》きが始まり出す。それゆえ、夢見る人はこの蠢きを恥じ、日中はそれから目をそむけ、自分の与り知らぬことと決めつけようとする。夜になって、蠢きにいかなる表現をも拒むというわけにはゆかなくなると、夢見る人は蠢きに無理強いを加えて夢の歪曲を発生させる。そのために夢内容は混乱し馬鹿げたものに思われるのである。こうした内的抗弁に配慮し、因習的あるいはまたより高次の道徳的要求のために夢の原始的な欲動の蠢きを歪曲する、人間の内なる心の力をわたしは夢の検閲と名づけた。

しかし、わたしの夢理論のまさにこの本質的なところを、ポッパー＝リュンコイスは自分で見つけ出したのである。『ある現実主義者の空想』に収められた「目覚めているように夢見る」という物語から次に挙げる引用を参照してほしい。この物語は明らかに、一九〇〇年出版のわたしの「夢理論」〔『夢解釈』〕のことは知らずに書かれたものである。その当時わたしの方もリュンコイスの空想のことはまだ知らなかった。

「決して馬鹿げた夢は見ないという奇妙な特性をもった男について」……「目覚めているように夢見るというこのすばらしい特性のもととなっているのは、君の美徳、君の善良さ、君の正義感、君の真理愛だよ。君のすべては君の本性が道徳的に明澄だということから理解できる」。

「しかし、よくよく考えてみれば」ともう一方は答えた、「どんな人間だって僕と同じような性質《たち》であって、馬鹿げた夢を見る人なんて一人もいないと、僕はほとんど信じているね。はっきり想い出せて後から語ることができるほどの夢は、それゆえ熱に浮かされたのではない夢は、いつだって意味があるんだ。それ以外では決してありえない。だって、お互い矛盾しているものが一つの全体にまとまるなんてことは、できない相談じゃないか。時間と場所がよくごちゃごちゃになったからといって、それで夢の本当の内実に欠けるところが出てくるわけじゃない。時間と場所は、両方とも夢の本質的内容にとってはむろん無関係なのだからね。目覚めている時だって僕らはしばしば同じようにしているじゃないか。童話や、意味のある多くの空想像のことを考えてごらんよ。これらについて、これはナンセンスだ！ありえないことなんだから！なんて言うのは、どうかしているやつだけさ」。

「君がちょうど僕の夢についてしてくれたように、いつも夢を正しく解き明かすことができたらよいのだがね」と友人は言った。

「確かにそれは簡単じゃない。けれど、いくらか注意深くしていれば、夢見る人はいつだってうまくやれるに違いないんだ。たいていうまくいかないのはなぜかって？　君の夢の中にはなにか秘められたものがあるようだね、独自のそしてより高次の種類の不純なもの、君という人間の本質の中のある定かなきわめつくしがたい秘密がね。だから君の夢はこんなにもしばしば意味を欠いているように、それどころかナンセンスであるように思えるのさ。しかし、最底辺においてはそうじゃない。実際それ以外ではありえないんだ。だって、目覚めていようが夢見ていようが、いつも同じ人間なんだからね」。

夢の歪曲の原因をわたしに突き止めさせてくれたのは道徳的勇気であった、とわたしは信じている。ポッパーの場合それは、彼という人間の本質のなかにある清純さ・真理愛・道徳的明澄さであった。[1]

（須藤訓任　訳）

J・ヴァーレンドンク著『白昼夢の心理学』へのはしがき

Geleitwort zu J. Varendonck "Über das Vorbewußte phantasierende Denken"

ヴァーレンドンク博士の本著作は、重要な新しい論点を含んでおり、あらゆる哲学者、心理学者、精神分析家の関心を呼び覚ましてしかるべきものである。数年にわたる努力の結果、著者は、人が放心状態にあるときに身を任せ、眠りかけや寝起きのときに陥りやすい空想的な思考活動(1)をとりおさえることができるようになった。こうした情況のもと、自分では意志していないのに発生する思考連鎖を、著者は意識にもたらして書き留め、その特異性や、意図的で意識的な思考(2)との違いを研究し、一連の重要な発見を行った。そこからは射程の大きな、さらなる問題や疑問が派生してくる(3)。

夢や失錯行為の心理学のかなりの(4)論点は、ヴァーレンドンク博士の観察によって確かな解決を見ている。

〔以下は英語版にのみ見られる文面〕

著者の成果を総覧することは、ここでのわたしの意図ではない。わたしとしては、その著作の重要性を指摘するだけで満足し、著者が採用した術語について一言するにとどめたい。著者は自分が観察した思考活動をブロイラーの言う自閉的思考のうちに含めているが、原則的にはそれを、精神分析での通例にならって前意識的思考と呼んでいる。しかしながら、ブロイラーの自閉的思考とは前意識的なものの範囲や内容と決して一致するものではないし、ブロイラーの命名も適切だとは認められない。「前意識的」思考それ自身を一つの特性として表示することが、わたしには間違いを起こしやすく不十分なものだと思われる。論点となるのは、よく知られた白昼夢がその一例となるような思考活動――それ自身で完結した思考活動であり、いまや締めくくられようとしている情況や行動をさらに展開してみせる思考活動――が最良の、そしていままでのところ唯一研究されている事例をなしているという点なのである。この白昼夢の特異性とは、それがたいていは前意識的に進行するという事情に由来するのではないし、意識化されて遂行されたからといって、その形態が変化するわけでもない。別の観点からわれわれはまた、厳密に方向の定められた反省ですら、意識の助けなしで、つまり前意識的に成し遂げられうることを知っている。そうであるからには、さまざまな思考活動の様態間に区別を設けようとするなら、意識との関係を第一次的なものとして用いることは避けた方がよいし、また、ヴァーレンドンクが研究した思考連鎖であれ白昼夢であれ、意図的に方向の定められた反省との対比で、とめどなくさまよう思考ないし空想的な思考としてそれらを表示する方がよい、とわたしは考える。それでもやはり、空想的な思考であっても、いつでも変わりなく目標や結末表象を欠いているわけではないことも考慮されるべきである。

（須藤訓任　訳）

賞授与

Preiszuteilungen

ベルリンの診療所の所長（マックス・アイティンゴン博士）が最近寄せてくれた献金のおかげで、署名者は、一九一九年に開始された、精神分析の模範的な仕事に対する賞の授与（本雑誌第五巻、一三八頁参照）を再開することが可能となった。医療としての精神分析に関する賞はA・シュテルケ（オランダ、デン・ドルデル）の出版した「去勢コンプレクス」(1)と「精神分析と精神医学」(2)に与えられた。両者とも学会発表だったものである。前者は本雑誌の今年発行の巻（第七号）に掲載され、後者は別巻（第四号）として上梓された。応用精神分析部門の賞はG・ローハイム博士（ブダペスト）の労作、「自己」（『イマーゴ』一九二一年）と「オーストラリアのトーテミズム」（学会発表）(3)に授与された。賞金額は千マルクである。

フロイト

（須藤訓任 訳）

懸賞論文募集
Preisausschreibung

ベルリンで開催された第七回国際精神分析学会の席上、署名者は「分析技法と分析理論の関係」というテーマを懸賞課題として掲げた。

探求されるべき内容は、技法は理論にどの程度影響してきたか、また技法と理論の両者は現在どの程度相互に促進し合っているか、あるいは妨害し合っているかというものである。

このテーマを論じた労作を一九二三年五月一日までに、署名者宛てに送られたい。読みやすいようにタイプし、標題ないし題辞を付されたい。封筒には筆者の名前が記されていること。起草の言語はドイツ語ないし英語とする。送付されてきた労作の審査には、K・アブラハム博士とM・アイティンゴン博士が署名者を補佐してくれることになっている。

懸賞金額は学会開催時の価格(1)で二万マルクである。

ウィーン、九区、ベルクガッセ十九番地

フロイト

(須藤訓任　訳)

GW-Nb 712

無意識についてひとこと
Etwas vom Unbewußten

講演者は精神分析における「無意識」概念の周知の発展史を繰り返した。無意識とはまずさしあたり単に記述的な術語であり、その場合には一時的に潜在的なものをも含み込んでいた。しかし、抑圧過程が力動論的に把握されることになったため、無意識は一つの系をなすものとして意味づけられざるをえなくなった。その結果、無意識は抑圧されたものと等値されることになった。潜在的なもの、すなわち単なる一時的無意識には、前意識という名称が与えられ、系としては意識の近くに押しやられた。「無意識」という名称の二重の意味は、重大ではないものの、なかなか避けがたいある種の不都合をもたらした。しかし、抑圧されたものを無意識と一致させ、自我を前意識や意識と一致させることは無理だとわかった。講演者は、抑圧された無意識と同じ力動論的な振舞いをなす無意識が自我のうちにも存在することを証拠立てる二つの事実について論じた。それはすなわち、分析の際に自我から発する抵抗のことであり、無意識的な罪責感のことである。やがて出版される『自我とエス』という著作(1)〔本全集第十八巻〕において、こうした新たな洞察がどれほどの影響を無意識についての把握に及ぼさざるをえないか、それの測定の試みをなした旨、講演者は報告した。

（須藤訓任　訳）

GW-Nb 730

レーモン・ド・ソシュール著『精神分析の方法』へのはしがき

Geleitwort zu Raymond de Saussure, *La méthode psychanalytique*

わたしのみるところ、R・ド・ソシュール博士の本書によって、フランスの読者は精神分析の本質と内容について正確な考えをもつことができるようになるに違いない。そうした労作として本書は価値と功績の大なる書であり、そのことをここで公に宣言できることは、わたしの大きな喜びとするところである。ド・ソシュール博士はわたしの著作を丹念に研究するだけでなく、数カ月間わたしのもとで分析を受けるという犠牲を払った。そのため博士は、精神分析において浮かび上がってきているいる疑問のたいていについて自分の判断を形成するとともに、精神分析の学説を紹介する際にドイツ人の著述家にもフランス人の著述家にもつねづね見られた多くの歪曲や誤解を避けることができるようになったのである。博士はまた、精神分析の紹介者が口伝てに繰り返している、不正確であったりいいかげんであったりする幾つかの主張に対して、たとえば、夢にはすべて性的な意味があるだとか、心の生活の唯一の駆動力とは——フロイトの言うところでは——性的リビードであるという主張に対して、断固として異議申し立てすることを忽《ゆるが》せにしてもいない。

ド・ソシュール博士は、わたしフロイトが彼の仕事を校閲した旨を序文で述べているが、それに付け加えてわたしとしては、ただ二、三カ所の訂正と評言に、わたしの側からの影響は限られるということを述べておかないわけにはゆかない。著者の自主性を侵害する気はわたしには毛頭なかった。最初の方の理論的な部分に関して言うなら、わたしなら、前意識と無意識という難解なテーマなど、幾つかのテーマについては違った言い方をしたであろう。なによりエディプスコンプレクスについては、もっと広範に立ち入った検討を加えたであろう。

オディエ博士の寄せてくれたすばらしい夢は、精神分析に通じていない者にも、夢の連想の豊富さや、夢の顕在的像とその背後に隠れている潜在的思考との関係や、患者の治療に対して有する夢の分析の意義について、理解を与えることができるものである。(1) 最後に付言するなら、精神分析の技法に関して著者が終結部で述べていることはまったく見事なものだ。そこでの見解はおしなべて正確で、きわめてコンパクトに語られているにもかかわらず、重要な点はなに一つ逸せられていない。著者の細心の理解に対する重みのある証拠となっている。むろん読者は、こうした技法上の規則を知ったからといって、それだけで精神分析の治療を施せるようになるなどと期待してはならない。

精神分析は現今フランスにおいても、専門家と素人の関心を大規模に呼び寄せ始めている。これ以前に他の諸国であったのと劣らず、フランスでも精神分析は間違いなく多くの抵抗に出会うだろう。ド・ソシュール博士の本書が、差し迫っている議論の道を照らすことに多大の貢献をなすよう願ってやまない！

ウィーン、一九二二年二月

フロイト(2)

（須藤訓任　訳）

メドゥーサの首
Das Medusenhaupt

神話の形象を個別的に解釈するということをわれわれはあまり試みてこなかった。メドゥーサの、恐怖を惹き起こす切り首については解釈が試みられてよいだろう。

首の切断＝去勢。メドゥーサに対する驚愕とはそれゆえ、なんらかの光景と結びついた、去勢に対する驚愕である。数多くの分析から、なにがこれのきっかけとなっているかがわかる。それまで去勢の脅しを信じようとはしなかった少年が女性器を目にすると、それがきっかけとなる。女性器とはおそらく、毛にくまどられた成人のそれであって、結局のところ母親の性器である。

芸術がメドゥーサの髪の毛を蛇として造形することが多いのは、蛇もまた去勢コンプレクスに由来しているからである。そして、それ自身としてはいかに驚愕すべきものであろうと、奇妙なことに、蛇は実のところ恐怖の緩和に役立っている。というのも、ペニスの欠如が恐怖の原因となっているのに、蛇とは〔欠如しているはずの〕ペニスの代替をなすからである。――ペニスの象徴の多数化とは去勢を意味する、という技法上の規則(1)がここで確認される。

メドゥーサの首の光景は観察者を驚愕のあまりに凝固させ、石に変えてしまう。これも同じく去勢コンプレクスに由来し、情動の同じ変遷を示している。というのも、凝固することは勃起を意味し、それゆえもともとの情況からするなら、観察者にとって慰藉を意味するのだからである。自分にはまだペニスがついている、そのことが凝固によって確信される、というわけである。

この恐怖の象徴が処女神アテナの衣服につけられている。それももっともだ。女神はそれによって、性的情欲を寄せつけない近寄りがたい女となる。実際、その女神は母親のぎょっとさせる性器を見せびけらかす。おしなべて同性愛に強く傾いていたギリシア人にとって、去勢されたみずからの姿によって威嚇する女の描写は不可欠なものであった。

メドゥーサの首は女性器の描写を代替し、女性器の恐怖喚起作用の方をむしろその快喚起作用から引き離して独立させるのだとしたら、想起されるのは、性器を見せることが普通悪魔祓いの行いとしても知られていることである。自分にとって恐怖を喚起するものは、敵を追い払うのにも同じ効果を発揮するだろう。ラブレーでも、女にヴァギナを見せつけられた悪魔は退散している。(2)

勃起した男性器も悪魔祓いの役目をするが、そのメカニズムは別である。ペニスを見せること――およびその代用となるものすべて――が謂うのは、おまえなんか怖くない、おまえの言うなりになんかなるもんか、おれにはペニスがあるんだ、ということである。したがってそれは悪霊を畏縮させる別のやり方である。(3)

ところで、こうした解釈を本気で主張しようとするなら、ギリシア神話においてこの独立した恐怖の象徴がいかに生成したかについて、また他の神話においてそれと平行現象をなすものについて、追跡する必要があるだろう。(4)

(須藤訓任 訳)

編注

不気味なもの

（1）「美学」を意味するドイツ語 Ästhetik は aisthēsis を語源とする。このギリシア語は概念的認識に対して感性的知覚を表す。そのため、Ästhetik は「美に関する学」のみならず「感性的知覚に関する学」をも意味しうる。

（2）「不気味な」の原語は unheimlich で、un-heim-lich と分析できる。Heim は「わが家・自宅・住まい」を表す名詞で、英語の home に対応する。Heim からの派生語には、例えば「故郷」を意味する Heimat がある。また、ドイツには Mannheim, Rüdesheim など heim で終わる都市名が無数に存在する。この Heim の形容詞形 heimlich に否定のための接頭辞 un がついたものと見るのが、この言葉に対するさしあたり自然な受け止め方だろう。

（3）【SA　まさに終結したばかりの第一次世界大戦のことが暗に示されている。】

（4）以下にフロイトは、ザンダース、グリムなどの辞書から heimlich, unheimlich に関連する項目を筆写していくのだが、その筆写は、必ずしもすべてが正確なものとは言えない。書き写しの誤りや、一部分抜け落ちている個所が見出されるだけではない。そもそも、用例の引用自体がザンダースやグリムによって誤ってなされている例も見出される。以下の翻訳では、引用されている用例については、可能なかぎり原典にあたって確認するようつとめた。その上で、引用に誤りが確認された場合には訂正して訳出した。また、出典個所については、ザンダース、グリムともに当時出版されていた全集や単行本に基づいて指示しており、今日それをそのまま書き写すことには意味がないと考えざるをえない。従って、出典個所が確認されえたかぎりで、作者名・作品名を示すという形をとった。しかし、出典を突き止めることのできなかった例も少なくはなく、その場合は、フロイトのテクストに挙げられている指示記号を——今後の修正を期待しつつ——そのまま残すことにした。

なお、用例の訳出個所においては、原文で heimlich, unheimlich 等に該当する部分がゴシック体で表記されている。

（5）以下に引用されるザンダース、グリムのいずれの辞書にも、聖書におけるこの heimlich の用例が挙げられている。しかし、これは両者が参照したと思われるルター訳のドイツ語聖書（一五四五年版）に見出される用例ではあるものの、現在ドイツで読まれているドイツ語聖書の当該個所には（一九八四年刊行の改訂版ルター訳聖書においてすら）、heimlich の語を見出すことはできない。ルターの解釈は二十世紀の聖書研究によって退けられた、ということなのだろう。

（6）以下「（ゲーテ、六・三三〇）」から「姿をした者たち」まで、原文で約二行にわたる部分がフロイトのテクストでは脱落している。

（7）【OC　カール・フェルディナント・グッコウ（一八一一―七八年）。引用は『精神の騎士』（ライプツィヒ、ブロックハウス社、一八五二年）より。】

（8）フロイトのテクストでは「われわれ」ではなく「僕」になっているが、SAに依拠して訂正した。ただしこれは、そもそもグリムの辞書にそのように書かれているためであり、フロイトが写し誤ったわけではない。

（9）【SE　この論考のもともとの版（一九一九年）の中でだけは、ここにシュライエルマッハーの名前が印刷されていた。明らかに誤植だった。】

（10）深田甫訳『ホフマン全集』第三巻、創土社、一九七一年。

（11）この原注は、初版（一九一九年）を唯一の例外とするすべての版においてこの位置に付されているが、これは明らかな誤りであり、次段落末尾の「コッペリウス」に付されるべきである。この点はSA、SEともに指摘している。

（12）この小説については、本巻二二七頁の「意識の機能に関するE・T・A・ホフマンの見解」を参照。

（13）【SE　この言葉遣いにはニーチェがこだましているようだ（例えば『ツァラトゥストラかく語りき』の最終部）。『快原理の彼岸』Ⅲ節〔本巻七三頁〕では、フロイトは「等しきものの永劫回帰」という似た表現を引用符でくくっている。】

（14）【SE　『夢解釈』（GW-II/III 362）〔本全集第五巻〕参照。】

（15）【SA　フロイトはナルシシズムに関する論文のⅢ節（GW-X 159 ff.）〔本全集第十三巻〕で、この批判的審級についてすでに詳しく論じている。後に彼はこの概念を、まず『集団心理学と自我分析』Ⅺ節〔本巻二〇三頁以下〕で「自我‐理想」に、次いで『自我とエス』〔本全集第十八巻〕の中で「超‐自我」へと拡張している。】

（16）【SA　マーク・トウェイン『国外放浪』。】

（17）【SA　フロイトは自身、一年前の一九一八年に六十二歳になっていた。】一時期フロイトは、同年二月に死ぬという想念にとりつかれていた（アーネスト・ジョーンズ『フロイトの生涯と作品』第二巻、ニューヨーク、一九五五年、三九二頁、同書、第三巻、一九五七年、三九〇―三九一頁）。

（18）【OC　おそらくは、エーヴァルト・ヘーリング（一八三四―一九一八年）のことであろう。】

（19）【SA　この論述『快原理の彼岸』は一年後に出版された。「反復強迫」の上に述べられたような多様な表現については、この著作のII節およびIII節の中で詳細に描き出されている。】

（20）シラーのバラード作品で、この詩のための材料をシラーはヘロドトスの『歴史』から取っている。

（21）【SA　問題になっているのは、ちょうど言及されたばかりの強迫神経症患者、「鼠男」である。】

（22）「二三二頁以下」の誤記と思われる。

（23）【SA　これが、フロイトが本稿と同時に平行して取り組んでいた著作『快原理の彼岸』の主要問題だった。VI節の前半を見よ。】

（24）【SA　死に対する人間の姿勢については、フロイトは「戦争と死についての時評」という論文のII節（GW-X 341 ff.）〔本全集第十四巻〕で詳細に議論している。】

（25）【SA　文字通りの意味は「投げる人」（邪悪な眼差しを、つまりは禍を）である。シェッファーの小説は一九一八年に刊行された。】

（26）【SA　ゲーテ『ファウスト』第一部、第一六景（マルテの家の庭）。】【OC　「嗅ぎつけている（ahnt）」は、ゲーテでは「感じている（fühlt）」。】

（27）【SA　「切り落とされた手の物語」。】

（28）【SE　フロイトによる「狼男」の分析のVIII節（GW-XII 122 ff.）〔本全集第十四巻〕を見よ。】

（29）【SE　『夢解釈』（GW-II/III 404）参照。】

（30）【SA　フロイトの論文「否定」〔本全集第十九巻〕を見よ。】

（31）ここに「欲望」と訳された言葉の原語は Wunsch である。通常、「願望」、「願い」と訳される言葉だが、本全集では一貫して「欲望」と訳される。この個所も「三つの願い」と訳す方が自然に感じられるかもしれないが、女房が欲するものがソーセージである点、象徴的であると見ることもできる。

（32）ヨハン・ネストロイ『分裂した男、あるいは、有閑病のヒーリング』一八四四年（『ネストロイ喜劇集』所収、岩淵達治訳、行路社、一九九四年参照）。ネストロイについては、『集団心理学と自我分析』（本巻所収）の編注（31）参照。

（33）【SA『性理論のための三篇』第三篇、五節〔「対象発見」〕（GW-V 125-126）〔本全集第六巻〕で、子供が暗がりに対して抱く不安について議論されているのを見よ。】

快原理の彼岸

（1）【SA「無意識」Ⅳ節（GW-X 279 ff.）〔本全集第十四巻〕を参照。】

（2）【SA「量」と「拘束された」興奮の概念は、フロイトの著作のいたるところに見られるが、おそらくそのもっとも詳細な議論は初期の「心理学草案」〔本全集第三巻〕に見られる。ことに、同著作第三部の冒頭より三分の一ほどいったところにある、「拘束された」という語についての長い議論〔GW-Nb 459〕参照。また、以下のⅤ節の冒頭部も参照。】

（3）【SA　この点は本論文の最後で再度言及され、「マゾヒズムの経済論的問題」〔本全集第十八巻〕においてさらに展開される。また、一八九五年の「心理学草案」の第一部、七節〔「質の問題」〕も参照。】

（4）【SA「心理学草案」第一部、八節〔「意識」〕の最後を参照。】

（5）【SE「恒常性原理」はその日付が、フロイトの心理学研究のまさに始まりのときまで遡る。長さはともあれ、一番最初にそれについて出版された議論は（なかば生理学的な用語による）ブロイアーのものであり、『ヒステリー研究』における彼による理論的部分、二節Aの終わり頃（GW-Nb 256-257）〔本全集第二巻〕にある。そこでブロイアーは、「脳内興奮を恒常に保とうとする性向」としてそれを定義している。同個所で彼はこの原理をフロイトに帰しているが、実際フロイト自身による、より早い時期の、大変短い、その原理に対する言及が一つ二つ存在している。ただしそれらは、フロイトの死後まで出版されなかった（フロイト「覚え書き」〔本全集第一巻〕および、ブロイアーとフロイトの「ヒステリー発作の理論にむけて」〔本全集第一巻〕参照）。この主題はまた、フロイトの「心理学草案」の始め〔GW-Nb 388 ff.〕で、「ニューロンの惰性」の名のもとに詳しく議論されている。】

（6）【SA「心的生起の二原理に関する定式」（GW-VIII 231 ff.）〔本全集第十一巻〕参照。】

（7）【SA このことは、『制止、症状、不安』Ⅱ節の始め（GW-XIV 118-119）〔本全集第十九巻〕でより詳しく論じられる。】

（8）【OC H・オッペンハイム『外傷性神経症』ベルリン、ヒルシュヴァルト、一八八九年、およびA・シュトリュンペル「外傷性神経症について」（*Wiener medizinische Wochenschrift*, 1893, *43*）一〇〇三―一〇〇八頁参照。】

（9）【SA「満足の行く volles」は一九二一年に追加された。】

（10）【SA「生じた」は初版では「生じえた」。】

（11）【SA ここで自分でなしている区別に、フロイトがいつでも忠実であったわけでは毛頭ない。「不安」という語を、フロイトはたいてい、未来へのいかなる参照もない恐怖状態を指示するために用いている。この個所でフロイトは、『制止、症状、不安』で引かれることになる、外傷性情況に対する反応としての不安――おそらくは、ここで「驚愕」と呼ばれているものと等価――と、そのような出来事の接近を警告する信号としての不安との区別を、どうやら素描し始めているようだ。また、「不安という備え」（GW-XIII 31）〔本巻八四頁〕という言い回しの使用も参照。】

（12）【SA これにフロイトは緒言を寄せている（『戦争神経症の精神分析にむけて』への緒言」本全集第十六巻〕。また、死後出版の彼の「戦争神経症者の電気治療についての所見」〔本巻所収〕も参照。】

（13）【SA「ヒステリー諸現象の心的機制について」〔『ヒステリー研究』第一章〕一節の最後を参照。また、フロイトの同名の講演〔本全集第一巻〕を参照。】

（14）【OC S・フェレンツィ「戦争神経症（ヒステリー）の二つの類型について」（*Internationale Zeitschrift für Psychoanalyse*, 1916-1917, *4*）一三一―一四五頁。】

(15)【OC エルンスト・ジンメル『戦争神経症と「心的外傷」』ミュンヘン-ライプツィヒ、O・ネムニヒ社、一九一八年。】

(16)【SA「さもなければ……ならなくなるだろう」は一九二一年の追加。こうしたことすべてに関しては『夢解釈』第七章、C節(GW-II/III 555 ff.)〔本全集第五巻〕参照。】

(17)【OC ジークムント・プファイファー「遊びにおける幼児性愛欲動の表れ」(*Imago*, 1919, *5*) 二四三—二八二頁。】

(18)【SA 同じ場面は——これはフロイトの孫のことであるが〔「解題」参照〕——『夢解釈』第六章、H節の最初の原注(GW-II/III 463-464)〔本全集第五巻〕でも伝えられている。】

(19)【SA この観察は同様に、「女性の性について」Ⅲ節(GW-XIV 529-530)〔本全集第二十巻〕で言及されている。】

(20)【SA このテーマに関するフロイトの試論は、おそらく一九〇五ないし一九〇六年に書かれ、「舞台上の精神病質的人物」〔本全集第九巻〕というタイトルで死後出版された。】

(21)【SA 同論文には、本著作において主要論題の一つである「反復強迫」に関する初期の言及が見られる。——数行下〔六九頁の「医者の方は」で始まる一文〕で用いられているような、特有な意味での「転移神経症」という用語は、その論文でも現れている。】

(22)【SE 一定の機能を遂行する一貫した構造としての自我という見解は、フロイトの「心理学草案」にまで遡るように思われる。たとえば、その著作の第一部、一四節を見よ。このテーマは『自我とエス』〔本全集第十八巻〕でも取り上げられ展開された。特に、そのⅠ節の終わりとⅡ節を参照。】

(23)【SA この主張は『自我とエス』Ⅲ節の二番目の原注(GW-XIII 256)において訂正される。】

(24)【SA 現在の形の文章は一九二一年のものである。初版では次のようであった。「自我は多くの部分がそれ自身無意識的であるかもしれない。おそらくは、その一部分のみが前意識という名称でカヴァーされる」。】

(25)【SA 抵抗の源泉に関するより詳しい、やや異なった説明は、『制止、症状、不安』XI節〔A-a〕(GW-XIV 189 ff.)に見られる。】

(26)【SA『精神分析入門講義』第一四講の始めにおける、童話「三つの欲望」の、フロイトによる寓意的な使用(GW-XI 221-

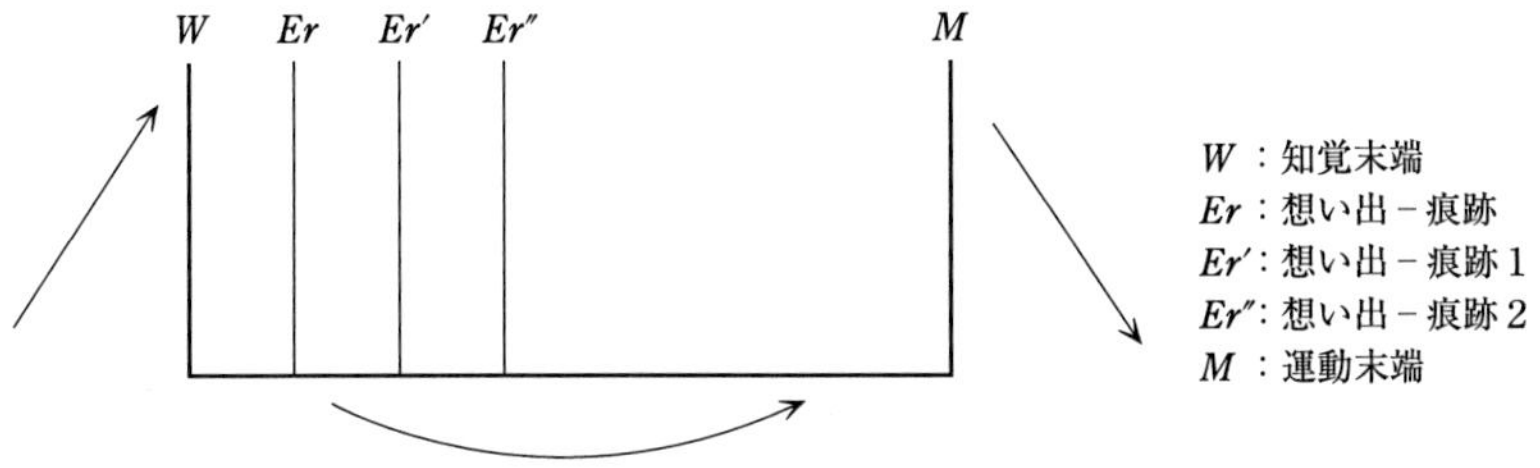

222, 224-225)〔本全集第十五巻〕を参照。】

(27) 【SA 「夢解釈の理論と実践についての見解」〔Ⅶ、Ⅷ節〕(GW-XIII 306-311)〔本全集第十八巻〕。】

(28) 【SA 初版では「新たな体験として形成される」以下ここまでの文章は次のようであった。「新たな体験として形成されるのではなく、想起として浮上してくるというのであれば、もたらされる不快は、今日の方が少なくて済むと言ってよいくらいだ。しかし、ある強迫が新たな体験として形成されるよう迫るのだ」。】

(29) 【SA 一九二三年以前の版においては、この文章の最後の部分は次のようである。「反復強迫は、言ってみれば快原理にしがみつく自我によって、支援のために呼び出される」。】

(30) 【SA フロイト『夢解釈』第七章、F節(GW-II/III 614 ff.)〔本全集第五巻〕および「無意識」Ⅱ節(GW-X 270 ff.)を見よ。】

(31) 【SA 知覚系は最初フロイトによって、『夢解釈』第七章、B節(GW-II/III 542 ff.)において記述された。のちの夢に関する論文「夢学説へのメタサイコロジー的補遺」(GW-X 422 ff.)〔本全集第十四巻〕のなかでは、知覚系は意識系と一致すると論じられている。】

(32) 【SA 『夢解釈』第七章、B節図二(GW-II/III 543)。】上掲図参照。

(33) 【SA フロイト自身は、『夢解釈』第七章、B節(GW-II/III 543-544)でこのテーマについて議論している。それ以前には一八九五年の「心理学草案」第一部、三節「接触の防壁」で詳しく考察されている。のち彼はこの話題に、「不思議のメモ帳」に関する論文(一九二五年)〔本全集第十八巻〕で最後にもう一度帰って行く。】

(34) 【SA この見解は、「心理学草案」第一部、三節「接触の防壁」の後半ですでに予兆されている。】

(35)　原語は Reizschutz. 文脈からも察せられると思うが、「刺激を保護する」のではなく、「刺激から(有機体を)保護する」の意味である。

(36)【SA　ブロイアーの理論的部分、二節、特にその節の最初の原注(GW-Nb 253)を見よ。】また、本編注(2)参照。

(37)【SA「心理学草案」第一部、五、九節(「量の問題」、「装置の機能」)を参照。】

(38)【SA「無意識」V節(GW-X 286)を見よ。】

(39)【SA「不思議のメモ帳」に関する論文の最後(GW-XIV 8)でフロイトは、時間表象の起源に再帰してゆく。同論文は「刺激保護」についてのさらなる議論(GW-XIV 6)を含んでいる。】【OC　草稿にはここに、補いの文章がある。「意識の機能に連結されるもう一つの抽象は、しかしながら、空間ではなく、物質・基質である」(イルゼ・グループリヒ＝ジミティス『フロイトのテクストに帰れ』フランクフルト・アム・マイン、フィッシャー社、一九九三年、二〇六頁参照)。】

(40)【SA「心理学草案」第一部、一〇節「ψ伝導」の最初を参照。】

(41)【SA「心理学草案」第一部、四節「生物学の見地」後半を参照。】

(42)【SA「備給されていない系は興奮できないという原理」については、「夢学説へのメタサイコロジー的補遺」の最後の原注(GW-X 425)を参照。】

(43)【SA　および、一八九五年の「心理学草案」第一部、六節「苦痛」、また『制止、症状、不安』への補遺C(GW-XIV 305 ff.)参照。】

(44)【SA　編注(11)を参照。】

(45)【SA『夢解釈』第七章、C節(GW-II/III 563-564)および「夢解釈の理論と実践についての見解」IX節(GW-XIII 311 ff.)を参照。】

(46)【SA「「暗示」によって促進される」という言葉は、一九二三年以降、それまでの「――無意識的ではない――」に取って代わった。】

(47)【SA『性理論のための三篇』(GW-V 102-103)〔本全集第六巻〕。】

（48）【SA　Ⅱ節の始め（GW-X 148-149）。】
（49）「夢学説への補遺」〔本巻所収〕の編注（3）参照。
（50）「夢とテレパシー」〔本巻所収〕の編注（10）参照。
（51）【SA　「機知」に関するフロイトの書物のⅦ節、六段の終わり頃（GW-VI 258）〔本全集第八巻〕において、このことについて述べられている見解を参照。】
（52）【SA　同様に、ブロイアー、フロイト『ヒステリー研究』（ブロイアーの理論的部分、二節）参照。】
（53）【SA　ダッシュに挟まれた部分は一九二一年の追加である。】
（54）【SA　「しかし、この反論については、のちにまた考慮することにしよう」は一九二一年の追加である。】
（55）【SA　一九二五年以前の版においては、ここに次の注が付加されていた。「ところで、自己保存欲動についてのこの極端な見解の、後における訂正を参照」。】
（56）原語は Spiel. 普通は「遊び」の意。
（57）【SA　この強調は一九二一年以降のことである。】
（58）【SA　以下の一〇七頁から一〇九頁にかけての段落およびⅥ節最後の原注を見よ。】
（59）ゲーテ『ファウスト　悲劇第一部』手塚富雄訳、中公文庫、一九七四年、一三一頁。
（60）【SA　この一段は一九二三年に追加され、次節に出てくるエロースの叙述〔一〇七頁以下〕につながってゆく。】
（61）【SA　フロイトはここで「原生物 Protist」と「原生生物 Protozoon」を区別することなく、単細胞の有機体を意味するために用いているように思われる。】
（62）【SA　「死の欲動」という語の印刷物における初出。】
（63）【OC　シラー『メッシーナの花嫁』第一幕、第八場、八六五―八六七行。「来るべき朝にむけて人間は／なにかを恐れ希望し心配しなければならぬ／生きることの重荷に耐えるため」。】
（64）【SA　ヴィルヘルム・フリース『生命の経過』ウィーン、一九〇六年。】

(65)【OC　アレクサンダー・ゲッテ(一八四〇―一九二二年)『死の起源について』ハンブルク-ライプツィヒ、L・フォス社、一八八三年。】

(66)【OC　ロランド・ロス・ウッドラフ(一八七九―一九四七年)『環境変化に服したゾウリムシの生活環』フィラデルフィア、一九〇八年。】

(67)【OC　ゲーリー・ネイサン・コーキンズ(一八六九―一九四三年)『原生生物』ニューヨーク-ロンドン、マクミラン社、一九一〇年。】フランソワ・エミール・モーパ(一八四二―一九一六年)フランスの生物学者。

(68)【SA　この実験は一八九九年に最初に行われた。ジャック・ローブ『動物卵の発育の化学的惹起――人工的単為生殖』ベルリン、一九〇九年参照。】

(69)【SA　ヘーリング『光感覚の理論のために』ウィーン、一八七八年、七七頁以下。「エーヴァルト・ヘーリングについてのコメント」〔本全集第十九巻〕には、生理学者エーヴァルト・ヘーリングが自分に対し、その無意識概念についても影響を及ぼした可能性があるという若干の指摘が見られる。】

(70)【SA　〔「有機体を破壊する」以下の〕ここの二文章は一九二一年の追加である。】

(71)【SA　たとえば、心因性の視覚障害に関するフロイトの論文「精神分析的観点から見た心因性視覚障害」(GW-VIII 97-99)〔本全集第十一巻〕で言及されたこの対立関係についての説明を参照。】

(72)【OC　フロイトにしばしば見られる、シラーの詩「世界の賢人たち」(一七九五年)の最終行への言及。】

(73)【SA　この考えをフロイトはナルシシズムについての論文「ナルシシズムの導入にむけて」I節(GW-X 138 ff.)〔本全集第十三巻〕の中で詳しく述べている。しかしながら、『自我とエス』III節に付された、より後の原注(GW-XIII 258)を参照。そこでは、この主張を訂正し、代わりにエスを「リビードの大貯蔵庫」と言い表している。】

(74)【SA　「われわれの見解は」からここまでは一九二一年の追加。】

(75)【SA　この「リビード的」という語は一九二一年の追加である。】

(76)【SA　「われわれには未知の……結びついている」は、初版でだけは、そのあとに「アルフレート・アードラーの表現に従えば、「交差している」」が挿入されている。】【OC　A・アードラー「生活と神経症における攻撃欲動」(*Fortschritte der Medizin*, 1908, 26, 577-584)】

(77)【SA　ここにはすでに『自我とエス』Ⅳ節(GW-XIII 268-270)における「欲動の混合」についてのフロイトの議論が顔をのぞかせている。】

(78)【SA　破壊欲動に関するフロイト自身の叙述は後年『文化の中の居心地悪さ』Ⅵ節(GW-XIV 476 ff.)〔本全集第二十巻〕を占めることになる。】

(79)【OC　バーバラ・ロウ（一八七七―一九五五年）『精神分析――フロイト理論の梗概』ロンドン、G・アレン＆アンウィン社、一九二〇年、七三頁。】

(80)【SA　本論文Ⅰ節のはじめ以下を参照。この話題全体は「マゾヒズムの経済論的問題」でさらに考究されている。】

(81)【SA　フロイトはすでに『性理論のための三篇』(GW-V 34)でプラトンの神話のことをほのめかしている。】

(82)【SA　本論文Ⅰ節のはじめを参照。こうした問題にフロイトはすでに「心理学草案」で触れている。例えば、その第一部、八節「意識」および第三部のはじめ。】

(83)【SA　アル・ハリーリーの『マカーマート』をリュッケルトが翻案した『セルージュのアブー・ザイドの変化《へんげ》あるいはハリーリーのマカーメン』(一八二六、三七年、全二巻)の一篇「二つのグルデン」の最後の数行。】【SE　フロイトはすでに、一八九五年十月二十日のフリース宛書簡〔ジェフリー・ムセイエフ・マッソン編、ミヒァエル・シュレーター＝ドイツ語版編『フロイト　フリースへの手紙――一八八七―一九〇四年』河田晃訳、誠信書房、二〇〇一年、一四七頁〕でこの詩行を引用していた。】【OC　アル・ハリーリー（一〇五四―一一二二年）はアラビア人文法家、作家。五十のマカーマートの作者。マカーマ maqāma（複数形はマカーマート maqāmāt）とはアラビア文学において、韻律を伴った散文の会話や短い物語の形式と、〔それらが披露される〕場所との両方を指す。フロイトが省略している詩行は、「完全に沈没してしまうよりは、跛行する方がはるかによい」というもの。】

集団心理学と自我分析

（1）集団心理学の原語は Massenpsychologie である。Masse というドイツ語は英語の mass に対応し「マスコミ」、「マスメディア」などと用いられる言葉であるから、まずは「大衆」、場合によっては「群衆」と訳されるのが自然であるが、フロイトが見定めているのは、次節以下に述べられているように、むしろ、教会と軍隊をその典型例とするような、一定の持続性・組織性・安定性をもつ人々の集まりであるから、先例にも倣って「集団」と訳すのが適切であると考えた。

（2）【SA　オイゲン・ブロイラー「自閉的思考」(*Jahrbuch für psychoanalytische und psychopathologische Forschungen*, Bd. 4, 1912)、同年単行本化(ライプツィヒ－ウィーン)。】

（3）【SA　フランス語の標題は Psychologie des foules である。フロイトはル・ボンの foule に対する訳語として、マクドゥーガルの group に対するのと同様に、Masse という術語を用いている(次節を見よ)。誤解を避けるためにあらかじめ注釈しておくと、マクドゥーガル自身はル・ボンの foule を crowd に翻訳し、crowd と、より範囲の狭い表現である group とを区別している。】

なお、このフランス語原著には邦訳がある。ギュスターヴ・ル・ボン『群衆心理』(櫻井成夫訳、講談社学術文庫、一九九三年)。フロイトが挙げている原著の引用頁数の直後に、この邦訳の頁数も併記するが、本翻訳の訳文はフロイトのテクストに引用されている独訳からの翻訳である。

（4）ここで「拘束する」と訳されているのは binden というドイツ語である。結びつけることによって縛りつける、そういう事態を表す。人は誰かを愛するとき、その人に引きつけられ、結びつけられ、拘束される。結びつきに伴う不自由をどれほど強く受け止めるかの違いに応じて「結びつき」とも「拘束」とも翻訳されうる。

本全集では、binden, Bindung を一貫して「拘束(する)」と訳す方針が採られている。読者の方々には、「拘束(する)」という表現に出会われた場合には、それは「結びつける」というニュアンスをもあわせ含む原語の翻訳であることに思いを馳せていただきたい。

（5）【GW　フランス語原著ではここは「無意識の」となっている。】

（6）【OC「われわれの行為のそれと……」からここまでを、ル・ボンは、のちの版ではるかに短く、「われわれの行為のそれと認められた動機の背後には、われわれの知らない密かな理由が存在している」に改めた。】

（7）【OC　一九一二年の独訳の Masse（集団）を、フロイトは Menge（群衆）に置き換えている。】

（8）【SA　良心の「社会的不安」に対する関係については、「戦争と死についての時評」〔本全集第十四巻〕を見よ。】

（9）『クセーニエン』二八八「G・G」。

（10）本全集では、通常「幻想」と訳されることの多い Illusion は原則として「錯覚」と訳されている。

（11）【SA　H・ザックス「夢解釈と人間認識」も見よ。】

（12）本全集では、従来「願望」と訳されてきた Wunsch は一貫して「欲望」と訳されている。

（13）本全集では、streben, Strebung という言葉は一貫して「追求（する）」と訳されている。欲動が目標とする対象を獲得しようとしてなす運動を表す。欲求・志向ではなく運動であり、また欲動のそれであるから「努力」では道徳的ニュアンスが強すぎるという点も勘案し、この訳語が選ばれた。

（14）【OC　実際は独訳の一〇四―一〇五頁。】

（15）【OC　S・シゲーレ（一八六八―一九一三年）『犯罪群集』トリノ、フラテッリ・ボッカ社、一八九一年。】

（16）原語は Vergesellschaftungen.『ゲマインシャフトとゲゼルシャフト』の中でテンニエースが展開した区別に想を得て、マックス・ウェーバーが作った動名詞表現。共同体化されたものではなく、社会化されたものという意味がこめられているのだろう。

（17）以下、本節における《　》部分はマクドゥーガルからの引用。原文は英語。

（18）【OC　G・タルド（一八四三―一九〇四年）『模倣の法則――社会学的研究』パリ、アルカン社、一八九〇年。】

（19）【OC　H・ケルゼン「国家の概念と社会心理学――特にフロイトの集団理論を顧慮しつつ」。】

(20)【OC　正しくは、第七十五巻、五九三―六〇二頁。】
(21)原文はフランス語。
(22)【SE　例えば、「小さなハンス」についてのフロイトによる症例報告(「ある五歳男児の恐怖症の分析」〔本全集第十巻〕)の中のいくつかの注釈を見よ。】
(23)【SA　O・プフィスター「精神分析の先駆者としてのプラトン」(*Internationale Zeitschrift für ärztliche Psychoanalyse*, Bd. 7, 1921)、二六四頁。】
(24)【SA　「コリントの信徒への手紙　一」一三・一。】
(25)折り畳みのできる壁。日本の屏風、つい立てのようなものだろう。なぜこう呼ばれるようになったかは不明。
(26)【SA　上記の最後の三段落に表されたものと類似の思考の歩みが、ほぼ同時期に著されたフロイト『性理論のための三篇』第四版へのまえがき(GW-V 31-32)〔本全集第六巻〕の中に見出される。】
(27)「マタイによる福音書」二五・四〇。
(28)【SA　意図されているのは、もちろん、関与している心的諸力の量的配分のことである。】
(29)【SA　ウッドロー・ウィルソンが彼の国際連盟への夢と関連づけて一九一八年に起草した「十四箇条」は、著しく修正されつつも、休戦とヴェルサイユ条約の土台を形作るものとなり、これによって第一次世界大戦は終結を迎えることになった。フロイトの希望に基づいて、この段落は、一九二二年の英語版においては脚注として印刷された。けれども、ドイツ語版においてはいずれの場合も、この個所は本文中に現れている。】
(30)フリードリヒ・ヘッベル(一八一三―六三年)。北ドイツのホルシュタインの出身だが、一八四五年以降ウィーンに住んだ。『ユーディット』は最初の戯曲(一八三九年成立)で、聖書外伝において、外敵の将軍の寝首をかいて救国の女英雄とされているユーディットの女性的心理の分裂、そしてそれに対する男性的原理との抗争を主題とする。
(31)ヨハン・ネーポムク・ネストロイ(一八〇一―六二年)。ウィーンに生まれ、同地で活動した戯作作家。『ユーディットとホロフェルネス』は、一八四九年、ヘッベルの『ユーディット』のウィーン上演に触発されて書かれた戯作的戯曲である。

（32）【SA 作者はガイ・ソーン（C・レインジャー・ガルの偽名）である。この本は、一九〇三年に出版され、当時高い販売部数を記録した。】

（33）【SA ただし、『制止、症状、不安』（GW-XIV 193-195）〔本全集第十九巻〕においてこの見解に加えられた修正も見よ。】

（34）「マルコによる福音書」一五・四二―四七ほか。

（35）【SA 初版（一九二一年）の中でだけは、この文は次のように書かれている。「精神分析の証言によれば、親密な感情的関係は（…）ほとんどすべて、拒否的で敵対的な感情の澱を後に残すのであって、それはまず抑圧によって除去されねばならないものである」。】

（36）『ショーペンハウアー全集』第十四巻所収、秋山英夫訳、白水社、一九七三年参照。

（37）【SA いわゆる「小さな差異のナルシシズム」である。これについては『文化の中の居心地悪さ』（GW-XIV 473-474）〔本全集第二十巻〕参照。】この「小さな差異のナルシシズム」については、他に「処女性のタブー」〔本全集第十六巻〕の中でも論じられ、さらにもう一度『モーセという男と一神教』〔本全集第二十二巻〕の中で反ユダヤ主義と連関させつつ言及されている。

（38）【SE 『性理論のための三篇』第三篇、五節〔「対象発見」〕（GW-V 123）を見よ。】

（39）【SA （GW-XIII 57-66）〔本巻一一一―一二二頁〕を見よ。】

（40）原語はVerliebtheit. 本全集では一貫して「恋着」と訳される。「（ぞっこん）惚れ込んだ」、「恋に夢中になった」状態を表す。「惚れ込み」では日本語としておさまりが悪く、また「恋愛」のニュアンスを表に出したいということもあり、「恋慕」なども候補にあがったが、これはややロマン的に響きすぎるきらいがあるため回避された。最終的に、日常頻繁に用いられるVerliebtheit とは異なり、現代日本語としてはほとんど死語に近い語ではあるものの「執着」との連想も可能である「恋着」がその蘇生を願いつつ選ばれた。

（41）【SE フロイトは同一化について、これほどたっぷりとではないが、『夢解釈』第四章（GW-II/III 153-156）〔本全集第四巻〕、および「喪とメランコリー」〔本全集第十四巻〕の中で論じている。この主題には、既にフリースとの文通の中（例えば、一八九七年五月三十一日の下書きN）でも言及されている。】

(42)【SA この事態については、「ナルシシズムの導入にむけて」Ⅱ節後半(GW-X 154-156)〔本全集第十三巻〕の中の記述も見よ。】

(43)【SA 「完全な」エディプスコンプレクス、つまり、その「表」の現象形態も「裏」の現象形態もともに包括するエディプスコンプレクスについては、『自我とエス』Ⅲ節(GW-XIII 259-262)〔本全集第十八巻〕の中でフロイトにより論及されている。】

(44)【SA 「あるヒステリー分析の断片〔ドーラ〕」(GW-V 244-246)〔本全集第六巻〕。】

(45)【SA 「レオナルド・ダ・ヴィンチの幼年期の想い出」Ⅲ節(GW-VIII 162ff.)〔本全集第十一巻〕を見よ。同性愛の発生の他の機制については、女性同性愛についての仕事(GW-XII 284-287)〔本巻二五一―二五五頁〕、および、嫉妬、パラノイア、同性愛についての仕事(GW-XIII 205-207)〔本巻三五二―三五五頁〕参照。】

(46)【SE フロイトは、今日では「鬱病」として記述されるであろう状態に対して「メランコリー」という術語を用いるのを習慣としていた。】

(47)【SA 「ナルシシズムの導入にむけて」(GW-X 161-165)。「喪とメランコリー」(GW-X 433ff.)。】

(48)【SA (GW-X 435)。】

(49)【SA (GW-X 162-165)。】

(50)【SA 「ナルシシズムの導入にむけて」Ⅲ節の一節(GW-X 165-166)を参照。】

(51)【SA 恋における「奴隷状態」については、フロイトは「処女性のタブー」(GW-XII 161-163)で論じている。】

(52)【SA S・フェレンツィ「取り込みと転移」(*Jahrbuch für psychoanalytische und psychopathologische Forschungen,* Bd.1, 1909)、四二二頁。】

(53)【SE この点については、既に『性理論のための三篇』第一篇の原注(GW-V 50)、および「心的治療」〔本全集第一巻〕という彼の論文の中で力説されている。】

(54)【SA 「自我とエス」Ⅲ節の二番目の原注(GW-XIII 256)を見よ。そこでは、現実吟味の機能がはっきりと自我に帰されて

いる。】

(55)【SA　アリストテレス『政治学』I、二、一二五三a二一―三。】

(56)【OC　『暗示の心理学――人間と社会の下位意識的本性の研究』ニューヨーク‐ロンドン、D・アップルトン&カンパニー社、一九〇三年。「暗示にかかりやすいことが群れのかすがいであり、原始的社会集団の真の魂である」（三二〇頁）。】

(57)【SA　VI節のおおよそ中間にくる一節。】

(58)「列王記 上」、三・一六―二八。

(59)【OC　C・ダーウィン（一八〇九―一八八二年）『人間の由来』全二巻、ロンドン、ジョン・マレー社、一八七一年。】

(60)【SA　第一版の中にだけはKroegerという名前が登場する。どうやらKroeberの印刷ミスである。この人は有名なアメリカの文化人類学者で、フロイトの本を書評した。ただし、「〔検証不能な〕まさにそうなんだ、というお話（Just-so Story）」との対比は彼から来たものではなく、それが見出されるのは、イギリスの民族学者R・R・マレットが著した『トーテムとタブー』〔本全集第十二巻〕に対する書評の中である。ここであてこすりの対象となっているのは、子供のために考えられた、進化をめぐる滑稽なお話を含むラドヤード・キプリングの本である。】

(61)【SA　第四論文（GW-IX 122ff.）。】

(62)【SA　（GW-IX 174-175）を見よ。】

(63)【SE　注意を逸らせることが、機知の技巧の一部であることについては、フロイトの機知に関する著作のV節の後半〔本全集第八巻〕でかなり詳しく論じられている。この機制が「思念の転移」においてある役割を果たす可能性については、「精神分析とテレパシー」（GW-XVII 35）〔本巻二九八―二九九頁〕の中でも言及されている。しかし、この着想へのフロイトの最も早いさりげない言及が見出されるのは、おそらく『ヒステリー研究』〔本全集第二巻〕の最終章だろう。この章の二節が始まるところで、フロイトは、彼の言う「抑圧」の手順の有効性を部分的にであれ説明する可能性のあるものとして、この同じ機制を持ち出している。】

(64)【SA　第二論文（GW-IX 26ff.）。】

（65）【SE　フロイトは、暗示に関するベルネームの見解に対する疑念を、この主題に関する彼の著作を翻訳した際に付した序言〔本全集第一巻〕の中で、既に表明していた。】

（66）【SA　末尾（GW-X 445-446）参照。】

（67）（GW-IX 170-171）を見よ。

（68）【SA　（GW-X 161）。】

（69）【SA　メランコリーに関するいくつかのさらなる考察は、『自我とエス』V節（GW-XIII 280 ff.）に見出される。】

（70）【OC　シラー『ヴァレンシュタイン』第一部、第一幕、第六場。】

（71）【SA　この一節に対しては、『トーテムとタブー』第四論文の五、六、七節を読んでいただきたい。】

（72）『オデュッセイア』に登場する、洞穴に棲む海の怪物。三重の歯が生えた六つの頭と、十二の足をもち、船乗りを襲った。次行のカリュブディスは、スキュラと相対した場所に棲み船を呑みこむ、渦巻が擬人化された怪物。

（73）【SA　第一版の中でだけは、この注は次のようになっている。「敵対的な感情は、一段と込み入った組み立てとなってはいるが、この点で例外をなすものではない」。】

（74）【SA　「まあ！　あなたはギリシア語をご存じなのね？　ああ！　お願い、ギリシア語への愛のため、私にキスさせてちょうだい」。

『女学者』第三幕、第三場。】

（75）【OC　『バーバラ少佐』一九〇五年、第三幕、「若い男性はみんなそうなのだけれど、あなたも、一人の女性と他の女性の違いを大袈裟に考えすぎですね」（『全集』ロンドン、コンスタブル社、第十一巻、三四二頁）。】

（76）【SA　『ある錯覚の未来』（GW-XIV 367）〔本全集第二十巻〕、『文化の中の居心地悪さ』の中の同様の見解（GW-XIV 443-444）を参照。】

論　稿

戦争神経症者の電気治療についての所見

（1）【GW　ユーリウス・フォン・ヴァーグナー＝ヤウレクは一八九三年から一九二八年までウィーン大学の精神医学教授であった。】【OC　一九二七年ノーベル医学賞受賞。】フロイトとは学生時代以来の友人。
（2）現在のポーランド、ポズナニ。
（3）【OC　エルンスト・ジンメル（一八八二―一九四七年）『戦争神経症と「心的外傷」』ミュンヘン―ライプツィヒ、O・ネムニヒ社、一九一八年。】
（4）【GW　原稿では「一八一八年」となっている。】

夢学説への補遺

（1）【GW　『夢解釈』第六章、I節最後の（一九二五年に追加された）原注（GW-II/III 510-511）〔本全集第五巻〕および第七章、D節の（一九一四年に挿入された）原注（GW-II/III 585）を参照。】
（2）【GW　この書はこの後まもなく出版された。】
（3）原語はTraumarbeit. これまでは「夢の作業」ないし「夢の仕事」という訳語がつけられることが多かったが、本全集では、夢思考を歪曲しつつ多かれ少なかれ形あるものとして拵えてゆくプロセスという意味で「夢（の）工作」と訳されている。
（4）【GW　フロイトはのち、一九二一年出版のJ・ヴァーレンドンクのこの書物にはしがき〔本巻所収〕を書いた。】

女性同性愛の一事例の心的成因について

（1）原語はInversion. 対象倒錯を意味し、目標倒錯（Perversion）と区別される。詳しくは、『性理論のための三篇』〔本全集第六巻〕参照。

（2）【SE これについてより十全な議論のためには「想起、反復、反芻処理」〔本全集第十三巻〕を見よ。】

（3）【SA『性理論のための三篇』の中のこの問いをめぐる議論(GW-V 39 ff.)を参照。】

（4）【SA この術語はユングによって導入された。初出は「精神分析理論の叙述の試み」(*Jahrbuch für psychoanalytische und psychopathologische Forschungen*, 1913) 三七〇頁。単著としては、ライプツィヒ－ウィーン、一九一三年刊「女性の性について」の中のフロイトによる類似のコメントも参照(GW-XIV 521)〔本全集第二十巻〕。】

（5）【SA 二次的疾病利得。】

（6）【SA 原文はイタリア語 che poco spera e nulla chiede.】イタリアの叙事詩人トルクァート・タッソ（一五四四―九五年）の代表作『エルサレム解放』（一五八〇年）からの引用（第二巻、一六）であると思われる。

（7）【SA「偽善的な夢」についてさらに見解が述べられている『夢解釈』〔第四章の〕原注(GW-II/III 150)〔本全集第四巻〕および〔第六章、H節〕(GW-II/III 476 ff.)〔本全集第五巻〕を見よ。】

（8）【SA「嫉妬、パラノイア、同性愛に見られる若干の神経症的機制について」の中の表現(GW-XIII 203-204)〔本巻三五一―三五二頁〕を参照。】

（9）【SA『ニーベルンゲンの歌』一・一五。彼女は母に宣言する。私はどんな男にも自分を愛することを許さない。なぜなら、男を愛することは私の美しさが失われることを意味するだろうから、と。】

（10）【SA『性理論のための三篇』の中でこの両理論が論究されている(GW-V 120-121)のも見よ。】

（11）【SA (GW-XII 276-277)〔本巻二四二―二四三頁〕。】

（12）【SA『性理論のための三篇』の中の同性愛についての発言(GW-V 34-47)も参照。そこではフロイトは、一九二〇年（つまり、この作品の執筆後に）長い脚注に追加された補足部分(GW-V 45-46)の中で、シュタイナハの実験についてもう一度語っている。彼は、「嫉妬、パラノイア、同性愛」に関する仕事のC節(GW-XIII 204 ff.)〔本巻三五二頁以下〕でもこの主題を再び取り上げている。】

分析技法の前史にむけて

（1）底本にはここに引用符があるが、SAに従い削除する。以下、エリスからの引用はSAに準拠する。
（2）ユダヤ系ドイツの作家（一七八六―一八三七年）。
（3）一八二〇年代はじめ、大きなセンセーションと論争を引き起こした、ラインラントにおける有名な裁判。
（4）底本では「第七版、一九二二年」となっているが、OCに従い訂正。

アントン・フォン・フロイント博士追悼

（1）【SE「国際精神分析出版社と精神分析に関する業績への賞授与」（本全集第十六巻）参照。】
（2）【SE　シラー『メッシーナの花嫁』第三幕、第五場。】

J・J・パットナム著『精神分析論集』への序言

（1）【SE　アーネスト・ジョーンズ編「国際精神分析叢書」（*The International Psycho-Analytical Library*）を指す。】
（2）SEでは最後に「一九二一年一月」という日付がイタリック体で付されている。

クラパレード宛書簡抜粋

（1）「つまり次の個所です」は、原書簡（「解題」参照）では「それは八六一頁の文章です」。
（2）括弧内原文フランス語。この一文をクラパレードはのちに訂正した（「解題」参照）。
（3）括弧内原文フランス語。
（4）【GW　この概念をフロイトが最初に用いたのは「精神分析的観点から見た心因性視覚障害」（本全集第十一巻）においてであると思われる。】

(5) 原書簡では「転移神経症のために性欲動と自我欲動の区別を立てていること」。

(6) 「エネルギー」は原書簡では「力」。

(7) 原書簡では「リビードの意味をあらゆる心の活動の駆動力に等しいと捉え」。

(8) 原書簡では「全面的に忠実なわけではなく、われわれ両方を混在させたものとなっているのです」。

(9) 原書簡では「このようにして、汎性欲主義が成立することになりますが、それはただ、改竄する批判者たちの空想《ファンタジー》の中に存在するだけで、わたしのもとにもユングのもとにも存在しないものです」。

(10) 段落の始めからここまでの個所は、原書簡では「わたしのもとでは、一群の自我欲動全体も、自我欲動が心の生活に対してなす働きのすべても了承されています。が、そのことは一般人には秘せられているのです。わたしの夢理論を紹介する際にも往々にしてよく似たやり方がなされます」。

(11) 「性的」は、原書簡ではイタリックで強調されている。

(12) 「しばしばその反対のことを強調してきたのです」は、原書簡では「往々にしてそれに反論してきたのです」。なお、原書簡には底本に見られる（したがって、本訳でも踏襲されている）段落分けは一切存在しない。

精神分析とテレパシー

(1) 【SE これはアードラーとユングのことを指している。】

(2) 【OC シェイクスピア『ハムレット』第一幕、第五場。】

(3) 【SE この症例は『続・精神分析入門講義』第三〇講〔本全集第二十一巻〕でかなり簡便に報告されている。】

(4) 【SE バイエルン・アルプスの最高峰。】

(5) 【SE 『続・精神分析入門講義』では「牡蠣中毒」となっている。】

(6) 【SE 『集団心理学と自我分析』原注(45)〔本巻二〇一頁〕参照。】

(7) 【SE これはもしかしたら、一八九九年執筆でありながら死後一九四一年になって発表された「ある正夢」〔本全集第三巻〕

を指しているのかもしれない。しかし、この夢は特に予言を含んでいるわけではない。】このようにSEは言うが、この夢とは次のII節で話題にされる夢のことだと理解することも十分可能であろう。

（8）原語はunterdrückt. この語は本全集では基本的にこのように訳される。本文での文脈からも、無意識への「抑圧 Verdrängung」との区別は明らかであろう。

（9）【SE　この症例は、少し詳細さの程度を落として『続・精神分析入門講義』第三〇講で、さらにより簡便に「夢解釈の全体への若干の補遺」〔本全集第十九巻〕Cでも報告されている。】

（10）「感染」と、前文中にある「刺しとめる」の原語は、それぞれAnsteckung, anstecken である。

（11）グループリヒ＝ジミティスによると、フロイトの草稿のここの個所には次のような段落が存在するという（イルゼ・グループリヒ＝ジミティス『フロイトのテクストに帰れ』フランクフルト・アム・マイン、フィッシャー社、一九九三年、二六五―二六六頁。そうじて本編の底本の問題に関しては、同書、二五九―二七五頁参照）。「わたしはその病歴を聞いて、最初彼女を引き受けようという気にはなれませんでした。後になって好奇心が湧き、無知にも営利欲が出てきて、彼女の分析を開始しようという気になりました。ただしそれはあくまで自発的な分析です。結果はまるで否定的なものでした。少なくとも彼女にとっては。分析の方は幾つかの点で彼女のおかげを蒙っています。彼女はわたしに幾つかの子供の嘘を解明させてくれ、強迫神経症の気質を追跡させてくれました。彼女はまた、C・G・ユングがその怪しげな性格を露呈する最初の機会となってくれました。彼の後の理論がゆがんでいるのはこの性格のせいだとしても、だからといって、わたしにとって、その性格が許されるものとなるわけではありません。彼女は休暇でチューリヒに滞在していた際、一度彼にきてもらって、知己となったのでした。その機会を捉えて彼は、彼女がわたしのもとで温かみも共感もない分析に堪えていられることに、驚きを表明し、自分ならもっと穏やかで熱心な治療をしてあげられると申し出たのです。この発言をわたしに伝えますよと、彼女が警告したところ、彼はびっくり仰天して、そんなことはしないでくれと彼女に頼みました。父と対象としての女を争うという、昇華されていない最初の試みは、優しき息子には失敗しました。第二の試みはその二年後でした」。

（12）【SE　編注（9）で指摘した別の二つの報告によると四十三歳。】

(13)【SE　遠目の効くラビの物語はフロイトによってその機知論のⅡ節、八段(GW-VI66-67)〔本全集第八巻〕で語られている。】
(14)【SE　別の二つの報告ではこの数字は「十六」となっている。】
(15)【SE　『続・精神分析入門講義』第三〇講でフォーサイス博士とフォーサイト家の物語〔ゴールズワージー『フォーサイト家の物語』〕に関して述べられている個所のこと。】
(16)【SE　以下の事例は『続・精神分析入門講義』第三〇講でも報告されている。話の一部分はそこでの方がより詳しいが、他の部分はより簡潔である。】
(17)　グルーブリヒ＝ジミティス(前掲書、二六九頁)によれば、フロイトの草稿では「一九二〇年に」とある。
(18)　グルーブリヒ＝ジミティス(同書、二六九頁)によれば、フロイトの草稿ではこの「彼」の年齢は「三十五歳ごろ」とされている。
(19)　グルーブリヒ＝ジミティス(同書、二六九―二七〇頁)によると、フロイトの草稿のここの個所には次のような詳しい文章が存在するという。「彼の事例は大変興味深いので、皆さん方も注意を向けてほしいと思います。オカルティズムとは別に、魔《デモーニッシュ》的な情熱と活力の持ち主で、女性にはたまらない魅力を発揮し、男性にも好かれ評判のいい彼は、戦争中に下級役員の身分から地位と財産を手にするまで出世し、天才的金融家との名声を享受しています。ごく普通の家庭の末っ子だった彼は、乳飲み子の時期から母に対し人並みならぬ強烈な情愛を育んでいました。少年時代は不幸で、彼が十四歳のとき、はるか年上の兄の一人が結婚すると、情熱的な愛を、若くて美しい義姉に向けて転移するようになりますが、義姉は最初彼を子供扱いするだけでした。しかし彼の愛はますます傍若無人になる一方で、十七歳のときには、義姉には応えてもらえず、商業学校からも落第し、男からも女からも侮蔑されると、彼は胸に弾丸を打ち込んで、数カ月間生死の境をさまよいました。この自殺未遂とその後まもなくの母の死のあとで、彼はついに、六歳年上の愛する人を征服することに成功します。彼は兄の家に一緒に住み、若い妻の第二の夫に収まり、徐々に第一の夫、つまり妻の子供たちの父を押しのけ抑圧してゆきます。こうして十年前の、二十五歳のとき、彼はこの関係を強引に変えようとしはじめますが、彼女、年取ってゆく女性の方は、ますます情愛をこめて彼にしがみつくようになりました。おもしろいことに、彼の豹変は嫉妬を機会としていました。それは、彼女が末の男の子に乳を与えるのを見たときの嫉妬です。ちなみに、その子は彼の子だ、と彼女は主張していましたが、彼にしてみるならば、自分の母に関する、同じ情況の抑圧された想い出が蘇させられるのでした。すると彼は違う女性たちを愛人にしては、やがて捨てるということを繰り返したのですが、ついにあの艶女に行き逢い、固執しつづけるようになります。ところで、その女性はまた彼の友人のおおっぴらな恋人でしたので、彼は友人を裏切らざるをえないはめになりました。この間もずっと彼は、義姉との内密な関係を続けており、義姉は彼の性愛関係の打ち明け相手の役も務めていました。この性愛関係のために彼女は大変苦しんでいたというのに」。グループリヒ＝ジミティスによるとまた、以上の文章が省略されたために、底本では「義姉」が「若いときの愛人」とされるなど、いろいろ細かな変更が加えられているという。

（20）【SE『日常生活の精神病理学にむけて』第一二章D〔本全集第七巻〕に一九〇七年に挿入された個所〔特にGW-IV 290-291〕参照。】

（21）【SE　この言葉はデュ・デファン夫人のものである。一七六七年六月六日のウォルポール宛の書簡を参照。】【OC　ホレス・ウォルポール宛同書簡「ポリニャック枢機卿は……聖ドゥニについて語り、こう言いました。聖人は頭部を切り落とされると、それを取り上げ、両手に持って、モンマルトルからサン＝ドゥニまで、ゆうに二里ほど、運びました。……ああ！と私は枢機卿に言いました、そういう情況では、大切なのは最初の一歩にすぎない、と思いますわ」。】本文でも編注でも引用された「　」内の言葉はフランス語で記されている。

夢とテレパシー

（1）【TB　初版と一九二五年の著作集第三巻では、タイトルの下に「ウィーン精神分析協会における講演」という説明がある。しかし、公刊された協会の記録にはそのような講演がなされたという記事はない。】「解題」参照。

（2）【OC　ヴィルヘルム・シュテーケル（一八六八―一九四〇年）『夢の言葉』ヴィースバーデン、一九一一年。】

（3）【SE　この夢は『夢解釈』に一九一九年に付加された個所（GW-II/III 564-566）〔本全集第五巻〕で詳しく論じられている。

「足台のようなもの」として描かれている物とは『夢解釈』で「バスケット」として言及されている物かもしれない。】

(4)【SE　この事例についてはより簡潔に『続・精神分析入門講義』の第三〇講〔本全集第二十一巻〕で記述されることになる。】

(5)【OC　「ことの顚末 Ergebnis」は初出(『イマーゴ』誌)では「事件 Ereignis」であった。】

(6)「夢学説への補遺」編注(3)参照。

(7)【SE　『夢解釈』第七章、D節(GW-II/III 588)〔本全集第五巻〕参照。】より具体的には、同頁における、一九一一年に追加され二五年に再度削除された文章、およびそれに関するSE編注参照。

(8)【OC　A・メーダー「夢の機能について」(*Jahrbuch für psychoanalytische und psychopathologische Forschungen*, 1912, 4, 692)。】

(9)【SE　夢の推定上の「予測」機能については、『夢解釈』に一九一四年と二五年に追加された二つの原注で詳しく論じられている。第六章(GW-II/III 510-511)〔本全集第五巻〕、第七章(GW-II/III 585)参照。】

(10)原語は Verdichtung. 従来は「圧縮」と訳されてきたが、それでは一つのものが縮められるという語感が強い。フロイトは多くのものが一緒にされて一つに縮められるという意味合いでこの語を用いるため、本全集では「縮合」という訳語を採用している。

(11)『快原理の彼岸』(本巻所収)参照。

(12)【SE　『夢解釈』(GW-II/III 336)参照。】

(13)【SE　夢の定義に関する一般的な議論は『精神分析入門講義』第五講(GW-XI 79ff.)〔本全集第十五巻〕に見られる。】

(14)【SE　『夢解釈』(GW-II/III 409)参照。】

(15)【SE　ヘロとレアンダーを取り扱ったグリルパルツァーの劇の題名である。】

(16)【SE　この点は症例ドーラの分析においていくらか詳しく論じられている。「あるヒステリー分析の断片」〔「ドーラ」〕(GW-V 255)〔本全集第六巻〕参照。】

(17)【SE　フロイトの論文「遮蔽想起について」〔本全集第三巻〕および『日常生活の精神病理学にむけて』第四章(GW-IV 51 ff.)〔本全集第七巻〕参照。】

(18)【OC　H・ジルベラー(一八八二―一九二三年)『神秘とその象徴の諸問題』ライプツィヒ-ウィーン、フーゴー・ヘラー社、一九一四年。】

(19)【SE　『夢解釈』に一九一九年に追加された個所(GW-II/III 528-529)参照。】

(20)【SE　底本では「G氏」であるが、これは明らかな間違いである。三一八頁参照。この誤謬はG・ドゥヴルー『精神分析とオカルト』(ニューヨーク、一九五三年)で指摘された。】本来ならH氏となるべきである。

(21)　原語はLeichenvogel. 字義的には「死の予兆となる鳥」ないし「死体に群がる鳥」の意。ただしこの言葉は、「強迫神経症の一例についての見解」に一度(GW-VII 452)、「強迫神経症の一例(「鼠男」)のための原覚え書き」(本全集第十巻)に二度登場する(GW-Nb 526, 533)。

(22)【SE　『夢解釈』(GW-II/III 581-582)参照。】

嫉妬、パラノイア、同性愛に見られる若干の神経症的機制について

(1)　シェイクスピア『オセロー』第四幕、第三場。『シェイクスピア全集』第七巻、筑摩書房、一九六七年、一四六頁(木下順二訳)。

(2)【OC　E・ブロイラー「病理学における物的と心的」(*Zeitschrift für die gesamte Neurologie und Psychiatrie*, 1916, *30*, 426)。】

(3)【SE　このもとにある考えは、フロイトがすでに一八九五年の「心理学草案」〔本全集第三巻〕で描いた心的装置の像にまで遡る。】

(4)　「夢学説への補遺」編注(3)参照。

(5)【SA　「女性同性愛の一事例の心的成因について」III節の最後から二つ目の段落〔本巻二六三―二六四頁〕参照。】

（6）【SA　この典型的過程はフロイトによってそのレオナルド論Ⅲ節（GW-VIII 162ff. 特に168-171）〔本全集第十一巻〕で記述されている。】

ヨーゼフ・ポッパー＝リュンコイスと夢の理論

（1）【SE「清純さ・真理愛・道徳的明澄さ」とはポッパー自身がこの作中人物に適用している形容である。フロイトはこのテーマに、後の「ヨーゼフ・ポッパー＝リュンコイスと私の接点」〔本全集第二十巻〕で帰ってゆく。そこでは、この物語から、短いながらさらなる引用がなされることになる。フロイトが自分とポッパーの見解の一致について最初に言及したのは、『夢解釈』第一章に一九〇九年に追加された「補足」（GW-II/III 99）〔本全集第四巻〕および同書第六章、B節に一九〇九年追加された原注（GW-II/III 314）〔本全集第五巻〕においてであった。後者においては、この論文におけるのと同じ個所が引用されている。――自分の発見の「独創性」について疑問を呈したのは『夢解釈』第二章に一九〇九年追加された一段（GW-II/III 107-108）〔本全集第四巻〕また「精神分析運動の歴史のために」Ｉ節の幾つかの段落（GW-X 51-58）〔本全集第十三巻〕そして「分析技法の前史にむけて」〔本巻所収〕においてである。】

J・ヴァーレンドンク著『白昼夢の心理学』へのはしがき

（1）「人が放心状態にあるときに身を任せ、眠りかけや寝起きのときに陥りやすい空想的な思考活動」は英語版では「眠りかけや寝起きのときに陥りやすい放心状態の間に人が身を任せる思考活動」である。ドイツ語版と英語版の関係については、「解題」参照。

（2）「意図的で意識的な思考」は英語版では「方向の定められた意識的な思考」である。

（3）「そこからは射程の大きな、さらなる問題や疑問が派生してくる」は英語版では「それらの発見は、さらにより広範な問題に繋がってゆき、さらにより射程の大きい疑問を提出させてゆくことになる」である。

（4）「かなりの」は英語版では「多くの」である。

賞授与

（1）【GW　一九二一年。】
（2）【GW　一九二一年。】
（3）【GW　一九二〇年。】

懸賞論文募集

（1）【GW　このように付言されているのは当時の急激な貨幣価値の下落のゆえである。】

無意識についてひとこと

（1）【GW　同書は一九二三年四月に出版された。】

レーモン・ド・ソシュール著『精神分析の方法』へのはしがき

（1）【GW　皮肉な後日談であるが、ジョーンズ（『フロイトの生涯と作品』（第三巻、九七頁））によれば、ド・ソシュールの書はフランスで禁書となった、それも、シャルル・オディエの寄与になる夢分析が守秘義務違反であるとのかどでそうなったという。】【OC　この夢はド・ソシュールの同書第六章、第七章における「エミリーの夢」のことである。】
（2）OCにはこのあと、ソシュールの書の一七頁と五一頁にフロイトがつけたコメントが仏訳のまま掲載されている。以下それを訳出する。

一七頁「ただ私としては、無意識的表象というのと同じ意味で無意識的感情と言うことはできない、と申し上げておく。意識的なものとは私にとって、知覚の行為でしかない。表象は、たとえ知覚されなくとも存在することができるが、それに反し、感情は知覚そのものに存する。ただし、こう述べたからといって、短縮表現であることを心に留めておきさえするなら、無意識的感情と言う権利が奪われるわけではない」。

五一頁「同性愛者は、ほとんどいつも男と女の複合体を求める。この倒錯の生成においては、肛門域の果たす役割はペニスに較べるとはるかに小さい。同性愛の唯一恒常的な特徴は、ペニスに重要性が付与されることである」。

メドゥーサの首

（1）【SE　これは「不気味なもの」というフロイトの論文のⅡ節の中ごろ〔本巻二八頁〕で言及されている。】

（2）【OC　『パンタグリュエル物語』第四之書、第四七章「悪魔が、教皇嘲弄国の一人の老婆に欺かれたこと」。】

（3）【SE　フロイトがシュテーケルの論文「露出症の心理学にむけて」（*Zentralblatt für Psychoanalyse*, 1, 1911）四九五頁に付したコメント〔本全集第十一巻〕をここで引用しておくことは価値がある。「シュテーケル博士はこの論文で、露出を無意識のナルシス的モティーフに還元することを提案しているが、そうした還元は古代民族の生活において裸出が果たしていた悪魔祓いの役割を説明する際にも利用できるだろうとわたしには思われる」。】

（4）【SE　同じトピックはフェレンツィの短い論文「メドゥーサの首の象徴論にむけて」（*Internationale Zeitschrift für Psychoanalyse*, 9, 1923）でも取り扱われた。この論文にフロイトは「幼児期の性器的編成」〔本全集第十八巻〕で簡単なコメントを付している。】

解　題

須藤訓任

伝記事項

一九一八年十一月、東洋諸国も交え西洋地域の大半を巻き込んで猖獗をきわめた第一次世界大戦が終わる。四年以上に及ぶ史上初めての総力戦であった。ドイツと連合国との講和は周知のように翌年六月のヴェルサイユ条約調印によって成立するが、同盟国側のもう一方の当事者オーストリアが連合国と正式な講和を結ぶにはそれから二カ月あまり後の九月のサン・ジェルマン条約を待たねばならなかった。大戦がヨーロッパの政治・経済・文化に与えた打撃と影響は計り知れない。特に敗戦国側は文字通り社会的崩壊の危機に瀕することになった。ヴェルサイユ体制下オーストリア＝ハンガリー二重帝国は解体され、オーストリア、ハンガリー、チェコスロヴァキアの三国が分離して成立ないし独立するとともに、六百年以上に及ぶハプスブルク家の支配体制も終焉を迎え、オーストリアは共和国となる。

『フロイト全集』第十七巻は第一次世界大戦直後から戦後四年目の一九二二年にかけて執筆された著述をほぼカヴァーする。

戦争勃発の当初は、フロイトもウィーンの地にあって、愛国主義的熱狂を示していたわけではないにしろ、同盟国側の勝利を期待もすれば確信もし、そのことでイギリス人のジョーンズとは意見の食い違いを見せたりしていたが、戦況が硬直化し悪化するにつれてそうした希望的観測も変更せざるをえなくなる。なにより、出征していた家族——三人の息子たちや娘婿——のことが気がかりであった。特に長男のマルティンは戦争末になって音信不通となり父をやきもきさせた。しかし、イタリアで捕虜になっていたマルティンはやがて解放され、家族を安心させる。

ところで、戦後初めてフロイトと再会したときのこととして、ジョーンズは次のようなエピソードを紹介している。——フロイトは半分ボルシェヴィズムに回心したと述べて、人々をびっくりさせた。それというのも、ボルシェヴィズムの時代になれば最初の数年は悲惨で混乱するかもしれないが、その後には世界は平和になり繁栄し幸福になると、とある共産主義者に言われて、「今の話の最初半分は信じるよ」と答えたからというのである（E・ジョーンズ『フロイトの生涯と作品』第三巻、ニューヨーク、ベーシック・ブックス社、一九五七年、一六頁）。

むろん、オーストリアの多くの人々と変わらず、フロイト一家もまた戦時中から経済的に窮乏生活を強いられていた。食料は不足し冬の寒さを防ぐにも暖房の手立てがない。ペンを握る手は凍え、フロイト個人としてはなかんずく葉巻を吸えないのがつらい。患者数の激減が響いた。時には一人しか患者がいないときもあった。そうした情勢は、戦争が終結したからといって、急速に好転するわけではない。敗戦国の人々にとってはむしろ事態は、少なくともしばらくの間はより劣悪にならざるをえない。特にこたえたのは——第一次世界大戦後の場合よく知られているように——通貨の価値の下落である。したがって、いくら稼ぐことができたとしても、それがオーストリア通貨による収入である限り、稼ぎは見る間に目減りし、実質上消失してゆくことになる。

この苦境にあって救いとなったのは、何人かの親しい者の手になる金銭的援助であり、また英語圏からの患者ないし被教育者である（英語には相当難儀したようだが）。こうした人々の支えによって、フロイトは戦後の苦しい時期を乗り切ってゆくが、しかし精神的にはある意味で、平和を取り戻した戦後の方が戦時中よりも、フロイトにとってよほどつらい試練をもたらしたとも言える。なぜなら、戦時中は、いかに死の影に脅かされようと、実際には近親者に戦死者が――妹ローザの息子一人を除いて――出なかったのに対し、皮肉にも戦後になるやまもなくして、彼は死のニュースに立て続けに二度襲われることになるからである。その一つは、彼自身もある程度覚悟していたものであるが、もう一方は彼にとって――また彼の周りの人々にとっても――まったく寝耳に水というほかない、思いがけない訃報であった。前者はアントン・フォン・フロイント死去の報せであり、後者は最愛の娘、ゾフィー夭折の連絡であった。しかも両人は一九二〇年はじめにわずか四日の間をおいて、逝去していった（そのまえには、一九一九年七月三日弟子のヴィクトール・タウスクが自殺している。ただし、それに対するフロイトの反応はむしろ冷静なものだった）。

アントン・フォン・フロイントは一八八〇年生れの、ブダペストの富裕な醸造業者であったが、癌にかかり、手術後その再発を恐れるあまり神経症になった。そのため、一九一八年フロイトの治療を受け、幸いにも治療は成功した。その過程で彼は博愛的事業に自分の財産をつぎ込むことに決め、精神分析の進展のためにそれを供出することにした。また戦時中苦境にあったフロイトを援助した一人でもあった。ちなみに、同じ一九一八年の九月には五年ぶりに第五回国際精神分析学会がブダペストで開催されている。そこには、オーストリア、ドイツ、ハンガリーから政府の正式代表が参加した。というのも、兵士に戦争神経症患者が増加し、それへの対処が精神分析に期待されたからであった（以降学会は隔年ごとに、ハーグ、ベルリン、ザルツブルクとヨーロッパ各地で開催されてゆく。もっとも、フロイトが参加できたのは一九二二年の第七回ベルリン大会が最後であった）。

他方フォン・フロイントの財政支援を受け、一九一九年一月には国際精神分析出版社が設立される。これによってフロイトたちは独立した出版活動を営むことが可能となり、また一九二〇年と二二年にはベルリンとウィーンに精神分析の外来診療所が開設されるなど、精神分析運動はより多方面の展開を見せてゆくことになるが、フォン・フロイント自身は癌が再発し一九二〇年一月二十日死去していた。享年わずか四十歳であった。

フォン・フロイントは精神分析事業の（一時的な）財政上の恩人であっただけでなく、短い期間ではあったが、フロイトにとって親しい友人ともなっていた。それだけに、癌再発の報を聞いて以来ある程度覚悟を決めていたとはいえ、フロイトには彼の死はショックであった。だが、それ以上に大打撃であったのは、「わたしたちの大事な、花咲くゾフィーが昨日の朝、進行の早い感冒が肺炎を引き起こして死んだ」（一九二〇年一月二十六日付、母親宛書簡）ことであった。二十六歳の若さであった。父が「日曜日の子」と呼んでかわいがった娘であった。三人目の子供を身ごもっている最中であり、後には二人の幼い男の子（六歳と十三カ月）が残された。遠くハンブルクの地にあって、ほんの数日前にはまったく健康であった娘！　父とその家族にとっては青天の霹靂というしかない、不意打ちであった。戦後まもなくの混乱のせいで汽車もなく、葬式にも参列できなかった。残された娘婿、マックス・ハルバーシュタットにフロイトは死の連絡を受けた当日（一月二十五日）次のような手紙を書き、「パパ」と署名した。

「……わたしはこれ以上無用な手紙を書いたことがないような気がします。わたしたちの苦しみがどれほど大きいか、君は知っているし、君がどういう悲痛な気持ちでいるか、わたしたちは知っています。君を慰めようなどとする気はありませんし、君にしてもわたしたちに対してできることはないでしょう。愛する妻であり子供たちの母親である人を失うとはどういうことか、わたしにはそういう目にあったことがないからわからないと、もしかしたら君は思っているでしょうか。そのとおりです。けれども、これほどの歳になり死に近くなりながら、若く花咲く子よりも生き延びるという苦い傷心もまた、君には無縁で捉えようのないことに違いありません。また、このような不幸にあっても君に対するわたしの気持ちになんら変わりがないし、君は望む限りわれわれの息子のままであるということも、言うまでもないことです。わたしたちのこれまでの関係からして、それは当然のことです。なら、何のためにわたしは君に手紙を書いているのでしょうか。思うにそれは単に、わたしたちが一緒におらず、またこの幽閉の悲惨な時代にあってお互いのもとに駆けつけることができないために、母や兄弟姉妹に対して繰り返していることをわたしは君に向かって言うことができないからなのです。わたしはこう繰り返しているのです。わたしたちのゾフィーを奪ったのは運命の無意味で残酷な一撃であって、それに対しては訴えたり詮索することはできない、より高き力に弄ばれる寄る辺ない惨めな人間として、運命の悪戯に頭をたれるしかないのだ、と。ともかく、君と一緒の限り娘は幸せでした。七年間の短い結婚期間の間にはつらい時もありましたが、しかし娘の幸福は君のおかげです」。

心情あふれる無神論者の面目躍如たる文面であろう。フロイトが六十歳代中ごろであった一九二〇年代前半は総じて、自分よりはるかに年下の近親者の死によって暗い影を落とされつづけた年月であった。上記の二人の後には、一九二二年八月、お気に入りの姪ツェツィーリエ・グラーフが自殺する。未婚のままに妊娠したことを悲観して睡眠薬を大量に飲んだのであった。彼女は、戦争で一人息子を奪われた妹ローザに残されたたった一人の子供であった(この後ローザはアウシュヴィッツで最後を迎える。フロイトの妹は、ローザも含めて四人がナチの収容所で殺される)。

そしてきわめつけは、その翌年六月十九日における孫、ハインツ・ルードルフ・ハルバーシュタット（愛称ハイネレ）の死である。名前からも推察されるように、ゾフィーの次男である。四歳半の幼さであった。物心つく以前に早くも母と死に別れたあと、ウィーン在住の伯母（フロイトの長女）夫妻のもとで面倒を見られた、病弱で、しかし抜群に利発であったハイネレ——それだけにフロイトもこの子に大きな愛情を注いだ。涙するフロイトが見られた唯一のときだったという。その悲しみは、その子の死の直前にすでに、次のように心情を漏らすほどであった。

「わたしはかつてこれほど人間を好いたことはほとんどありません、少なくとも子供に関してはそうです。（…）この喪失は耐えられそうにありません。これ以上つらい体験はしたことがないように思います。もしかしたら、わたし自身の病気のため動揺しているせいもあるのでしょう。無理やり仕事をしていますが、本当のところはすべてがつまらなくなりました」（一九二三年六月十一日付、レヴィ夫妻宛書簡）。

「わたし自身の病気のため動揺している」と記されているのは、この年、顎に癌が見つかり四月に手術を受けたばかりであったことを指している。この段階ではフロイト自身には病名は伏せられていたが、やがて本人も気づくところとなり、同年の十月には二度に及ぶ大手術を再度受けることになる。こうして、一九三九年に生涯を閉じるまで十六年間にわたる、実に三十三回もの手術を含む闘病生活が始まることになる。

若い命に次々と先立たれた一九二〇年代は、しかしその一方でフロイトの対外的名声と人気が高まってゆく時でもあった。その早いときの徴候とでもいうべき出来事は、一九一九年末大学の「正教授」称号の授与が決定されたことかもしれない。名目だけの称号であったが、びっくりするほど多方面から祝辞を受けた。それに対するフロイト自身のコメント――「オーストリアは共和国になっても、称号中毒と称号崇拝は君主制のころと何ら変わっていない」(一九二〇年一月六日付、K・アブラハム宛書簡)。

フォン・フロイントと次女ゾフィーが逝去した一九二〇年は六十四歳のフロイトにとって、思想の進展としても一大転機となった年であった。いうまでもない、『快原理の彼岸』が発表され「死の欲動」が正式に宣言され本格的に展開される、その最初の年が一九二〇年なのである。これ以降フロイトの思想は、十九年後の死に至るまで、最後の段階に到達したといってよい(ちなみに、同書Ⅱ節で話題になる「いない／いた」の遊びをする幼児とは、ゾフィーの長男、エルンストのことである)。

そして同じ一九二〇年にはまた九月に第六回国際精神分析学会がオランダのハーグで開催され、フロイトは末娘のアンナ(当時二十四歳)同伴で出席した。アンナは父の「入門」講義を聴講するなど精神分析に興味をもち、一九二二年にはウィーン精神分析協会の会員にもなる。のち児童分析家として地位を築く彼女の最初の「患者」はゾフィーの二人の遺児であった。実は、フロイトは戦争末の一九一八年から二二年までと二四年の二度にわたって、アンナの精神分析を行っていたのであった(当時はそうしたケースにたいした疑問はもたれていなかった)。「子供がぶたれる」(一九一八年、本全集第十六巻所収)はアンナのこの分析を一つの機縁として執筆された論文である。いずれにしろ、以降アンナは、病み衰えてゆく父を物心両面にわたって支えながら、精神分析家としての道を歩み、父の後継者となってゆく。

書誌事項

「不気味なもの」

初出は『イマーゴ』誌、第五巻、第五―六号、一九一九年、二九七―三二四頁。

一九一九年の秋発表。フロイトは同年五月十二日付のフェレンツィ宛書簡で、自分は「不気味なもの」に関する旧作の小論を再び取り出しているという文面で、この論文に言及している。同年七月上旬までには完成している(同年七月十日付、フェレンツィ宛書簡)。もともといつ書かれ、どの程度の手直しがなされたのかはわかっていない。ただ、「不気味なもの」というテーマ自体には一九一一年五月時点で興味を寄せ始めている(同年五月二十八日付、フェレンツィ宛書簡)。また、『トーテムとタブー』(一九一二―一三年、本全集第十二巻)を引用している三五頁の原注からすると、一九一三年当時にすでにこのテーマに取り組んでいたことがわかる。三〇頁から三二頁までの「反復強迫」を論じた個所は疑いなく、改訂された個所の一つである。というのも、そこには、「すでに用意されている」(三二頁)と述べられている『快原理の彼岸』の一部分の要約が含まれているからである(下記『快原理の彼岸』解題を参照のこと)。

本論文はのちに、フロイトの『詩と芸術の作品の精神分析的研究』(一九二四年)に再録された。文学論として――とくにE・T・A・ホフマンに関して――重要な寄与をなしている論文であるが、しかし同時に、実生活における心理現象としての不気味さをも論じており、その語の定義や不気味さの起源や到来に関する探求は、文学の域を超えてもいる。

『快原理の彼岸』

一九二〇年十二月、国際精神分析出版社（ライプツィヒ－ウィーン－チューリヒ）から単行本として刊行（総六〇頁）。一九二一年第二版（総六四頁）、一九二三年第三版（総九四頁）、一九二五年『著作集』第六巻（一九一－二五七頁）。

フロイトは版を重ねるに連れて、加筆しているが、それは本文中や編注で指摘してある。

フロイトが『快原理の彼岸』の最初のスケッチに取り掛かったのは、一九一九年三月であり、五月にはスケッチの完了が告げられている（同年三月十七日付および五月十二日付、フェレンツィ宛書簡）。同じ五月「不気味なもの」についての論文（本巻所収）が手直しされているが、その中の一段には本書の本質的内容が簡単に要約されている。そこにおいてフロイトは「反復強迫」のことを、子供の振舞いや精神分析治療において現れてくる現象だと述べている。この強迫は欲動の最内奥の本性に由来し、快原理を超え出るほど強力なものとして推測されている（本巻三二頁。とはいえ、「死の欲動」のことはいまだ言及されていない。「死の欲動」が初めて言及されるのはおそらく、一九二〇年三月八日付のアイティンゴン宛書簡においてである）。そして、このテーマに関する詳細な叙述はすでに完成されていると、フロイトは付言している。この要約を含む、論文「不気味なもの」は一九一九年秋に発表された。それに対し、『快原理の彼岸』はもう一年出版を引き留められ（一九一九年夏段階でフロイトは草稿をアイティンゴンに読ませたりしている）、一九二〇年はじめにはフロイトはその書に再び取り掛かり、五月と六月にもう一度改訂をしている。六月十六日、ウィーンの協会でその摘要を発表した（E・ジョーンズ、前掲書、四〇頁）。最終的に完成されたのは七月半ばである（同月十八日付、アイティンゴン宛書簡）。八月にはジョーンズは校正刷りを読んでいる（同年八月二十日付、フロイト宛書簡）。「死の欲動」の仮説が展開されるⅥ節が執筆されたのは、一九二〇年前半の間であることはほぼ間違いない。

注意しなければならないのは、フロイトが「死の欲動」の着想と愛娘ゾフィーの死（一九二〇年一月二十五日）とが関係づけられることを異様に恐れていたことである。この書が出版される以前の段階からすでに親しい人に、この書はゾフィーが健在だった頃すでに半ば出来上がっていたことの証人になってくれ、と頼んだりしている（一九二〇年七月十八日付、前掲アイティンゴン宛書簡）。ところが、「死の欲動」という述語の初出は、上述のように、同年三月八日付のアイティンゴン宛書簡であり、それは娘の死後一カ月半たってからのことであった（P・ゲイ『フロイト』第二巻（みすず書房、二〇〇四年）、四五九頁の注一九〇では、アイティンゴン宛書簡が二月八日付とされているが、これはM・シュレーター編『ジークムント・フロイト、マックス・アイティンゴン往復書簡集』（チュービンゲン、ディスコルト出版、二〇〇四年）第一巻、一九三頁で「三月八日」に訂正された）。しかも、ゾフィーの長男エルンストの遊びがⅡ節で取り上げられ、災害神経症における不意打ちの契機の強調（ゾフィーの急病と死はフロイトをはじめ周りの人々にとって不意打ち以外のなにものでもなかったろう）など、この書の内容はゾフィーを連想させるものがいかにも多い。執筆時期に関するフロイトの弁明に偽りはないとしても、それへの強いこだわりには、この件に関するフロイトの屈折した心理が覗いている、と言わねばなるまい（また、「フリッツ・ヴィッテルス宛書簡」（本全集第十八巻）の最後にある項目も参照。この辺の事情について詳しくは、イルゼ・グループリヒ＝ジミティス『フロイトのテクストに帰れ』フランクフルト・アム・マイン、フィッシャー社、一九九三年、二三二―二四四頁参照）。

フロイトによる一連のメタサイコロジー的著作の中で『快原理の彼岸』は彼の思想展開の最終段階を開始するものと見なしうる。すでに以前から「反復強迫」の臨床的現象に注意が促されてはいたが、この書で初めてその現象に欲動としての性格が帰せられるのであるし、また本書で初めてエロースと「死の欲動」の二分法が提起され、それが『自我とエス』（本全集第十八巻）において十全に仕上げられることになるのである。さらに、『快原理の彼岸』には、フロイトの全後期作品にとって決定的なものとなる、心の新たな構造モデルの最初の予兆が認められる。最後に、彼の理論的著作においてますます重大な役割を果たすことになる破壊性の問題がこの書で初めて明示的に登場してくる。この書で議論される多数の論拠が以前のメタサイコロジー論文（たとえば、「心的生起の二原理に関する定式」（本全集第十一巻）、「ナルシシズムの導入にむけて」（本全集第十三巻）、「欲動と欲動運命」（本全集第十四巻））に由来していることは見逃しようがないが、しかし特に目に付くのは、この書の最初の数節の、「心理学草案」（本全集第三巻）との緊密な類縁性である。後者をフロイトは一八九五年に、つまり二十五年前に執筆している。

『集団心理学と自我分析』

一九二一年、国際精神分析出版社から単行本として刊行（総iiiおよび一四〇頁）。二年後、同出版社より第二版（総ivおよび一二〇頁）。

ドイツ語初版においては、本文中の幾つかの段落の活字が小さくなっていた。一九二二年に英語訳を出す際、ジェームズ・ストレイチはフロイトから、小字の段落は原注にするようにという指示を受けた。それ以降、ドイツ語版においてもすべて、編注で言及されている個所以外は、同じ処置がとられている。フロイトは後の版において若干の小さな変更と補いをしているが、これは編注でそのつど指摘してある。

フェレンツィ宛書簡（一九一九年五月十二日付）によれば、集団心理を解明する最初の「単純な着想」が浮かんだので、集団心理学の精神分析的基礎づけを試みたが、この着想は当時さしあたりそれ以上追求されなかった。しかし、同年十二月二日付アイティンゴン宛書簡では「欲動心理学、集団心理学をごくゆっくり研究している」と報告されている。一九二〇年の二月八日付ジョーンズ宛書簡でも、「『集団心理学』についてゆっくり、ためらいがちに思索している」と繰り返されている。最初の草稿を同年九月に書き終え、アブラハムとアイティンゴンに見せた(同年十月十九日付、アイティンゴンのフロイト宛書簡)。しかし、この研究に最終的な形を与えるべく取り掛かったのは、一九二一年の二月になってからであった。本書は一九二一年三月末までには完成し、七月中旬に出版された(三月二十七日付アイティンゴン宛書簡、および七月十六日付アンナ・フロイト宛書簡)。

本書とその少し前に上梓された『快原理の彼岸』とのあいだには直接的な繫がりはほとんどない。本書で取り上げられている思想はむしろ、『トーテムとタブー』の第四論文、ナルシシズム論考(本全集第十三巻、その最後の段落は、本書で取り上げられている問題の多くを凝縮したかたちで論じている)、「喪とメランコリー」(本全集第十四巻)に由来している。さらにフロイトは本書において、催眠と暗示という自分の初期の関心テーマに再び立ち向かっている。この関心は、一八八五年から八六年にかけてパリのシャルコーのもとに留学したとき以来のものである。

題名に示唆されているように、本書は二重の点で重要である。一つは、集団心理を、個人の心の変化をもとに説明している点であり、もう一つは、『快原理の彼岸』にすでに示され『自我とエス』で総括的に論じられることになる、心の構造の探求を今一歩推し進めた点である。

なお、編注にも触れたように、「集団」と訳されたMasseはドイツ語としてはむしろ、「群集」ないし「大衆」を意味するほうが多いということは、本書を読む際、つねに念頭に置かれるべき事柄である。また、「梅毒患者」に関する記述(本巻一九四頁)は、当時まだ有効な治療法が発見されていない状況下でなされていることに留意されたい。

「意識の機能に関するE・T・A・ホフマンの見解」

『国際精神分析雑誌』第五巻、第四号、一九一九年、三〇八頁、「雑録」という項目に「S・F」というイニシャル付きで初出。これが底本の依拠本となっている。ホフマンの小説『悪魔の霊液』にはフロイトは「不気味なもの」(本巻所収)でも取り組んでいる。

「戦争神経症者の電気治療についての所見」

執筆は一九二〇年であるが、初出は『プシューケー』誌、第二十六巻、第一二号、一九七二年、九四二―九四五頁。のち一九七九年にK・R・アイスラー『フロイトとヴァーグナー＝ヤウレク』ウィーン、レッカー社、三一―三四頁に再録。

第一次世界大戦末オーストリア＝ハンガリー二重帝国の崩壊後、戦争神経症を病んだ兵士たちが軍医によって残酷な治療を受けた(なかんずく、ヴァーグナー＝ヤウレク教授の下でそうだった)という噂が多数ウィーンで広まっていた。そのためオーストリア国防省は調査委員会を組み、委員会はフロイトに所見の提出を求めた。フロイトは委員会に覚え書きを提出し、一九二〇年十月十五日聴聞会に出席した。古くからの友人ヴァーグナー＝ヤウレクに対し穏当な態度をとったにもかかわらず、神経学者や精神医学者から構成されていた委員会は、最後には精神分析に批判的になった(一九二〇年十月三十一日付、アブラハム宛書簡)。ヨーゼフ・ギックルホルンが国防省の公文書の中からこの覚え書きを発掘し、そのフォトコピーをジェームズ・ストレイチに供与した。底本はこのコピーをタイプしたものに依拠し、同時に上述の二つのドイツ語版を参照している。

原草稿は、フロイトがいつも利用していた大型紙で五頁半の分量。手書きで「戦争神経症者の電気治療についての所見　ジークムント・フロイト教授」とタイトルが付され、「ウィーン、二〇年二月二十三日」と日付が打たれている。最初の頁の頭に押された役所印は、この覚え書きが「軍務違反調査委員会」によって一九二〇年二月二十五日に受領されたことを示している。さらに頁ごとに国立公文書館の印が押されている。

フロイトのこの所見は最初ストレイチ訳でSEにおいて発表され、一年後『国際精神分析ジャーナル』第三七号、一六―一八頁に再録された。ドイツ語版の初出は上述のように、一九七二年『プシューケー』誌。同じく上述の、K・R・アイスラーの書はこのテーマに関する包括的な研究。

「夢学説への補遺」

初出は『国際精神分析雑誌』第六巻、第四号、一九二〇年、三九七―三九八頁。

タイトルは、一九二〇年九月九日、ハーグにおける第六回国際精神分析学会でフロイトが行った講演のそれである。本文は、『国際精神分析協会通信』の「講演者の報告要旨」の欄に、「ジークムント・フロイト（ウィーン）」の名とともに掲載された。ただし、それがフロイト本人の手になる要約であるかいなかは確定できない。底本出版以前にドイツ語で再録されたことはないと思われる。底本は初出のフォトコピーに依拠している。

「女性同性愛の一事例の心的成因について」

初出は『国際精神分析雑誌』第六巻、第一号、一九二〇年、一―二四頁。

ジョーンズ(前掲書、四〇頁)によると、本論文は一九二〇年一月に完成され三月に発表された。最初は「女性同性愛の一事例の成因について(Über die Genese eines Falles von weiblicher Homosexualität)」と題されていた。症例「ドーラ」以来二十年近くの間をおいて、フロイトは本論文で、完結はしていないにしろ詳細な、女性患者の病歴誌を提示している。「ドーラ」の分析(本全集第六巻)や『ヒステリー研究』(本全集第二巻)の執筆部分においてはもっぱらヒステリーを論じていたのに対し、本論文においては、女性の性の問題全体をより突っ込んで探求し始めている。この研究は最後には、「解剖学的な性差の若干の心的帰結」(本全集第十九巻)や「女性の性について」(本全集第二十巻)の仕事、また『続・精神分析入門講義』第三三講(本全集第二十一巻)へとつながってゆく。本論文にはさらに、同性愛一般に関するフロイトの後期の見解が幾つか述べられ、技法上の問題についても興味ある若干の論述が含まれている。

「分析技法の前史にむけて」

初出は『国際精神分析雑誌』第六巻、第一号、一九二〇年、七九―八一頁。

この文章は初出段階では匿名で、ただ「F」とだけ署名されていた。

「アントン・フォン・フロイント博士追悼」

『国際精神分析雑誌』第六巻、第一号、一九二〇年、九五頁に、「国際精神分析雑誌編集部・編集者」の署名で初出。オットー・ランクとの共同執筆かもしれない。フォン・フロイントについては、上記「伝記事項」参照。


「ある四歳児の連想」

初出は『国際精神分析雑誌』第六巻、第二号、一九二〇年、一五七頁。同雑誌の「報告」の欄に、「幼児の心の生活について」の他の八篇の報告とともに掲載された。他の報告の中には、ザビーネ・シュピールラインやメラニー・クラインのものがある。


「J・J・パットナム著『精神分析論集』への序言」

ドイツ語のテクストは現存しない。底本も右記パットナムの著書（国際精神分析出版、ロンドン、一九二一年）に収められたE・ジョーンズ訳英語テクストをそのまま掲載している。パットナムの著書は、ジョーンズ編集による英語のシリーズ「国際精神分析叢書」の第一巻である。以後、同叢書として、フロイトの英訳など、多くの著作が出版される。フロイトはまた「ジェームズ・J・パットナム追悼」の文章（本全集第十六巻）も書いている。


「クラパレード宛書簡抜粋」

一九〇九年アメリカ・クラーク大学における、フロイトの五つの講義『精神分析について』（本全集第九巻）がイヴ・ル・レーによって「精神分析の起源と発展」という題で仏訳されて、最初『雑誌ジュネーヴ』一九二〇年十二月号、一九二一年一月号、二月号に掲載されたとき、それには、精神分析理論を概観するエドゥアール・クラパレード〔ジュネーヴ大学実験心理学教授〕の緒論「フロイトと精神分析」が付されていた。この緒論中の一文をフロイトは誤解だと考え、一九二〇年十二月二十五日クラパレードに、謝辞とともにその旨の書簡を出して抗議した。一九二一年、先の講義の仏訳が『精神分析』という題で単行本として出版された際、クラパレードは付録として「リビードに関する追記」を書き、そのなかにフロイトの書簡の後半を仏訳した。単行本化にあたってクラパレードはフロイトの意を汲み、緒論の一文を訂正した。つまり、「性欲動は心的活動のあらゆる発現の根本的駆動力である」が、「性的関心は心的活動の発現の大部分にかかわっている」に訂正された。さらにクラパレードはこう付言する、「こう訂正してもウィーンの著名な同僚〔＝フロイト〕に全面的に満足してはいただけないのではないかと思う。ここでむしろ、彼の手紙の一部を載せておきたい。彼によれば、これは重大問題であって、これに関して彼の考えはしばしば無理解にさらされているからである」。

ドイツ語の原文が参照できなかったとして、底本ではイルゼ・グループリヒ＝ジミティスによる、仏訳からの独訳が掲載されているが、のち、原文がクラパレードの私的文庫からミレーユ・シファリ＝ルクールトルによって発見され、シファリ＝ルクールトルの論文「ジークムント・フロイトの一作品の最初の仏訳をめぐる覚え書き」（『国際精神分析史雑誌』第四号、一九九一―三〇五頁、該当個所は二九八―二九九頁）のなかで発表された。本翻訳では底本から訳出してあるが、原文も参照し、実質的な相違がある場合には、編注で指摘した。

「精神分析とテレパシー」

初出は底本(一九四一年)である。

原稿にタイトルはつけられていない。タイトルは底本編集者による。原稿冒頭には「一九二一年八月二日」という日付が打たれ(グループリヒ＝ジミティス、前掲書、二六一頁)、八月十八日付フェレンツィ宛書簡で完成が告げられている。同年九月はじめハルツにおける、フロイトの最も親しい仲間たち、つまり、アブラハム、アイティンゴン、フェレンツィ、ランク、ザックス、ジョーンズらとの会合(いわゆる「秘密委員会」)の際、読み上げられた。本論文の公刊をめぐってはフロイトとジョーンズ(テレパシーに関して懐疑的であり、公刊に反対していた)の間で攻防があった(ジョーンズ、前掲書、三九二―三九六頁)。本論文の素材の大部分は『続・精神分析入門講義』第三〇講「夢とオカルティズム」で利用された。

「まえがき」で言及されている「第三の事例」はほかの部分から切り離されていて、『続・精神分析入門講義』第三〇講の方でも採用されているので、ここには掲載されていない。それは資料をガスタインに持ってくるのを忘れた事例のこと(三〇五―三〇六頁)であるが、その原稿には「追記。これは、思念感応に関する、分析実践からの報告であるが、抵抗のために削除されたものである」(グループリヒ＝ジミティス、前掲書、二七四頁)と銘打たれている。その事例とは講義の最後に言及される「フォーサイス博士とフォーサイト家の物語」に関する事例のことである(この事例に代わって、ここでは筆跡解釈者シェーアマンのことが論じられた)。本論文の削除部分と講義との差異はほとんど字句的なものにすぎないが、削除部分の原稿は『続・精神分析入門講義』を含むSE第二十二巻出版の際に紛失したとされていた。ところが、グループリヒ＝ジミティスによると、一九九二年現在でSigmund Freud Collectionにその現存が確認されたという(グループリヒ＝ジミティス、前掲書、二七四頁、注二)。

本論文は、テレパシーに関するフロイトの最初の論文であるが、生前は出版されなかった。テレパシーに関する次の論文は、少し異なったトピックを取り扱った「夢とテレパシー」(本巻所収)であり、これが最初に出版された。その少し後、「夢のオカルト的意義」(「夢解釈の全体への若干の補遺」C(本全集第十九巻))について短い文章が書かれた。最後は、上述の『続・精神分析入門講義』第三〇講であるが、講義ではフロイトが、本論文とは異なり、このようなテーマを論ずることについてもはや疑念を示さなくなっていることは注目に値する。思念の転移が確証されるなら、精神分析の科学としての身分を危うくするのではないかという、本論文で表明されているような懸念を彼はもはや示さなくなるのである。

なお、底本からは削除された原稿中の個所については編注(11)、(19)参照。

「夢とテレパシー」

初出は『イマーゴ』誌、第八巻、第一号、一九二二年、一―二二頁。

本論文は、テレパシーを論じたフロイトの論文で、最初に出版されたものである。ただし、執筆は「精神分析とテレパシー」(本巻所収)の方が早い。執筆時期は、一九二一年十一月末以前よりかなり遡ることはありえない。というのは、同年九月二十七日から八週間後という日付が、本論文で論じられている事例の中に出てくるからである(三二〇頁)。内容からして本論文はもともと講演として意図されていたと思われる。原草稿では(初出においても)「ウィーン精神分析協会における講演」という言葉がタイトルの後に添えられている。ところが、ウィーンの協会の出版された議事録には、そのような講演の記録は見当たらない。一九二二年の『イマーゴ』誌第一号の活字がすでに組みあがった後、フロイトは講演の意図をなんらかの理由で放棄したのだと考えられる。

「嫉妬、パラノイア、同性愛に見られる若干の神経症的機制について」

初出は『国際精神分析雑誌』第八巻、第三号、一九二二年、二四九―二五八頁であるが、執筆されたのは、ジョーンズ（前掲書、八一―八二頁）によると、一九二一年一月である公算が大変高い。いずれにせよ、本論文は、ごく内輪の親しい仲間（アブラハム、アイティンゴン、フェレンツィ、ランク、ザックス、ジョーンズ）によるハルツ旅行の際、非公式の会合（「秘密委員会」）において「精神分析とテレパシー」と同じく、同年の九月に読み上げられたが、その後も加筆され、二二年七月上旬以前に完成されている（同月十日付、アンナ・フロイト宛書簡）。また、タイトルも当初「神経症形成の若干の機制（嫉妬―同性愛―パラノイア）について（Über einige Mechanismen der Neurosenbildung (Eifersucht - Homosexualität - Paranoia)）」であったが、現行に変更された（グループリヒ＝ジミティス、前掲書、二一二頁）。

「ヨーゼフ・ポッパー＝リュンコイスと夢の理論」

初出は『一般扶養義務協会誌』第六巻、ウィーン、一九二三年。

ヨーゼフ・ポッパー（一八三八―一九二一年）は職業は技師であったが、オーストリアでは、主としてその哲学的・社会学的トピックに関する著述で有名な、社会改良家（一八九九年以来リュンコイスというペンネームを用いた）であった。ユダヤ人である。「リュンコイス」とは山猫のように鋭い目をした人の意味で、ギリシア神話の登場人物であるが、ゲーテ『ファウスト』第二部にも出てくる。ポッパーはその社会改革の綱領を『社会問題の解決としての一般扶養義務』（一九一二年、ドレスデン、ライスナー社、総八一三頁）で解説した。フロイトがここで論及している、短い想像的スケッチの集成、『ある現実主義者の空想』（一八九九年、ドレスデン、ライスナー社）はたいそう人気を博し、版を重ねて一九二二年には第二一版が出た。フロイトの論文は疑いなく、ポッパーの死を機会に草されたものである。初出は、ポッパーがウィーンで創設した協会の雑誌である。フロイトは十年程のちにも、同じテーマについて、もう一つより長文の論文「ヨーゼフ・ポッパー＝リュンコイスとわたしの接点」（本全集第二十巻）を書いている。

フロイトは一九一六年八月四日付で、ポッパー宛に手紙を書いている。両者の間に個人的な交流はなかったが、ポッパーがまずフロイトの興味を引きそうなある本を贈ったらしい。それに対する礼状である。そのなかで、フロイトは本論文で言及されているポッパーの「目覚めているように夢見る」を取り上げ、そのなかで夢の歪曲がある検閲の結果であるとの認識が示されているのをかつて見て、いかに驚いたことかということを述べている。そういう認識を示していたのはポッパーただ一人だ、とも。また、『夢解釈』第二版でも似たような言及をしている。編注参照。

「J・ヴァーレンドンク著『白昼夢の心理学』へのはしがき」

初出はJ・ヴァーレンドンク『白昼夢の心理学』ロンドン、G・アレン＆アンウィン社、一九二一年。オリジナルの英語はおそらくフロイト自身によって書かれた。この書物はアンナ・フロイトによって『前意識的空想思考について』（国際精神分析出版社、一九二二年）という題名で独訳された。独訳には、この「はしがき」の独語版が掲載されているが、それもフロイト自身によって起草されたと思われる。独語版は英語版「はしがき」の第一段落だけのものである。本全集では独語版と英語版の両方(底本には第一段落は独語、それ以降は英語版が掲載されている)を考慮し、第一段落は独語版を底本として英語版(OC第十六巻一五一頁には第一段落の英語版が訳注として掲載されている)との違いを編注で注記し、それ以降は英語版に則った。その意味で、この「はしがき」はむしろ英語版『白昼夢の心理学』へのそれであるとして、ヴァーレンドンクの著書名は英語の原題(*The Psychology of Day-Dreams*)を採用した。

「賞授与」

初出は『国際精神分析雑誌』第七巻、第三号、一九二一年、三八一頁。同誌の「精神分析運動」の欄に掲載された広告。底本はそれのフォトコピーに依拠している。国際精神分析出版社創設に伴う、賞の授与。「国際精神分析出版社と精神分析に関する業績への賞授与」(本全集第十六巻)参照。

「懸賞論文募集」

初出は『国際精神分析雑誌』第八巻、第四号、一九二二年、二五七頁。同誌の「精神分析運動」の欄に掲載された広告。底本はそれのフォトコピーに依拠している。『国際精神分析雑誌』第十巻、第一号(一〇六頁)は一九二三年十二月二十三日付のアブラハムとジョーンズ連名の通達を載せ、この募集に対してはいかなる応募もなかったが、ここで提出されたテーマに関しては、ザルツブルクにおける第八回国際精神分析学会初日の一九二四年四月二十一日午後に討議される予定と通告している。「執行委員会は有資格の発表者を募る」とも。

「無意識についてひとこと」

初出は『国際精神分析雑誌』第八巻、第五号、一九二二年、四八六頁。底本はこの初出に依拠している。フロイトは一九二二年九月二十六日、彼が参加した最後の国際精神分析学会である第七回ベルリン大会で、このタイトルの講演を行った。ここに収録された要約は「ベルリンにおける第七回国際精神分析学会の報告」という欄において講演者自身の「報告要旨」として出されたが、無署名であるため、フロイト自身の手になるものか不確定である。

「レーモン・ド・ソシュール著『精神分析の方法』へのはしがき」

この「はしがき」はド・ソシュールの『精神分析の方法』(ローザンヌ－ジュネーヴ、書肆パヨ、一九二二年、七－八頁)にフランス語(おそらくド・ソシュール自身の訳)で発表された。その後には、「一九二二年三月」という年月が付された著者の「緒論」が続き、そのなかで著者は、本書出版以前にフロイトに読んでもらい訂正を受けた、と記している。ドイツ語のテクストは底本以前には発表されていない。底本は、ド・ソシュール博士がSEの編訳者、ジェームズ・ストレイチの利用に供したフロイト手書きの原文に依拠している。編注(2)で紹介したフロイトによる二個所のコメントのドイツ語原文は知られていない。

「メドゥーサの首」

初出は『国際精神分析雑誌・イマーゴ』第二十五巻、第二号、一九四〇年、一〇五頁。

原稿は「一九二二年五月十四日」と日付が打たれているが、もっと本格的な論文のためのスケッチのように思われる。同じ論題については、S・フェレンツィが覚え書き「メドゥーサの首の象徴論のために」(『国際精神分析雑誌』第九巻、一九二三年)で取り扱っている。フロイトはこのテーマに「幼児期の性器的編成」(本全集第十八巻)でも触れている。

翻訳に当たっては、「凡例」にある英訳、仏訳のほか、人文書院版『フロイト著作集』をはじめとする、各種邦訳を参照した。また、「解題」の「書誌事項」執筆に当たっては、「凡例」にある各種校訂本、注釈本、翻訳本の書誌情報をベースに、必要な加筆を施した。謝意を表したい。

＊ 本解題中にある雑誌名・出版社名の原語は以下のとおり。

・『一般扶養義務協会誌』 *Zeitschrift des Vereins Allgemeine Nährpflicht*
・『イマーゴ』 *Imago*
・『国際精神分析協会通信』 *Korrespondenzblatt der Internationalen Psychoanalytischen Vereinigung*
・『国際精神分析雑誌』 *Internationale Zeitschrift für Psychoanalyse*
・『国際精神分析雑誌・イマーゴ』 *Internationale Zeitschrift für Psychoanalyse und Imago*
・『国際精神分析史雑誌』 *Revue Internationale d'Histoire de la Psychanalyse*
・『国際精神分析ジャーナル』 *International Journal of Psychoanalysis*
・「国際精神分析出版」 International Psychoanalytic Press
・「国際精神分析出版社」 Internationaler Psychoanalytischer Verlag

・『雑誌ジュネーヴ』*Revue de Genève*
・『プシューケー』*Psyche*

■岩波オンデマンドブックス■

フロイト全集 17
1919-22 年――不気味なもの 快原理の彼岸 集団心理学
須藤訓任 責任編集

2006 年 11 月 8 日　第 1 刷発行
2024 年 9 月 10 日　オンデマンド版発行

訳　者　須《す》藤《とう》訓任《のりひで》　藤《ふじ》野《の》　寛《ひろし》

発行者　坂本政謙

発行所　株式会社 岩波書店
〒 101-8002 東京都千代田区一ツ橋 2-5-5
電話案内 03-5210-4000
https://www.iwanami.co.jp/

印刷／製本・法令印刷

ISBN 978-4-00-731476-6　　Printed in Japan